南开大学马克思主义研究文库（第一辑）

高 峰 文 集

高峰 著

南开大学出版社

天 津

图书在版编目(CIP)数据

高峰文集 / 高峰著. —天津：南开大学出版社，
2019.7
(南开大学马克思主义研究文库. 第一辑)
ISBN 978-7-310-05835-8

Ⅰ. ①高… Ⅱ. ①高… Ⅲ. ①政治经济学－文集
Ⅳ. ①F0－53

中国版本图书馆 CIP 数据核字(2019)第 157623 号

南开大学出版社出版发行
出版人：刘运峰
地址：天津市南开区卫津路 94 号　　邮政编码：300071
营销部电话：(022)23508339　23500755
营销部传真：(022)23508542　　邮购部电话：(022)23502200
*
天津丰富彩艺印刷有限公司印刷
全国各地新华书店经销
*
2019 年 7 月第 1 版　　2019 年 7 月第 1 次印刷
240×170 毫米　16 开本　25.5 印张　4 插页　429 千字
定价：102.00 元

如遇图书印装质量问题，请与本社营销部联系调换，电话：(022)23507125

出版说明

今年正值新中国成立七十周年，南开大学建校一百周年，在新的历史起点，为进一步加强和巩固马克思主义在哲学社会科学中的指导地位，推动加快构建中国特色哲学社会科学的理论体系和话语体系，我们将陆续出版"南开大学马克思主义研究文库"，集中展示南开大学哲学社会科学领域的有关专家学者，长期以来在马克思主义理论应用、发展和创新方面所做的贡献。文库将以专著、文选等多种形式，彰显马克思主义理论的强大活力和生命力。

此次结集出版的为第一辑，共 10 种，分别为：《季陶达文集》（季陶达）、《魏埙文集》（魏埙）、《"返本开新"的哲学之路》（陈晏清）、《新世纪的文化思考》（方克立）、《高峰文集》（高峰）、《毛泽东哲学思想的当代价值》（杨瑞森）、《马克思主义与中国现代化历程》（刘景泉）、《人性的探索》（王元明）、《党史党建研究文集》（邵云瑞等）、《马克思主义社会学理论研究》（张向东）。需要说明的是，这些著述或收录于书中的一些文章，有不少之前在别的出版社出版或在报刊上发表过。由于时代和认识的局限，书中有些观点今天看来难免有所偏颇或值得商榷；语言文字、标点符号、计量单位、体例格式等方面，也有不符合现行规范之处。但为保持这些著述的原始风格，我们在编辑出版时除对一些明显的错误做了更正，对个别不合时宜的内容做了适当删改外，其他均遵从原著，未予改动。恳请广大读者在阅读这些著述时，能有所鉴别。

南开大学马克思主义学院
南开大学出版社
2019 年 8 月

前　言

　　这本论文集，选自我 1978 年以来公开发表的学术论文，还包括几部学术专著的导言，以及一部专著的理论章节。我发表的论文不多，选用时，以自认为有一些理论参考价值为原则。论文的编排不是以发表时间先后为顺序，而是部分围绕重点理论问题进行。前 7 篇主要涉及资本积累理论，接着 4 篇主要涉及垄断资本理论，后面的 8 篇涉及的理论问题则比较分散，最后一篇是关于政治经济学教学与研究方法的反思。

　　我多年从事政治经济学和《资本论》的教学与研究工作，所以大部分论文都涉及政治经济学的基础理论问题。我对马克思主义经济学基本理论的研究，一直遵循着理论联系实际的原则，结合现实较紧密，注意吸收西方左派经济学家和部分主流学者的研究成果，重视实证考察和长期统计资料的检验与分析。通过这样的研究方法，增强了理论本身的现实感，也促进了理论探讨的深入。当然，上述原则只是我一直努力的方向，并不意味着我做得很好。我也希望通过这本论文集的出版，能对我国马克思主义经济学的研究与发展起到一点推动作用。

　　这本论文集所选论文发表的时间跨度长达几十年，因而后期论文和早期论文在个别论点或分析上有可能不一致。随着研究的深入，在观点上有所改变或修正是难以避免的。此外，也有几篇论文在某些内容上有少数重复。为保持论文的完整性，某些重复部分并未完全删除，但已尽量压缩。所选文章都经本人审读一遍，个别文字打印错误或不通畅之处有所改正，但内容上没有重大修改。

　　这本论文集在选编过程中，得到刘子嘉博士的技术性协助，我要谢谢他。

由于本人水平所限，论文中的错误或缺陷在所难免。诚恳希望得到广大同行和读者的批评指正。

高峰

2019 年 6 月 2 日

目　录

马克思的资本积累理论和围绕这一理论的长期论战……………… 1

马克思的资本有机构成理论与现实 ………………………………… 30

从战后欧洲的经济情况看资本主义的失业问题 …………………… 52

产品创新与资本积累 ………………………………………………… 65

资本积累与经济虚拟化 ……………………………………………… 83

资本积累问题上不同理论的比较研究（马克思主义经济学与
　　西方经济学比较）……………………………………………… 106

二十世纪世界资本主义经济的发展与演变 ……………………… 141

资本主义垄断问题研究的学术线索和理论焦点 ………………… 174

关于垄断资本的几个问题 ………………………………………… 183

关于马克思主义竞争理论的几个问题 …………………………… 202

关于企业并购的基本理论研究 …………………………………… 212

发达国家所有制研究的几个问题 ………………………………… 235

关于深化认识劳动价值论的几点看法 …………………………… 241

经济增长方式演变的理论讨论和实证检验 ……………………… 249

我国转变经济增长方式的紧迫性质和二元路径…………………… 265

关于当前全球金融—经济危机的几点看法 ……………………… 280

论财富 ……………………………………………………………… 292

论"生产方式" ……………………………………………………… 310

论经济长波 ………………………………………………………… 350

关于资本主义政治经济学教学与研究的若干思考………………… 396

马克思的资本积累理论和围绕
这一理论的长期论战

马克思的资本积累理论

学过《资本论》的人都知道，资本积累理论是马克思经济学说的重要组成部分。但是，资本积累理论究竟包括哪些内容，却不是一个十分明确的问题。

人们通常把资本积累理论归结为《资本论》第一卷第七篇的内容。这一篇的标题是"资本的积累过程"。教《资本论》的教师习惯地把第一卷分为三大部分：劳动价值理论，包括第一篇各章；剩余价值理论，包括第二篇至第六篇各章；资本积累理论，包括第七篇各章。资本积累理论被看作剩余价值理论的继续和发展。关于第七篇的研究对象，较多的提法是，它研究剩余价值转化为资本，研究资本主义生产过程的连续性，研究资本主义生产关系的再生产，研究资本主义积累的一般规律等。

上面这些看法或提法，在许多《资本论》的解释书或政治经济学教科书中可以找到，它们在特定的意义上也都无可非难。但是有一个问题仍然值得研究：能否把资本积累理论局限于《资本论》第一卷第七篇的内容？资本积累的直接含义是剩余价值资本化和资本主义扩大再生产，按照这个解释，《资本论》第二卷第三篇关于扩大再生产的分析似乎不应该排除在资本积累理论的范围之外。同样，如果说积累理论的研究对象是资本积累的规律，那么，《资本论》第三卷第三篇似乎也应该属于资本积累理论的范围。马克思在那里明确指出，利润量增长和利润率下降的必然性产生于"资本主义积累过程"

的性质和"积累规律"。[①]因此，把资本积累理论等同于《资本论》第一卷第七篇的内容，这种理解可能是过于狭窄了。

为了正确理解资本积累理论的内容，有必要对《资本论》的主题和结构做一个简略的分析。《资本论》的主题是研究资本主义的生产方式和经济关系，揭示资本主义经济的客观运动规律，这要求抓住资本关系这个轴心，分析资本主义关系的剥削本质及其神秘化的全部过程。资本剥削雇佣劳动的关系是资本主义社会占统治地位的经济关系，资本主义的全部经济运动，包括生产力和生产关系的矛盾运动，都是在这种关系的制约和支配下进行的。不了解资本主义剥削关系的本质和运行，就不能揭示资本主义经济的运动规律。然而，资本主义关系的剥削本质并不是一目了然的。一方面，资本关系包含着一般商品关系，和商品货币关系交织在一起，这使资本关系的剥削本质变得模糊不清；另一方面，资本必须通过包括生产和流通在内的不停顿的运动，在市场竞争中转化为各种具体形式，其中表现出来的资本关系越来越远离它的本质。但是，换个角度来看，这个使资本关系得以确立并逐渐神秘化的过程，正是资本主义经济运行的条件。因此，对资本关系的剥削本质及其神秘化过程的全部分析，就和揭示资本主义经济的运行机制与规律，紧紧地结合在一起了。

三卷《资本论》的结构是服从于它的主题而构造的，这是一个借助于抽象力所建造的从抽象上升到具体的结构。中心范畴当然是资本，但资本是被作为一个多层次的关系来把握的。资本的一般形式是货币，货币又不过是一种特殊商品。从商品到货币到资本，是一个从抽象到具体的上升过程。一旦上升到资本，对资本运动的分析就始终包含着资本关系和商品关系两重关系的运动。对资本运动的分析也要借助抽象力。尽管资本的现实运动包括生产过程和流通过程，离不开市场竞争，但在理论分析上，必须首先舍象流通过程和市场竞争，从直接生产过程的角度来考察资本，通过分析，揭示资本剥削关系形成、维持和扩大的深层机制，以及资本剥削关系的长期发展趋势。这构成《资本论》第一卷的研究任务。《资本论》第二卷考察资本的流通过程。资本流通可以指资本运动的一个特殊阶段，也可以指包括生产过程和流通过程在内的资本的运动。第二卷的研究对象显然是指后一种意义上的资本流通过程。考察资本的流通过程是为了说明个别资本和社会资本正常运行的条件，

① 马克思：《资本论》第3卷，《马克思恩格斯全集》第25卷，人民出版社1974年版，第243-244页。

这里已经开始涉及产业资本的比较具体的运行机制。《资本论》第三卷考察资本主义生产的总过程。所谓总过程的研究并不是对资本生产过程和流通过程的统一的一般考察，而是考察资本运动作为总体过程所产生的各种具体形式。决定性的因素是把市场竞争引入分析，通过引入竞争因素使我们触及制约资本运行的更具体的表层机制。资本在市场上以各种具体形式互相对立，剩余价值也转化为各种具体形式而表现为不同资本的收入。资本和剩余价值的各种具体形式，在直接生产过程中尚可感触，而在流通过程中已被模糊的资本主义剥削关系从现象上消失了，资本关系完成了它的神秘化过程。这整个过程恰好是资本主义经济运行的条件和机制。资本和它所体现的剥削关系，只有通过包括生产和流通在内的不停顿的运动，通过市场的复杂竞争过程，才能实际存在和发展。

马克思对资本主义经济运动的考察，归纳起来不外两个方面：一是它的运行机制，一是它的发展趋势。运行机制的考察具有相对静态性质，发展趋势的考察具有长期动态性质。《资本论》所揭示的资本主义经济的运动规律，相应地也可以分为两类：一类是资本主义经济的运转规律，如价值规律、货币流通规律、剩余价值规律、竞争规律、经济危机规律等，它们支配着资本主义生产的日常活动，表现为资本主义经济正常运行的客观必然性。另一类是资本主义经济的发展规律，如资本积聚和集中的规律、剩余价值率提高和相对工资下降的规律、资本有机构成提高的规律、相对过剩人口增长的规律、一般利润率趋向下降的规律等，它们支配着资本主义经济的发展变化，表现为资本主义经济长期发展的客观趋势。列宁曾经说过，马克思在《资本论》中对资本主义社会经济形态的"活动规律和发展规律做了极详尽的分析"[①]。他所说的"活动规律"和"发展规律"，恰当地概括了资本主义经济规律的两种类型。资本主义经济运动的两个方面和两类经济规律并不是互不相关的。日常的经济运行是经济发展的基础，基本的运行机制和运转规律决定经济的发展变化和长期趋势；反过来，经济发展的变化和趋势寓于经济的日常运转之中，和经济的运行机制与运转规律相交织，并影响着它们在资本主义发展不同阶段的具体实现形式。它们共同构成资本主义经济的现实的和历史的运动。

资本积累理论应该从这个总的框架来把握。积累意味着剩余价值转化为

---

① 列宁：《什么是"人民之友"以及他们如何攻击社会民主主义者？》，《列宁全集》第 1 卷，人民出版社 1984 年版，第 110 页。

资本，本身不过是扩大再生产的资本主义形式，资本的积累和资本主义生产的发展实际上是同一过程。在这个意义上，可以说资本积累理论就是资本主义经济发展的理论。这个理论当然要研究资本积累的一般运行机制（如积累的实质、积累的条件、制约积累的因素、积累的社会机构等），但它主要考察的，是积累过程中资本主义经济关系的发展变化，是资本主义经济运动的长期趋势规律。

如果这种理解不错的话，那么可以肯定，资本积累理论绝不限于《资本论》第一卷第七篇，而是贯穿于《资本论》全书。直接与它有关的篇章除第一卷第七篇外，至少还有第一卷第四篇，第二卷第三篇，第三卷第三篇、第五篇第二十七章等。广义地说，一切涉及资本积累、扩大再生产和资本主义发展趋势的分析都属于积累理论的范围。它在研究资本积累一般运行机制的基础上，详尽地考察了资本主义经济发展的长期趋势，例如：劳动生产率增长和技术进步加速的趋势、生产机械化不断发展的趋势、资本积聚和集中的趋势、生产社会化程度提高的趋势、资本主义所有制形式日益社会化的趋势、资本有机构成提高的趋势、相对过剩人口增长的趋势、相对工资下降和剥削率提高的趋势、一般利润率下降的趋势、经济危机深化的趋势等。广义的资本积累理论是马克思在研究政治经济学的长期过程中逐渐形成的。作为写作《资本论》的准备，马克思的经济学手稿对积累理论的各个方面有广泛而深刻的论述，联系《资本论》研究这些手稿，对于深刻理解积累理论的形成和内容是必不可少的。

当代西方经济学家有关马克思资本积累理论的研究文献是十分丰富的。在对积累理论的总体理解上，美国学者大卫·哈维（David Harvey）的观点值得重视。哈维认为，《资本论》中有三个主要的积累动态模式，分别反映了《资本论》各卷中构成"理论对象"的方式。在第一卷中，马克思试图从资本主义生产过程来揭示利润的来源，制定并详细阐述了剩余价值理论。他把重点放在技术和组织变化过程上，而舍象了资本流通可能带来的问题和困难。这使马克思能够构成他的第一个积累模式，来考察决定剥削率的社会条件和技术条件。这个模式在理论上应适用于生产领域，同时涉及新创造的价值在资本家和工人之间的分配。《资本论》第二卷集中在资本的流通过程，重点转移到资本在形态变化的运动过程中和资本为实现价值而通过的交换关系中出现的问题，很少强调技术变化，阶级斗争的主线几乎完全消失。这样，马克思通过资本流通的扩大再生产建立了一个完全不同的积累模式。这个模式在理论上以资本流通和交换领域为基础，同时关联到资本通过消费而实现的条件。《资本论》第三卷的意图是综合前两卷的研究，建立一个把生产—分配关系和生产—实现条件结合为一体的模式。这个资本主义动态的综合模式是围绕着"利润率下降和它的抵消趋势"的主题而建立的，它被用来揭示资本主义条件下导向均衡破坏的各种力量，为理解危机的形成和解决提供一个根据。遗憾的是，这个模式很少提及第二卷的研究成果，因而在生产和流通相结合的理论方面缺乏坚实的基础。①

　　哈维把马克思的积累理论从《资本论》第一卷扩展到第二、三卷是正确的，他在阐述各种积累模式时也有许多精辟的见解。哈维认为马克思通过第一卷的积累模式，详细说明了剥削率能够不管资本积累的步伐如何而趋于提高的内在机制。生产的技术和组织变化成为资本面对劳动力短缺时保证持续积累的手段；通过提高资本价值构成，减少对可变资本和劳动力的相对需求，形成失业后备军，就能够压低工资率并允许实际剥削率有所增长。这样，积累过程作为剩余价值生产过程，一定的生产技术和组织变化以及与之相关的假定条件，就成为资本积累均衡发展的要求。第二卷的积累模式即马克思所展开的扩大再生产图式，阐明了社会总资本以交换为媒介进行自身循环必须遵循的比例要求，这是从资本流通方面所说明的资本积累均衡发展的条件。在这个积累模式中，技术进步等因素被舍象了，并且看起来似乎资本主义扩大再生产可以无困难地永远继续下去。其实，马克思的意图是要展示体现在这个过程中的矛盾。通过交换过程而进行的均衡积累，只有在特定的假设条件下才是可能的。一旦这些假定条件发生变化，交换过程中就会出现混乱。因此，强调扩大再生产均衡发展的客观比例要求，不过是为了更好地理解为什么在资本主义条件下会不可避免地背离这种均衡发展的条件，进而导致危机。总之，积累过程在生产领域中实现均衡的条件同它在交换领域中实现均衡的条件是矛盾的，资本主义不可能同时满足这些互相冲突的要求。

　　但是，哈维把马克思的积累理论主要归结为危机形成机制的说明，显然是片面的。危机问题固然是积累理论的重要内容，但积累理论要说明的不仅是危机的形成机制，而且也是资本主义矛盾发展的长期趋势。哈维单纯从危机形成的角度去把握第三卷的积累模式，在评价上就不免有失偏颇。第三卷的积累模式不能看作前两卷积累模式的简单综合。利润率下降趋势规律理论

① David Harvey. The Limits to Capital, B. Blackwell, 1982, P.156-157.

的基本意义，在于揭示反映在积累过程中的资本主义生产目的和生产手段之间的矛盾，说明资本积累内在矛盾的发展和资本主义制度的历史局限性。当然，利润率变动问题应该在生产和流通、生产和实现相结合的基础上来考察。利润是资本完成其全部循环后所实现的剩余价值，资本有机构成、剩余价值率和资本周转速度成为影响利润率的三个主要因素。既然如此，为什么马克思在分析一般利润率下降趋势规律时没有考虑资本周转速度的影响呢？这不是偶然的遗漏。探讨利润率下降的原因，既然着眼于长期趋势而不是周期波动，一切影响因素当然也要从它们的长期变动来分析。但《资本论》第二卷对资本周转速度的研究，并没有得出关于平均周转速度长期变动趋势的明确结论。如果说有某种暗示，也只是意味着，随着社会平均资本有机构成的提高、固定资本比重的增长，资本的平均周转速度则趋于放慢。由于这些缘故，马克思在论证一般利润率下降趋势规律时，自然要突出资本有机构成和剩余价值率这两个主要因素的作用，而舍象资本周转对利润率长期变动的影响。既然周转速度放慢和有机构成提高按相同的方向影响利润率，这种舍象至少不会损害马克思的命题。

应当承认，《资本论》第二卷和第三卷对积累理论的分析的确未能充分展开。第二卷第三篇没有写完，第三卷只是一个初稿，其中第三篇特别是第十五章的某些论述缺乏条理或不够清晰。这给我们带来理解上的某些困难和分歧，也给我们留下进一步研究的任务。尽管如此，马克思积累学说的基本原理和分析线索，仍然是宝贵的理论财富，为我们的深入研究提供了坚实的基础。

马克思的资本积累理论既然以资本主义经济发展为研究对象，必然具有宏观分析和动态分析的特征。某些有见地的经济学家把马克思看作现代西方宏观经济理论和经济增长理论的先驱是有道理的。不过，马克思积累理论的宏观分析和动态分析与西方学院派（特别是它的主流派）宏观经济学和增长经济学，在出发点、理论基础和方法论上都有根本区别。马克思经济学立足于揭示资本主义经济制度的历史局限性和历史过渡性；学院派经济学则视资本主义经济为人类社会经济的自然形式。马克思经济学侧重于生产关系的考察，它以劳动价值理论和剩余价值理论为基础，致力于说明资本主义经济矛盾和阶级矛盾在资本主义发展过程中的深化趋势；学院派经济学则主要考察生产力和比较表层的经济关系，它以效用价值论和边际生产力分配论为基础，着重探求消除危机、实现充分就业和保证国民经济均衡增长的条件。马克思经济学的方法论基础是唯物史观和辩证法，强调矛盾分析和阶级分析；学院派经济学的方法论特征则是非历史主义和形而上学，抹杀阶级差别，突出心理分析或均衡分析。两种经济学都使用抽象法。一般说来，这也是一切理论经济学的共同特征。但由于出发点和理论基础不同，它们在经济因素的取舍、经济范畴的界定和经济变量的使用上区别极大。把握两种经济学说在宏观分析和动态分析上的根本区别，能使我们更好地理解马克思的资本积累理论。这当然不是说，学院派的经济理论没有合理因素和可借鉴之处。事实上，西方学院派经济学已发展到相当深入的程度。它们的某些原理、某些方法，特别是有关历史统计资料的估算、整理和系统分析等方面，是我们在深入研究马克思的资本积累理论时，不仅能够借鉴，而且必须借鉴的。

围绕资本积累理论的长期论战

自从《资本论》问世以来，西方经济学界对其中的许多问题，包括资本积累理论，一直存有各种异议和不同看法。某些资产阶级学者的恶意攻击且不去说它，即使在马克思主义学派内部，在对马克思经济学进行认真研究的经济学家之间，也存在着长期的争论。这种现象不是偶然的。一方面，马克思的著作比较艰深难懂，《资本论》第二、三卷又具有草稿性质，人们容易产生不同的理解。另一方面，资本主义发展中不断出现许多新现象，人们在试图研究这些变化时也会对马克思的理论提出不同的解释。因此，有争论是正常的，不同意见的争论正是推动马克思主义不断前进的一种力量。

在资本积累理论方面，论战主要涉及以下几个主要问题。

1. 关于所谓"崩溃"理论问题①

马克思的资本积累学说的确包含着资本主义必然衰亡的结论，但是在他的著作中却找不到一个明确的资本主义经济崩溃的教条。卡尔·考茨基（Karl Kautsky）曾指出：一种崩溃理论的概念以及"崩溃"这个用语本身是爱德华·伯恩施坦（Eduard Bernstein）的发明。恩格斯逝世后不久，一度被认为是正统马克思主义者和德国社会民主党杰出代表的伯恩施坦发起了所谓修正

---

① 以下论述主要参阅 Paul M. Sweezy. The Theory of Capitalist Development: Principles of Marxian Political Economy, Monthly Review Press, 1970, c1942, Chapter 11.

主义运动。修正主义是伯恩施坦的一个委婉的用语，他的真正目的是要从社会主义运动中彻底根除马克思主义。为了这个目的，伯恩施坦发现"崩溃"理论是他最方便的攻击点之一。他断言：资本主义不可避免地发生灾难性崩溃是马克思的一个教条。根据马克思逝世以来的经济发展，灾难性崩溃理论不再站得住脚而必须放弃。革命的策略只有在资本主义必将崩溃的假定下才是合理的。如果资本主义崩溃不是实际资本主义发展的结果，而是一种陈腐的理论教条，一切革命的理由就都不复存在了。这就是伯恩施坦的逻辑和崩溃理论的由来。

伯恩施坦对所谓崩溃理论的批判，受到正统马克思主义者的坚决反击。考茨基早期的反应代表了一种态度。他并不争论资本主义崩溃问题本身的是非曲直，而是对这个问题表示轻蔑。他认为，马克思和恩格斯根本没有伯恩施坦意义上的崩溃理论，即一场巨大的无所不包的经济危机成为通向社会主义的不可避免的道路。相反，虽然他们相信资本主义经济条件必定趋于恶化，但他们理论的本质内容是，导致向社会主义过渡的决定因素在于无产阶级日益增长的力量和成熟。关于社会民主运动的策略，考茨基反对伯恩施坦的渐进主义，强调必须为应付各种可能发生的事件而武装自己。

由于考茨基反击伯恩施坦的试图并不成功，修正主义的攻势逐渐采取了证明资本主义能够无限扩张的形式。如俄国的杜冈-巴拉诺夫斯基（Tugan-Baranowsky），在他看来，马克思不是有一种而是有两种崩溃理论，一种以利润率下降趋势为根据，另一种以消费不足为根据。杜冈认为他已经成功地驳斥了这两种理论，因而得出结论，资本主义崩溃绝不是一种经济上的必然性。杜冈从未区别崩溃理论和危机理论。他确信马克思的危机理论所设想的是危机的严重性不断加强，以致一场具有崩溃强度的危机最终一定要发生。从本质上看，这种观点和伯恩施坦的看法很接近。不用说，它并没有提供一个非常明确且可用的崩溃概念。

另一个修正主义者康拉德·施米特（Conrad Schmidt）与杜冈的观点不同。他也认为马克思和马克思主义者有一种崩溃理论，但它的基本核心是消费不足。由于资本家力图压低工人工资而提高自身的收入并加速积累，消费力就不能和资本积累保持同步增长，商品的销售变得越来越困难。日益增长的销售困难引起市场竞争加剧，导致商品价格下降和利润率下降。与此同时，劳动市场的状况也逐渐恶化，产业后备军的规模将不断膨胀。因此，资本主义社会发展的途径同样是它自身走向崩溃的途径。施米特的这种分析，虽然对消费不足的趋势是一种很好的叙述，但其弱点也是明显的。他把利润率下降和产业后备军增长看作消费不足的派生物，而不是把它们看作资本主义发展的并行的趋势。在这个基础上，他就有可能否定整个崩溃理论和它具有的革命含义。因为，如果资本主义的全部困难产生于消费不足，那么，有效地提高群众购买力就能把它们完全消除。最终，施米特和他的修正主义同伙们一样相信，工人阶级将会由于充分的教育和强大而达到社会主义，并不需要难以忍受的经济条件的刺激。不幸的是，施米特的整个论断忽视了工资和利润率之间的直接联系。提高工资以提高群众的购买力似乎可以克服消费不足，但会加速利润率的下降，这同样能引起危机。没有理由认为最终哪种因素具有较小的危险性。

在围绕崩溃理论的争论中，也有一些经济学家力图站在正统马克思主义立场上，批评各种改良主义论调。他们与考茨基较早对伯恩施坦批判所谓崩溃理论的反应不同，不是否认这个理论的存在，而是极力为这个理论提供新的证明和解释，但他们论证的方法很不相同。这方面有两位经济学家的观点特别值得提出。

一位是著名的马克思主义者罗莎·卢森堡（Rosa Luxemburg）。卢森堡企图证明，在一个封闭的资本主义体系内，资本积累是不可能的。她通过讨论马克思的再生产图式发现，一旦把某些舍象掉的因素如资本有机构成提高纳入图式，剩余价值的实现就会发生困难。关键是用于积累的那部分剩余价值，其需求从何而来？资本家和工人不可能是体现积累剩余价值的商品的购买者，或许可以想象这部分剩余价值存在于追加的生产资料形式上，通过资本家的相互购买来实现。但下一年生产出的更大量的商品怎么办？这只是把问题从这个时期推到下个时期，如此下去，"那么，我们就有一个旋转木马，它在天空中自我旋转。那不是资本主义积累即货币资本的积累，而是相反：为生产商品而生产商品。从资本的观点来看，这是十分荒谬的"①。总之，困难并没有解决。摆脱困难的唯一出路，是抛弃关于封闭的资本主义体系的假定。积累的那部分剩余价值只有通过出售给资本主义体系外部的消费者才能被实现。这意味着，资本主义只有向非资本主义的第三市场（国内的和国外的）扩展，才能进行积累；没有第三市场，资本主义就不能生存。这个扩张过程不断地把落后的国家和居民阶层吸引到资本主义势力范围中来。当它

---

① 罗莎·卢森堡：《资本积累——一个反批判》，《帝国主义与资本积累》，黑龙江人民出版社 1982 年版，第 65 页。

们最终全部并入资本主义体系时，一个封闭的资本主义将在实际上形成，资本主义体系也将自动崩溃。这样，通过否认资本积累的无限性，卢森堡建立了一个机械的崩溃概念。卢森堡的这个论断的理论基础连同它的其他政治含义，都是不能成立的。我们下面还要谈到。

另一位经济学家是亨利克·格罗斯曼（Henryk Grossmann）。对格罗斯曼来说，实现问题并不存在。他进行推理的基础，是奥托·鲍威尔（Otto Bauer）为批判卢森堡的《资本积累论》一书而计算的再生产图式。这个图式假定：工人人口和可变资本量每年增长 5%，剩余价值率为 100%，因而剩余价值总量每年增长 5%，由于资本有机构成提高，不变资本每年增长 10%。剩余价值分解为追加可变资本、追加不变资本和资本家消费部分的方式严格遵循上述假定条件，追加资本按规定速度增长，剩余部分供资本家消费。很明显，如果这个图式向前推算到一定程度，将会导致奇怪的结果，因为不变资本的增长比剩余价值快得多。鲍威尔只将图式推算了 4 年，还不足以显示它潜在的奇特性。但格罗斯曼却坚定地把它推进到 35 年。到 21 年时，留给资本家消费的剩余价值量开始下降；到 34 年时，它几乎全部消失。继续向前，不仅资本家要挨饿，甚至靠这种高尚的牺牲，他们也不再能维持预先确定的积累率。换句话说，积累图式由于剩余价值短缺而崩溃。于是，通过一种惊人的思想跳跃，格罗斯曼得出结论：资本主义制度也必定会因为剩余价值的短缺而崩溃。卢森堡的剩余价值过剩论正好被颠倒过来。尽管有某些限定条件，但这个从鲍威尔图式中得来的"剩余价值短缺"理论仍然是格罗斯曼有关崩溃问题见解的本质。对于格罗斯曼的这种崩溃理论，没有必要评论它的一些明显的问题（例如鲍威尔再生产图式的一些假定条件的任意性和不合理性），提一下斯威齐中肯的批评就够了："格罗斯曼的理论以一种极端的形式显示了社会科学中机械论思想的危险性。再生产图式包括鲍威尔的图式，只是作为一种方法使某些关系的性质能够被理解，才有用处。但是，如果拿出任何特定的和必然是任意的图式，并且设想它如实地代表着实际资本积累过程的本质，那就要招致理论上的灾难。"

"崩溃"问题的论战虽然与马克思的资本积累理论有一定的关联，但是客观地说，马克思的积累学说并不包含所谓的"崩溃"理论。《资本论》的任务是"揭示现代社会的经济运动规律"[①]，揭示资本主义转变为社会主义的客

---

① 马克思：《资本论》第 1 卷，《马克思恩格斯全集》第 23 卷，人民出版社 1972 年版，第 11 页。

观必然性。资本积累理论在体现这个任务中起着重要作用，它通过分析资本主义矛盾必然深化的趋势，得出"资本主义私有制的丧钟就要响了"和"剥夺者就要被剥夺"的结论。①但是，这些论断不过展示了资本主义发展的客观必然性，把这种必然性变为现实，还得依靠阶级斗争的作用和工人阶级的力量。马克思所强调的是工人阶级的强大和反抗，是资产阶级的"被剥夺"，而不是资本主义经济的自行消亡，同所谓的"崩溃"理论毫不相干。"崩溃"概念的实质在于资本积累与资本主义经济自行崩溃和死亡。在马克思的著作中找不到这种机械论的观点。因此，关于"崩溃"理论的论战，对于深入研究马克思的某些理论（特别是再生产理论、市场理论和危机理论）虽然起过推动作用，但并没有真正触及资本积累学说的主要问题。随着第二次世界大战后资本主义世界进入相对繁荣时期，"崩溃"问题的论战也归于沉寂。

2. 关于"帝国主义"的经济根源问题

帝国主义的根源问题涉及资本积累理论的另一场争论。这场争论发生在20世纪初，一方是罗莎·卢森堡及其追随者，另一方是马克思主义帝国主义理论的真正创始人鲁道夫·希法亭（Rudolf Hilferding）、布哈林和列宁。

前面讨论有关"崩溃"问题的论战时曾经谈到，卢森堡的资本积累理论还有其他的政治含义，这就涉及帝国主义的根源问题。她那本引起争论的著作《资本积累论》似乎讨论的是些抽象理论问题，但如果考虑到1913年前后的历史背景（当时帝国主义问题已经成为人们议论的中心，德国军国主义正在迅速发展，战争的危险正在加剧），那就不难理解，这些看似抽象的理论问题为什么会在那个时期被提出，并被卷入激烈的政治争论。卢森堡对马克思的扩大再生产图式提出的主要疑点，是积累的剩余价值如何实现。她认为，在资本主义体系内部无法为资本化的剩余价值所生产的产品找到市场，这个市场只存在于那些还没有被卷入资本主义关系的地区、部门和国家。因此，资本积累的过程必然是资本主义扩张的过程。老牌资本主义国家实行帝国主义的政策，竭力向世界落后地区和国家进行侵略扩张的根源就在这里。"毫无疑问，关于帝国主义经济根源的解释，必须从资本积累的规律中推断出来。因为，根据经验常识，作为一个整体的帝国主义只不过是一个特定的积累方法。""不管你如何解释帝国主义内在的经济结构，有一件事是很明显的，也

---

① 马克思：《资本论》第1卷，《马克思恩格斯全集》第23卷，人民出版社1972年版，第831-832页。

是常识，即资本统治从老牌资本主义国家向新地区的扩张以及那些国家为了争夺世界的新地区而进行的经济和政治竞争。"①

希法亭、布哈林和列宁在帝国主义根源问题上与卢森堡的思路截然不同。他们的出发点也是资本积累规律，但不是从剩余价值实现的困难，而是从资本集中形成垄断来说明帝国主义这种新现象，从金融资本的统治来揭示帝国主义的经济根源。他们的着眼点在于积累过程中资本主义经济内部的结构变化和性质变化，而不是资本积累机制的一般特征。

《资本积累论》1913年出版后，在德国社会民主党内引起了激烈的辩论和批评，这促使卢森堡于1915年在狱中写出《资本积累——一个反批判》一文。"文章使用的轻蔑口气和高度论战性可能部分地说明了卢森堡对于她遭到猛烈攻击感到的惊讶，但也一定同当时支持或反对战争的争论有关。由于当时严厉批评《资本积累论》的许多人——虽然不是全部——同时也是支持德国进行战争的人，毫无疑问，这使卢森堡在捍卫自己的理论主张方面产生了一种自以为正确的感觉，从而使她看不到她的对手们提出的某些正确的论点。毕竟当时关在监狱里的是她，而不是那些批评她的人。"②1925年，布哈林出版了《帝国主义与资本积累》一书，对卢森堡的错误论点进行了全面的清算。从经济学说的观点看，布哈林的批评不仅有力地揭示了卢森堡的错误，同时丰富了马克思主义的资本积累理论。

卢森堡对马克思扩大再生产图式的指责，以及她的所谓积累的剩余价值不能在资本主义体系内部实现的命题，主要是建立在两个错误认识的基础上：否认资本积累可以为自身提供扩大的需求和市场，混淆了资本积累与货币资本的积累。卢森堡在《资本积累——一个反批判》一文中，曾假定资本主义社会所生产的全部货物是一个包括生活资料和生产资料的商品堆积，它们分为三部分：一部分补偿不变资本，一部分补偿可变资本并满足资本家的个人消费，一部分则是用于积累的剩余价值。那么，谁是每部分商品的购买者呢？她认为头两部分产品的实现没有问题，困难发生在这个第三部分，因为这部分商品的购买者"既不可能是工人，也不可能是资本家"③。这里，卢森堡

---

① 罗莎·卢森堡：《资本积累——一个反批判》，《帝国主义与资本积累》，黑龙江人民出版社1982年版，第69-70页。

② 肯尼思·塔巴克：《帝国主义与资本积累》英文版编者序言，《帝国主义与资本积累》，黑龙江人民出版社1982年版，第24页。

③ 罗莎·卢森堡：《资本积累——一个反批判》，《帝国主义与资本积累》，黑龙江人民出版社1982年版，第64页。

忽略了一个简单的事实，用于积累的剩余价值必须转化为追加的不变资本和可变资本。不言而喻，"追加生产资料的购买者是资本家自身，追加消费资料的购买者是追加的工人，他们的货币是从购买这些追加工人的劳动力的资本家那里得到的"①。卢森堡确实也曾正确设想：需求会不会从资本家阶级扩大生产方面产生，从而需求的货物应该由生产资料和生存资料组成。但就在非常接近于解决问题的时候，她却认为，"这样的解决办法只是把问题从这个时刻推到下一个时刻"②，并用"旋转木马"一类的遁词来逃避问题。其实，生产一年比一年扩大从而日益增多的商品量，通过资本家之间的交换而实现是完全可能的，一个"旋转木马"的比喻并不能证明再生产过程本身实际存在什么困难。阻碍卢森堡循着正确思路前进的障碍，是她认为这样的扩大再生产从资本主义的观点看是十分荒谬的，因为这是为生产商品而生产商品，并不是资本主义积累，资本主义积累应该是货币资本的积累。

这就涉及她的另一个主要错误，把资本积累与货币资本的积累混为一谈。在卢森堡看来，资本积累不在于生产越来越多的商品，而在于把日益增多的商品变成货币资本，变成越来越多的黄金。积累的总剩余价值转变为同等数量的货币资本才是资本主义积累的本质。如果没有第三市场，仅靠资本家的互相购买来实现日益扩大的商品的价值，就不能使表现在黄金上的货币资本同积累的资本同等扩大，所以不能算作资本积累。卢森堡的这种看法显然是非常错误的。一方面，货币依靠它自身的周转可以实现更大的商品价值，所以，认为商品价值的任何增加必然包含着货币数量的同样增加是荒谬的。另一方面，应该积累的总剩余价值在每个既定时刻实际分别存在于不同形式上，因而也不能把总剩余价值同货币形式的剩余价值等同。"积累起来的剩余价值必定要通过自身运动的货币阶段，但是它不会立即实现，而是一部分一部分地实现，即不是实现以同样大的货币堆积为对立面的全部商品堆积。"③货币资本的积累同现实资本的积累也是很不相同的，它可以是现实积累扩大的结果，也可能是现实积累停滞的结果。总之，"必须把资本的一种特殊形式即货币资本的积累……同流通中的货币量的增长（这一货币量虽然不断增长，但是同现实再生产的增长绝不成比例）区别开来。绝不能把全部新生产出来的

---

① 布哈林：《帝国主义和资本积累》，《布哈林文选》下册，东方出版社 1988 年版，第 275 页。

② 罗莎·卢森堡：《资本积累——一个反批判》，《帝国主义与资本积累》，黑龙江人民出版社 1982 年版，第 65 页。

③ 布哈林：《帝国主义和资本积累》，《布哈林文选》下册，东方出版社 1988 年版，第 285 页。

剩余价值量同货币额的新增加混为一谈。因为实现过程绝不需要这样的货币额。另一方面，同样不能把资本的积累同货币资本的积累混为一谈"①。

布哈林在批判卢森堡的同时，还从一般市场理论的角度清算了两种处于极端形式的错误观点，坚持了马克思和列宁的正确的市场理论。同卢森堡的看法恰好相反，杜冈-巴拉诺夫斯基认为，资本主义根本不存在实现的困难。他说："把整个社会的资本主义经济概括起来加以考察，必然得出资本主义经济中的市场容量根本不决定于社会消费量的结论。社会产品不仅有消费品，也有生产资料。机器代替工人时，社会对消费品的需求当然减少，但对生产资料的需求却增加。同样，当资本家的收入由其个人消费基金转化为资本时，对消费品的需求减少，但对生产资料的需求却增加。总而言之，只要社会生产比例适当，无论消费需求怎样减少，也不会使市场上产品供给总量超过需求。"②卢森堡和杜冈代表了市场问题上的两种极端。卢森堡认为：资本积累不能为自身提供任何扩大的市场，积累的剩余价值根本无法实现，因而，没有第三市场，资本积累和扩大再生产是根本不可能的。杜冈则认为：资本积累能够为自身提供无限扩大的市场，实现问题根本不存在，只要比例适当，资本积累和扩大再生产的发展可以是无限的。然而，杜冈的观点比卢森堡的观点更荒谬。他抹杀了一个根本问题：生产资料生产和消费品生产的联系。生产资料部门可以在一定程度上独立于消费品部门和社会消费能力而发展，但不是无限的。制造生产资料的部门归根到底是生产消费资料的预备阶段，日益扩大的生产资料归根到底要用来生产消费品，因而不能从根本上脱离社会消费需求。生产资料生产和消费资料生产之间的客观比例，本身就是社会生产按比例分配的一个重要方面。杜冈在兜售他的谬论时虽然打着马克思再生产图式的幌子，但实际上与马克思的理论风马牛不相及。而卢森堡在坚持他的错误观点时，却指责《资本论》第二卷的图式导致了杜冈的荒谬主张。其实他们两人都背离了马克思的理论。"绝不能从杜冈-巴拉诺夫斯基先生对马克思的正确思想所进行的错误批评这一点，就得出结论说，罗莎·卢森堡本人的立场是无辜的。杜冈的错误不在于他认为实现是可能的，而在于他割裂了生产和消费的必然联系。罗莎·卢森堡同志的错误不在于她坚持这种联系，而在于她认为在资本主义范围内实现是不可能的。"③关于积累过程中的

① 布哈林：《帝国主义和资本积累》，《布哈林文选》下册，东方出版社 1988 年版，第 283 页。

② 杜冈-巴拉诺夫斯基：《周期性工业危机》，商务印书馆 1982 年版，第 226 页。

③ 布哈林：《帝国主义和资本积累》，《布哈林文选》下册，东方出版社 1988 年版，第 316 页。

市场问题的不同观点,对危机问题具有直接意义。按照杜冈的市场理论,只要生产的比例适当,积累过程中根本不存在剩余价值实现问题,资本主义生产也根本不会有危机。按照卢森堡的看法,没有第三市场,积累过程中的剩余价值根本无法实现,资本主义将经常处于危机中。而马克思主义的正确看法是:"剩余价值的实现完全不是不可能的。但是,在一定的条件下实现是不可能的,这也就是危机。"①

卢森堡从她的资本积累理论出发,提出了自己的帝国主义定义:"帝国主义乃是一个政治名词,用来表达在争夺尚未被侵占的非资本主义环境的竞争中所进行的资本积累。"②布哈林批评了这个定义。他指出卢森堡强调帝国主义只是争夺"未被侵占"的"非资本主义"地区和国家是不正确的,也和事实不符,但却与她的理论一脉相承。"这个定义没有把问题同资本作为金融资本这样一个具体特点联系起来。商业资本主义和重商主义,工业资本主义和自由主义,金融资本和帝国主义,资本主义发展中的这些不同阶段都在'一般资本主义'中消失了、融化了,金融资本主义生产关系,即由银行集中起来、聚集起来的垄断资本主义生产的生产关系的特殊性消失了。"③

本世纪初关于帝国主义经济根源的这一场争论,到 30 年代前已基本解决。事实证明,布哈林、列宁和希法亭的基本思路是正确的,卢森堡的理论则是一个本质上错误的理论。尽管如此,并不能完全否认卢森堡的理论贡献。布哈林在清算卢森堡的错误时仍然肯定她是共产主义运动史上"最英明的思想家之一",她的理论功绩在于"提出了资本主义与非资本主义环境之间的相互关系问题",而且"把关于再生产的问题提到了首位",还"提出了帝国主义的历史必然性问题";她的《资本积累论》"是一个大胆的理论尝试,是光辉的革命智慧的产物",这本书的"历史部分对资本的殖民征服史的描述迄今还无人能与之媲美"。④现代英国经济学家安东尼·布鲁厄(Anthony Brewer)在评论卢森堡的帝国主义理论时正确地指出,应该把她提出的两个观点分别开来:一个观点是,她以积累的剩余价值的实现困难为根据,认为资本主义不能以纯粹的形式,而只能同非资本主义制度结合起来才能存在下去。这个论点是错误的。另一个观点是,她认为资本主义事实上是在被前资本主义经

---

① 布哈林:《帝国主义和资本积累》,《布哈林文选》下册,东方出版社 1988 年版,第 323-324 页。

② 罗莎·卢森堡:《资本积累论》,生活·读书·新知三联书店 1959 年版,第 359 页。

③ 布哈林:《帝国主义和资本积累》,《布哈林文选》下册,东方出版社 1988 年版,第 349 页。

④ 布哈林:《帝国主义和资本积累》,《布哈林文选》下册,东方出版社 1988 年版,第 252、363-364 页。

济形态包围的世界环境中成长起来的，而竞争的压力驱使资本主义厂商和国家与这些"外部的"经济形态开展贸易，直至最终破坏它们。在这方面她遵循了马克思论述的思路，其观点大体上是正确的。[①]卢森堡在这方面所进行的考察和分析，对我们深入研究资本积累理论和帝国主义理论仍然具有参考价值。

3. 关于一般利润率下降趋势规律问题

利润率下降趋势问题在马克思的资本积累理论中占有特别重要的地位，围绕这个问题所展开的讨论也最广泛、最激烈，时间持续最长，直到今天还在进行。由于这个问题的分析是本书的主题之一，我们不打算在这里详细罗列和评论各种不同观点，只想把论战的情况做一简要介绍。近百年来，争论的发展表现为一个时起时伏、逐渐深化的过程，大体上有三次高潮。

第一次高潮出现在 19 世纪末至 20 世纪 20 年代。《资本论》第三卷出版后，马克思主义学派内部就有人对利润率下降趋势规律理论抱有不同看法。例如，卢森堡就对这个规律持怀疑态度。另一位德国女经济学家娜塔莉·莫兹科斯卡（Natalie Mosykowska）在 1929 年也说，生产率的普遍增长必然导致投资货物的价格下降，有机构成的提高将被缓和，剩余价值率也会更快提高，因而利润率下降并不是必然的。[②]与此同时，另一些马克思主义经济学家则竭力维护马克思关于利润率下降的命题，如希法亭和格罗斯曼等人。一般说来，这个时期的讨论是很初步的，专门的著述不多，30 年代随着资本主义大萧条的到来，这一争论也暂时沉寂下来。

第二次高潮出现在 20 世纪 40 年代初至 50 年代末。1942 年，美国著名马克思主义经济学家保罗·斯威齐（Paul Sweezy）出版了他的名著《资本主义发展论》，英国著名凯恩斯主义左派经济学家乔安·罗宾逊（Joan Robinson）也出版了《论马克思主义经济学》，两本书同时对马克思的利润率下降趋势规律理论提出了严厉批评，从而掀起了第二次大规模争论。这一争论更由于美国经济学家约瑟夫·吉尔曼（Joseph Gillman）1957 年出版的专著《利润率下降》而引向深入。1959 年初到 1960 年初，美国理论刊物《科学与社会》开辟专栏，邀请著名经济学家发表意见讨论吉尔曼的著作。这次讨论无论是在广度上还是在深度上都大大地前进了。讨论从单纯的抽象理论分析进展到数学方法的论证和历史统计的经验证明。特别是吉尔曼的专著，计算了美国制

---

① 安东尼·布鲁厄：《马克思的帝国主义理论》，求实出版社 1984 年版，第 68—69 页。

② 转引自 Karl Kühne. Economics and Marxism, St. Martin's Press, 1979, Volume 2, P.157.

造业近百年的统计资料,对利润率下降趋势第一次进行了长时期的经验检验,并对这一规律在资本主义垄断阶段的作用形式提出了自己的独特解释。

第三次高潮发生在 20 世纪 70 年代至今。70 年代资本主义世界经济陷入战后最深重的危机之中,面临经济停滞和通货膨胀双症并发的严重困境。随着危机问题的讨论重新兴起,围绕利润率下降问题的争论再一次活跃起来。和 20 世纪 30 年代大萧条时期的情况不同,现代西方有越来越多的左派经济学家把利润率下降问题置于危机理论的中心地位。这次大讨论的深化表现在:一般理论分析日益结合方法论来探讨,数学论证和实证分析大大增多,利润率变动的研究不仅限于宏观后果而且涉及微观基础,不仅限于长期趋势而且涉及周期波动。美国左派刊物《激进政治经济学评论》在 1972 年和 1986 年出版的危机问题专号,大量涉及利润率下降的理论分析和经验研究成果。总体来看,这段时间论述到利润率下降问题的文章和著作,其数量之多和分析之深,都大大超过了以前。

近一个世纪的长期争论,焦点集中在资本主义社会一般利润率的长期变动趋势究竟如何,是否存在马克思所论证的一般利润率下降趋势规律。中心问题有两个:一是技术进步和劳动生产率增长是否必然引起资本有机构成提高?二是资本有机构成提高是否必然引起一般利润率下降?各种理论观点和论证方法,归根到底离不开这两个根本问题。本书的大部分内容也将是围绕这两个问题来展开的。

4. 关于相对过剩人口和经济危机问题

相对过剩人口形成的必然性和变动趋势,是马克思资本积累理论的重要组成部分。同资产阶级古典学派否认失业必然性的理论以及同马尔萨斯主义歪曲失业根源的理论相比较,马克思失业理论的说服力是显而易见的。直到第二次世界大战以前,资本主义国家的严重失业状况至少从经验上证明了马克思的分析,因而在马克思主义学派内部有关失业理论的讨论相对来说并不多。第二次世界大战以后,资本主义世界经历了 50 年代至 60 年代的相对繁荣,失业率很低,有些国家甚至出现劳动力不足。后凯恩斯主流派经济学家也曾一度得意洋洋,指责马克思的失业理论已经过时。但随着 70 年代滞胀局面的出现,这类指责开始销声匿迹。在战后的历史背景下,马克思主义和左派经济学家内部出现了一些有关相对过剩人口理论的讨论,但和其他有关积累理论问题的争论相比,意见的分歧程度和讨论的激烈程度都相差甚远。

　　经济危机问题则是另外一番情景。一方面，危机的根源和趋势是积累理论的重要问题之一。危机意味着扩大再生产的中断和积累过程的障碍，是资本积累内部矛盾的爆发和暂时解决，既涉及资本积累的内在机制，又涉及资本积累的长期趋势，问题本身比较复杂。另一方面，马克思对危机问题的分析分散在《资本论》和经济学手稿的许多章节，他的危机理论并不是很集中、很系统。因此，在马克思主义学派和左派经济学家内部，在危机问题上一直存在着严重的分歧和激烈的争论。

　　20 世纪初，马克思主义学派分为两个主要的危机理论派别。一派强调资本主义生产的无组织状态和比例失调是周期性经济危机的基本原因，另一派强调危机的根源在于资本主义剥削所造成的消费不足和实现困难。罗莎·卢森堡是后一派的主要代表人物。她的剩余价值实现困难的理论把资本主义生产过剩看作一种常态，没有第三市场，资本主义将经常处于危机之中。这种理论并不能说明为什么危机只是周期性地发生。属于前一派的经济学家则较多，如杜冈-巴拉诺夫斯基、希法亭、布哈林等，他们的观点虽然有很大差别，但基本上属于比例失调派。曾自认为属于马克思主义学派的杜冈把这个理论发展到极端。他认为资本主义剥削和民众消费不足与危机的发生完全无关。"假如生产组织得有条不紊，假如市场充分了解需求并且主宰生产的按比例安排，主宰劳动和资本从一个工业部门向另一个工业部门的自由转移，那么，无论消费怎样低，商品的供给也不会超过需求。可是，在国民生产毫无组织、商品市场处于无政府状态的情况下，资本的积累必然要导致危机。"[1]希法亭也明确反对用消费不足解释危机："狭小的消费基础仅仅是危机的一个一般条件，而危机不能简单地由'消费不足'的论断加以说明。危机的周期性尤其不能由此加以说明，因为周期发生的现象不能由某种经常的条件来解释。"[2]布哈林曾经在两条战线上作战，既批判卢森堡的消费不足论，又批判杜冈否认生产最终依赖于消费的错误观点。但他把生产和消费的脱节仅仅看作资本主义比例关系被破坏的一种表现，从而提出下述论断："危机是由社会生产的比例失调引起的，但是，消费因素是这种比例失调的组成部分。"[3]

　　到 20 世纪 30 年代，比例失调论似乎一直是正统马克思主义的主要危机

---

[1] 杜冈-巴拉诺夫斯基：《周期性工业危机》，商务印书馆 1982 年版，第 304 页。

[2] R. Hilferding. Finance Capital: A Study of the Latest Phase of Capitalist Development, Routledge & Kegan Paul, 1981, P.242.

[3] 布哈林：《帝国主义和资本积累》，《布哈林文选》下册，东方出版社 1988 年版，第 321 页。

理论。但在 40 年代初，保罗·斯威齐对这种流行观点提出挑战，指出比例失调不能作为"实现危机"的主要解释。他还分析了比例失调论可能具有的改良主义的政治含义，以及它在第一次世界大战前后被德国社会民主党所奉行的主要原因。与此同时，斯威齐详细制定了一个系统的消费不足的危机理论。斯威齐认为：消费不足理论的真正任务在于证明，消费品生产能力的扩大比消费品需求的增长更快，是资本主义固有的趋势。这种趋势可以通过两种方式表现自身：当生产能力实际扩大而超过一定点时，必然发生危机；当生产能力未能充分扩大时，则表现为生产停滞。斯威齐如何证明资本主义具有消费不足的必然趋势呢？他把剩余价值中用于再投资的部分称为积累（Accumulation），把积累资本中用于购买不变资本的部分称为投资（Investment），提出两个命题：一是剩余价值中的积累份额趋于提高，因为资本家把越来越多的利润用于积累，以扩大剥削范围；二是积累中的投资份额趋于提高，因为资本家不断改进生产方法和实行机械化，以加深剥削程度。因此，虽然社会消费一直在增长，但由于剩余价值中的消费份额趋于缩小，积累中的工资份额趋于缩小，消费的增长率相对于生产资料的增长率必然趋于下降，也就是说，消费增长率与生产资料增长率的比率在降低，这是一个方面。另一方面，资本主义生产作为创造使用价值的自然技术过程，在生产资料存量变化与消费品产量变化之间存在着确定的联系。从长期看，生产资料存量的一定百分比增长通常伴随着产量的几乎是相同的百分比增长，也就是说，消费品产量增长率与生产资料增长率的比率大体是不变的。依据上述分析，可以非常简明地表述消费不足论的本质。由于消费增长率与生产资料增长率之比逐渐下降，而消费品产量增长率与生产资料增长率之比近于稳定，所以存在着一种消费增长落后于消费品产量增长的固有趋势。①在斯威齐的著作的影响下，马克思主义的消费不足危机理论有了一定程度的复兴。26 年后，斯威齐和保罗·A. 巴兰（Paul A. Baran）又合作出版了《垄断资本》一书，把消费不足论进一步发展为资本主义长期停滞的理论。他们认为在垄断资本主义条件下，总生产能力具有一种比内部形成的有效需求更快扩张的倾向，资本生产的"剩余"趋于增长而"剩余"的吸收日益困难。因此，资本的迅速积累和经济的相对繁荣，只能依赖于外部因素（重大技术革新、战争等）的刺激和非生产性支出的扩大。"垄断资本主义能生产出比它所能吸收的更多的剩余的趋势，可以

---

① Paul M. Sweezy. The Theory of Capitalist Development: Principles of Marxian Political Economy, Monthly Review Press, 1970, c1942, P.180-183.

由主要的外部刺激予以中和，甚至加以克服；但当这种刺激减弱或消失时，它又会以其独特的方式表现出来。"①当不存在这种抵消力量时，"垄断资本主义会越来越深地陷入长期萧条的泥沼中"②。

经过战后 20 多年的相对繁荣，资本主义世界从 20 世纪 60 年代末 70 年代初开始进入相对缓慢发展的时期。随着滞胀的出现和危机的深化，马克思主义学派对危机理论的研究和讨论又出现了新的高潮。这次讨论的一个显著特点是，有越来越多的经济学家对消费不足论持批判态度，而把利润率下降问题提到首要地位。他们指出，斯威齐和传统消费不足论者一样有一个根本性错误：把第一部类的作用仅仅归结为第二部类的"投入"，由此推论，生产者货物生产的增长必定扩大消费品的生产能力。但这是不对的，因为生产者货物也能用来制造生产者货物本身，并且扩大再生产也要求它们这样被使用。③如果生产资料的增长并不全部用来扩大消费品生产，那么，消费品产量就不会和生产资料产量按相同的速度增长。这个前提不成立，斯威齐推论的逻辑基础就崩溃了。对消费不足论的另一个重要批评是：它缺乏任何关于实际积累率的决定因素的理论。④如果资本积累经常导致生产能力扩大但却不足以购买资本所生产的全部产品，或者说，经济剩余经常趋于增长但却不能全部被吸收，那么，面对经常的有效需求不足和剩余实现的困难，资本家或垄断资产阶级为什么还不断扩大他们已经过剩的生产能力？究竟哪些因素直接决定整个资本的投资率和积累率？没有任何马克思主义的消费不足论者曾对这个问题给予满意的理论上的回答。因此，这个理论仍是不完善的。

早在第二次世界大战前，已有经济学家主张用利润率下降规律解释危机。"格罗斯曼是第一个把危机的讨论从消费不足和比例失调理论转移开的主要马克思主义者，他从逻辑和政治两个方面严厉地批评了这类理论，而把利润率下降规律置于危机理论的中心地位。"⑤英国著名马克思主义经济学家莫里斯·多布（Maurice Dobb）1945 年出版的著作《政治经济学与资本主义》，在传播这种危机理论上有一定贡献。但是，只是从 20 世纪 60 年代后期以来，

---

① P. A. 巴兰，P. 斯威齐：《垄断资本》，商务印书馆 1977 年版，第 212 页。

② P. A. 巴兰，P. 斯威齐：《垄断资本》，商务印书馆 1977 年版，第 106 页。

③ A. Shaikh. An Introduction to the History of Crisis Theory, US Capitalism in Crisis, Monthly Review Press, 1978, P.229-230.

④ E. O. Wright. Class, Crisis and the State, Verso Books, 1979, P.147.

⑤ A. Shaikh. An Introduction to the History of Crisis Theory, US Capitalism in Crisis, Monthly Review Press, 1978, P.236.

才有较多的经济学家重视和研究利润率下降规律的危机理论。大卫·耶菲（David Yaffe）、厄尔奈斯特·曼德尔（Ernest Mandel）、安维尔·赛克（Anwar Shaikh）等是其中的代表人物。他们坚持古典的马克思主义理论，把资本有机构成和剩余价值率作为决定利润率的主要的（或至少是重要的）变量，用利润率下降来说明周期性的经济危机和资本主义的经济停滞时期。

这里需要排除一种可能发生的混淆，即认为利润率下降是危机的直接原因和主张利润率下降规律的危机理论，是两回事。20 世纪 70 年代以来，西方马克思主义学派的绝大多数经济学家都承认引发危机或经济停滞的直接原因是利润率下降，但对于什么因素决定利润率下降却有完全不同的解释。大体上有三派观点：一派强调生产领域中的资本有机构成提高起决定作用，这是利润率下降趋势规律论者的观点，他们有时被称为资本有机构成提高论者；另一派认为决定因素是分配领域中由于实际工资过快增长而引起的利润挤压，这一派被称为利润挤压论者；再一派仍注重流通领域中因总需求不足而造成的剩余价值实现困难，这一派被称为消费不足论者或实现失败论者。换个角度来区分不同的危机理论，经济学家又可以分为两派：一派属于投资过度论，强调供给方面的因素起决定作用，认为利润率下降的基本原因是投资的过度膨胀引起生产要素价格上涨和生产成本上升；另一派属于消费不足论，强调需求方面的因素起决定作用，认为利润率下降的基本原因在于消费赶不上投资增长而引起的商品实现困难和价格下跌。以上各派之间的争论十分激烈。但也有少数经济学家并不局限于某一派的观点，他们采取比较综合的考察方法，以一种或两种观点为基础，同时考虑到其他因素的作用，如曼德尔、霍华德·J. 谢尔曼（Howard J. Sherman）等。总之，围绕利润率下降这个中心问题，危机理论的讨论还在继续进行。

以上从四个方面简要介绍了 20 世纪以来西方经济学家（主要是马克思主义学派）有关资本积累学说的若干主要争论的情况。论战涉及的问题是广泛而复杂的。这些论战并不是学究式的无谓争吵，它们都有深刻的历史背景，和资本主义经济政治情况的变化紧密相关。资本主义积累的历史发展不断出现新情况、新问题要求人们作出解释，客观上推动了马克思主义和左派经济学家对资本积累理论的深入研究。产生各种不同看法和争论是不可避免的，是理论研究深化的表现，只有在这种联系实际的学术争论中，理论才能得到发展。为了深入研究资本积累理论，我们应该对西方学者的各种不同观点采取认真研究的态度。一概否定、简单批评或盲目接受的态度都是错误的。为了推进马克思主义经济理论的发展，不利用西方学院派经济学的研究成果固然不行，不吸收西方马克思主义学派经济学家的研究成果更是不可想象的。

研究资本积累理论能否采用统计证明方法

吉尔曼 1957 年出版的著作《利润率下降》，运用长期统计资料对美国制造业的资本价值构成、剩余价值率和利润率的变动趋势进行了经验上的检验。对于这种研究方法，西方经济学家的反应各异。例如，多布肯定吉尔曼的著作是一项"开拓性的研究"，希望人们"按照类似的方法作进一步的考察"。[①]美国经济学家保罗·马蒂克（Paul Mattick）则对吉尔曼的经验证明不以为然，断言只有理论才是利润率下降问题"能够进行辩论的唯一领域"[②]。英籍印度经济学家梅赫纳德·德赛（M. Desai）怀疑吉尔曼所使用的统计资料的精确性，认为"使用国民收入统计和普查资料包含许多衡量上的问题，甚至从主流派经济学的观点看，它们也会使验证工作复杂化"[③]。这些不同看法向人们提出一个问题：研究资本积累理论是否应该和能够运用历史统计的经验证明方法？

持否定回答的经济学家们通常认为，资本积累的运动规律，至少是其中的某些规律（如利润率下降趋势等），根本无法用经验材料进行验证。有人说，利润率下降是一种"抽象的趋势"而不是一种"经验的趋势"，这个"建立在一定抽象水平上的命题本身并不能提供关于利润率实际运动的一般预测"，利润率的实际运动取决于下降趋势和抵消因素之间的复杂联系。[④]有人说，利润率下降趋势是"观察不到的"，它属于"抽象的价值分析"，并不涉及"具体实际"。[⑤]但是，另一些经济学家则坚持经验证明方法的必要性和可行性。曼德尔在《晚期资本主义》一书的导言中明确指出："这本书想说明的是，这种生产方式的抽象的运动规律在当代资本主义的全部展开的'具体的'历史中，仍然在起作用并可加以证实。因此，它与当前社会经济思想中的两种基

---

① M. Dobb. The Falling Rate of Profit, Science & Society, 1959(01), P.102.

② P. Mattick. Value Theory and Capital Accumulation, Science & Society, 1959(01), P.34.

③ M. Desai. Marxian Economics, Basil Blackwell, 1979, P.196.

④ Ben Fine, Laurence Harris. Rereading Capital, Macmillan Publishers Limited, 1979, P.64.

⑤ P. Mattick. Value Theory and Capital Accumulation, Science & Society, 1959 (01), P.34-35.

本趋向是直接相冲突的。它不接受那些人的假设，不论那些人是学院派的还是马克思主义学派的，那些人相信，新凯恩斯派方法、国家干预、垄断势力、公私'计划'，或任一个个别作者或个别学派所主张的上列项目的任何一种联合形式，能使资本的长期运动规律中立或使之取消。在另一方面，它也不接受对立面的（但在实际上是相反的）论点，这种论点认为，经济方面的这些运动规律是十分'抽象'的，以致在'真正的历史'中，这些规律根本不能自我表现出来，因此，经济学家的唯一作用就是说明这些规律是如何和为何被歪曲或者在其实际发展中被一些意外因素弄得偏离了正道——而不是去说明在一些具体的、可见的过程中，它们是如何被表明并被证实的。"①

曼德尔的上述观点完全正确。经济规律反映客观经济活动的本质联系和必然联系，是在经济活动中起支配作用的过程，所以经济规律必定是抽象的。说它抽象，是说它舍弃了纷繁复杂和千变万化的具体经济现象，舍弃了各种偶然性和特殊性所形成的暂时经济变动。这绝不意味着，抽象的经济规律和具体的经济过程毫无联系。发现经济规律是科学研究的任务。科学怎样发现规律？是不是主观地推想或任意地抽象？当然不是。必须通过观察和分析大量的经济现象和经济变动，借助抽象思维能力，通过若干中间环节，由表及里，才能最终发现隐藏在杂乱无序的经济现象背后的必然性。"研究必须充分地占有材料，分析它的各种发展形式，探寻这些形式的内在联系。只有这项工作完成以后，现实的运动才能适当地叙述出来。"②既然经济规律所反映的是"现实的运动"，作为经济运动现实的抽象，它就必然会在可以观察到的经济现象中得到表现、发生作用。例如，价值规律是一个很抽象的规律，价值自身不能直接表现，只能通过货币形式、通过价格相对地表现出来，价格又由于供求关系和各种偶然因素的影响而经常变化和偏离价值，因此从现象看，似乎价格的确立和变动并无规律可循。但是，如果不局限于个别商品价格在个别时期的偶然变化，考察各种商品价格的长期变动，那么社会必要劳动时间决定商品价值、价值决定商品价格的客观必然趋势，终究会显示出来。平均利润的形成、垄断的出现、纸币的通行等，都不会取消价值规律，只会使价值规律的作用形式有所变化，使它的表现形式更加迂回曲折而已。

资本积累理论所揭示的发展规律，是作为经济发展的长期趋势表现出来的。任何一种长期趋势都是多种经济因素综合作用的结果，这些经济因素往

---

① 厄尔奈斯特·曼德尔：《晚期资本主义》，黑龙江人民出版社 1983 年版，第 4-5 页。

② 马克思：《资本论》第 1 卷，《马克思恩格斯全集》第 23 卷，人民出版社 1972 年版，第 23 页。

往按照不同的方向影响某种经济变量的运动，有些力量使它加强，有些力量使它减弱，有些力量使它提高，有些力量使它降低，实际发展趋势是在各种对立力量的斗争中形成的。从这个意义上说，有趋势就有反趋势，有推动因素就有抵消因素。马克思在分析利润率下降规律时强调抵消因素的作用使它成为一种趋势规律，并不意味着别的发展规律就没有抵消因素，就不是作为一种趋势来表现。比如剩余价值率的变动，就有多种因素和力量作用于它。资本家力图提高剥削程度而工人竭力反抗，加强劳动强度使它提高，缩短工作日使它降低，劳动生产率增长使它提高，实际工资增长使它降低，但从长期看，由于资本主义经济内在机制的作用，推动剥削程度提高的经济因素最终仍会占据优势。某些经济学家，例如在讨论利润率下降趋势规律时，断言马克思的理论"并没有明确预示起支配作用的是趋势还是反趋势"[1]，或者认为下降趋势和反趋势具有同等程度的重要性。[2]这完全不符合马克思的原意。马克思说得很清楚："引起利润率下降的同一些原因，又会产生反作用，阻碍、延缓并且部分地抵消这种下降。这些原因不会取消这个规律，但是会减弱它的作用。"[3]提出趋势和反趋势或抵消因素的区别，本身就说明趋势是起主导作用的力量，各种抵消因素只起到次要的作用，如果把二者等量齐观，岂不等于说不存在任何趋势，那还有什么趋势规律可言？积累理论的任务，无非是要揭示支配各种经济趋势的内在机制和决定力量，分析各种经济趋势及其内部矛盾的发展对资本主义经济的影响。

对马克思主义者来说，研究和揭示经济规律，归根到底是为了科学解释客观经济现象和自觉干预客观经济过程。"一旦'发展规律'被认为过于抽象而不再能够说明具体历史的实际过程的时候，那么，这些发展趋势的发现就不再是这种过程的革命变化的一种工具了。剩下的只不过是纯理论社会经济哲学的一种退化了的形式。"[4]经济的发展规律既然被看作不可感触、无从观察的东西，那它与客观经济发展过程的内在联系就被割裂了，对规律的研究也就成为学究式的空谈。某些经济学家可能会争辩说，他们强调经济规律（例如利润率下降趋势规律）的抽象性，也是为了说明现实经济运动，例如危机，

---

① M. Castells. The Economic Crisis and American Society, Princeton University Press, 1980, P.19.

② Ben Fine, Laurence Harris. Rereading Capital, Macmillan Publishers Limited, 1979, P.63-65.

③ 马克思：《资本论》第 3 卷，《马克思恩格斯全集》第 25 卷，人民出版社 1974 年版，第 266 页。

④ 厄尔奈斯特·曼德尔：《晚期资本主义》，黑龙江人民出版社 1983 年版，第 13 页。

因为危机不过是利率润下降趋势和反趋势复杂矛盾的结果。[1]但是，如果按照他们的解释，下降趋势和反趋势具有同等重要地位，那么，或者两种力量处于均衡状态，利润率将不会发生变动（这当然只能是偶然的），或者反趋势占了优势，利润率将上升，在这两种情况下，都不会发生危机。危机恰恰是由利润率下降直接诱发的，这已为绝大多数经济学家所承认，而利润率在危机期间的急剧下降，恰恰是利润率下降趋势规律强制贯彻自身的一种形式，是这种趋势从经验上可以感触到的一种表现。二者必居其一：或者断言抽象的趋势规律不能从经验上加以检验，这等于说发现的规律不能用来解释实际经济过程，规律的研究便失去了它的实践意义；或者肯定规律应该并且能够用来说明实际经济现象，那么规律就一定在实际经济生活中有它的表现形式，绝不单纯是一种不可捉摸的"抽象"趋势。

资本积累理论的分析基础是价值范畴或生产价格范畴，但资本主义社会经济统计的直接依据是市场价格，即使不说官方统计在理论和方法上的缺陷，至少价格项和价值项经常不一致。那么，按价格计量的历史经济统计资料能否用来从经验上检验建立在价值范畴上的各种经济变量和它们的变动趋势呢？这也是许多经济学家对统计证明持怀疑态度的一个症结。必须承认，利用资产阶级统计资料进行经验证明存在大量的技术性困难，证明结果也只具有相对的、近似的性质。但是，绝对否定用价格项进行经验证明的可能性是没有根据的。马克思和恩格斯都曾利用价格资料计算过某些抽象的价值变量。在《资本论》第一卷第七章中，马克思依据恩格斯提供给他的资料计算了一家纺织厂的剩余价值率，并注明：计算所依据的"材料非常精确，它是曼彻斯特的一位工厂主向我提供的"[2]。恩格斯在他补写的《资本论》第三卷第四章中，又用这个厂的有关统计资料计算了利润率、年剩余价值率和资本构成。恩格斯还指出："因为只有少数资本家才想到要对自己的企业进行这样的计算，所以，统计学家对于社会总资本的不变部分和可变部分的比例，几乎完全闭口不谈。只有美国的国情调查才提供了在现有条件下能够提供的情况，即每个生产部门所支付工资的总数及其所获利润的总数。尽管这种资料令人生疑，因为它只是以工业家们自己的未经核实的报告为根据，但它仍然极为宝贵，是我们掌握的关于这个问题的唯一的资料。"[3]经典作家尽管对资产阶

---

① Ben Fine, Laurence Harris. Rereading Capital, Macmillan Publishers Limited, 1979, P.64.

② 马克思：《资本论》第 1 卷，《马克思恩格斯全集》第 23 卷，人民出版社 1972 年版，第 246 页。

③ 马克思：《资本论》第 3 卷，《马克思恩格斯全集》第 25 卷，人民出版社 1974 年版，第 89-91 页。

级统计资料的准确性不无怀疑，但仍然把它们看作十分重要的经验依据。正确的态度应该是研究如何更合理、更科学地利用经济统计资料进行经验证明，而不是拒绝进行这种经验证明。

总之，研究资本积累理论，不仅应该运用统计证明方法，而且能够运用这种方法。然而，肯定这一点还不够。为了正确理解经验证明的结果，有必要进一步讨论：积累理论所揭示的趋势规律究竟包含什么样的经验上的含义？

按照通常的理解，经济趋势是经济变量向着同一方向的长期运动。由于任何一个经济变量的确定和变动都是多种经济因素综合作用的结果，资本主义经济发展本身又具有周期性，这种长期运动当然不可能是连续的、不间断的，只能是在波动中向着同一方向的长期变动。那么，应该如何从经验上理解贯彻在波动中的长期趋势呢？是不是说，挑出一个资本主义发展的较长时期，比如从 1880 年到 1930 年，或者从 1920 年到 1970 年，计算一个部门或一个国家的资本价值构成，只有其终期的绝对值高于基期，才能证明资本价值构成的长期趋势在起作用？或者，计算一般利润率，只有终期的绝对值低于基期，才能证明利润率下降趋势规律在起作用？如果这样理解，那就会产生下面几个问题：第一，任何时期挑选基期年份和终期年份都具有某种特殊性，比较两个年份的绝对值就显得不科学。任何年份都处在经济周期的一定阶段，不能不受周期波动的特定影响。例如，利润率在繁荣年份较高，在萧条年份较低，一个时期的起始年份和终结年份选择不同，计算出的利润率动态就可能大相径庭。第二，即使在时期选择上非常慎重，尽量避免始末年份可能带来的歪曲因素，甚至采用移动平均法计算各年的数值，或者计算各个周期的平均值来进行长期动态分析，也不能做到绝对合理。这些方法虽然不同程度地消除了周期波动的影响，但仍无法消除长期波动的干扰。长波问题是一个非常复杂的问题，本书不打算涉及，但资本主义经济发展存在着长期波动，似乎没有疑义。承认这一点，就不得不承认它对各个时期经济变量的影响。在长期波动的上升时期或下降时期，繁荣的强度和危机的深度有很大差别，各种经济变量在各个时期的平均值也难以彻底消除不同波动阶段的特殊影响。第三，似乎选择的时期越长，越追溯到一个国家或一个部门资本主义发展的较早阶段，经济变量的实际动态就越能反映它的真实趋势；但可惜的是，时期选择的长度受到客观统计资料的限制。相对来说，美国的经济历史统计资料是最详细、时间系列最长的，但即使在美国，比较系统的统计资料最早也只能追溯到 1869 年或 1880 年，更早的一些估算资料则零散而不可靠。世界资本主义经济发展如果从 18 世纪后期工业革命开始算起，那么在它发展的第一个世纪，几乎找不到一个国家甚至一个部门的全面系统的统计资料。

资本积累的长期趋势和资本主义国家经济增长的长期趋势不能混为一谈。西方经济学对资本主义经济增长过程的统计研究，发现经济总量和经济结构方面存在着若干长期趋势，比如国民生产总值趋于增长，劳动生产率趋于提高，资本存量趋于扩大，农业部门趋于缩小等。这一类经济变量各自向着固定方向的长期运动比较容易从统计上得到证明，原因是它们主要反映了社会化生产力的发展趋势。生产力发展虽然离不开经济关系的制约，但它本身有较强的连续性和累积性，有自身的发展规律。以社会化大生产为基础的经济增长趋势几乎为不同社会制度的国家所共有。生产关系可能影响它们变动的速度，但一般不会改变它们运动的方向。资本积累的长期趋势就不同了。积累理论分析资本主义制度的发展趋势，各种变量反映生产关系的变动规律，受到资本主义制度内在矛盾的强烈制约。它们的影响因素要复杂得多，它们的变动轨迹也更加迂回曲折。

因此，从经验上检验资本积累的长期趋势，不能要求长期统计资料所显示的经济变量始终向着同一方向变动；不能单纯比较经济变量在终期和基期的绝对值。如果一种变量在大多数时间里表现为固定方向的运动，它的变动就应该说具有某种长期趋势。不要忘记，积累规律不过是积累过程中资本主义关系所固有的、在总体上起支配作用的经济变动。这是我们进行经验证明时应把握的基本出发点。

本书的任务和方法

讨论了上述问题以后，现在可以扼要谈谈本书的主要目的和所采取的主要方法。

本书的主题是研究马克思主义的资本积累理论，中心是探讨资本积累过程中若干趋势规律在当代的有效性。20 世纪以来资本主义国家发生的巨大变化，长期在马克思主义学派内部和外部存在的激烈争论，都说明应该对积累理论进行深入的研究。需要探讨的问题不能简单归结为一个积累规律是否还起作用的问题，更重要的是研究积累规律的作用发生了什么变化，变化的条件是什么，其结果对资本主义经济产生了什么影响。这是深入认识现代资本主义必不可少的重要方面。

资本积累理论包括的问题非常广泛，要涉及所有问题非作者力所能及。本书的研究将集中在三个主要方面：资本有机构成理论、相对过剩人口理论和一般利润率下降趋势规律理论。在马克思的积累学说中，资本构成及其趋势分析带有支柱性质，是分析其他积累规律的理论前提。在此基础上建立的相对过剩人口理论，既是理解工人阶级状况变化的关键，又涉及资本积累的内在机制。产业后备军的伸缩作为工资变动和剩余价值率变动的一个重要制约因素，通过后者对利润率变动和资本积累速度施加影响。利润率变动则是由资本有机构成变动和剩余价值率变动共同决定的。利润率的变动无论是对资本积累的长期发展还是对周期波动，都具有决定性的作用，它集中反映了资本积累过程的复杂矛盾和历史局限性。因此，分析这三个密切联系的理论部分，我们就抓住了马克思资本积累学说的核心问题。

马克思主义理论与现代资本主义实际紧密结合，将是我们研究问题的基本方法。我们不仅要分析马克思积累理论的渊源和形成过程，还要结合西方马克思主义学派与其他学者的研究和争论，结合现代资本主义的实际情况，深入探讨有关范畴、原理的确切含义和科学性质。与此同时，我们将非常重视实证分析，运用尽可能系统的长期统计资料来检验积累过程的有关趋势，在此基础上，深入讨论资本积累规律在现代资本主义条件下究竟发生了哪些变化，以及这些变化的原因与后果。我们既不带任何偏见去看待马克思的积累理论，也不被马克思的理论结论和具体分析所束缚。积累理论和马克思主义的其他理论一样，必须在实践中修改、丰富和发展。实践是检验真理的唯一标准，符合实际的理论才是科学的，科学的理论才能成为认识和改造客观世界的工具，才真正具有生命力。

尽管我们努力贯彻上述目的和方法，但必须承认，并有必要预先指出，本书不可避免地有它的局限性。我们的理论探讨以逻辑分析为主，外语文献局限于英语出版物，由于涉及积累理论的论著极为浩繁，即使英语文献也远未穷尽；经验验证主要限于美国的统计资料，其他国家的材料比较零散，资料的处理方法也比较简略。因此，严格说来，书中许多分析仍具有例证或推断的性质。我们只想介绍更多的不同观点和实际资料，同时提出我们的初步看法，以推进我国有关资本积累理论的深入研究。

（原载《资本积累理论与现代资本主义》，南开大学出版社 1991 年版，本文为该书的"第一章——代前言"）

马克思的资本有机构成理论与现实

本文指出，资本有机构成这个范畴的意义在于揭示资本构成对活劳动的直接关系，它是由技术构成决定并反映技术构成的价值构成。但资本的价值构成不一定总是与技术构成相一致，应该具体分析资本价值构成中由技术构成引起的变动（这是决定性的）和单纯由资本要素的价值引起的变动（这是形式上的），才能确切判断其经济后果。

作者分析了近百年来美国私人制造业和近 50 年来全部私人资本的实际统计材料，认为马克思提出的资本有机构成日益提高的规律在 20 世纪仍然顽强地起着作用，不过作用的强度有所减弱。

资本有机构成理论是马克思的经济学说的重要理论支柱之一。马克思曾对恩格斯说："无论如何你会承认，由于考虑到了资本的有机构成，许多一向似乎存在的矛盾和问题都消失了。"[①]为了深入研究现代资本主义的特性和规律，也为了给研究社会主义经济发展中一系列重要问题提供参考，理论和实际相结合地探讨资本有机构成问题，是很有必要的。国内外经济学界对这个问题有几种不同的理解。本文试图对有关这一理论的若干重要问题和不同的见解做一些初步分析；并以美国为例，用实际统计资料检验一下这个理论在当代的作用。

在分析实际资料之前，先要把这个理论本身弄清楚，为此要讨论几个问题。

（一）资本有机构成范畴的含义

关于资本有机构成的含义，马克思在《资本论》第一卷第七篇有一段经

---

① 《马克思恩格斯全集》第 30 卷，人民出版社 1975 年版，第 269 页。

典性的表述："资本的构成要从双重的意义上来理解。从价值方面来看，资本的构成是由资本分为不变资本和可变资本的比率，或者说，分为生产资料的价值和劳动力的价值即工资总额的比率来决定的。从在生产过程中发挥作用的物质方面来看，每一个资本都分为生产资料和活的劳动力；这种构成是由所使用的生产资料量和为使用这些生产资料而必需的劳动量之间的比率来决定的。我把前一种构成叫做资本的价值构成，把后一种构成叫做资本的技术构成，二者之间有密切的相互关系。为了表达这种关系，我把由资本技术构成决定并且反映技术构成变化的资本价值构成，叫做资本的有机构成。"①

人们对这个定义的解释各不相同，焦点在于资本有机构成是否就是指资本价值构成。一种意见认为：二者不能等同；只有反映技术构成变化的资本价值构成才是资本的有机构成。②另一种意见则认为：资本有机构成就是指资本价值构成；马克思把它叫做资本有机构成，不过是为了表示资本价值构成与资本技术构成有内在联系，并没有要区分两种资本价值构成的意思，"如果果真有两种资本的价值构成，一种与技术构成变化有关，一种与技术构成变化无关"，那么又怎么把前者计算出来？③

我认为，不能孤立地摘取经典著作的某几段话作为论据，而应该比较全面地领会马克思关于资本有机构成范畴的论述。

第一点，马克思提出资本有机构成范畴，是为了揭示资本构成对活劳动的直接关系。由于这种直接关系，资本构成的不同水平及其发展变化才能反映资本推动活劳动的不同水平及其发展变化。这对于分析资本与其所推动的活劳动以及这个活劳动所创造的价值和剩余价值之间的数量关系，是一个关键的环节。

马克思根据他对资本的生产过程的科学分析，发现了不变资本和可变资本的本质区别，从而提出了资本有机构成这一崭新的经济范畴。马克思指出："资本的不同组成部分对活劳动的**直接关系**，不是同流通过程的现象相联系，不是从流通过程产生，而是从**直接的生产过程**产生，并且是**不变资本和可变资本**之间的关系，而不变资本和可变资本之间的差别只以它们对活劳动的关

①《马克思恩格斯全集》第 23 卷，人民出版社 1972 年版，第 672 页。

② 吕庄，冯世新：《资本有机构成提高的规律在战后发生了"曲折"吗？》，《中国社会科学》1980 年第 5 期，第 218 页。

③ 仇启华，解德沅，黄苏：《关于"资本有机构成"的若干问题》，《中国社会科学》1980 年第 6 期，第 219 页。

系为基础。"①

第二点，资本有机构成范畴之所以能表现资本不同组成部分对活劳动的直接关系，是因为这种划分以生产要素中物化劳动与活劳动的划分为基础。不变资本价值与可变资本价值的比率，决定于资本物质要素中物化劳动与活劳动的比率。马克思把后者称为资本的物质构成或技术构成，因为这一比率取决于生产的技术水平。由于生产资料与活的劳动力构成生产资本的两个有机组成部分，所以马克思才把由资本技术构成决定并反映技术构成的资本价值构成叫做资本的有机构成。

第三点，资本价值构成虽然取决于资本技术构成，但不一定和资本技术构成相一致。"如果把资本的有机构成和由资本有机构成的差别产生的资本之间的差别假定为既定的，那么尽管技术构成保持不变，〔不变资本和可变资本之间的〕**价值比例**也能发生变动。这里可能有以下几种情况：（a）不变资本的价值发生变动；（b）可变资本的价值发生变动；（c）二者按相同的或不同的比例**同时变动**。"②

一个生产部门资本价值构成的变化是由技术构成的变动所引起，还是由单纯的价值变动所引起，其后果可能相同，也可能不同。例如，由于生产资料价值上升而引起的资本价值构成的提高，就会和资本技术构成提高的结果一样，使一定量资本所需要的劳动力减少，使资本的利润率降低。但是，它们有时也会发生完全相反的作用。例如，由劳动力价值上升而引起的资本价值构成下降，就和由技术构成降低所引起的资本价值构成下降，后果截然相反。在后一场合，价值构成降低必然增加一定量资本对劳动力的需求，引起利润率提高；而在前一场合，价值构成降低反要减少一定量资本对劳动力的需求，引起利润率下降。③由此可见，具体分析资本价值构成变动的原因，绝不是无关紧要的。这种分析在实际计算中也是能够做到的。我们可以通过统计资料来对比分析价值构成的变动在多大程度上是由技术构成的变动引起的，多大程度上是由单纯的价值变动引起的，这样才能确切判断其经济后果。仇启华等同志强调客观上存在的资本价值构成只有一种，便觉得没有必要去分析资本价值构成的变动究竟与技术构成的变化有关，还是与技术构成的变

---

① 《马克思恩格斯全集》第 26 卷 II，人民出版社 1973 年版，第 659 页。

② 《马克思恩格斯全集》第 26 卷 III，人民出版社 1974 年版，第 422 页。

③ 参见《马克思恩格斯全集》第 26 卷 II，人民出版社 1973 年版，第 312-323 页。《马克思恩格斯全集》第 26 卷 III，第 421-427 页。

化无关。①这种观点是不恰当的。这可能使我们的研究流于简单化，并在推断有关经济后果时得出错误的结论。

第四点，资本价值构成的差别和变化虽然可以来源于上述两个方面，但资本物质要素的比例是决定性的。资本的物质构成是由该资本所达到的生产技术水平所制约的，它的差别和变化，真正表现了生产资本内部构成的有机差别和变化。反之，如果差别或变化单纯产生于生产要素本身的价值差别或变动，它就不反映资本所在的生产领域内部的差别或变化，而是来源于某些外部因素的影响。因此，马克思认为这只是一种形式上的差别。②

然而，从全社会范围看，对某些部门的资本有机构成产生影响的形式因素或外部因素，却是另外某些部门的资本有机构成状况的本质反映。所以，撇开自然力的影响不说，一切资本物质要素的单纯的价值变动，都可归结为资本有机构成的实际变动。

以上四点简要概括了马克思关于资本有机构成范畴的主要论述。可见，在马克思的著作中，"资本有机构成"一词最基本的用法和含义是指由资本技术构成决定并反映资本技术构成的资本价值构成。资本有机构成这个范畴的意义，就在于它反映了技术构成和价值构成的内在联系，从而揭示了资本构成对活劳动的直接关系。但是我们却不可因此而忽视具体分析影响资本价值构成的不同因素（资本技术构成和资本物质要素的价值）的重要性，同时又要看到前者的影响是实质性的，后者的影响是形式上的。

（二）资本有机构成的长期变动趋势

马克思一贯认为，资本有机构成不断提高是资本积累的客观规律。当前的争论，主要是马克思的论点在 20 世纪是否仍然有效。这个问题当然要靠实际统计资料来检验，但首先应该讨论一下马克思立论的主要根据。

马克思的逻辑可以概括如下：资本积累是资本用来扩大剩余价值生产的手段，必然伴随有生产技术的不断改进和社会劳动生产率的提高，这意味着资本技术构成不断提高；而这又必然引起资本价值构成不断提高。③这里值得探讨的是马克思立论的两个基础环节：一是社会劳动生产率提高与资本技

---

① 仇启华，解德沅，黄苏：《关于"资本有机构成"的若干问题》，《中国社会科学》1980 年第 6 期，第 219 页。

② 参见《马克思恩格斯全集》第 26 卷 II，人民出版社 1973 年版，第 19—20 页。

③ 参见《马克思恩格斯全集》第 23 卷，人民出版社 1972 年版，第 685 页。

术构成提高的关系；二是资本技术构成提高与资本价值构成提高的关系。

首先，研究劳动生产率提高和资本技术构成提高的关系。

劳动生产率提高和资本技术构成提高的关系，在马克思看来，不过是同一过程的两个方面。其变动方向和变动程度几乎是同一的。如果撇开土壤、肥力等自然条件，"那么，社会劳动生产率的水平就表现为一个工人在一定时间内，以同样的劳动力强度使之转化为产品的生产资料的相对量。工人用来进行劳动的生产资料的量，随着工人的劳动生产率的增长而增长"①。一方面，劳动资料的增加是劳动生产率提高的结果。"原料量必须同劳动生产率成比例地增长。"②另一方面，劳动资料的增加是劳动生产率提高的条件。但是，它们的提高却不一定是成比例的。一般说来，如果劳动资料数量的增长小于劳动生产率的提高，分摊到单位产品上的劳动资料价值转移部分就会减少；反之，则增多。

这里需要指出的是，和劳动生产率提高同时发生的生产资料的节约，会在一定程度上对资本技术构成的提高起抵消作用。马克思对这种抵消作用谈得不多。在当时的条件下，不变资本的节约主要表现在使用不变资本时的节约和生产不变资本时的劳动节约。至于通过提高设备效能、改革生产工艺和改变产品结构等方法大幅度节约生产资料，在当时还不显著，所以马克思未能估计到这种节约对提高资本技术构成的巨大缓冲作用。20世纪以来，情况有了很大的变化，生产资料的节省对资本技术构成提高所起的抵消作用越来越显著。这突出表现在以下三个方面：第一，机器设备的进步和革新使机器更加复杂和精巧，许多生产效率大大提高的新设备，往往比旧设备的体积还小；第二，在机器设备不断改进的同时，厂房、仓库等建筑物并不一定相应增加，特别是在自动化的过程中，建筑物的扩大或相应扩大绝不总是必需的；第三，产品的小型化使单位产品所耗费的原材料减少。这三种因素的抵消作用虽然不会改变资本技术构成提高的方向，但会削弱其提高的程度。

总之，当社会生产效率主要依赖节约活劳动而提高时，资本技术构成提高的程度会接近于甚至大于劳动生产率提高的程度；而当社会生产效率既依赖节约活劳动又依赖节约物化劳动而提高时，资本技术构成提高的程度就可

---

① 《马克思恩格斯全集》第23卷，人民出版社1972年版，第682页。
② 《马克思恩格斯全集》第26卷Ⅲ，人民出版社1974年版，第404页。

能小于甚至大大小于劳动生产率提高的程度。[①]

其次，研究资本技术构成提高和资本价值构成提高的关系。

马克思认为，资本价值构成必然随着资本技术构成的提高而提高，但只是以较小的程度随之提高。他指出："资本可变部分比不变部分的相对减少，或资本价值构成的变化，只是近似地表示出资本的物质组成部分构成上的变化。……原因很简单：随着劳动生产率的增长，不仅劳动所消费的生产资料的量增大了，而且生产资料的价值比生产资料的量也相对地减小了。"[②]很明显，马克思的论断赖以建立的基础，是生产资料价值量的下降抵消不了生产资料使用价值量的增长，或者说，"不变资本的量的增长比它的价值的减少快"[③]。让我们更详细地研究一下这个论点。

先看机器设备。马克思认为，机器会变得便宜，是由于制造机器的原料和机器本身都是用机器生产的。"但是，这样说包含着两层意思：**第一**，在这两个部门，拿它们采用的机器和工场手工业生产中使用的工具相比，花在机器上的资本同花在劳动上的资本相对来说，在价值上增加了。**第二**，单个机器和它的组成部分变得便宜了，但是发展起一个机器体系……。尽管各单个要素便宜了，机器的总体在价格上却大大提高了。"其结果，"就使得由机器构成的资本的量和价值，同以劳动形式存在的资本相比，有了增加"。[④]马克思这里讲的虽然是机器工业代替手工生产时的情况，但一般说来具有普遍意义。

再看原材料。马克思提出这样一个问题：假如一个部门的生产率提高 10 倍，因而原料的耗费量随之增长 10 倍，那么为什么原料生产部门的生产率不可以同样提高 10 倍，从而使价值比例在这里保持不变呢？他的回答是："一部分原料，如毛、丝、皮革，是通过动物性有机过程生产出来的，而棉、麻之类是通过植物性有机过程生产出来的；资本主义生产至今不能，并且永远不能像掌握纯机械方法或无机化学过程那样来掌握这些过程。……至于煤和金属（以及木材），它们随着生产的发展已变得非常便宜；然而在矿源枯竭时，金属的开采也会成为比较困难的事情等。"因此，"原料、辅助材料等的降价，

① 参见 H. H. 伊诺泽姆采夫：《现代垄断资本主义政治经济学》上册，上海人民出版社 1978 年版，第 390-391 页。

②《马克思恩格斯全集》第 23 卷，人民出版社 1972 年版，第 683-684 页。

③《马克思恩格斯全集》第 26 卷 II，人民出版社 1973 年版，第 473 页。

④《马克思恩格斯全集》第 26 卷 III，人民出版社 1974 年版，第 403-404 页。

使资本的这个部分的价值增长变慢，但没有使增长停止"。①这就是说，原料的降价之所以不能抵消原料量的增长，是因为原料部门要依赖自然有机过程并受到自然资源蕴藏量的影响，劳动生产率的提高程度小于制造业。这个论点在当时是符合实际的。但是 20 世纪以来情况发生了巨大变化，不但依赖自然条件的那些原料生产部门（如农业、矿业等）的生产率比制造业的生产率提高得更快，而且许多原属植物性原料和动物性原料的生产过程已经能够"像掌握纯机械方法或无机化学过程那样来掌握"，变成了工业部门（如合成橡胶业、化学纤维业、人造革业等）。

另外，马克思在研究资本有机构成的短期变动时，虽然估计到劳动力价值可能提高这种情况，但他在分析有机构成的长期变动时，总是假定劳动力价值是不变的，即假定可变资本价值的变动是劳动数量变动的指数。这说明，马克思虽然看到了不变资本价值的相对增长趋势存在着抵消因素，但未估计到可变资本价值的相对降低趋势也可能有抵消因素。

但是，20 世纪以来特别是第二次世界大战以后，发达资本主义国家工人的名义工资和实际工资呈现出明显的增长趋势，从而在相当程度上抵消了可变资本价值的相对降低。这也是影响现代资本主义国家资本有机构成变动的一个重要因素。

马克思关于资本有机构成不断提高的论断，完全符合当时的实际情况。但他的某些理论分析免不了受到历史条件的限制，难以充分估计到 20 世纪以来资本主义经济的许多重大变化。总的说来，马克思所揭示的资本有机构成提高的规律在 20 世纪仍在顽强地表现自己的作用，但作用的强度有所减弱。

（三）资本有机构成的计算方法

马克思没有明确规定资本有机构成的具体计算方法，因而人们的计算方法往往不同。从理论上说，究竟哪种计算方法比较正确，要看哪种计算方法比较符合资本有机构成的含义，最能反映资本技术构成的实际状况。

首先，看一下统一按预付资本价值之比计算资本有机构成的方法。这种方法，就固定资本部分来说没有问题，因为预付固定资本所转化的厂房、设备等是企业工人在生产过程中实际运用着的劳动资料。但是，预付的不变流动资本价值是否也能代表企业生产中实际耗费的原材料呢？显然不能。企业

---

① 《马克思恩格斯全集》第 26 卷 III，人民出版社 1974 年版，第 406 页。

消费的原材料是由企业实际的生产规模决定的，如果不变流动资本的周转次数大于 1，比如说一年周转两次，那么实际耗费的原材料将是预付不变流动资本所代表的原材料的两倍。反之，如果不变流动资本的周转次数小于 1，比如说一年周转半次，那么实际耗费的原材料将是预付不变流动资本所代表的原材料的一半。同样的道理，预付的可变资本价值也不能代表企业实际雇用的劳动力。如果可变流动资本的周转次数大于 1，实际雇用的工人数将比预付可变资本所代表的工人数大；如果周转次数小于 1，则相反。可见，预付资本价值一般不能代表企业生产中实际发挥作用的劳动力数量和实际被加工的原材料数量，从而也就不能反映资本技术构成的实际状况。

苏联经济学家伏·普·洛佐沃依以恩格斯补写的《资本论》第三卷第四章末尾的一个计算实例为根据，主张统一按预付资本价值计算资本有机构成。他认为，如按预付固定资本价值和流动资本年周转额来计算，就会使资本有机构成指数在流动资本周转次数大于 1 时低于其实际水平，在流动资本周转次数小于 1 时高于其实际水平。[①]但实际情况并不是按流动资本周转额计算的资本有机构成指标低于（在周转次数大于 1 时）或高于（在周转次数小于 1 时）其实际水平，而是按预付流动资本计算的资本有机构成指标高于或低于其实际水平。理由已见前述。

至于恩格斯的那个计算实例为什么要用预付资本计算，那是因为恩格斯想用实例表明，资本家用于支付工人工资的实际可变资本是多么少。在那个实例中，恩格斯算出了一个高达 $1307\frac{9}{13}$ % 的年剩余价值率和一个 $97\frac{1}{2}C$: $2\frac{1}{2}V$ 的资本价值构成，并强调指出："总资本只有四十分之一的部分用来支付工资，但这部分每年周转八次以上。"[②]洛佐沃依把恩格斯的这个计算实例提到资本有机构成计算的方法论高度，我觉得是言过其实了。

其次，再看统一按耗费资本价值（即资本价值周转额）之比计算资本有机构成的方法。这种方法，就不变资本流动部分和可变资本部分来说没有问题，因为它们代表着实际耗费的原材料和实际雇用的劳动力。但是，从固定资本部分来看却有问题。按年周转额计算的固定资本价值，乃是一年中固定

---

① 伏·普·洛佐沃依：《恩格斯论资本有机构成的实际计算》，《经济学译丛》1980 年第 10 期，第 617 页。

② 《马克思恩格斯全集》第 25 卷，人民出版社 1974 年版，第 91 页。

资本转移到产品中去的价值，当然远远不能代表工人实际使用的劳动资料量，因而全部按周转额计算总是大大降低了资本有机构成的实际水平。

正确的计算方法，应该是用使用资本价值之比来计算，即采用固定资本价值预付额和不变流动资本价值年周转额之和，与可变资本价值年周转额之比。固定资本价值预付额代表着企业实际拥有的劳动资料，不变流动资本价值年周转额代表着企业实际消耗的原材料，可变资本价值年周转额代表着企业实际雇用的职工，所以这样计算是比较符合企业的劳动生产率和资本技术构成的实际状况的。

不过，这种计算方法在实践上有一个困难，就是不易得到不变流动资本价值年周转额的统计资料。资本主义国家在统计国民收入时，生产中所用原材料价值均不列入，所以在国民收入统计中找不到各年消耗的原材料价值。在有关资本的统计材料中，也没有相当于不变流动资本的数据，而只有固定资本和存货两个项目。存货价值是年底或年初的瞬间数据，包括企业在该时点存有的原材料、半成品和成品的价值，与一年期间所耗费的原材料价值之间的差别过大，不能用以代替耗费的原材料价值。在这种情况下，只好暂时用固定资本价值来代替不变流动资本价值作为推算依据，虽然这个不得已而采用的方法会降低资本有机构成的实际水平。

还有一个问题是，可变资本价值周转额究竟应该仅包括生产工人的工资总额，还是应该包括全体职工的工资和薪金总额。通常的计算总是把职员的薪金除外，认为企业经理人员的高薪不属于可变资本，而属于剩余价值的占有。这当然有一定道理。但从另一方面看，把大多数职员排除在雇佣劳动力之外，显然是不合理的。职员中的绝大多数是一般技术人员和管理人员，就其劳动性质来看仍然属于生产劳动，就其阶级地位来看同样属于雇佣劳动，随着资本主义生产日趋社会化和科学技术不断发展，企业雇佣劳动力中技术人员和管理人员的比重不断提高。以美国的制造业为例：1889 年，职工总数458 万人，其中职员 45 万人，占 9.8%；1979 年，职工 2106 万人，其中职员598 万人，占 28.4%。[①]从近年的数字来看，职员已占到全体职工的 1/4 以上。因此，按工资和薪金总额计算，虽然会略微夸大可变资本量，但若仅仅按生产工人工资总额计算，却会大大缩小可变资本量。所以权衡利弊，还是按工资和薪金总额计算比较合理一些。

---

① 资料来源：《美国历史统计，从殖民时代到 1970 年》，美国商务部普查局 1975 年，第 666 页；《基本经济统计手册》，美国经济统计局 1981 年 1 月，第 24-25 页。

下面，用实际资料来检验马克思关于资本有机构成提高规律的理论。我们主要根据美国的统计资料，计算和分析 19 世纪后期迄今一百年来资本构成的实际变动情况。

首先要说明，实际资料是极不完备而且很不精确的，越是早期的统计数字越是难以得到。另外，资产阶级经济统计的概念、口径和我们的不同，大都需要重新计算，而必要的原始数据又常常残缺不全。不过，我们着眼的既然是动态分析而不是绝对值，所以现有数据还是可以说明问题的。

先来重点考察美国私人制造业的情况。制造业是美国物质生产领域中最重要、最大的一个工业部门。由于现有统计资料的繁简程度不同，我们首先简略观察 1879 年到 1929 年 50 年间的情况，然后详细分析 1929 年到 1979 年 50 年间的情况。

表 1—表 3 反映了 1879—1929 年间美国制造业的资本技术构成、资本价值构成和劳动生产率的基本动态。

表 1 美国制造业的资本技术构成（1879—1929 年）

年份	资本拥有量（百万美元，1929 年美元）〔1〕	职工总人数〔2〕	资本技术构成（职工人均占用的资本量）（美元）〔1〕：〔2〕＝〔3〕	资本技术构成指数（1879 年＝100）〔4〕
1879	4821	2733	1764	100.0
1889	11157	4586	2433	137.9
1899	18626	5478	3400	192.7
1909	31563	7021	4496	254.9
1919	46094	9836	4686	265.6
1929	63022	9660	6524	369.8

计算根据：《美国历史统计，从殖民时代到 1970 年》，美国商务部普查局 1975 年，第 666、684 页。

说明：

1. 资本拥有量是按不变价格计算的固定资本和流动资本的总和。固定资本包括土地、建筑物和设备存量净值；流动资本包括除证券外的其他资产，主要是现金、应收的账款和票据、存货。由于其中某些不属于不变资本的项目无法排除，资本拥有量被夸大了，按此计算的资本构成会大于实际水平，但因各对比时期都有同样的不纯因素，所以对资本构成的变动趋势不会产生严重的歪曲。

2. 由于 20 世纪以来劳动者的工作时间是缩短的趋势，职工总数的增长程度大于总人时的增长程度，所以按职工人数计算的资本技术构成的增长速度将小于按人时计算的资本技术构成的增长速度。

表 2　美国制造业的资本价值构成（1879—1929 年）

年份	不变资本（百万美元）〔1〕	可变资本（百万美元）〔2〕	资本价值构成〔1〕：〔2〕＝〔3〕	资本价值构成指数（1879 年＝100）〔4〕
1879	2718	948	2.87	100.0
1889	5697	2209	2.58	89.9
1899	8663	2596	3.34	116.4
1909	16937	4106	4.12	143.6
1919	40289	12427	3.24	112.9
1929	59072	14284	4.14	144.3

计算根据：《美国历史统计，从殖民时代到 1970 年》，美国商务部普查局 1975 年，第 666、684 页。

说明：不变资本是按当年价格计算的资本拥有量，说明见表 1；可变资本是职工的工资和薪金总额。

表 3　美国制造业的劳动生产率（1879—1929 年）

年份	产量指数（1929 年＝100）〔1〕	从业人员指数（1929 年＝100）〔2〕	劳动生产率指数（1929 年＝100）〔1〕：〔2〕＝〔3〕	劳动生产率指数（1879 年＝100）〔4〕
1879	10.2	26.6	38.3	100.0
1889	18.3	38.3	47.8	124.8
1899	27.5	50.8	54.1	141.3
1909	43.4	72.7	59.7	155.9
1919	61.0	100.3	60.8	158.7
1929	100.0	100.0	100.0	261.1

资料来源：J. W. Kendrick. Productivity in the United States: Trends and Cycles, Johns Hopkins University Press, 1961, P.464.

　　按表 1—表 3，在 1879 年到 1929 年间，美国制造业的劳动生产率提高了约 1.6 倍，资本技术构成提高了约 2.7 倍，资本价值构成提高了 44.3％。这说明，50 年间技术构成的提高程度大于劳动生产率的提高程度，资本价值构成提高的程度则大大低于资本技术构成提高的程度。三个指标相互联系的性质，同马克思所揭示的资本有机构成变动规律基本上是一致的。

　　为什么资本技术构成比劳动生产率提高得更快？原因在于，这个期间美国制造业提高生产效率的途径主要还是依赖节约活劳动，物化劳动节约的作用只是在 1919 年以后才明显加强。按照西方经济学家的计算，一般来说，在劳动生产率（单位劳动投入量的产量）提高的条件下，当资本的生产率（单位资本投入量的产量）降低时，按单位劳动投入量计算的资本量就增长较快；当资本的生产率提高时，按单位劳动投入量计算的资本量则增长较慢，有时甚至下降。这个道理不难理解。所谓按单位劳动投入量计算的资本量（正确地说，应该是不变资本量），其实就是资本的技术构成；它提高的快慢，当然受到生产资料本身节约程度的影响，而与资本的生产率的变动大体相反。请看表 4。

表 4　美国制造业按单位劳动投入量计算的资本量和按单位资本投入量计算的产量的平均年增长率比较（1899—1953 年）

指标	1899 年以前	1899—1909	1909—1919	1919—1929	1929—1937	1937—1948	1948—1953
单位劳动投入量的资本量（资本技术构成）	3.5	2.8	2.8	1.3	-0.6	-0.7	2.2
单位资本投入量的产量（资本的生产率）	-1.8	-1.6	-1.9	4.3	2.4	2.1	0.8

资料来源：J. W. Kendrick. Productivity in the United States: Trends and Cycles, Johns Hopkins University Press, 1961, P.148, 166.

从表 4 可以看出，在 1929 年以前，多数时间内资本的生产率是下降的，这表明生产资料的节约还未成为提高生产效率的重要途径，所以资本技术构成提高的速度也比较快。这种情况和 1919 年以前美国制造业中一直进行着的生产过程机械化和大规模建厂是密切联系的。肯德里克指出："时间的先后虽有不同、但在各个经济部门中存在着按单位资本投入量计算的产量变动的某种典型形式。发展的第一阶段以资本的急剧增大为特征，这是由于机械化生产代替手工劳动,或预期产品需求和设备利用率的逐步增长而大量建造工厂。这个时期按单位资本投入量计算的产量通常是下降的。而后，一旦生产过程已经按照现行技术和生产要素相对价格所要求的资本量建立起来，资本就主要用于进一步改进设备和生产过程。这个阶段，节约资本的新方法大量出现，因为用这类方法降低成本的可能性由于资本相对数量的增长而变得更大，于是按单位资本投入量计算的产量开始上升。"[1]资本生产率由下降转为上升的时间在各个经济部门中是不同的，制造业大约发生在 1919 年。因此，1919 年

---

① J. W. Kendrick. Productivity in the United States: Trends and Cycles, Johns Hopkins University Press, 1961, P.165.

以后出现了相反的动态，单位资本投入量的产量开始提高，同时资本技术构成的增长速度也相应放慢了（1929—1948 年间甚至出现负增长）。

下面再仔细考察一下 1929 年到 70 年代末的情况。见以下三表（表 5—表 7）。

表 5　美国制造业的资本价值构成（1929—1979 年）

年份	固定资本拥有量（10 亿美元，当年价格）			可变资本（职工工资和薪金总额）（百万美元）	按固定资本价值构成推算的资本	
	建筑物〔1〕	设备〔2〕	固定资本合计〔3〕	〔4〕	构成比率（%）〔3〕：〔4〕＝〔5〕	期间指数（1929 年＝100）
1929	11.5	7.3	18.8	16092	1.17	100.0
1933	8.0	5.4	13.4	7827	1.71	146.2
1939	8.5	6.3	14.8	13585	1.09	93.2
1943	10.7	8.3	19.0	40883	0.46	39.3
1948	21.8	19.3	41.0	46459	0.88	75.2
1949	22.1	21.5	43.6	43360	0.99	84.6
1953	28.0	32.5	60.4	69881	0.86	73.5
1959	38.5	50.6	89.1	84720	1.05	89.7
1963	41.8	54.4	96.3	100606	0.96	82.1
1969	66.9	95.6	162.5	157562	1.03	88.0
1973	96.5	123.5	220.0	196186	1.12	95.7
1979	160.1	264.5	424.6	330900	1.28	109.4

计算根据：建筑物、设备、固定资本价值：《美国历史统计，从殖民时代到 1970 年》，美国商务部普查局 1975 年，第 258 页；《美国统计摘要》，美国财政部统计局 1974 年，第 400 页，1980 年，第 809 页。职工工资和薪金总额：《国民收入（1954 年）》，第 180-181 页；《美国的收入和产量》，第 201 页；《商业现况》，美国商务部普查局，第 26 页（1961 年 7 月），第 34 页（1967 年 7 月），第 41 页（1973 年 7 月），第 51 页（1976 年 7 月），第 15 页（1980 年 7 月）。

表 6　美国制造业的资本技术构成（1929—1973 年）

年份	固定资本拥有量（10 亿美元，按 1958 年不变价格计算）			职工数（千人）		资本技术构成（美元）			
	建筑物〔1〕	设备〔2〕	固定资本合计〔3〕	总数〔4〕	其中：生产人员〔5〕	按建筑物计算〔1〕：〔4〕＝〔6〕	按设备计算〔1〕：〔4〕＝〔7〕	按固定资本计算〔3〕：〔4〕＝〔8〕	期间指数〔9〕（1929 年＝100）
1929	35.9	17.9	53.8	10702	8567	3355	1673	5027	100.0
1933	31.9	14.8	46.6	7397	5924	4313	2001	6300	125.3

续表

年份	固定资本拥有量（10亿美元，按1958年不变价格计算）			职工数（千人）		资本技术构成（美元）			
	建筑物〔1〕	设备〔2〕	固定资本合计〔3〕	总数〔4〕	其中：生产人员〔5〕	按建筑物计算〔1〕：〔4〕=〔6〕	按设备计算〔1〕：〔4〕=〔7〕	按固定资本计算〔3〕：〔4〕=〔8〕	期间指数〔9〕（1929年=100）
1939	26.6	14.6	11.1	10278	8318	2588	1421	3999	79.6
1943	24.6	16.5	41.1	17602	15147	1398	937	2335	46.4
1948	29.7	29.7	59.4	15582	12910	1906	1906	3812	75.8
1949	30.0	31.6	61.7	14441	11790	2077	2188	4273	85.0
1953	32.6	40.4	73.0	17549	14055	1858	2302	4160	82.8
1959	137.6	49.1	86.7	16675	12603	2255	2945	5199	103.4
1963	38.2	515	89.8	16995	12555	2248	3030	5284	105.1
1969	45.4	76.3	121.6	20167	14767	2251	3783	6030	120.0
1973	45.9	86.7	132.6	20154	14338	2277	4302	6579	130.9

计算根据：建筑物、设备、固定资本价值：《美国历史统计，从殖民时代到1970年》，美国商务部普查局1975年，第259页；《美国统计摘要》，美国财政部统计局1974年，第401页。职工总数：《基本经济统计手册》，美国经济统计局1981年1月，第24-25页。

说明：由于1974年后的按1958年不变价格计算的制造业固定资本存量价值未能得到资料，也找不到物价换算指数，所以1974年后的资本技术构成没有算出。

表7 美国制造业的劳动生产率（1929—1979年）

年份	生产量指数（1967年=100）〔1〕	职工人数指数（1967年=100）〔2〕	劳动生产率指数（1967年=100）〔1〕：〔2〕=〔3〕	劳动生产率指数（1929年=100）〔4〕
1929	22.8	55.0	41.5	100.0
1933	14.0	38.0	36.8	88.7
1939	21.5	52.9	40.6	97.8
1943	47.6	90.5	51.9	125.1
1948	40.9	80.1	51.1	123.1
1949	38.7	74.3	52.1	125.5
1953	55.1	90.2	61.1	147.2
1959	64.2	85.7	74.9	180.5
1963	75.8	87.4	86.7	208.9
1969	111.0	103.7	107.0	257.8

年份	生产量指数 （1967 年＝100） 〔1〕	职工人数指数 （1967 年＝100） 〔2〕	劳动生产率指数 （1967 年＝100） 〔1〕：〔2〕＝〔3〕	劳动生产率指数 （1929 年＝100） 〔4〕
1973	129.8	103.6	125.3	301.9
1979	153.6	108.3	141.8	341.7

计算根据：生产指数：《基本经济统计手册》，美国经济统计局 1981 年 1 月，第 72-73 页。职工指数：《基本经济统计手册》，美国经济统计局 1981 年 1 月，第 24-25 页。

后列三个表显示的基本情况是：在 1929—1979 年的 50 年中，美国制造业的劳动生产率提高了约 2.4 倍，但按固定资本计算的资本价值构成仅提高了 9.4％。如按 1929—1973 年计算，则劳动生产率提高了约两倍，按固定资本推算的资本技术构成提高了不到 1/3，相关的资本价值构成甚至下降了 4.3％。但我们却不能根据这些数据得出结论说，近 50 年来，至少在美国制造业中，资本有机构成提高的规律已经不起作用。因为如果对这 50 年的历史背景进行具体分析，那么对情况的判断就会有所不同。

这 50 年，大体上可以分为两段：前 20 年（1929—1949 年）和后 30 年（1949—1979 年）。前 20 年包括两个比较特殊的时期：30 年代的大危机和第二次世界大战。在 30 年代的大危机和长期萧条时期，设备大量闲置，需求萎缩，投资锐减，许多陈旧的设备被毁坏和淘汰，因而固定资本拥有量不仅没有增长，反而急剧地减少了。1929—1938 年，制造业按不变价格计算的固定资本存量净值由 538 亿美元减少到 418 亿美元，下降了 22.3％。这必然要引起资本技术构成乃至资本价值构成的下降。但大危机期间，由于职工的缩减程度大大高于固定资本的缩减程度（一般说来，危机时期厂房设备中被闲置的部分仍要计入固定资本存量之中），按固定资本存量计算的资本技术构成和价值构成又会出现上升的假象。了解这一点很重要，在比较资本构成的动态时要正确地选择基期，还必须对计算的资本构成指标进行谨慎的具体分析。至于第二次世界大战期间，美国政府为了应付战争需要，扩大国营军事经济，限制私人资本投资，也阻碍了私人制造业固定资本投资的增长。1938—1945 年，制造业按不变价格计算的固定资本存量净值几乎没有增加，而职工却增加了 64％，这又不能不使按固定资本推算的资本技术构成和价值构成相应下降。1945—1948 年，是美国从战时经济到和平经济的恢复时期，私人投资迅速增长，这有助于提高资本构成，但还不足以抵消战时资本构成的下降。总起来看，1929—1948 年，美国制造业按固定资本推算的资本构成呈现下降趋势：资本技术构成指数下降了 24.2％，资本价值构成指数下降了 24.8％。

后 30 年是战后资本主义迅速发展的时期。如以 1948 年为基期，此期间美国制造业资本构成指标的基本动态如表 8。

表 8　美国制造业的资本价值构成、资本技术构成和劳动生产率增长指数

（1948—1979 年）

年份	资本价值构成指数 （按固定资本推算）	资本技术构成指数 （按固定资本推算）	劳动生产率指数
1948	100.0	100.0	100.0
1953	97.7	109.2	119.6
1959	119.3	136.4	146.6
1963	109.0	138.7	169.7
1969	117.0	158.3	209.4
1973	127.3	172.7	245.2
1979	145.5	—	277.6

计算根据：同表 5、表 6、表 7。

1948—1973 年，美国制造业的劳动生产率提高了 145.2％，资本技术构成提高了 72.7％，资本价值构成提高了 27.3％；如按 1948—1979 年计算，劳动生产率提高了 177.6％，资本价值构成提高了 45.5％，资本技术构成的数字未能算出，根据趋势推断也会有进一步的提高。这些数据说明，在战后的资本主义发展过程中，资本有机构成提高的规律仍在继续发生作用。不过和1929 年以前的情况不同，这个时期资本技术构成的提高大大落后于劳动生产率的提高，变得比较缓慢了。原因如前所述，主要是由于生产资料节约的作用大大加强了。表 6 显示：1929—1973 年，制造业按不变价格计算的建筑物拥有量增长了 27.9％，设备拥有量增长了 384.4％。固定资本的结构因而发生了重大变化，建筑物的比重从 66.7％降低到 34.6％，设备的比重则从 33.3％提高到 65.4％。结果，职工平均占用的建筑物量下降了 32％，而职工平均占用的设备量则上升了 157％。这些数据至少说明两点：第一点，在这四十多年间制造业的劳动生产率提高了两倍以上，而建筑物的增加却很少，以致职工平均占用的建筑物量反而下降了 1/3 左右。可见建筑物的大量节约对于缓冲资本技术构成的迅速提高起了决定性的作用。第二点，在劳动生产率提高的同时，固定资本的主体部分即机器设备的增长仍然是巨大的，因而职工平

均占用的设备量提高了一倍半以上。但即使是这部分生产资料，其增长速度也低于劳动生产率的提高速度，这说明机器设备的节约也在起作用。

这个时期资本价值构成的提高和 1929 年以前的 50 年一样，都比较缓慢。20 世纪以来，生产要素的价格变动对资本价值构成变动的抵消作用总的说来是加强了。一个突出的现象是原材料生产部门劳动生产率的提高速度超过了制造业部门。制造业的劳动生产率从 20 世纪初算起，到 1960 年提高了 2.4 倍，到 1975 年提高了 4.5 倍[①]；而矿业的劳动生产率从 1902 年到 1960 年提高了 4.2 倍[②]；农业的劳动生产率从 1910 年到 1975 年提高了 9.3 倍[③]。这样，原材料的贬值必然超过制造业产品的贬值，从而在更大程度上抑制了不变资本价值的相对增长。另一突出现象是职工的名义工资不断提高。制造业工人平均每周的货币收入，从 1929 年的 24.76 美元上升到 1979 年的 268.94 美元[④]，扣除税收和物价上涨的因素，实际工资仍然有相当程度的增长，这又从另一方面抑制了可变资本价值的相对降低。

把关于制造业的考察概括起来，我的基本看法是：从 1879 年到 1979 年共约 100 年时间里，除了 20 世纪 30 年代的大萧条和 40 年代的第二次世界大战这两个时期以外，始终存在着资本技术构成和资本价值构成提高的趋势，这表明马克思所揭示的资本有机构成提高的规律在继续发生作用。

苏联出版的《现代垄断资本主义政治经济学》一书对资本有机构成问题做了许多中肯的分析，但它根据美国的材料而得出"20 世纪资本价值构成稳定化"[⑤]的结论，却是值得商榷的。这个结论给人一种印象，似乎 20 世纪以来资本价值构成没有什么提高，或者在大多数时间里并不是提高的趋势占优势。这和实际情况是不尽相符的。

仇启华等同志在《资本主义积累的一般规律在当代》一文中，根据战后美国制造业固定资本与工资之间比例的变动和西德工业部门按总产品计算的资本价值构成的变动，把 50 年代至 70 年代初发达资本主义国家资本有机构

---

① 根据表 3、表 7 计算。

② 计算根据：《美国历史统计，从殖民时代到 1970 年》，美国商务部普查局 1975 年，第 949 页。

③ 计算根据：《美国历史统计，从殖民时代到 1970 年》，美国商务部普查局 1975 年，第 953 页；《美国统计摘要》，美国财政部统计局 1978 年，第 707 页。

④ 资料来源：《基本经济统计手册》，美国经济统计局 1981 年 1 月，第 24-25 页。

⑤ H. H. 伊诺泽姆采夫：《现代垄断资本主义政治经济学》上册，上海人民出版社 1978 年版，第 386-389 页。

成的变化趋势概括为"提高缓慢，基本稳定，有时下降"①，这个概括也是不确切的。人们弄不清他们所说的总趋势究竟是"缓慢提高"还是"基本稳定"。实则战后美国制造业资本价值构成的提高虽然比较缓慢，但并不像仇启华等同志所说的那样缓慢。按照他们的计算，固定资本价值与工资之比在40年代末50年代初和70年代初各为：1949年1.45，1950年1.38，1951年1.34，1952年1.33，1971年1.85，1972年1.74，1973年1.69，1974年1.83。②他们在40年代末50年代初挑出一个数值最高的年份1949年，在70年代初挑出一个数值最低的年份1973年，然后说这个比值在24年中提高了0.24，提高相当缓慢，基本上是稳定的。其实用1949年作基期本来就不妥当（因为1949年是危机年份，资本构成数值被夸大了；所以，这也是我们前面的比较不用1949年作基期的原因），而用1973年的数字也是任意的。只要稍微换换年份，结果就会大不相同。如以1951年和1971年相比，这个比率就从1.34提高到1.85，提高了0.51，比仇启华等同志所算数值翻了一倍多，按增长率计算大约增长了38%，这总不能说是缓慢得近于基本稳定了吧！

仇启华等同志还根据他们的上述论断进一步认为："第二次大战后，到70年代，在资本增大的同时，对劳动力的需求就不是相对地急剧减少，而是随之增加。"③这个推论就更不正确了。其实，从战后到70年代初，美国制造业资本对劳动力的相对需求既没有增加，也并不稳定，而是趋于减少的。从1948年到1973年，制造业的固定资本价值增长了437%，可变资本价值增长了322%，总资本（未包括流动不变资本）增长了376%，职工总数却仅增长了29%（其中生产工人增长了11%）。④结果，每一万美元资本所需要的职工数，从1948年的1.78人，减少到1973年的0.48人。资本对劳动力的相对需求下降的幅度并不算小。这样明显的事实，为什么仇启华等同志没有看出，竟然得出相反的结论呢？我认为，这主要是因为他们忽略了生产要素的价格变动对资本价值构成提高的抵消作用，舍掉了在资本价值构成缓慢提高背后资本技术构成的较大提高。特别是劳动力价格的变化，当资本技术构成的提高程

---

① 仇启华，解德沅，黄苏：《资本主义积累的一般规律在当代》，《中国社会科学》1980年第2期，第194页。

② 仇启华，解德沅，黄苏：《资本主义积累的一般规律在当代》，《中国社会科学》1980年第2期，第191页。

③ 仇启华，解德沅，黄苏：《资本主义积累的一般规律在当代》，《中国社会科学》1980年第2期，第104页。

④ 资料来源：同表5、表6。

度已定时，由于工资提高而引起的可变资本的增长，不但不意味着资本对劳动力的相对需求增加，反而会使这种需求下降得更厉害。仇启华等同志仅仅看到资本价值构成提高缓慢这一现象，便匆忙地进行推断，当然难免会悟出错误的结论了。[①]

以上我们着重考察了美国制造业的情况，那么其他物质生产部门的情况又如何呢？下面是美国矿业在 1880 至 1953 年间和美国农业在 1925 至 1973 年间资本技术构成的基本动态（见表 9、表 10）。

表 9　美国矿业的资本技术构成（1880—1953 年）

年份	资本账面价值（不包括土地）（百万美元，一九二二年价格）〔1〕	从业人员（千人）〔2〕	从业人员人均占用的资本量	
			绝对量（美元）〔1〕：〔2〕＝〔3〕	指数（1880 年＝100）〔4〕
1880	410	329a	1246	100.0
1890	918	521	1762	141.4
1909	3476	988	3518	282.3
1919	5596	1056	5299	425.3
1929	8532	1002	8515	683.4
1940	6699	813b	8240	661.3
1948	7772	895	8683	697.0
1953	8127	642a	12659	1016.0

计算根据：D. B. Creamer, S. B. Dobrovolsky, I. Borenstein. Capital in Manufacturing and Mining: Its Formation and Financing, Princeton University Press, 1960, P.319, 323.

说明：a 仅为工资赚取者人数。b 为 1939 年人数。

表 10　美国农业按固定资本推算的资本技术构成（1925—1973 年）

年份	固定资本拥有量（10 亿美元，1958 年不变价格）〔1〕	从业人员（千人）〔2〕	从业人员平均占用的固定资本量	
			绝对量（美元）〔1〕：〔2〕＝〔3〕	指数（1925 年＝100）
1925	16.2	13036	1243	100.0
1930	16.9	12497	1352	108.8
1935	13.6	12733	1068	85.9
1940	14.5	10979	1321	106.3

① 仇启华等同志在文章中曾指出，工人工资的较大增长阻碍着可变资本比重的下降。可惜他们未能深入分析这一事实的经济含义。

续表

年份	固定资本拥有量（10 亿美元，1958 年不变价格）〔1〕	从业人员（千人）〔2〕	从业人员平均占用的固定资本量	
			绝对量（美元）〔1〕：〔2〕＝〔3〕	指数（1925 年＝100）
1945	15.2	10000	1520	122.3
1950	26.0	9926	2619	210.7
1955	31.3	8364	3742	301.0
1960	31.4	7057	4449	357.9
1965	33.5	5.610	5971	480.4
1970	38.7	4523	8556	688.3
1973	40.6	4337	9361	753.1

计算根据：固定资本拥有量：《美国历史统计，从殖民时代到 1970 年》，美国商务部普查局 1975 年，第 260 页；《美国统计摘要》，美国财政部统计局 1974 年，第 401 页。农业从业人员数：《基本经济统计手册》，美国经济统计局 1981 年 1 月，第 64-65 页。

美国矿业的资本技术构成在 1880—1953 年提高了 916%，美国农业的资本技术构成在 1925—1972 年提高了 653%。这都超过了制造业资本技术构成的提高幅度，是与矿业和农业劳动生产率的提高快于制造业劳动生产率的提高相联系的。20 世纪以来，美国矿业和农业的生产大幅度增长，而从业人员不仅没有增加，反而急剧减少了。1919—1979 年，矿业的生产增长 325%，职工却从 113 万人减少到 96 万人，下降了 15%[1]；农业的生产增长了 162%，从业人员却从 1324 万人减少到 377 万人，下降了 72%[2]。这些数字显示了活劳动的大量节约和劳动生产率的巨大提高，其基础则是资本技术构成的迅速提高。

我没有找到足够的资料来计算矿业、农业和整个物质生产部门的资本价值构成，但根据上面有关资本技术构成的数据可以初步推断：整个物质生产领域的资本价值构成的提高速度，可能比制造业部门的资本价值构成的提高速度要快些。

至于包括非物质生产领域在内的整个社会资本的情况究竟如何，我计算了美国全部私人企业的资本技术构成在 1925—1973 年间的变动情况，如表 11。

① 计算根据：《基本经济统计手册》，美国经济统计局 1981 年 1 月，第 72、16 页。
② 计算根据：《基本经济统计手册》，美国经济统计局 1981 年 1 月，第 84、64 页。

表 11 美国全部私人企业的资本技术构成（1925—1973 年）

年份	固定资本拥有量（10 亿美元，1958 年不变价格）〔1〕	职工总数（千人）〔2〕	从业人员平均占用的固定资本量	
			绝对量（美元）〔1〕：〔2〕＝〔3〕	指数〔4〕（1925 年＝100）
1925	211.0	39002	5410	100.0
1929	236.6	41022	5768	106.6
1933	212.2	33272	6378	117.9
1939	192.2	37946	5065	93.6
1943	186.5	46800	3985	73.7
1949	243.3	47862	5081	94.0
1953	294.2	52421	5612	103.7
1959	358.9	52527	6832	126.3
1963	101.4	53946	7440	137.5
1969	544.9	62779	8680	160.4
1973	625.4	67395	9270	171.5

计算根据：固定资本拥有量：《美国历史统计，从殖民时代到 1970 年》，美国商务部普查局 1975 年，第 259 页；《美国统计摘要》美国财政部统计局 1974 年，第 401 页。职工总数：《基本经济统计手册》，美国经济统计局 1981 年 1 月，第 16、64 页。

在 1925—1973 年的四十几年间，美国全部私人企业按固定资本推算的资本技术构成提高了 71.5%，提高速度高于制造业。由此也可以初步推断，美国全部私人企业的资本价值构成在此期间也是提高的趋势。

从以上对美国实际资料的初步考察，可以得出的初步结论是什么呢？

第一，20 世纪以来，资本技术构成的提高趋势仍然十分明显，这表明物化劳动代替活劳动的过程仍然是资本主义生产发展和科学技术进步的一个本质特征。物化劳动节约的重要性日益加强，使资本技术构成的提高速度放慢了，但没有改变资本技术构成提高的基本趋势：资本技术构成的提高和劳动生产率的提高仍然紧密地联系着。这一点不但已为我们前面引用的实际资料所证明，而且也是西方经济学家普遍承认的客观事实。他们虽然不使用资本技术构成这一概念，但许多人却在那里实际进行着资本技术构成的计算和研究。除了肯德里克以外，另如美国经济学家库兹涅茨在研究美国经济中的资本形成时，计算了按人口平均和按劳动力平均的资本存量。根据他的计算，1869—1955 年，美国经济中按人口平均的资本净存量由 680 美元提高到 2660

美元,按劳动力平均的资本净存量由 2110 美元提高到 6740 美元。[①]这都说明,马克思关于资本技术构成趋向提高的原理已被西方经济学家所默认。

第二,20 世纪以来,资本价值构成提高的速度大大地放慢了。这部分地是由于资本技术构成提高的速度已经降低,部分地是由于生产资料的相对贬值和职工工资的相对上涨。生产要素价格变动的抵消作用加强了,但还没有达到扭转资本价值构成提高趋势的程度。总的说来,马克思所揭示的资本价值构成日趋提高的规律在 20 世纪仍在顽强地表现自己的作用,不过作用的强度有所减弱。

第三,马克思提出的资本有机构成范畴今天并未过时,因为 20 世纪以来资本价值构成的变化主要还是由资本技术构成决定的。一方面,从长期趋势来看,资本价值构成和资本技术构成仍然向着提高的同一方向变动,这说明资本技术构成仍然是资本价值构成的基础。但是另一方面,因为资本技术构成的提高速度已经放慢,加上资本物质要素价格变动的抵消作用有所加强,所以从中期变动来看,资本价值构成和资本技术构成可能出现反向运动。这时资本价值构成的变化就不能直接反映资本技术构成的变化了。因此,我们在研究现代资本主义国家资本有机构成的动态时,有必要把资本价值构成的变动和资本技术构成的变动结合起来进行分析,这样才能更确切地判断资本有机构成的实际变动程度,以及这种变动所具有的经济意义。

（原载《中国社会科学》1983 年第 2 期）

---

① S. Kuznets. Capital in the American Economy: Its Formation and Financing, Princeton University Press, 1961, P.64.

从战后欧洲的经济情况看资本主义的失业问题

　　在马克思的经济学说中，失业问题是作为相对过剩人口理论而提出的。马克思立足于资本主义经济制度的分析，以剩余价值理论为基础，认为在积累过程中资本对劳动力的需求日益相对减少，劳动力对资本的供给却日益增多，因而失业的存在和扩大是不可避免的。在整个分析中，关于资本构成提高趋势的论断起着关键性作用。

　　按照马克思的理论，既然资本构成提高引起资本对劳动力需求的相对下降是形成相对过剩人口的决定性原因，那么似乎可以得出结论：资本构成和失业率之间有着密切的正相关关系。然而事实表明，这个论断并不正确。如果对不同国家进行比较，或者对一个国家的不同时期进行比较，我们会发现，资本构成的变动和失业率的高低或变动之间往往存在着反向联系。例如，在1950—1984年，西德和日本是西方发达国家中劳动生产率增长最快、资本构成提高最为迅速的两个国家，按从业人员平均占用的非住宅固定资本存量计算的资本技术构成，年均增长率分别达到4.8％和6.9％；但它们的年均失业率却较低，分别为3.4％和1.8％。而在同一时期，美国按相同口径计算的资本技术构成年均增长率只有1.8％，比西德和日本低得多；但它的年均失业率却较高，达到5.6％。[①]就一个国家的不同时期来看，例如美国，比较1947—1969年和1969—1984年两个时期，资本技术构成的年均增长率在前一个时期较高而在后一个时期较低，分别为2.5％和1.2％；但年均失业率却是前一

---

　　① 计算根据：A. Maddison. Growth and Slowdown in Advanced Capitalist Economies: Techniques of Quantitative Assessment, Journal of Economic Literature, 1987, 25 (2); A. Maddison. Phases of Capitalist Growth, Oxford University Press, 1982;《经济合作和发展组织主要经济指标》;《美国历史统计，从殖民时代到1970年》，美国商务部普查局1975年；《美国总统经济报告》，美国联邦政府印制局1986年。

个时期较低而后一个时期较高，分别为 4.6% 和 6.7%。[①]这说明，不同国家不同时期失业率的水平和变动，制约因素很多，仅仅用资本构成这一种变量是不能作出正确判断和充分解释的。

基于这种情况，某些西方经济学家对马克思的失业理论提出尖锐批评。例如，霍华德和金认为，马克思用节约劳动的技术进步和资本有机构成提高趋势来论证失业产生的必然性有两个根本缺陷：一是忽略了剩余价值率提高的作用，尽管资本构成的变动可能减少资本对劳动力的需求，但提高剥削率也会提供更多剩余价值而加速资本积累，扩大对劳动力的需求。二是没有充分考虑劳动力供给的问题，即使资本对劳动力的需求增长缓慢，但如果没有劳动力供给的更快增长，也不会有失业。他们用一个简单公式来说明这种关系。假定可变资本的增长率和资本对劳动力需求的增长率一致，可变资本增长率 g_v 等于新增加的可变资本 Δ_v 与原有可变资本 v 之比；再设 β 代表总投资中用于可变资本的比例，α 代表剩余价值中用于投资的比例，e 代表剩余价值率，s 代表剩余价值，则得公式：

$$g_v = \frac{\Delta_v}{v} = \frac{\beta \alpha s}{v} = \beta \alpha e$$

按照马克思的论证，资本构成提高必然导致 β 下降；但 β 的下降并不必然带来 g_v 的降低，除非 αe 的增长不能抵消 β 的下降。如果 α 不变，那只有在 e 的提高慢于 β 的降低时，g_v 才可能下降。即使 αe 的增长不能抵消 β 的下降，使 g_v 降低，那还要看劳动力供给的增长率如何，才能确定是否会有失业产生。可见，多种变量制约着失业人口的形成和扩大。马克思只强调其中的一个变量 β，而忽视其他变量如 α、e 以及劳动力供给的增长率，因而他的论证是不科学的，不能成立。[②]

如果具体分析一定时期失业人口的存在和规模，霍华德和金的论点无疑是正确的。在严格的数学意义上，失业人口的数量等于劳动力对资本的供给量和资本对劳动力需求量的差额，资本对劳动力需求量的大小则受到资本构成和资本积累量两个因素的共同制约，资本积累量的大小又确实与剩余价值

① 计算根据：J. C. Musgrave. Fixed Reproducible Tangible Wealth in the United States, Survey of Current Business, 1986 年有关各期；《美国历史统计，从殖民时代到 1970 年》，美国商务部普查局 1975 年；《美国总统经济报告》，美国联邦政府印制局 1986 年。

② M. C. Howard and J. E. King. The Political Economy of Marx, New York University Press, 1985, 2nd edition, P.197-198.

率和投资率有关。不言而喻，仅仅从社会资本的构成和资本对劳动力的相对需求，并不能直接推导出一定时期的就业水平和失业规模。但是应该看到，马克思的相对过剩人口理论，其目的不在于确定一定时期失业量的大小，而在于揭示资本主义失业存在的必然性和发展趋势。因此，他要从若干变量中找出一个起支配作用的变量，它能决定失业存在的必然性，在马克思看来，这个变量就是资本有机构成提高或资本对劳动力需求的相对下降。那么，有什么理论根据，能说明资本有机构成提高是这样一个关键变量呢？或者反过来问：难道情况不会像霍华德和金所设想的那样，由于剩余价值率和投资率的充分提高，资本积累量会迅速扩大，以致抵消资本构成提高的消极影响而有余，并使资本对劳动力需求的增长超过劳动力的供给吗？

我们认为，这种情况在一定时期完全可能出现，但从长期发展看，却是不现实的。因为，一旦这种形势出现，过剩人口就会逐渐减少甚至暂时消失，劳动力的价格即工资必然迅速上涨，直到超过劳动生产率的增长，导致剩余价值率降低和利润率下降，资本积累和经济增长的速度也必然随之放慢。这个道理，马克思在《资本论》第一卷第二十三章第一节中已经阐明。他在论述积累率和工资率变动的关系时，也揭示了制约积累率的客观因素。"积累由于劳动价格的提高而削弱，因为利润的刺激变得迟钝了。积累减少了。但是随着积累的减少，使积累减少的原因，即资本和可供剥削的劳动力之间的不平衡，也就消失了。"[1]另一方面，在劳动价格急剧增长的压力下，资本必然加速采用节约劳动的技术和设备，进一步提高劳动生产率以降低成本，由此而使资本构成的提高相对加快。上面所说的这种双重结果表明，从长期看，资本积累率会被限制在使劳动力需求的增长低于劳动力供给增长的限度内，失业大军的形成仍然是不可避免的。马克思主要从资本有机构成提高趋势来论证相对过剩人口存在的必然性，并不是他不懂得或者没有注意到资本积累速度对劳动力需求的影响，而是他看到这种作用的客观限制。

欧洲主要资本主义国家失业状况的长期变化，可以作为上述分析的一个实证性的注脚。

---

[1] 马克思：《资本论》第 1 卷，《马克思恩格斯全集》第 23 卷，人民出版社 1972 年版，第 679-680 页。

表1　欧洲主要资本主义国家的年平均失业率（%）

年份	英国	西德	法国	意大利	比利时	荷兰
1920—1924	7.5	2.8	—	—	2.3	2.7
1925—1929	7.5	4.9	—	—	0.8	2.0
1930—1934	13.4	12.7	—	4.8	8.7	6.9
1935—1938	9.2	3.8	—	—	8.9	10.9
1950—1954	2.5	6.9	2.4	7.7	5.0	3.3
1955—1959	2.5	3.1	1.8	6.8	3.3	1.8
1960—1964	2.6	0.7	1.4	3.3	2.2	0.9
1965—1969	2.8	0.9	1.8	5.2	2.0	1.9
1970—1974	3.4	1.1	2.6	5.2	2.1	3.2
1975—1979	5.3	3.9	5.7	6.3	6.0	6.2
1980—1984	10.3	7.0	8.4*	9.0	15.9	12.3
1985—1988	10.2	9.2	10.3	11.3	16.0	14.5

计算根据：A. Maddison. Phases of Capitalist Growth, Oxford University Press, 1982；《经济合作与发展组织主要经济指标，历史统计，1964—1983》；《经济合作与发展组织主要经济指标》，OECD1988 年 3 月号、1989 年 5 月号。

*1982—1983 年两年平均数，其他三年数字暂缺。

我们着重看看战后的情况。在 20 世纪 50 年代至 60 年代，西欧主要资本主义大国除意大利之外，失业率的确很低。这和北美洲两个资本主义大国的情况不同。美国和加拿大的失业问题虽然不如战前严重，但从未消失。而西欧几个国家如西德、法国和英国等，却在不同程度上实现了充分就业，它们都有 15 至 20 年的时间把失业率压到 2%左右甚至 1%以下。西德等国甚至有大量来自欧洲落后国家的外籍工人，它们当时对劳动力的需求实际超过了国内的劳动力供应。如此长时间出现劳动市场上的供不应求形势，在资本主义历史上确不多见。但是，从 60 年代末 70 年代初开始，情况发生逆转，失业问题逐渐加剧，到 80 年代更加恶化，重新成为西欧最严重的社会问题。

研究战后欧洲失业发生的阶段性变化，首先应该观察主要欧洲国家的经济增长速度在几个不同历史时期上的差别。

很明显，战后 50 年代至 60 年代西欧主要国家经济前所未有的高速增长，是这个时期形成高就业率和低失业率的决定性因素。在 1950—1973 年，英、德、法、荷四国经济增长的平均速度，不仅比包含两次世界大战和 30 年代大萧条的 1913—1950 年时期快两倍，甚至比经济迅速发展的 1870—1913 年时期快一倍多。尽管劳动生产率的提高速度也是空前的，但经济的高速增长抵消了生产率提高对就业的负效应，保持了劳动市场需求的高水平，不同程度地实现了充分就业。这些国家和美国相比，特别是德、法两国，经济增长的速度也高得多。70年代以后，欧洲国家的经济增长速度急剧下降，当然也是对欧洲失业问题重新加剧有重要影响的。

表2　实际国内生产总值的年平均复合增长率（%）

国家/项目	1870—1913	1913—1950	1950—1973	1973—1984
英国	1.9	1.3	3.0	1.1
西德	2.8	1.3	5.9	1.7
法国	1.7	1.1	5.1	2.2
荷兰	2.1	2.4	4.7	1.6
四国平均	2.1	1.5	4.7	1.7
美国	4.2	2.8	4.7	2.3

资料来源：A. Maddison. Growth and Slowdown in Advanced Capitalist Economies: Techniques of Quantitative Assessment, Journal of Economic Literature, 1987, 25(2), P.650.

在资本主义国家，经济增长的直接动力是资本积累，经济增长速度的变化不过是资本积累速度变化的一种表现，尽管两者并不完全一致。为了深入了解西欧国家经济增长速度变化的原因，特别是这种变化与劳动力需求变化的内在关系，应该进一步分析资本积累和资本构成在战后不同时期的变动情况。请看表3。

表3　西欧四国的资本积累和资本构成在不同时期的变动情况（年平均复合增长率，%）

国家/项目	1950—1960		1960—1973		1950—1973		1973—1984	
	资本积累	资本构成	资本积累	资本构成	资本积累	资本构成	资本积累	资本构成
英国	3.2	2.4	4.7	4.5	4.0	3.6	2.3	2.7
西德	6.4	4.2	6.4	6.1	6.4	5.3	3.2	3.8
法国	3.0	2.7	5.9	5.2	4.6	4.1	4.0	4.0
荷兰	3.7	2.4	4.8	3.8	4.3	3.2	3.6	3.0
四国平均	4.1	2.9	5.5	4.9	4.8	4.1	3.3	3.4

计算根据：A. Maddison. Growth and Slowdown in Advanced Capitalist Economies: Techniques of Quantitative Assessment, Journal of Economic Literature, 1987, 25(2), P.685, 691.

说明：资本积累指非住宅固定资本物质存量变动，资本构成指从业人员平均占用的非住宅固定资本存量。麦迪森提供了上述国家在有关年份按不变价格计算的非住宅固定资本存量指数，以及各国在相应年份的就业人数。计算方法是先将各国各年份就业人数换算成同期指数，再用就业人员指数除资本存量指数，求得就业人员平均占用的非住宅固定资本存量指数，最后按指数算出两个数值在各个时期的年平均复合增长率。

由于原始资料的限制，我们只能用非住宅固定资本物质存量的变动代表资本积累状况，并只能算出按非住宅固定资本存量计算的资本技术构成。不难看出，这些国家的资本积累和资本构成的增长，在战后时期都经历了一个从加速到减速，从高速增长到低速增长的变化过程。但是，使我们感兴趣的重要事实不在这里，而在于这两个变量对比关系的变化。按照四个国家的平均数字，在1950—1960年间，资本积累的增长速度比资本构成的增长速度快1.2%；在1960—1973年间，在两者加速的同时，差距缩小了，资本积累仅比资本构成的增长快0.6%；而在1973—1984年间，在两者减速的同时，关系甚至颠倒过来，资本积累反而比资本构成的增长慢0.1%。这一过程在英国和西德两国表现得最为突出。两个变量的差数在上述三个时期的变动，在英国分别为0.8%，0.2%，−0.4%，在西德分别为2.2%，0.3%，−0.6%。

这种对比关系的变动对劳动市场具有重要的经济影响。当资本积累的速度很快并超过资本构成的增长速度时，积累量的增长对资本构成提高产生的就业负效应所起的"补偿"作用是比较强大的，从而保持了资本对劳动力的较大需求，并有可能压低失业率甚至暂时实现充分就业。但是随着资本积累过程的发展，积累量增长的相对优势趋于消失，它的"补偿"作用逐渐减弱，资本对劳动力需求的增长也随之放慢甚至转为下降，失业问题也必然重新加剧。这种变化在制造业中最为明显，并且集中表现在投资增长率和就业增长率的相互关系上。

表4 制造业部门的投资增长率和就业增长率（括号中是就业增长率）（%）

国家	1960—1965	1965—1970	1970—1975
英国	3.7	4.2	−4.6
	（0.3）	（−0.5）	（−2.1）
西德	3.2	5.2	−7.3
	（1.4）	（0.4）	（−1.9）
法国	6.9	9.6	3.5
	（1.1）	（0.5）	（0.4）

资料来源：C. Freeman, J. Clark, L. Soete. Unemployment and Technical Innovation: A Study of Long Waves and Economic Development, Greenwood Press, 1982, P.158.

和整个经济比较起来，制造业中表现出来的情况要尖锐得多。从60年代上半期到下半期，这三个国家每年新投资的平均增长加速了，但就业的增长却反而放慢，英国甚至是负增长。这说明，为维持一定量就业所必需的投资量大大增加了。劳动力需求和就业的下降并不是在投资增长率下降时才发生的，而是在投资增长率加速的 60 年代后期就已经开始，但随着投资增长率的下降而加剧。劳动需求下降和就业下降的直接原因，显然是生产过程和劳动过程中越来越多地采用资本集约化的设备与方法，越来越多地用物化劳动代替活劳动，以至资本构成的提高越来越不能由积累的增长所"补偿"。

现在要问，为什么从 70 年代开始，西欧主要国家的资本积累和经济增长速度会普遍急剧下降呢？这不能不和资本利润率的变动联系起来。利润率的高低和趋势对投资和资本积累有极重要的影响。不仅利润是新投资的重要源泉，而且预期利润率是确定投资的决定性因素。因此，资本利润率下降，一般说来，必然导致资本积累和经济增长速度放慢。事实是，从 60 年代中期起，西欧主要国家的资本利润率开始趋于下降，这已为西方经济学家所公认。争论只是在于，利润率下降的原因是什么。在左派经济学家中，大体上有三种观点：一派强调资本构成提高引起利润率下降；另一派强调工资成本上升对利润的挤压；再一派强调实现困难加剧和非生产费用对利润的侵蚀。我们不打算在本文中详细讨论这个问题，但比较倾向于认为，可能几种因素都在起作用。无论如何，战后近 20 年的高速积累和增长，导致劳动市场相对短缺，工人实际工资迅速上涨，不能不在一定程度上促使利润率下降。这至少对西欧主要国家是适用的。经济学家希尔提供了表 5 的数据。

利润率可用下列简单公式计算：$P/K=(P/Y) \cdot (Y/K)$，即利润占产值的比率（利润份额）(P/Y) 乘以资本生产率（产值占资本的比率）(Y/K) 等于利润率。根据这个公式，英国左派经济学家阿罗诺维奇等指出：利润率下降可能由利润占产值的比率下降（例如由于工资提高）引起，也可能由产值占资本的比率下降（由于投资效率低或者由于生产能力利用率下降）引起。这两个比率又分别同剥削率和资本有机构成的倒数有一定联系。他们由此得出结论："所有材料似乎表明利润率的下降或多或少是由于剥削率的降低和资本有机构成的提高，两者具有同样的重要性（虽然前者居主导地位，特别在制造业是如此）。"[①]当然，资本／产值比率不能等同于资本有机构成；利润份额的变动也不能确切反映剩余价值率的动态，因为两者的概念口径和计算方法差别很大。但可以有把握地说，高积累时期工资成本迅速上涨，至少是造成利润率下降的一个重要因素。利润率的这种变动必然反过来降低投资水

① S. 阿罗诺维奇，R. 史密斯等：《英国资本主义政治经济学——马克思主义的分析》，上海译文出版社1988 年版，第 371、231 页。

平，减慢资本积累和经济增长速度，并促使资本家进一步采用节约劳动的技术和设备，相对加快资本构成和劳动生产率的增长。这样一来，资本对劳动力的需求必然急剧下降，而失业规模的重新扩大则成为不可避免的了。

表5　制造业的利润率（%）

指标	年份	英国	西德	意大利	瑞典	荷兰
利润份额 P/Y	1955	33.7	41.4	41.3	31.3	45.8
	1960	32.9	38.4	40.8	32.5	44.2
	1965	30.1	35.8	33.5	29.9	36.8
	1970	24.6	32.5	31.6	33.0	35.8
	1976	16.7	26.4	21.1[①]	25.6	35.8[①]
资本生产率 Y/K	1955	40.3	58.4	31.0	40.6	
	1960	41.7	56.9	29.3	39.6	
	1965	39.2	52.9	27.1	38.6	
	1970	35.8	52.7	32.3	39.9	
	1976	26.5	47.9	30.8[②]	35.9	
利润率 P/K	1955	13.6	24.0	12.8	12.7	
	1960	13.7	21.9	12.0	12.9	
	1965	11.8	19.0	9.1	11.6	
	1970	8.8	17.1	10.2	13.2	
	1976	4.4	12.7	9.0[②]	9.2	

资料来源：T. P. Hill. Profits and Rates of Return, OECD Publications, 1979, P.122.

说明：①1975 年；②1972 年。

为了深入理解资本积累过程对就业的影响，还有必要进一步研究积累量和资本构成对比关系的变化与投资性质的联系。

资本积累是指物质资本量的累积，表现为资本存量的增长和扩大。投资则是指每年新投入的资本，是一个流量，在西方称之为资本形成，其主体是固定资本投资。每年的固定资本投资实际上分为两部分：一部分用来更新已经损耗的物质资本，另一部分用来增添新的资本设备。这样，我们可以把投资分为四种主要类型：重置型投资，即用同样的设备更新旧设备；深化型投资，即用更先进的设备更新旧设备；扩展型投资，即追加新的设备以扩大生产能力；创业型投资，即购买生产设备投资于新企业或新兴生产部门。

四种类型投资的就业效应是不同的。重置型投资不会改变对劳动力的需求；深化型投资通常减少对劳动力的需求；扩展型和创业型投资则会增加对劳动力的需求，但增加的程度视追加投资的资本集约化程度而定。在生产技术迅速发展的资本主义国家，固定资本更新通常和新技术设备的采用结合在一起。因此，上述四种性质的投资大体上可以归为两大类：深化型投资和扩展型投资。深化型投资的结果是提高劳动生产率，必然伴随着单位产量和单位资本对劳动力需求的下降；扩展型投资的结果是扩大生产能力，也可能伴随着劳动生产率提高和资本对劳动力需求的相对下降，但会净增加对劳动力的需求。从整个社会或某个生产部门来考察，一定时期资本积累量和资本构成变动的对比关系，进而对就业的影响，就要看这两大类型投资究竟哪一种占主导地位。如果扩展型投资占主导地位，积累量的增长将较大地超过资本构成的提高，就业的增长也较快；如果深化型投资占主导地位，积累量的增长将较小地超过甚至可能落后于资本构成的提高，这时就业的扩大必然放慢，甚至可能出现绝对量的缩减。

那么，资本主义经济能否保证扩展型投资相对于深化型投资长期占据主导地位呢？回答这个问题，还需要深入分析影响投资的若干因素。

首先，从供给方面考察，生产过程本身的技术变革是影响投资的最重要的因素。一场重大的技术变革不论是改变生产方法还是创造新产品，都会引起生产条件和部门结构的巨大变化，带动若干新兴部门迅速发展，推动若干现有生产部门增加产量。这意味着资本的迅速积累和扩展型投资占据主导地位。技术进步之所以会推动产量的扩大，也是通过劳动生产率增长传导其作用。经济学家索尔特尔通过对 1924—1950 年间英国 28 个工业部门经验资料的研究，发现不同产业部门之间技术进步扩展的不平衡，会导致生产率增长速度的差异，进而通过价格调整而影响产量。他所进行的回归分析显示：不同部门的产量增长率与生产率增长率有密切的正相关联系，而这又是由于生产率增长率与价格增长率负相关，价格增长率与产量增长率负相关。[1]弗里曼等经济学家指出，按照索尔特尔的模式，不同生产率增长总的就业效应，依存于决定性的两组弹性，即产量（或需求）的价格弹性和价格的生产率弹性。如果有足够大的价格弹性和生产率弹性，生产率增长就能够充分推动产量的扩大，提高或至少是维持已达到的就业水平。然而，生产率增长并非任何时候都具有这种理想的就业效果。雷格和罗伯逊的研究表明，战后英国的制造业部门，不同的生产率增长和就业增长之间已不存在这样密切的相关性，

---

[1] W. E. G. Salter. Productivity and Technical Change, Cambridge University Press, 1960, Chapter 8, 9.

甚至产量增长和就业增长之间的联系也大大削弱了。弗里曼等由此认为，上述就业增长和生产率及产量增长之间关系的变化似乎表明，战后以来，需求的价格弹性和价格的生产率弹性已经下降。

为了探讨价格的生产率弹性变化的原因，弗里曼等人分析了技术变革和它所推动的工业发展过程。在一组重大技术变革的初期阶段，会有若干新兴工业部门产生和迅速发展，新厂商以很高的速率大量涌现，这时率先进行革新的厂商还没有多少力量阻止模仿者进入。由于竞争比较激烈，产品价格随着生产率增长而下降的可能性也较大。价格下降迅速开辟了市场，企业也都急剧扩大生产能力以占据更多的市场份额。在这种情况下，扩展性投资一般占有主要地位，并在提供新就业机会方面具有较强的积极作用。但是，随着新技术和新工业部门的发展走向成熟阶段，工业集中的趋势也逐渐加强，新企业的进入变得困难了，竞争受到阻碍，最大厂商的定价和价格协定形成了少数制造商的一定程度的价格控制，这时大企业有更大的可能把生产率增长的好处留给自己的雇主和雇员，而不是通过降低价格转移给消费者。因此，价格的生产率弹性趋于下降。与此同时，大企业已经充分利用了规模经济的利益，不得不更多地转向在加工技术方面节约成本的革新，以进一步提高生产率和增加利润。在这种情况下，深化型投资将逐渐代替扩展型投资占据主导地位，资本集约化程度进一步提高，就业的增长也会随之放慢甚至可能完全停止。[1]

其次，再看社会需求对投资的影响。旺盛的社会需求是刺激资本家迅速扩大生产和投资的最有力的因素，这时生产能力急剧扩大，扩展型投资成为投资的主导形式。但是，资本主义经济不能长期保证这种相对充足的社会需求。就消费品的最终需求而言，资本主义剥削制度是最根本的制约因素。既然资本家进行生产和扩大投资的目的是利润，广大雇佣劳动者的收入增长就会被限制在保证资本利润的限度内。不管工人的实际工资在经济迅速发展时期有多大提高，广大群众有支付能力的需求终究赶不上生产的急剧扩大，这个矛盾发展到一定程度，就会形成对投资的障碍。此外，许多消费品的需求都有一个从迅速扩大到逐渐饱和的过程，并非总以相同的速度不断增长。例如家庭耐用消费品（电冰箱、洗衣机、现代炊具等）的需求在战后曾有一个长时期的扩大，带动了若干生产部门的发展，但到60—70年代，其需求趋向

---

[1] C. Freeman, J. Clark, L. Soete. Unemployment and Technical Innovation: A Study of Long Waves and Economic Development, Greenwood Press, 1982, Chapter 2, 7.

饱和，逐渐失去了对生产发展的推动力。这样，在经过一个时期的需求扩张和生产迅速发展之后，社会的有效需求会变得相对不足，成为经济增长和资本积累的障碍，投资增长率将因此而下降。由于投资需求是社会总有效需求的重要组成部分，投资增长的放慢进一步限制了总需求的扩大，使整个经济进入缓慢发展和相对停滞阶段。较低的投资增长率本身，就意味着总投资中有较大的比重用于固定资本的更新和重置。面对需求不足和不确定的市场预期，资本家也不会急于扩大生产能力。为了增加利润和加强竞争能力，他们将主要致力于降低成本和提高劳动生产率，用更先进的设备替换旧设备。在这样的经济气候下，扩展型投资必然退居次要地位，深化型投资则成为投资的主导形式。

根据上述分析，我们可以说，资本主义经济并没有一种内在机制，保证扩展型投资在积累过程中长期占据支配地位。不如说，经常起作用的因素恰恰是资本深化的趋势。资本对劳动的替代、资本集约化程度的加强、资本／劳动比率和资本构成的不断提高，始终是积累过程中限制就业迅速增长的决定性因素。资本量和产量的扩大可以在一定时期和一定程度上缓和这种限制，但不能从根本上消除它。经济学家佩特尔和索埃特在研究英国制造业就业问题的论文中提供了 20 多个制造业部门在战后的长期统计数字，使我们有可能通过工业部门的具体分析来证实上述结论。限于篇幅，我们只挑选几个有代表性的部门列表如下（见表6—表8）。

表6　办公室机器、资料处理设备工业部门（年平均复合增长率，%）

年份	就业	净产量	劳动生产率	资本存量	资本/劳动比率
1955—1984	1.5	11.0	9.4	7.0	5.4
1955—1963	4.8	8.4	3.5	6.4	1.5
1963—1973	1.0	10.1	9.1	9.4	8.3
1973—1979	-0.7	10.9	11.7	5.4	6.1
1979—1984	0.2	17.4	17.1	5.1	4.9

表7　化学工业部门（年平均复合增长率，%）

年份	就业	净产量	劳动生产率	资本存量	资本/劳动比率
1948—1984	0.0	4.9	4.9	5.0	5.0
1948—1955	2.2	6.4	4.1	6.4	4.1
1955—1963	0.8	6.0	5.3	6.7	5.9
1963—1973	-0.2	6.7	6.9	5.5	5.7

年份	就业	净产量	劳动生产率	资本存量	资本/劳动比率
1948—1984	0.0	4.9	4.9	5.0	5.0
1973—1979	0.1	2.3	2.2	3.5	3.4
1979—1984	-3.7	0.8	4.6	1.3	5.1

表 8 皮革、鞋类和服装工业部门（年平均复合增长率，%）

年份	就业	净产量	劳动生产率	资本存量	资本/劳动比率
1948—1984	-2.2	0.6	2.9	1.3	3.6
1948—1955	0.3	1.9	1.6	0.1	-0.2
1955—1963	-1.4	-0.1	1.4	0.5	2.0
1963—1973	-1.7	2.0	3.8	3.1	4.9
1973—1979	-2.4	0.6	3.0	1.8	4.3
1979—1984	-7.4	-2.5	5.3	0.2	8.2

表 6—表 8 的计算根据：Pascal Petit, Luc Soete. Technology and the Future of European Employment, Edward Elgar Publishing, 2001; Christopher Freeman, Luc Soete. Technical Change and Full Employment, Basil Blackwell Publishers, 1987, P.151-152, 155, 163-164.

说明：佩特尔等在论文附录中提供了各部门按不变英镑计算的净产量、投资、资本存量的逐年数据和就业的逐年数据。我们分别用就业人数除净产量和资本存量求得各年的劳动生产率和资本/劳动比率，然后计算出五项指标在各个时期的年平均复合增长率。时期划分的根据是：除 1948 年和 1984 年外，均以高峰年份为界。

分析表 6—表 8 三个部门的有关变量，我们可以看出以下几点：第一，三个部门的就业变动代表着三种不同的发展类型。计算机部门（即办公室机器和资料处理设备部门）的就业长期增长，化学工业部门的就业长期停滞，皮革、鞋类和服装部门的就业长期趋于下降。这表明，三个部门在战后英国产业结构变动中的地位有所不同。第二，就业的变动，从经济增长的角度看，是产量变动和劳动生产率变动的综合结果；从资本积累的角度看，是资本量变动和资本构成变动的综合结果。就业的变动率，等于这两组变量各自变动率的差额（个别时期的数字略有出入，是因为计算过程中尾数的取舍不同所致）。第三，资本构成和劳动生产率提高趋势始终是制约就业迅速增长的决定性因素。在整个期间，计算机部门资本量的高速增长和产量的超高速增长只带来就业的低速增长，化学工业部门资本量和产量的高速增长却使就业处于停滞状态，皮革、鞋类和服装工业部门资本量和产量的低速增长反而导致就业长期下降。在这几种场合，都是资本构成和劳动生产率提高对就业增长起着限制作用。第四，三个部门的就业变动表现出一种趋势：或者增长率逐渐放慢，或者由增长逐渐转为负增长，或者下降速度逐渐加快。这反映了决定就业的两组因素本身对比关系的时期变动。战后发展的前期，产量和资本量的增长率一般快于劳动生产率和资本构成的增长率；而发展的后期，劳动生产率和资本构成的增长率逐渐赶上甚至超过产量和资本量的增长率。以上几点，和我们前面的理论分析是完全一致的。

归纳起来，我们的基本结论是：战后欧洲主要国家一度实现充分就业，并不能证明马克思的失业理论已经失效。积累量和产量的增长的确在一定时期可以对资本构成和劳动生产率提高带来的就业负效应起到"补偿"作用，但这种"补偿"作用是有限度的。资本主义经济的内在机制制约着积累量和资本构成的对比关系，使之不能从根本上消除资本主义失业现象，也不能长期保持失业率的低水平。

（原载《南开经济研究》1989 年第 5 期）

产品创新与资本积累

马克思的资本积累学说是研究资本主义经济发展与演变的理论基础。近年来，国内有学者把产品创新问题纳入马克思的资本积累理论，将之放在资本积累过程的矛盾运动中来考察。孟捷博士的论著是突出的代表。[①]他从资本积累的结构性矛盾即剩余价值生产和剩余价值实现的矛盾中，从获取相对剩余价值要以不断扩大使用价值的实现为前提这个相对剩余价值生产的内在条件中，推演出产品创新的必然性；进而又深入揭示了重大产品创新以及相关新兴产业的发展在周期性地解决积累过程结构性矛盾中的作用，它通过创造新的需求和扩大社会分工来刺激资本加速积累并带动经济迅速增长。这样，通过把产品创新引入积累过程，既克服了熊彼特学派在分析资本主义长波时脱离资本积累内在矛盾而单纯强调技术创新因素的缺陷；同时也发展了由曼德尔首创的马克思主义的长波理论，试图扭转曼德尔强调长波两个转折点具有不对称性的观点，论证了长波上升阶段的内生性质。可以说，这一学术成果，是马克思主义资本积累理论研究中的一个重大进展。

但是，论著中也提出了一些有待斟酌的观点，同时也有一些问题需要进一步讨论。

一

第一个问题：引入产品创新，是否会动摇马克思资本积累理论的基础？

我们知道，马克思的资本积累理论，以工艺创新（或称生产过程创新）

[①] 孟捷：《马克思主义经济学的创造性转化》，经济科学出版社 2001 年版；《产品创新与马克思主义资本积累理论》，见张宇、孟捷、卢荻主编：《高级政治经济学——马克思主义经济学的最新发展》，经济科学出版社 2002 年版。

的技术假定为前提。他把相对剩余价值生产看作资本主义经济具有特征性的剥削手段，认为资本家会不断变革生产方法，提高劳动生产率，以获取额外剩余价值和相对剩余价值。由此必然推动资本的技术构成和有机构成的上升趋势，而资本有机构成上升则成为一般利润率趋于下降的根本条件。可见，马克思确实是在资本主义制度关系内，从工艺创新和生产率增长这个技术假定出发，推导出资本积累过程中一系列内在规律的。正是基于这一点，孟捷博士指出："从产品创新的角度看，全部三卷《资本论》建立在不适当的假定基础上。一旦取消这些假定，马克思主义关于资本积累的理论就会呈现出另一个面貌。"①那么，引入产品创新，真的会否定这一技术前提，从而颠覆马克思资本积累理论的一系列推导吗？笔者认为，现在还不能匆忙下此结论。

产品创新的引入虽然重要，但并不能否定工艺创新和生产率增长在资本积累过程中的普遍性和重大意义。

第一，工艺创新和产品创新作为技术创新的两种基本类型，其区别是相对的。工艺创新的源泉，如果撇开劳动者积极性的发挥程度不谈，无非来自两个方面：改善劳动者的组织形式和提高劳动者的生产技能，以及改进和变更生产工具和其他生产资料。从提高生产率的幅度和潜力看，后者起着更根本的作用，劳动者生产技能的提高和组织形式的改善在很大程度上是与生产资料的变革相适应的。因此，工艺创新在大多数情况下，同时就是机器设备、原材料和能源等资本品的产品创新。只有纯粹消费品的创新才是与工艺创新不同的狭义的或严格意义上的产品创新。还有一些产品创新，兼具资本品创新和消费品创新的两重性。例如火车的发明，当它用于运货时是（广义的）生产工具，当它用于运客时则具有消费品的性质。特别应该指出的是，并不是只有消费品的创新才能产生新的产业部门和扩大社会分工，由资本品创新所引起的工艺创新同样起着这种作用。像蒸汽机和内燃机的发明，就带动了钢铁工业、煤炭工业、石油工业和机器制造工业等一系列新兴产业部门的兴起与发展。生产资料的变革、生产过程的"迂回"化，正是扩大社会分工和新部门、新行业出现的重要推动力量。由此可见，如果笼统地谈产品创新，并把它与工艺创新截然对立起来，进而否定工艺创新也具有促进社会分工和创造新产业的作用，显然是不合适的。

第二，能够诱发资本主义经济上升长波的重大产品创新，必须是或主要

---

① 孟捷：《产品创新与马克思主义资本积累理论》，见张宇、孟捷、卢荻主编：《高级政治经济学——马克思主义经济学的最新发展》，经济科学出版社 2002 年版，第 260—261 页。

是能够引起根本性工艺创新的重大的资本品创新。因为只有这样的重大技术创新才能形成一系列强大的新兴产业部门，并大规模改造传统产业部门的技术基础，由此产生的巨大投资需求与一般利润率的上升相结合，便成为推动资本迅速积累和经济较快增长的内在动力。我们可以看看长波的历史。18 世纪后期到 19 世纪中期的第一次资本主义长波和 19 世纪中期到 19 世纪末期的第二次资本主义长波，显然是由蒸汽机的发明和工业革命所引起的。19 世纪末期内燃机和电力的发明，则引发了 19 世纪末期到 20 世纪中期的第三次资本主义长波。所有这些引起生产领域乃至社会生活发生根本变革的重大技术创新，都不是或首先不是单纯的消费品创新，尽管它们在带动一系列资本品和工艺创新群集的同时也派生出大量新的消费品。有些学者特别强调火车和汽车的发明在推动投资和新产业部门兴起中的作用。且不说这两者都不是单纯的消费品，就其发明来说，它们也应被看作更根本的技术创新的派生物。没有蒸汽机的发明，就不可能有蒸汽火车的出现；不发明内燃机，现行汽车的出现也是不可想象的。

第三，随着资本主义发展到较高阶段，由于剩余价值生产与剩余价值实现的矛盾逐渐加剧和市场问题趋于尖锐化，纯粹消费品创新的重要性的确在不断加强。狭义的产品创新即消费品创新与工艺创新的直接动机确有不同：前者的目的是扩大市场，后者则是为了提高劳动生产率。[①]但是，任何新消费品（不论是崭新类型的消费品还是现有消费品的革命性改进）出现后，如不能通过工艺创新迅速提高劳动生产率，使其成本大幅度下降，就不可能在居民中普及而扩大市场。因此，消费品创新的市场效应又必须以工艺创新的生产率效应为基础。几乎所有新型消费品特别是高级消费品从出现到普及都经历了这样的过程。例如汽车，从 19 世纪 80 年代开始出现汽车到 20 世纪初，汽车是极其昂贵的奢侈品，直到福特汽车公司通过装配线生产大幅度提高劳动生产率后，汽车的生产成本才逐渐降下来。1920 年，福特公司把每辆汽车的生产周期从 21 天缩短到 14 天，到 1931 年更减少到 50 小时。[②]汽车生产率的提高，装配线这种劳动组织的创新固然起了根本性的作用，它也确实节约了固定资本；但不要误解为汽车工业的发展不需要大量投资。汽车生产实际上是一个资本密集型行业。战后 80 年代，据美国交通部估算，建立一个具有最低有效规模的新的汽车装配厂的成本在 2 亿美元以上，而一个完整的汽

① 陈英：《技术创新的二重经济效应与企业的技术选择》，《南开经济研究》2003 年第 3 期。

② J. M. Gillman. The Falling Rate of Profit, Dennis Dobson, 1957, P.78.

车生产企业应包括发动机厂、变速箱厂、零部件厂和装配厂四个主要部分，其共同建设成本则高达 12 亿—14 亿美元。①70 年代初出现录像机，到 70 年代后期，录像机还是富人的玩具，一台要卖 1000 多美元；有内容的录像带也非常昂贵，其售价经常超过 100 美元。②几乎所有重要的新型消费品在开始问世时都是极其昂贵的，只有富人才能购买或享用。如不通过工艺创新大幅度提高劳动生产率以降低成本，就不可能逐渐扩大市场。可见，重要的消费品创新不仅需要大量的研发投资，而且在推出新产品后还要投入巨额资本进行工艺创新以提高生产率。科学技术的进步虽然提高了知识和人力资源的作用，但并未减少物质资本投资在产品创新中的重要性（也许软件的开发是一个例外）。生产高科技的新产品需要昂贵的研究设备和生产设备，日新月异的技术进步更加速了生产设备的无形损耗，要求更先进、更昂贵的设备来代替。例如在飞机制造业中，战后由于采用喷气发动机和电子技术，使新型商业飞机设计的开发成本惊人地上升。DC-2 型飞机的开发成本大约为 15 万美元；DC-型飞机的开发成本即增加到 1 亿美元；而波音 767 型飞机的开发成本则超过 10 亿美元。③超大型集成电路是计算机的核心部件，新型集成电路的价格和单位功能成本的急剧下降，不过反映了高额投资和迅速发展的技术革新。不断提高集成电路元件密度必须依靠更复杂的加工设备，并且由于其价格昂贵而使集成电路企业的资本成本迅速上升。一个晶片工厂的成本在 1970 年为 200 万美元，1979 年即增加到 5000 万美元；④到 90 年代已剧增到几亿、十几亿甚至几十亿美元。所有这些事例都说明，产品创新的日趋频繁和日趋重要，并不表明工艺创新的普遍性和重要性下降，也不意味着产品创新不要求工艺创新通常所需要的大量设备投资。

工艺创新的基本重要性并不因消费品创新趋于频繁而降低，还可从劳动生产率增长率变化的历史记录中显示出来。20 世纪与 19 世纪相比，二战后与二战前相比，消费品创新相对于工艺创新，总的来说，其重要性是上升的，但发达资本主义国家的劳动生产率增长率并未表现出放慢的趋势。根据肯德

① W. Adams, J. W. Brock. The Automobile Industry. In W. Adams. The Structure of American Industry, Macmillan Publishing, 1990, 8th edition, P.110.

② 卡尔·夏皮罗，哈尔·瓦里安：《信息规则》，中国人民出版社 2000 年版，第 44 页。

③ D. Mowery, N. Rosenberg. Technical Change in the Commercial Aircraft Industry, 1925-1975, In Inside the Black Box. Technology and Economics, Cambridge University Press, 1984, P.167.

④ N. Rosenberg, W. Steinmueller. The Economic Implications of the VLSI Revolution, In Inside the Black Box: Technology and Economics, Cambridge University Press, 1984, P.181.

里克提供的资料：在美国工业化过程的几个不同时期中，劳动生产率的年平均增长率是逐渐提高的，从 1889—1919 年的 1.6%，上升到 1919—1948 年的 1.9%，再上升到 1948—1966 年的 3.0%。这种劳动生产率增长率的不断提高，既是由于科学技术的进步和劳动质量的改善，也与按劳动投入平均计算的资本存量的不断增长有关。[①]麦迪森计算的更长时期的多国数据也表现出类似的动态，见表 1。

表 1　主要发达国家不同时期劳动生产率（每工作小时 GDP）的变化

（年平均复合增长率，%）

年份	美国	法国	德国	荷兰	英国	日本
1820—1879	1.10	—	—	—	1.16	0.09
1870—1913	1.88	1.74	1.87	1.27	1.13	1.89
1913—1950	2.48	1.87	0.60	1.31	1.66	1.85
1950—1973	2.71	5.11	5.99	4.78	3.12	7.69
1973—1992	1.11	2.73	2.69	2.21	2.18	3.13

资料来源：A. 麦迪森：《世界经济二百年回顾》，改革出版社 1997 年版，第 19 页表 2-6。

从表 1 看出，尽管各个国家不同时期的劳动生产率增长率存在波动与差异，但总的看来，20 世纪相对于 19 世纪，战后相对于战前，劳动生产率的增长率是趋于提高的。这有力地证明了，消费品的日益多样化和消费品创新的日趋频繁，并没有降低工艺创新和提高劳动生产率在资本积累过程中的普遍性和基本重要性。这同时也说明，为什么时至今日，资本主义国家仍然把生产率增长当作经济增长过程中最重要的指标之一。

这里还涉及一个问题：究竟应该如何对技术创新进行分类？熊彼特首先提出创新群集在资本主义经济发展中的作用，但他的创新概念是比较宽泛的。门斯区分了三种不同类型的技术创新：基本创新引起了完全新兴产业的创立；改进型创新被看作在已建立的活动领域中的进一步发展；第三类是所谓的虚假创新，它们事实上不能算作创新。杜因更进了一步，他把技术创新分为四类：导致新行业创立的主要产品创新；现有行业的主要产品创新；现有行业的工艺创新；基本部门（如钢和炼油部门）的工艺创新。[②]杜因对技术创新

---

① J.W. Kendrick. Postwar Productivity Trends in the United States, 1948-1969, Johns Hopkins University Press, 1973, P.41 Table3-2.

② 范·杜因：《经济长波与创新》，上海译文出版社 1993 年版，第 119、158 页。

的分类虽然更加细化，但容易引起一种误解：以为能够创立新行业的技术创新只是与工艺创新完全不同或无关的纯粹消费品的产品创新。这当然是不符合实际的。事实上，能够引起新行业出现的重大技术创新，既可能是重要的原创性的消费品创新（如洗衣机、电冰箱、电视等的发明形成了各种家用电器部门），也可能是作为重大工艺创新基础的重要的资本品创新（如蒸汽机、内燃机、电动机、计算机等的发明促进了钢铁、煤炭、石油、机器制造、新型材料、计算机硬件、计算机软件等部门的形成与发展）。而作为诱致资本主义经济上升长波的重大技术创新，则如前所述，更可能是能够引起生产技术基础和整个社会生活根本变革的、以重大资本品创新为基础的重大工艺创新。正是这种重大的资本品创新，有可能带动技术创新的群集或蜂聚，从而推动较长期的迅速资本积累。

由此可见，如果我们把产品创新的概念扩展到既包括消费品也包括资本品，这个产品创新的概念将更加具有解释力。但这样来理解，产品创新与工艺创新就不能截然区分甚至对立起来了，因为资本品创新与工艺创新是密不可分的，甚至可以说是同一过程的两种提法。而且这样一来，产品创新的引入就不仅没有排斥反而包容了工艺创新的概念。既然工艺创新和生产率增长在资本积累过程中的普遍性和重要意义并未由于产品创新的引入而被否定，那么，也就不能断言马克思资本积累理论的基础已经动摇。

二

第二个问题：马克思关于一般利润率下降趋势规律的理论是否因产品创新的引入而死亡？或是否如孟捷博士所说：这样的规律在"马克思主义经济学中"已属于"死去的部分"？[①]

这个问题可以看作第一个问题的另一种表达，上一节的分析似乎已经给予了否定的回答，但也还有一些直接相关的问题需要进一步讨论。

孟捷博士认为：利润率下降规律"在马克思那里是一个不受具体历史时间框架约束的抽象趋势，与资本积累的现实动态漫无联系"。同时，"马克思从未交代，一般利润率下降与稍后论述的剩余价值生产及其实现的矛盾，究

---

① 孟捷：《马克思主义经济学的创造性转化》，经济科学出版社 2001 年版，第 178 页。

竟存在着怎样的联系",而根据《资本论》第三卷第十五章来猜度,"剩余价值生产与剩余价值实现的矛盾从属于一般利润率下降规律"。他强调:如果联系到资本积累的动态过程,特别是周期性危机和长波萧条阶段的发生,则应该把剩余价值生产与剩余价值实现的结构性矛盾作为资本积累分析的中心,把一般利润率下降置于这个资本积累结构性矛盾的基础上重新予以解释。①

这个批评部分地看,无疑是正确的。马克思在论述一般利润率下降这个资本积累过程的长期趋势时,这种趋势与资本积累过程中的波动之间的关系的确不清晰。但《资本论》是一部未完成的著作,尤其第三卷具有明显的草稿性质,因而可以看作马克思遗留给后人需要继续研究的重要问题之一。从《资本论》三卷的现有结构来看,剩余价值生产与剩余价值实现的矛盾是在第三卷第三篇("利润率趋向下降的规律")论述了规律本身及起反作用的因素之后在第十五章第 I 节中明确提出的,似乎从属于一般利润率下降规律。但这种猜度的根据不一定充分,因为:第一,第十五章第 I 节的标题是"概论",在概论中提出剩余价值生产与剩余价值实现的矛盾,对于决定利润率下降以及在利润率下降中反映出来的各种矛盾显然具有统领和基础的性质。第二,如果阅读马克思的《经济学手稿(1857—1858 年)》即可注意到,作为该手稿主体部分的"资本章"也分为三篇[第一篇"资本的生产过程",第二篇"资本的流通过程",第三篇"资本是结果实的东西(利息、利润、生产费用等等)"],基本上已形成《资本论》的总体结构。正是在第二篇的开头部分,马克思已经提出了剩余价值生产与剩余价值实现的矛盾,将它看作资本的基本矛盾,并在其基础上阐明了生产过剩危机的必然性。利润率下降趋势问题则是在第三篇中提出的。由此,显然也不能推断,在马克思的心目中,剩余价值生产与实现的矛盾从属于一般利润率下降趋势规律。

在这个第二篇的第一节[(A)资本在其流通过程中的再生产和积累]中,第一目的小标题就是:[(1)]资本从生产过程过渡到流通过程。[所使用资本的价值保存过程、资本的价值增殖过程和生产出来的产品的价值实现过程之间的统一和矛盾]。在这里,马克思深入地论述了剩余价值生产与剩余价值实现的矛盾,指出:虽然这"三个过程具有内在的统一性,但它们是彼此独立存在的","彼此是外在的过程,在时间上和空间上是分开的"。②在资本离开

---

① 孟捷:《马克思主义经济学的创造性转化》,经济科学出版社 2001 年版,第 105、107、110 页。

② 马克思:《经济学手稿(1857—1858 年)》,《马克思恩格斯全集》第 46 卷上,人民出版社 1979 年版,第 385 页。

生产过程并且重新进入流通时，资本作为生产出来的产品会遇到现有消费量或消费能力的限制；同时，作为新价值和价值本身，资本生产出来的产品还会遇到现有等价物的量的限制，首先是货币量的限制。而生产过程如果不能转入流通过程，就要陷入绝境。"这就是简单的、客观的、无偏见的见解所看到的矛盾。"依据这个矛盾，一方面，马克思提出，"以资本为基础的生产，其条件是创造一个不断扩大的流通范围"。这既包括把现有的消费推广到更大的地区，从地域上扩大市场；同时要求生产出新的需要，发现和创造出新的使用价值，以扩大需求。另一方面，马克思论证了生产过剩危机的必然性，并把这个矛盾看作对资本主义生产的一种限制。"只要指出资本包含着一种特殊的对生产的限制——这种限制同资本要超越生产的任何界限的一般趋势是矛盾的——就足以揭示出生产过剩的基础，揭示出发达的资本的基本矛盾。"①这句话明白无误地说明了，剩余价值生产与剩余价值实现的矛盾是资本主义的基本矛盾，是生产过剩危机的基础。

根据马克思的以上论述可以明了，马克思对利润率下降的长期趋势和利润率周期性下降的理论解释是不同的。他始终把剩余价值生产与实现的矛盾当作危机期间利润率下降的根本原因，首先把危机看作一种生产过剩的危机或实现危机。"一切真正的危机的最根本的原因，总不外乎群众的贫困和他们的有限的消费。"②马克思从未用资本有机构成的提高来说明危机；相反，他却认为危机期间的利润率下降是由资本价值构成的一种"特殊"的下降而触发的。"只要资本同工人人口相比已经增加到如此程度，以致既不能延长这些人口所提供的绝对劳动时间，也不能增加相对剩余劳动时间（后一点在对劳动的需求相当强烈从而工资有上涨趋势时，本来是不能实现的）；就是说，只要增加以后的资本同增加以前的资本相比，只生产一样多甚至更少的剩余价值量，那就会发生资本的绝对生产过剩；……在这两种场合，一般利润率也都会急剧地和突然地下降，但是这一回是由资本构成的这样一种变化引起的，这种变化的原因不是生产力的发展，而是可变资本货币价值的提高（由于工资已经提高），以及与此相适应的、剩余劳动同必要劳动相比的相对减少。"③这段引文的意思不过是说：在高涨后期，由于资本的过度积累和资本对劳动

① 马克思：《经济学手稿（1857—1858年）》，《马克思恩格斯全集》第46卷上，人民出版社1979年版，第388、390、399页

② 马克思：《资本论》第3卷，《马克思恩格斯全集》第25卷，人民出版社1974年版，第548页。

③ 马克思：《资本论》第3卷，《马克思恩格斯全集》第25卷，人民出版社1974年版，第280页。

的需求极端旺盛，工人的工资上涨造成成本上升（其表现则是资本价值构成下降），从而导致利润率下降。这也表明，在利润率的周期性下降和利润率的长期下降趋势中，资本有机构成变动的机制作用是不完全相同的。

那么，在一个商业周期过程中，资本有机构成的变动形式究竟如何呢？从理论上说，在扩张阶段的大部分时期，由于大规模投资、大量固定资本更新以及新技术的迅速推广，资本的技术构成从而有机构成会趋于提高。谢尔曼和伊万斯的经验研究间接地证明了这个推论是符合实际的。[①] 谢尔曼和伊万斯的统计分析如下：第一，扩张阶段潜在的资本生产率下降，亦即潜在的资本/产量比率（资本存量与潜在全额能力产量的比率）上升；第二，扩张大部分时期劳动生产率迅速提高，表明就业者的增长慢于产量的增加，因而资本/劳动比率甚至比资本/产量比率提高得更快；第三，扩张阶段资本品（特别是原料）对制成品的相对价格趋于上升；第四，扩张前期工资份额下降。把这四种经验分析结合起来，可以推断，在周期扩张的大部分时期里，资本价值构成将随着资本技术构成提高而上升。资本有机构成提高本来会损害利润率，但由于这个时期其他因素（包括工资份额下降、能力利用率上升、社会需求扩大、商品价格上涨和资本周转加快等）更强大的主导作用，仍然决定了一般利润率的上升势头。到了扩张末期，资本构成提高的势态可能逆转。这时潜在资本/产量比率的提高逐渐减速，劳动生产率的增长则趋于停滞，因而资本/劳动比率的提高大大地放慢了。从价值或价格因素看，由于高涨后期资本的过度积累和对劳动力的旺盛需求，劳动市场的供求形势转向有利于劳工，由此可能造成实际工资上涨超过劳动生产率的增长，致使工资份额由下降转为上升，而资本价值构成则由上升转为下降。但这种资本价值构成的下降并非反映技术构成的变化，而主要是由劳动力价格的提高，亦即由剩余价值率的降低所引起的。因此，它不但无助于提高利润率，反而会损害利润率，成为推动利润率在周期向下转折前先行下降的一个重要因素。这正是前述马克思引文中所说的情况。

马克思既然把剩余价值生产与实现的矛盾看作危机期间利润率下降的根本原因，那为何不用它来说明利润率的长期下降趋势呢？按照笔者的理解，剩余价值生产与剩余价值实现的矛盾尽管是资本积累的基本矛盾，但这个矛盾并不是一直处于尖锐化状态，假设如此，资本主义生产就无法存在了。这

① H. J. Sherman, G. R. Evans. Macroeconomics: Keynesian, Monetarist, and Marxist Views, Harper & Row, 1984.

个矛盾只是在商业循环中周期性地激化和在长期波动中结构性地激化，并造成一般利润率在危机期间的周期性下降和在长波萧条阶段的结构性下降。马克思把危机前夕和危机期间一般利润率的下降归因于剩余价值生产与剩余价值实现的矛盾，是把它看作一种周期性的现象（在 19 世纪中后期，马克思还没有也不可能洞察到资本主义长波的存在），这种周期性的现象与利润率的长期趋势显然是不能等同的。他必须揭示出利润率长期下降趋势的直接决定因素，这就是资本有机构成的提高趋势，而这种趋势又是资本在相对剩余价值生产驱动下采用以节约劳动为主的工艺创新的必然结果。用资本有机构成提高来论证一般利润率下降的长期趋势，是否就意味着否认剩余价值生产与实现的矛盾在积累过程中的基础作用呢？笔者不这样认为。马克思既然把这个矛盾看作资本积累的基本矛盾，它当然始终存在并制约着资本的运动。资本有机构成提高只是为一般利润率下降提供了一个必要条件，使单位资本在生产领域中趋向于雇用更少的劳动从而榨取到较少的剩余价值。但如果不存在剩余价值生产与剩余价值实现这个基本矛盾，资本生产的产品不需要出售来实现其价值，或者资本可以超越社会需求的限制任意提高产品价格等，那么，即使资本的技术构成从而价值构成提高，资本的利润率也可能不下降，甚至根本谈不到什么利润率的问题。可见，当马克思把一般利润率下降趋势归因于资本有机构成提高趋势时，资本主义生产所特有的剩余价值生产与剩余价值实现的基本矛盾，已经是不言自明的暗含的基础和前提了。

总之，由于利润率的周期性下降和利润率的长期下降趋势的直接决定因素与条件有所不同，因此，用利润率周期性下降的直接原因分析来否定马克思的利润率下降趋势规律理论，似乎也是不妥的。

三

第三个问题：如何在资本积累基本矛盾的基础上引入产品创新来解释长波？

在做了上述澄清之后，现在可以正面讨论我们的中心问题了，即究竟如何通过引入产品创新并将其与资本积累的基本矛盾的运动结合起来说明长波。

在长波的萧条阶段，为什么必然会酝酿出重大的技术创新（包括资本品创新和消费品创新）？这个问题不解决，仍然不能把长波萧条阶段出现的重大技术创新看作资本积累运动规律的内生因素。

按照笔者的认识，萧条时期资本之间竞争的空前加剧，可能是推动资本大力从事技术发明和技术创新的内在动力。长波萧条阶段资本所受到的利润率下降的压力是最强烈的。个别资本摆脱利润率下降的方法不外两种：进一步从事工艺创新以降低成本，以便在竞争激烈的市场上占有更大的份额；进行消费品创新来开辟新的消费品市场。对于广大的生产资料部门来说，它们此时在进行工艺创新的同时可能更重视产品创新，而它们创新的产品主要是资本品，其目的是要为消费部门提供效率更高的机器设备和生产资料以扩大自身的市场，结果则是促进了消费品部门的工艺创新；当出现某种新的消费品时，生产资料部门也会为它们提供新的和效率不断提高的设备。正是长波萧条阶段的巨大竞争压力，促使个别资本为减少利润损失乃至提高利润率，努力在现有科学知识存量的基础上去寻求技术上的突破。20世纪以来，随着大公司的兴起，有组织的研究与开发得到空前发展，它们更有力量从事技术创新，甚至通过并购把小企业开发的新技术据为己有。所有资本这样共同行动，便成为促使重大技术发明出现的经济温床。

门斯把缺乏创新看作长期萧条的主要原因，并认为基本创新只有在萧条开始以后才能被采用。"只有在周期的波谷，当利用殆尽的技术所带来的利润低得令人不堪忍受时，资本才能克服对承担风险的厌恶，并依赖于可能会获得的基本创新。"换言之，基本创新将在长波萧条阶段成群出现。但有些学者对此论断持怀疑和批评态度，认为门斯的假说在经验方面的论据不可靠。[①]与门斯相对立的是施莫克勒，他认为技术创新只有在有利的经济气候下由需求引导才能发生，如在扩张时期；萧条只会使创新的潮流减缓。杜因对这两种不同观点采取了折中的分析态度。他在更细致地区分技术创新类型的基础上断言：现有行业的产品创新主要发生在萧条阶段和复苏阶段；导致新行业出现的产品创新主要发生在复苏和繁荣阶段；现有行业的工艺创新和基本部门的工艺创新则大多分别发生在萧条阶段和繁荣阶段。[②]且不说这样细分长波阶段的标准是否容易把握，仅仅把形成新部门的技术创新归因于狭义的产品创新也是不妥的，这一点前面已经指出。但杜因的分析仍有参考价值。可以大体认为：现有部门的产品创新和工艺创新大多出现在长波的相对停滞时期

① 范·杜因：《经济长波与创新》，上海译文出版社1993年版，第121页。
② 范·杜因：《经济长波与创新》，上海译文出版社1993年版，第159页。

（杜因所说的衰退和萧条阶段）；而导致新部门产生的重大工艺创新和产品创新则应主要发生在长波的上升时期（杜因所说的复苏和繁荣阶段）。杜因的下述分析是有道理的："创造新行业的主要产品的创新有可能在一个萧条阶段出现。不过，当对重置投资需求的增加将萧条阶段的悲观状态转变为一个更为乐观的经济前景时，它们就更有可能在复苏阶段被采用。带有较大风险的规划只有在一个有利的经济气候下才能实施。"①

那么，如何理解能够产生上升长波的有利的经济气候呢？按照曼德尔的观点，只有在一般利润率已经开始提高的诱使下，资本才会对基本创新可能形成的新部门进行大规模投资；而利润率转向上升又是由多种因素单独或共同决定的。②"社会积累结构"学派更进一步认为，需要一系列制度变化为资本提供一个稳定而有利的投资环境和乐观的利润预期，大规模投资于重大新技术和新兴部门才有可能。③孟捷博士批评了曼德尔的观点，在强调产品创新的基础上指出："仅当既有部门生产既有产品时，积累率才仅仅是已实现利润量和利润率的函数。当积累转向新部门时，与创新能力相关的预期利润就成为决定性的因素。个别资本作为产品创新主体，其利润预期不止取决于既有利润率水平，而且反映了企业创新能力与其未来收益之间的关系。也就是说，利润预期很大程度上是个别资本主动设定的结果。"④但问题在于，投资于产品创新及相关新部门的个别资本之所以有良好的利润预期并能够主动设定较高利润，是因为它们相信其创新产品具有现实的或至少是潜在的巨大需求。从这个意义来说，发明和创新主要还是由需求拉动的。⑤这既适用于日常的技术发明，也适用于重大的技术创新。由此可见，良好而稳定的投资环境、潜在或现实的巨大需求和以此为基础的乐观的利润预期，是重大技术创新（不止是产品创新）得以实施、大规模资本投向新兴产业部门并带动扩张性长波的基本条件。

究竟利润率上升是引发扩张性长波的原因，抑或扩张性长波是推动利润率上升的原因？这无疑是一个相互促进的过程。一旦经济复苏的向上运动开

① 范·杜因：《经济长波与创新》，上海译文出版社 1993 年版，第 158-159 页。

② 曼德尔：《晚期资本主义》，黑龙江人民出版社 1983 年版，第四章。

③ D. M. Gordon, R. Edwards, M. Reich. Segmented Work, Divided Workers, Cambridge University Press, 1982, Chapter 2.

④ 孟捷：《产品创新与马克思主义资本积累理论》，见张宇、孟捷、卢荻主编：《高级政治经济学——马克思主义经济学的最新发展》，经济科学出版社 2002 年版，第 268 页。

⑤ J. Schmookler. Invention and Economic Growth, Harvard University Press, 1966.

始，利润率的提高和投资率的增长就会互相强化。而重大的技术创新群集及其相关的新兴部门则是大规模投资和资本迅速积累的物质载体。可见，重大技术创新是扩张性长波得以形成和持续发展的一个根本性条件。扩张性长波的第一推动力究竟何在？是利润率在多种因素影响下开始上升带动了对重大技术的大规模投资从而引发了扩张性长波，还是重大技术创新激发起大规模资本积累推动了利润率的上升进而促进了扩张性长波？简言之：是利润率上升在先，还是重大产品创新带动的资本积累在先？这是孟捷与曼德尔的争论。笔者认为，实际情况会相当复杂，未必能找出一个肯定的回答。但基本的看法是：重大工艺或产品创新以及相关新兴产业部门的出现，需要大规模的投资和资本积累，如果没有稳定而有利的投资环境和乐观的利润预期，这显然是不可能的。

重大的技术创新群集一旦出现，便会大大推进资本积累的速度和规模。首先是与重大技术创新相关的一系列新兴产业部门的形成，需要大规模的投资，其较长的持续时间依存于创新产品及相关部门的生命周期。其次是传统部门技术基础的改造，这也需要大量投资。如 19 世纪末 20 世纪初蒸汽机工厂改为电力驱动，20 世纪上半期制造业中装配线的推广，二战后工厂的半自动化和自动化，20 世纪末期工业和服务业的计算机化和网络化等。曼德尔指出："工业革命和第一、二、三次技术革命的连续阶段……大体上与下列机器体系相配合：手工操作（并由手工生产的）机器由蒸汽机来推动；机械操作（并由工业生产的）机器由内燃机来推动；装配线联合机由机器熟练操作者来看管，并由电动机提供动力；流水线生产机则并入到由电子学引导的半自动体系之中。"[①]这种大规模的投资需求同时也带动了大规模的消费需求。迅速的资本积累增加了就业，促进了工资上涨，使居民的消费需求不断扩大；在重大技术革命带动下出现的一系列消费品创新，如 20 世纪涌现的种类繁多的家用电器，也为居民创造出新的消费需求，并形成了许多新兴消费品行业。正是这种投资需求和消费需求的相互影响、积累和利润的相互促进、投资和收入循环互动之间的乘数效应和加速效应，推动了经济的持续增长，暂时缓和了生产与消费的矛盾，使扩张性长波最终得以形成和持续。这里需要明确的是，消费需求的扩大固然重要，并对经济增长起着最终的制约作用（这一点后面还要谈到）；但直接推动扩张性长波的主要力量是投资。从西方国家的

---

① 曼德尔：《资本主义发展的长波》，北京师范大学出版社 1993 年版，第 44 页。

统计数据看，居民个人消费支出在国内生产总值中所占的比重虽然最大，但其增长率的波动相对较小；而私人国内总投资和非住宅固定资本投资这两个反映资本积累的主要指标的增长率，在不同时期的波动是最大的。长波上升时期的主要特点，正是持续高涨的资本积累率。可见，与周期性扩张阶段相似，真正带动扩张性长波的直接力量是投资，只不过在重大技术创新和新兴产业部门形成的基础上，投资的力度更大，持续的时间更长而已。

由于扩张性长波的物质基础是重大的技术创新（包括产品创新）及其新兴产业部门的发展，它也必然依存于创新技术及新兴产业部门的生命周期。在这一发展过程中，那些相互关联的创新技术和新兴部门可能存在着生命循环的"共时化"，但这种"共时化"不可能扩展到所有部门。在创新技术和新兴部门迅速发展的成熟阶段，在超额利润的诱使下，如果部门的垄断程度和进入壁垒不高，或者大企业具有强大的资本转移力量，可能有大量的外部资本流入，从而在一定的产业范围内形成利润率的平均化。①但不同部门利润率的平均化，绝不意味着不同部门资本有机构成水平的趋同。不同部门资本有机构成（以及资本周转速度）的差异，并非是由于它们处于生命周期的不同阶段，而主要是因为它们技术基础的重大差别。马克思在界定资本有机构成的概念时明确指出，"第一个比率是建立在技术基础上的，……这个比率在不同的生产部门是极不相同的，甚至在同一个产业的不同部门，也往往是极不相同的"，"这个比率形成资本的技术构成，并且是资本有机构成的真正基础"。②就一个部门发展的纵向比较而言，在生命循环晚期时，其资本有机构成往往高于其生命循环的初期；但这并不意味着那些生命循环趋同的部门其资本构成也会趋同，或者处在生命循环初期的部门的资本构成必然比处在生命循环晚期的部门较低。可以设想：钢铁部门和石油冶炼部门即使处在生命循环的初期，它们的资本构成也要比处在生命循环晚期的造纸业或纺织业的资本构成高得多。总之，在长波的上升时期，必然存在着新兴产业部门和传统产业部门的差异，而新兴产业部门的生命周期即可能在支配扩张性长波中起着主导作用。

任何重要的技术创新和新兴产业部门，在经过一个较长时期的发展之后，

---

① 有必要强调，在垄断势力强大的经济中，尽管利润率平均化规律仍在起作用，但形成全社会的平均利润率是很困难的。详细分析请参阅高峰：《发达资本主义经济中的垄断与竞争》，南开大学出版社1996年版，第十一章。

② 马克思：《资本论》第3卷，《马克思恩格斯全集》第25卷，人民出版社1974年版，第162-163页。

当其技术的应用得以普及或产品的需求趋于饱和时，其发展的潜力即逐渐衰竭。这时由于投资增长率开始放慢，投资对收入的负乘数效应和收入对投资的负加速效应都将起作用，生产与消费的矛盾也将重新尖锐起来。事实上，在长波的上升时期，生产与消费的矛盾从未消失，而是在逐渐积累。投资迅速增长时期资本利润率的上升，在很大程度上是由于实际工资的增长落后于生产率的增长；工资份额的下降和利润份额的上升会降低社会的边际消费倾向和平均消费倾向，而社会需求的这种相对滞后未能及时显露，是因为当时较高的投资率对经济扩张的带动起着主导作用。直到扩张性长波的较后阶段，由于过度的资本积累和劳动市场趋紧，实际工资的持续增长才可能提高工资份额；但此时的利润率可能由于生产和消费矛盾的加剧已经开始下降。由此而引发的投资率放慢甚至下降，便会使资本主义经济出现结构性的转折，开始进入长波的萧条阶段。

需要指出的是，用剩余价值生产与剩余价值实现之间矛盾的结构性加剧来解释长波向下转折时期一般利润率的先行下降，是完全正确的，但还不够。产品实现的困难有两种主要表现：一是由于产品积压和订货不足而降低企业的开工率，二是企业之间由于竞争加剧而被迫放慢产品价格的上涨甚至不得不降低价格。这是从需求方面对利润的限制。但与此同时，企业生产成本上升的压力也在加强：整个扩张长波时期平均资本构成的上升提高了企业的资本成本，开工率的下降会使资本成本中的固定部分更为加重；原材料和能源价格的上涨又提高了资本成本中的流动不变资本部分；繁荣末期工资份额的上升则提高了劳动成本。正是来自供给方面的成本上升和来自需求方面的消费不足结合起来对利润实行挤压，才会使一般利润率下降。仅有需求方面的限制是不足以降低利润率的。这就是谢尔曼在解释周期性危机时所提出的"硬果夹"式的利润挤压理论。①这个理论在解释周期和危机时具有较强的说服力。尽管用它来说明长波还有许多问题需要研究，但原则上应该说对长波分析也是适用的。

---

① H. J. Sherman. The Business Cycle, Growth and Crisis under Capitalism, Princeton University Press, 1991, Chapter 13.

四

虽然我们在某些方面做了澄清、修正和补充，提出若干需要讨论的问题，但必须再次强调，在资本积累基本矛盾（剩余价值生产与剩余价值实现的矛盾）基础上引入产品创新来分析长波，是马克思积累理论研究上的一个重大进展。它的重要理论意义在于：第一，将马克思关于资本积累的长期动态理论，放在一个结构性变动的基础上来进行研究。在概念上，资本主义经济已经不是在产品不变和产业结构不变的基础上的发展，而是在新产品新部门不断出现和产业结构不断调整的基础上的演变。这就使得资本积累过程的研究更符合现实，也更具解释力。第二，推进了对资本主义经济长波的研究。这种研究对探讨资本主义经济在积累过程中的实际演变和阶段性发展具有特殊的重要意义。马克思对资本积累过程中许多基本变量，如积累率、剥削率、资本有机构成、一般利润率等的动态分析，更重视它们的长期趋势，而对它们在积累过程中的波动，只有一些零星的涉及（如在分析危机问题时）或并不十分明确的暗示。但这些变量在周期中特别是在长波中的变动，却正是我们研究现实的资本积累过程所应该特别关注的。虽然国内外已有一些学者在这方面做了不少工作，但在资本积累基本矛盾的基础上引入产品创新，体现了长波研究中的一种新思路。它力图把熊彼特学派技术创新的长波理论与曼德尔马克思主义的长波理论结合起来，试图论证重大产品创新群集（包括资本品和消费品）出现的内在必然性，也强调了一般利润率变动在资本主义经济长期波动中的主导性作用。第三，在引入产品创新时把资本积累过程的基本矛盾放在基础性地位，是坚持马克思主义传统和方法的核心标志。强调剩余价值生产与剩余价值实现之间矛盾的结构性恶化是扩张长波转入萧条长波的基础性原因，这一论断尤其具有重要的理论和现实意义。

国外已有一些马克思主义学者试图把剩余价值生产与实现的矛盾纳入资本积累过程长期趋势的分析。吉尔曼为了说明 1919 年至 1952 年间美国制造业的利润率变动发生了与马克思的分析不一致的现象，提出是垄断资本主义时期产品实现问题的尖锐化促使资本不断扩大非生产性的销售费用和管理费用，而这些非生产费用需要用剩余价值来补偿。因此，虽然按总剩余价值或总利润计算的利润率在上升，而按净剩余价值或净利润（扣除了他称为剩余价值实现费用的各种非生产性费用之后的剩余价值或利润）计算的利润率仍然是趋于下降的。①吉尔曼为捍卫马克思的利润率下降趋势理论而引入实现问题，在方法论上受到马蒂克的批评，②但这个批评并没有说服力。③与马蒂克相反，利伯维茨也是从方法论的角度，但强调要从生产过程与流通过程的统一和矛盾中来研究利润率下降趋势规律。④但从引入实现问题这个方面来看，相对说来，利伯维茨的推论似乎还不如吉尔曼的论证合乎逻辑。吉尔曼把由实现困难引起的非生产费用的巨大增长作为垄断阶段一种新的结构性因素和长期性因素纳入分析，利伯维茨却把由实现困难引起的资本周转时间延长这个周期性现象看得具有决定意义。⑤孟捷博士的分析与他们均有所不同。其着眼点不在于利润率的长期趋势而在于利润率的波动。他从资本积累的结构性矛盾出发，结合重大产品创新的生命周期，不仅认为利润率下降主要发生在经济周期的危机阶段和经济长波的萧条时期，还试图从理论上说明一般利润率在一定时期上升的必然性。他的论证不像吉尔曼和利伯维茨那样复杂，但却包含着更广泛的含义。在他看来："剩余价值生产和剩余价值实现的矛盾作为资本积累的结构性矛盾，既可以解释古典经济周期，也可以用来解释资本积累的长波。两种现象的区别在于，长波产生的基础，是通过重大产品创新蜂聚建立起来的新兴产业部门的生命循环；而正常的经济周期作为短期波动，可以看作前述矛盾在社会分工体系和主导产业部门既定不变的基础上运动的结果。"⑥

认为资本主义萧条长波的基础在于剩余价值生产与剩余价值实现矛盾的结构性激化，是一个极为重要的命题。它的明确含义是：萧条长波是一个全球性的生产过剩时期，是一个市场问题空前尖锐化的时期。只要看看1873—1894年的长期萧条、20世纪30年代的大萧条，以及战后70年代的低速增长，即可判断上述命题的正确性。而这种全球性的生产过剩，恰恰是先前扩张长波时期重大技术创新群集和相关新兴产业部门长期高速发展的必然结

① J. M. Gillman. The Falling Rate of Profit, Dennis Dobson, 1957.

② P. Mattick. Value Theory and Capital Accumulation, Science & Society, 1959 (01), P.34-35.

③ 详细评论请参阅高峰：《资本积累理论与现代资本主义》，南开大学出版社 1991 年版，第 290-292 页。

④ M. A. Lebowitz. Marx's Falling Rate of Profit: A Dialectical View, The Canadian Journal of Economics, 1976, Vol. 9, No. 2.

⑤ 详细评论请参阅高峰：《资本积累理论与现代资本主义》，南开大学出版社 1991 年版，第 300-304 页。

⑥ 孟捷：《产品创新与马克思主义资本积累理论》，见张宇、孟捷、卢荻主编：《高级政治经济学——马克思主义经济学的最新发展》，经济科学出版社 2002 年版，第 266-267 页。

果。这同时也意味着，要使资本主义经济走出长期萧条，开始新的上升长波，除了其他条件（如新的重大的技术创新，某些重要的制度变革以提供稳定而良好的投资环境和利润预期等）之外，市场的大规模扩展以彻底缓解实现困难是至关重要的。曼德尔在讨论周期问题时强调，经济复苏并开始高涨必须具备"两个并行的条件，即：利润率日益上升和实际市场继续扩大"①。在讨论资本主义经济如何开始扩张长波时，正如孟捷所批评的，这两个条件绝不像曼德尔认为的那样一定互相冲突。如果假定利润率上升必须以剩余价值率提高为条件，那当然意味着雇佣劳动阶级的相对收入下降，从而阻碍群众消费市场的扩大。但是，影响利润率的因素除工资份额和工资成本外，还有资本构成和资本成本。在萧条长波的后期，不仅资本可能通过压低工资来提高剥削率，而且可能通过压低原材料价格来降低资本成本。一旦在利润率轻微回升的带动下，重大技术创新和新兴产业部门的投资得以启动，投资需求的扩大就可能在推动经济增长中起主导作用。这时不但由于就业逐渐增加（即使工资较低和剥削率上升）而使消费需求日益扩大，能力利用率逐渐提高也会在推动劳动生产率增长的同时有助于降低资本产出率，即提高资本生产率和降低资本成本。当然，作为扩张长波（不仅是周期性繁荣）的重要条件，除投资需求要有长时期的强劲增长之外，居民的消费需求也要有较长时期和较大程度的增长。从长波的历史看，任何一次萧条长波的彻底摆脱和扩张长波的真正持续，都需要解决市场问题。但市场的扩大有两种方式：一种是提高现有居民的购买力；另一种是从地域上开辟新的市场，扩大消费人口。如果市场问题的解决主要依靠第二种方式，那么剥削率和利润率的提高与市场的迅速扩大便可能完全不冲突（至少在一个较长时期内）。这就是为什么每一次萧条长波后，伴随着长波的上升时期必然会有世界市场的进一步扩大。②

（原载《走向新的政治经济学》，上海人民出版社 2005 年版）

---

① 曼德尔：《论马克思主义经济学》上卷，商务印书馆 1979 年版，第 390 页。

② 也许第二次世界大战后，作为资本主义黄金时期的扩张长波从现象上看是一个例外。苏联、东欧和中国等社会主义国家的出现似乎缩小了世界市场，但这些国家战前在世界市场中的份额并不大。而西欧和日本经济在战争中受到严重破坏后的重建，所有发达国家在战争中被压制和推迟了的消费需求，居民收入水平和生活水平在战后的大幅度上升，以及东亚和南美各国作为发达国家商品市场的开拓等，实际上意味着世界市场的扩大。战后真正高速增长的是日本和德国，它们是战后扩张长波的主要带动者。尽管发达国家之间的贸易占主要地位，但没有发展中国家（当然还有它们在相当长时间内提供的廉价的能源和原材料）的市场，战后的扩张长波是难以想象的。

资本积累与经济虚拟化

一 资本的二重性与资本积累的二重性

马克思主义经济学认为，资本不仅仅是物品，具有一定的物质属性；它还同时体现了一定的经济关系，具有一定的社会属性。资本是物质性与社会性的统一体。资本的社会性可以从不同的层次来观察。资本体现的特征性的经济关系是一种特殊的剥削关系，即资本对雇佣工人剩余劳动的占有；但同时，资本还体现着一种商品价值关系：资本由货币转化而来，它本身就是商品，具有使用价值和价值双重属性，它对工人剩余劳动的占有采取了剩余价值的形式，它必须在商品交换中才能实现自身的价值增殖。这种商品价值关系便构成资本的基础性的社会性质。

商品使用价值和价值的二重属性，使商品必然要在交换中表现自身。随着交换的逐渐发展，贵金属由普通商品转化为一般商品，成为货币，商品价值在贵金属的物质形态上取得了自身的独立存在，商品内部使用价值与价值的对立终于外化为商品与货币的对立。伴随着资本主义经济关系的产生，货币转化为资本，资本在自身循环中也要依次和同时采取物质资本与货币资本的双重形态。因此，资本主义生产的扩大或资本积累，也必然表现为物质资本与货币资本的双重积累。货币资本的积累可以是资本家的自有资本，也可以是借贷资本；但不论是自有资本还是借贷资本，都存在于货币形态上。当货币仍由贵金属充当时，这种货币资本的基础性质就仍然是实际的商品，只不过不是普通商品而是充当一般等价物的特殊商品。从金属货币本身具有价值而言，它仍然是现实资本或实际资本。真正的变化从纸币的流通开始。当货币资本采取纸币的形态后，特别是当金本位制崩溃而纸币不再能兑现金银以后，货币资本本身便失去了它自身的价值，而开始虚拟化了。

更深刻的变化是随着股份公司的出现而发生的。股份企业通过发行股票筹集货币资本，货币资本的积累开始同时采取股票的形式。股票作为资本的形态而存在，它可以通过分红获取股息，也可以在市场上进行买卖。然而，股票虽有票面价值并在资本市场上具有价格，但股票本身却没有价值（一张纸和印刷的价值可以忽略不计），而只是"现实资本的纸制复本"，因而是"虚拟资本"。[①]这时，资本二重性的存在形式发生了深刻变化。资本作为使用价值和价值的基础性的二重属性，现在已不仅仅表现为物质资本与货币资本的二重存在，而且表现为真实资本与虚拟资本的二重存在。这是一个根本性的变化。以前，资本主义企业的资本价值只有一个真实资本的价值，它是企业所有物质资本（包括生产资本和商品资本）与货币资本价值的总和。现在，资本主义股份企业的资本价值二重化了，它除了真实资本的价值，还有一个虚拟资本的价值，即上市公司股票在资本市场上的市场价值（即通常所说的"市值"）。这种资本价值的二重化，既源于资本基础性的二重性质（既是使用价值又是价值），也源于资本特征性的二重性质（既是商品又是资本）。由于资本价值的二重化，资本积累也二重化了，它既是真实资本的积累，同时也是虚拟资本的积累。"资本积累进程具有二重性，它既包括对实物资产的所有权，也包括对实物资产的虚拟要求权。"[②]资本主义股份公司企业价值的二元化，导致公司经营目标的二元化。[③]股份企业的资本积累，已不仅是追求实际资本价值的最大化，同时还要追求虚拟资本价值即资本市值的最大化。

资本主义企业微观积累的二重化必然导致资本主义经济宏观积累的二重化。这种二重化首先表现为经营货币资本的企业即银行的出现。最早的资本主义商业银行从前资本主义的高利贷资本转化而来。它们是适应于产业资本、商业资本等职能资本发展的需要而产生的。银行通过存款贷款业务成为企业融资的中介，同时经营支付、汇兑、委托等业务为企业或个人服务。这样，货币资本的积累在很大程度上表现为银行资本的积累。股份公司和有价证券出现以后，从事股票、债券发行和投资的金融机构也随之产生。在一些国家，经营证券的金融职能是由银行进行的，银行不仅帮助企业发行和销售债券股票，而且通过购买公司股票对企业实行控制。德国是这种制度的典型代表。

---

① 马克思：《资本论》第 3 卷，《马克思恩格斯全集》第 25 卷，人民出版社 1974 年版，第 540、527 页。

② 约翰·贝拉米·福斯特：《资本主义的金融化》，《国外理论动态》2007 年第 7 期，第 11 页。

③ 王凤荣：《金融制度变迁中的企业成长》，经济科学出版社 2002 年版，第一章。

在有些国家如美国，则在近代实行金融业的分业经营，商业银行不准经营证券业务，而这种业务是由专门的投资银行来承担的。不论证券业务是由商业银行承担还是由专门的投资银行承担，这些金融机构都进一步积累了大量的货币资本和证券等虚拟资本。其次表现为保险公司，包括人寿保险公司和财产保险公司的出现。它们通过保险费集中大量的货币资本，再将其投资于各种证券和贷款之类的资产上，并依靠这些资产所得的收入来支付保单所规定的权益及获取利润。第二次世界大战以后，保险公司特别是人寿保险公司得到迅速发展，成为集中货币资本的强大的非银行金融机构和工商企业长期资金的主要提供者。此外，从战后六七十年代开始，一种集中货币资本的新的金融机构即养老基金和共同基金，在发达国家特别是美国和英国迅速兴起，它们集中货币资本的强大功能比银行和保险公司甚至有过之而无不及。养老基金的功能是为公众提供一种养老保护，使他们在退休后能有一定收入以维持基本生活水平。基金可以由政府、企业或私人发起创建，基金缴款由雇员和雇主共同分担，交由银行、人寿保险公司或基金经理人负责经营管理。由于每年支付的养老金能够较精确地预测，因而这种基金可以大量投资于长期有价证券，较大规模地持有债券、股票和长期抵押贷款。养老基金虽然在理论上归雇员所有，但在它的经营者手中已转化为货币资本。"正如米歇尔·阿格利埃塔在研究美国资本主义调节问题时指出的那样，养老基金的资产'不是工薪劳动者的财产，而是资本家阶层的财产'。雇主制度吸收和管理越来越多的数额实际上被用在了发展相关企业上，这就是说，这种制度首先具有一种特殊的盈利逻辑。"[1]共同基金也称投资基金或互助基金，它是一种投资的中介组织形式，通过发行收益凭证或基金股份，把众多分散和相对较小的投资者的资金聚合起来，交由专业人员运作管理，投资于各种有价证券、金融工具或产业部门，以获取收益。这种基金从 20 世纪 80 年代开始得到特别迅速的发展。

这样，资本主义经济宏观积累的二重化，便突出体现为生产实物产品与服务的产业部门中物质资本的积累，以及金融业中货币资本与虚拟资本的积累。资本积累的这种二重化，使资本主义经济形成了两个相互联系而又相对独立的部分。一部分是实体经济，它们由生产那些可进入个人消费和生产消费领域的产品与劳务的经济部门组成，包括农业、采掘业、制造业、建筑业、

---

① 转引自克罗德·赛尔法蒂：《英美养老基金与集体投资基金在金融全球化中的作用》，见弗朗索瓦·沙奈等著：《金融全球化》，中央编译出版社 2001 年版，第 180-181 页。

电信业、运输业、商业和公用事业等产业部门，这些部门所积累的主要是物质资本，它们的生产经营构成社会生存与发展的物质基础。另一部分是虚拟经济，它们主要由那些从事货币资本和虚拟资本经营的经济部门组成，包括银行业、证券业、保险业等金融部门，这些部门所积累的主要是货币资本和虚拟资本等金融（业）资本。金融资本的积累和虚拟经济的存在，从本质上说是为了满足实体企业经营与发展中对货币资本的需要，因而是为实体经济服务的。但是，虚拟经济一旦出现，便具有了相对的独立性，可以形成自身特有的循环和交易，甚至脱离实体经济的需要而过度和畸形膨胀。

在资本主义经济发展的历史上，虚拟经济脱离实体经济而过度膨胀的情况一直存在，但主要是一种周期性的现象。在经济周期的繁荣阶段，由于经济活跃与投资高涨，信贷不断膨胀，股市日趋狂热，以金融交易为代表的虚拟经济日益脱离实体经济而过度发展，最后不得不随着经济危机的到来而爆发金融危机，并以虚拟资产的严重贬值和金融机构的大量破产而告终。然而，20 世纪 70 年代，资本主义经济开始出现日趋虚拟化的结构性演变，虚拟资本的积累日益超过实际资本的积累，虚拟经济的发展日益超过实体经济的增长，虚拟经济脱离实体经济而畸形膨胀已从一种周期性现象转化为一种结构性现象，成为发达资本主义经济中经常存在的事实。这一演变构成现代资本主义经济的一种特征性变化，其原因与经济后果值得深入探讨。

二　资本积累的虚拟化和资本主义经济的虚拟化

资本积累的虚拟化趋势，表现为金融资本和金融交易的发展大大超过实际资本和实体经济交易的发展，在资本主义经济中占据了主导地位。这种现象早已被西方左派学者所洞察，斯威齐称之为"资本积累的金融化"[1]。由于金融（业）主要是一个产业部门概念，并不能直接反映这种资本和资本积累的经济实质，因此，我们宁愿用资本积累的"虚拟化"来代替或至少是补充资本积累的"金融化"概念。

我们来了解一下资本积累虚拟化的大背景。第二次世界大战后，发达资本主义国家经历了一个"黄金时代"，在大约 20 多年时间里，实现了资本主

---

[1] 保罗·斯威齐：《再谈（或少谈）全球化》，见李其庆主编：《全球化与新自由主义》，广西师范大学出版社 2003 年版，第 139 页。

义历史上空前的高速积累和经济增长。在 1950—1970 年间，七国集团平均计算：全部私人企业产量年平均增长率达到 4.5%；总资本存量增长率达到 4.5%；劳动生产率增长率达到 3.6%；净利润率增长率达到 17.6%；失业率仅为 3.1%。[①]这几乎是资本主义历史上从未有过的记录。"黄金时代"的经济繁荣，特别是日本和西欧国家（首先是西德）的高速积累和经济增长，使资本主义国家的生产能力迅速扩大，数量空前的制造业产品被提供到世界市场。结果便是生产成本急剧上升和市场容量相对不足，为全球性的生产过剩与资本过剩准备了条件。一方面，长期的经济繁荣造成劳动市场和原材料市场日趋紧张，劳动价格和原料价格快速上涨，成本上升的压力不断加强；另一方面，世界市场有效需求的扩大终究赶不上资本主义生产迅速增长的步伐，降低了生产能力利用率并遏制了产品价格的增长。生产能力利用率下降进一步推高了资本成本和劳动成本，产品成本的上升却不能由产品价格的上涨得到补偿，必然挤压资本利润。这种现象从 1965 年已开始显现。在 1965—1973 年间，美国制造业部门实际资本利润率下降了 43.5%，七国集团制造业部门（全球制造业部门的近似代表）营利能力的综合指标也下降了大约 25%。"不断降低的利润率表明，生产能力和产量的双重过剩不是局部的，而是全球性的。"[②]70 年代的两次石油危机，造成能源价格猛涨，更加剧了成本对利润的挤压。

面对以制造业为主体的实体经济的利润率下降，资本开始寻求两条出路。一条出路是，把劳动密集型的制造业转向劳动成本低廉的发展中国家或地区，主要是亚洲和拉丁美洲某些具有一定基础并实行外向型经济的国家或地区，如韩国、新加坡、巴西、墨西哥，以及中国台湾、香港等地，以降低生产成本，提高利润率。这促进了一批新兴工业化国家或地区的资本积累和逐渐兴起。但这种发展只会使全球制造业的生产能力进一步扩大，把更多的产品提供到国际市场上，形成更激烈的市场竞争。在 1970 年到 1980 年间，这些新兴工业化国家和地区产品出口的年均增长率达到 11%。亚洲最大的三个出口国家和地区韩国、中国台湾和中国香港合计占不发达国家（地区）向发达国家出口的制造品的大约一半；巴西和墨西哥提供了 15%；新加坡、南斯拉夫、马来西亚和菲律宾合计则占 15% 稍强。整个 70 年代，不发达国家和地区向发达国家的出口中，制造业产品比重增加了一倍多，从 22.4% 上升到 45%。

---

① 罗伯特·布伦纳：《繁荣与泡沫》，经济科学出版社 2003 年版，第 3 页表 1-1。

② 罗伯特·布伦纳：《繁荣与泡沫》，经济科学出版社 2003 年版，第 12-13 页。

到 1980 年，发达国家进口的制造业产品中有 8.5％来自第三世界，而在 1970 年只占 4.5％。[①]从 90 年代开始，发达国家制造业的外迁趋势进一步加强，规模更加扩大，产品档次更为提高，产品类型更为多样化。在 70 年代，新兴工业化国家和地区出口到发达国家的还主要是劳动密集型的轻工业产品，如服装、鞋类和皮革等，而后逐渐向附加值较高的机械产品转移，如家用电器、一般工业机械、手机、计算机及部件等。随着大量外资涌向中国，中国的外向型经济飞速发展，逐渐成长为"世界工厂"和最大的新兴工业化国家，世界制造业生产能力有了前所未有的巨大增长。可见，大量制造业资本向新兴工业化国家和地区转移，虽然降低了跨国公司的经营成本，并对发达国家内部工人阶级形成压力，遏制了实际工资上涨的趋势；但全球性的积累过剩与生产过剩的基本形势在总体上不仅未能缓和，而且更为加剧，利润率下降的巨大压力也未能从根本上得以缓解。

资本选择的第二条出路，就是向金融部门转移。当制造业和实体经济的生产能力过剩、利润率低下时，资本会自然涌向金融部门，通过对虚拟资产的全球性经营来获取高额利润。这正是 20 世纪 70 年代开始的金融化和金融全球化的深刻的经济根源。早在 1987 年，当金融化开始迅猛发展不久，斯威齐和马格多夫就已经敏锐地揭示了经济金融化与生产能力过剩之间的本质联系。[②]法国马克思主义学者沙奈也指出："金融全球化是 15 年来私人资本（产业资本和银行资本）加强自身地位的运动与政府原有的越来越行不通的政策之间矛盾冲突的结果，这一切发生在'黄金时代'结束的大背景之下。虽然金融全球化早在 60 年代末就已经开始，但是脱离调节学派所说的'福特主义调节方式的危机'以及马克思主义者所描述的世界资本主义生产方式的经典矛盾（这一矛盾从 1950 年到 1974 年衰退以前长期受到抑制）在特定历史条件下的重新出现，就不能理解金融全球化这一现象。逐渐积累起来的大量资本，作为借贷资本力图以金融的方式增值，也只能从投资于生产的资本日益增长的增值困难（统计数字清楚地说明了这种情况）中得到解释。"[③]

在制造业等实体经济出现全球性生产过剩和利润率下降压力的条件下，

---

① P. 阿姆斯特朗等：《战后资本主义大繁荣的形成和破产》，中国社会科学出版社 1991 年版，第 326-327 页。

② H. Magdoff, P. Sweezy. The Stock Market Crash and its Aftermath, Irreversible Crisis, Monthly Review Press, 1988.

③ 弗朗索瓦·沙奈等：《金融全球化》，中央编译出版社 2001 年版，第 6-7 页。

资本向金融部门转移并进行全球性经营的强烈冲动，得到了以美国为主导的发达国家强大的政治响应和政策支持。发达国家特别是美国和英国政府的宏观政策开始发生巨大转变，从"黄金时代"凯恩斯式的国家对经济的干预和调节，转向经济自由主义，实行私有化、自由化和放松管制。这一转变虽肇始于 20 世纪 60 年代末期，但以 1979 年保罗·沃尔克被任命为美国联邦储备委员会主席、英国撒切尔夫人上台和 1980 年里根当选美国总统为标志。美、英等国的政策转变并非偶然，它不仅符合资本趋向金融自由化全球化的强烈愿望，也是面对国内积累起来的各种深刻矛盾而不得不采取的拯救之举。布雷顿森林体系的崩溃、严重的通货膨胀和经济滞胀局面、国内日趋紧张的阶级关系、美国巨大的财政赤字和日益增长的贸易赤字等，都要求政府采取金融自由化的措施加以应对和解决。正是这些力量的结合，促进了发达国家资本积累从 20 世纪 70 年代开始的金融化虚拟化趋势。在这一过程中，若干重大的经济制度变化起了强有力的推动作用。

首先是 20 世纪 70 年代初布雷顿森林体系的崩溃。1944 年建立的布雷顿森林体系，以美元与黄金挂钩（35 美元兑换 1 盎司黄金）、各国货币与美元挂钩为特征。这一国际金融体系的基础，是战后初期美国强大的经济和贸易力量以及雄厚的黄金储备。这种国际金融制度保证了各国汇率的相对稳定，为战后资本主义经济的快速增长提供了有利条件。但是，随着资本主义"黄金时期"的不平衡发展，美国的经济地位在相对下降，欧洲（特别是西德）和日本的经济力量有了巨大增长。美国政府在世界范围的军事扩张和经济军事化，造成长期的预算赤字。其所实行的新殖民主义政策和大量资本输出所形成的资本项目逆差，又由于国际竞争力的相对削弱，逐渐不能由经常项目顺差所弥补，到后期经常项目也出现逆差，从而造成不断扩大的国际收支赤字。正是这种"双赤字"，削弱了国际社会对美元的信心，也动摇了美元兑换黄金的经济基础。战后初期美国聚敛了世界大半的黄金，1949 年美国黄金持有量价值达到 246 亿美元，但后来由于不断流失，到 1971 年 7 月末仅剩下102 亿美元；而同期，美元的短期债务即外国持有的美元，已从 1949 年区区的 60 亿美元，膨胀到 1971 年 7 月末的 450 亿美元。[①]国际社会持有的美元资产越来越多和美国持有的黄金储备不断减少，最终迫使美国于 1971 年 8 月停止了美元兑换黄金的官方承诺，单方面废除了布雷顿森林会议所制定的国

---

① 林直道：《危机与萧条的经济理论》，中国人民大学出版社 2005 年版，第 181 页。

际货币制度。"布雷顿森林体系的废除结束了美元与黄金挂钩制度，同时开辟了浮动汇率的道路。……采用浮动汇率制是货币长期不稳定的起点。它使汇兑市场成为金融市场列车进入当代金融全球化的第一节车厢。"[①]从此，由于各国汇率的经常波动，外汇投机交易逐渐成为国际虚拟资本寻求暴利的一个重要市场。全球外汇市场每天的交易额，1973年不过200亿美元，1989年达到5900亿美元，1997年更达到1.54万亿美元。"以这样的速率，目前一年的国际流通资金已达到400万亿美元，而维持各国对外贸易和投资所需的资金，只需8万亿美元"[②]。这意味着，每年外汇交易资金的98%，实际上是用于外汇投机的。

其次是20世纪80年代美国实行的高利率政策。20世纪70年代，美国和其他主要资本主义国家在经济上陷入"滞胀"，即经济相对停滞和严重通货膨胀并存。这种反常状态是资本主义国家多年实行凯恩斯主义宏观经济政策的结果，两次"石油危机"更加剧了"滞胀"局面，使资本主义经济陷入前所未有的困境。70年代末80年代初，美、英开始实行新自由主义政策，就是为了摆脱"滞胀"困境，重新为经济的正常运转和资本的盈利创造有利条件。其中美国采用的一剂狠药，就是推行紧缩的货币政策，取消对银行一贯实施的价格监控，提高存贷款利率，大幅度减少货币供应量。结果是名义利率和实际利率急剧上升。在美国战后直到60年代中期的长期繁荣年代，实际利率从未达到过3%；形成尖锐对比的是，实际利率从1978年的1%骤然提高到1981年的8.7%，而后在80年代的其他时间依然处在3%到6%的范围里。观察联邦基金实际利率在1951—1988年的长期变动可以看出，1979—1988年平均的联邦基金实际利率竟然高出该利率在1951—1978年平均值的9倍多。[③]这被鲍尔斯等美国左派经济学者称为货币主义的"冷水浴"（Cold Bath），直接使美国经济于1980—1982年陷入严重衰退，实际产出的下降超过了1973—1975年的危机，官方统计的失业率从1979年的5.8%飙升到1982年的9.5%。空前严厉的货币紧缩显然达到了它的目的：通过扩大失业后备军来抑制实际工资增长和降低劳动成本，以克服通货膨胀并为资本盈利创造条

---

① 弗朗索瓦·沙奈等：《金融全球化》，中央编译出版社2001年版，第14页。

② 理查德·隆沃思：《全球经济自由化的危机》，生活·读书·新知三联书店2002年版，第8页。

③ S. Bowles, D. M. Gordon, T. E. Weisskopf. After the Wasteland, M. E. Sharpe, lnc., 1990, P.124.同时应当指出，20世纪80年代的高利率并非美国特有，而是主要发达资本主义国家的共同现象。美、英、德、日、法、意、加等七国平均计算，长期实际利率的年平均值：1960—1969年为0.8%；1970—1979年为-0.5%；1980—1989年为6%。弗朗索瓦·沙奈等：《金融全球化》，中央编译出版社2001年版，第94页。

件。与此同时，高利率体制也使借贷关系中的权力从债务人转向债权人，产生了有利于金融资本而不利于产业资本的严重后果：高利率一般趋向于抑制工业投资活动；高利率有利于短期投资计划，却排斥那些需要长期管理的投资，如研究与开发、建立某些新工业设施等；由于高利率提高了债务成本，债务人去别处寻求更低成本的压力会加大；高利率促使大工业集团迅速增加它们的金融资产，在利润较低时期把金融资产当作补充收入来源，也使工业企业财务经理们更愿意保存一笔数额较大的流动性投资形式的货币用来创造金融收入，而不是再投入到开发生产能力的现代化和扩张之中。[①]由此可见，80 年代的高利率成为促使资本积累金融化和虚拟化的一个重要因素。

与此同时，资产和筹资活动证券化也得到迅速发展。在 20 世纪 50 年代和 60 年代，美国的信用货币主要是作为借贷资金使用，70 年代的严重通货膨胀更使银行贷款迅速增加。但是，从 80 年代开始，证券化趋势开始显现。"十年来的滞胀使长期贷款供应者因这类贷款的非流动性和与之相关的巨大风险（价格风险和失误风险）变得疑心重重，面对这样一种局面，选择证券的益处就大得多了，这是因为人们可以在任何时候从中摆脱出来，而且也是因为证券更少地受到工业资本所经历的波折的影响。鉴于 1981—1982 年滞胀危机后人们对股票和债券严重低估，这些证券也就尤其具备大幅度升值的潜力，而名义利率在 80 年代的反通货膨胀时期也逐渐下降。在这种环境下，1982 年以后金融市场的快速发展就不是什么令人吃惊的事情了。通过合并、收购及股市上恶意的公开收购进行的工业重组更加促进了金融市场的扩张。"信息领域和通信领域革命性的科技进步对于证券化趋势也是一种催化剂。"这种革命打破了银行对信息的垄断，使人们更容易了解有关公司和市场的信息数据，有效地提高了金融市场在流量和速度方面的效益。"[②]证券化趋势也反映在国际金融筹资方式的变化上。80 年代以后，国际金融市场上的证券投资超过了银行辛迪加贷款，在国际筹资活动中占有越来越重要的地位。1976—1980 年，国际证券发行量与银团贷款之比，平均只有 0.61；1981—1985年提高到 1.34，1993 年达到 3.82，而后略有下降，但 1996 年仍高达 2.24。[③]

筹资活动的证券化趋势对商业银行产生了双重影响。一方面，动摇了商业银行在信贷体系中的地位；相对而言，那些在证券市场上专事经营的金融

---

① 弗朗索瓦·沙奈等：《金融全球化》，中央编译出版社 2001 年版，第 64 页。
② 弗朗索瓦·沙奈等：《金融全球化》，中央编译出版社 2001 年版，第 67-68 页。
③ 刘骏民：《从虚拟资本到虚拟经济》，山东人民出版社 1998 年版，第 152-153 页。

机构，如投资公司、养老基金、互助基金等机构投资者得到更快发展和更多收益。另一方面，银行也越来越多地进行证券交易和证券投资，对证券化趋势推波助澜。美国商业银行即使在 1999 年废除《格拉斯—斯蒂格尔法》之前，也能绕过制度限制，通过信托方式管理养老基金和互助基金，实际从事证券业务；而在废除《格拉斯—斯蒂格尔法》后，更是完全恢复了多业经营，更大量地进行证券投资。"商业银行越来越多地进入证券市场，是占统治地位的虚拟资本不断发展的关键因素。"[1]商业银行向机构投资者发行新证券提供担保，使一部分货币进入证券市场；银行通过提供资金使人们能通过负债来购买证券，对扩大证券交易起到杠杆作用；银行还同意把证券作为资助购买额外证券贷款的保证来使用。这一切做法都大大促进了证券交易的发展。更重要的是，商业银行还把很大一部分贷款打包后变为证券发行，以转移和分散风险，加速资金流转。证券化趋势始于 70 年代美国房屋抵押贷款的证券化，而后"于 1985 年扩展到了汽车贷款，1987 年又扩展到信用卡贷款，随后是商业资产的证券化和公司贸易应收款的证券化。进入 90 年代，证券化不断扩展到各式各样的实际和金融资产，而且还扩展到了各种有保障的收入流和现金流"。证券化起源于美国，但很快就蔓延到其他国家，不仅使货币市场和资本市场更加活跃，也使绝大多数证券市场日益国际化。随着证券化的发展，"整个金融业都受到了巨大的影响。贷款的规模日小，而证券筹资的规模日增，银行的作用也在发生重要的转变，其存贷中介的地位正在削弱，而其为发行证券服务的代理人性质却在加强"[2]。证券化趋势大大加强了虚拟资本的交易和虚拟资本的积累，对资本主义经济的负面影响不断暴露出来。美国银行把次级住宅抵押贷款打包后层层发行证券向国内外大量出售，事实上成为酿成 2007 年秋天开始爆发的次贷危机的一个重要因素。

在证券市场发展中，政府债券具有突出作用。自 20 世纪 80 年代初以来，政府债券特别是国债市场获得了极为迅猛的扩张。"1979—1981 年出台的公共债券市场自由化、自由拍卖国库券以及自由创建具有相当竞争力的二级市场等政策，……保证了债权人手中各种形式的债券具有高度的流动性，对于工业化国家的各国政府来说，公共债务'证券化'代表了国家放松预算限制和暂时解决税务危机的一种手段。"[3]国债市场已经成为国际金融市场上最活

---

① 弗朗索瓦·沙奈等：《金融全球化》，中央编译出版社 2001 年版，第 69 页。

② 刘骏民：《从虚拟资本到虚拟经济》，山东人民出版社 1998 年版，第 2–5、8 页。

③ 弗朗索瓦·沙奈：《资本全球化》，中央编译出版社 2001 年版，第 43 页。

跃的一个领域。今天，除外汇市场外，国债市场业务大大超过了其他金融市场业务的规模。美国在国债市场上稳稳占据着世界的首位。1980 年，其国债日交易量仅为 140 亿美元，到 1993 年已剧增到 1200 亿美元。而国债交易量的急剧扩大几乎涉及所有主要工业化国家。[①]国债市场规模的这种剧增，和 80 年代后发达国家公共财政状况的不断恶化直接相关。七国集团国家年均财政赤字从 70 年代占国内生产总值的 2.1%，发展到 1990—1995 年的 3.6%，结果公共债务总额占国内生产总值的比率大幅度提高，在 1990—1995 年达到 64.3%。[②]这个时期财政赤字的迅速上升不是偶然的。严厉的货币政策导致经济增长率放慢和利率飙升，必然推高政府的赤字水平。日益增大的财政赤字要求政府借钱来弥补，这不仅要扩大国债的发行规模，还必须求助于国际投资，特别是机构投资来购买本国的政府债券。正是这种国家借款融资的需要，促进了国债初级市场的持续繁荣，并由于投机活动的影响而使国债二级市场有了更为惊人的扩大，从而推动了金融自由化、全球化的强劲发展。国债在全球金融市场上之所以特别受到投资者的青睐，是因为它的特殊性质：国债是风险最小的可交易债权，它以国家的信誉为担保，以国库的名义签发，因而具有最好的质量。国债既然可以提供稳定可靠而又能够流动的收入，自然成为国际投资者的主要投资和交易对象。在 20 世纪 90 年代中期，国际机构投资者总金融资产中有 37%—39% 为国债形式。因此，"国债市场成为'脊骨'，……成为'金融全球化市场的基石'"[③]。

此外，金融衍生物交易的兴起更是大大促进了全球化虚拟经济的发展及其投机性质。20 世纪 70 年代初期布雷顿森林体系的崩溃和资本主义国家开始放松金融管制，加剧了各国汇率和利率的差异与波动，大大强化了国际金融市场上金融资产价格动荡的风险。在此条件下，由金融原生产品派生出来的金融衍生工具，被逐渐创造出来并得以迅速推广，各类金融资产（如货币、外汇、债券、股票）的各种期货、期权交易以及各类资产价格指数的期货、期权交易迅猛发展。这些金融衍生工具起初主要是出于躲避风险和资产保值的需要，但很快就变成进行金融投机的手段。1986 年，只有美国和少数国家的金融当局有期货和期权交易。到了 80 年代末 90 年代初，绝大多数国家的金融当局几乎都认识到，期货和期权市场是金融市场现代化的先决条件。到

① 弗朗索瓦·沙奈等：《金融全球化》，中央编译出版社 2001 年版，第 106 页。

② 弗朗索瓦·沙奈等：《金融全球化》，中央编译出版社 2001 年版，第 106 页。

③ 弗朗索瓦·沙奈：《资本全球化》，中央编译出版社 2001 年版，第 36 页。

了 90 年代初,几乎绝大多数国家都建立了最低限度的衍生物交易市场。[①]在金融衍生产品市场的发展中,信息革命也发挥着技术基础的重要作用。"电脑和远程通讯等现代技术的广泛运用,大大降低了各种金融交易的成本,缩短了交易过程和清算时间,使得数以亿元计的资金在世界范围内的调拨在瞬间就能完成。同样重要的是,金融理论和信息技术的重大发展,使得衍生产品的价格能够从其相关的原生产品中被相当精确地计算出来,从而使得高度复杂的衍生产品的设计成为举手之劳。可以说,若无科学技术特别是信息技术的进步,令人眼花缭乱的金融衍生产品绝大多数根本就不可能被设计出来,更不可能被广泛推广开来。"[②]金融衍生物交易的迅速膨胀,极大地促进了虚拟资本的积累。其交易主体不仅包括投资公司、保险公司、互助基金、对冲基金等金融机构,也使大量商业银行卷入其中。"1994 年底,美国七家最大的商业银行以衍生产品合约形式积累了 137000 亿美元。这个数目相当于衍生产品交易市场上前十五家最大交易者(其中包括五家商业银行和三家保险公司)总额的 76.5%。这笔钱还反映了衍生合约基本价值的虚拟性,也说明了交易者在这类交易中所冒的实际信贷风险。"[③]马格多夫早就一针见血地指出这种金融工具的投机性质。"金融衍生物的惊人增长是世界经济持续不稳定的又一原因。这些在主要金融市场上相互联系的、高度投机的金融工具,是威胁国际金融体系的定时炸弹。1998 年金融衍生物契约的总量达到了 70 万亿美元,即使经济不景气时这个数字也在持续增长。2000 年达到 99 万亿美元,2002 年大约为 125 万亿美元。"[④]金融衍生产品的投机性质表现在,其绝大部分交易合约并不是为了躲避价格风险,而是为了通过对金融产品市场价格变动进行投机性赌注以获取暴利。衍生品交易的大发展促进了虚拟资本的爆炸性增长,它把全球化金融市场变成了一个大赌场,使金融投机成为金融机构、企业和个人的一种经常性的投资类型。

资本主义经济的所有这些变化,都是在资本主义国家实行金融自由化和放松金融管制的条件下发生的。而西方国家金融管理理念和政策的这种转变,除了应对由于国内深刻矛盾所产生的各种严重经济问题的需要,也是屈从于

---

① 刘骏民:《从虚拟资本到虚拟经济》,山东人民出版社 1998 年版,第 11 页。

② 李扬、黄金老:《金融全球化研究》,上海远东出版社 1999 年版,第 163 页。

③ 弗朗索瓦·沙奈等:《金融全球化》,中央编译出版社 2001 年版,第 70—71 页。

④ 哈里·马格多夫:《致伊斯特凡·梅扎罗斯的信(2003 年 3 月 18 日)》,《国外理论动态》2007 年第 2 期。

金融资本更强烈的趋利性和全球自由流动的要求。

上述情况说明，20 世纪 70 年代后发达国家资本积累和资本主义经济的金融化虚拟化趋势不是偶然的，而是资本主义内在矛盾推动下的制度变革和技术变革的一种结果。资本积累的虚拟化趋势最终导致资本主义经济的虚拟化趋势。经济的虚拟化在 20 世纪最后 30 年达到何种程度，可由以下数据大体反映出来。在 1980—1992 年间，经济合作与发展组织国家金融资产存量的年平均增长率，竟是固定资本形成总值增长率的 2.6 倍。[①]反映虚拟经济和实体经济领域资本积累差异的另一个近似指标，是金融资产总值的年平均增长率大大快于实际 GDP（国内生产总值）的年平均增长率，由几倍到几十倍不等，导致金融资产与实际 GDP 的比率大幅度上升。1980 年，美、英、德、日、法、意等主要发达国家这一比率低的不过 40％（英国），高的不过 173％（日本）；到 1996 年，这一比率最低的已达到 223％（法国），最高的竟达到 378％（美国）。[②]而金融交易额与国内生产总值比率的提高更是惊人：该比率在 1970 年为 15 比 1，1980 年为 30 比 1，1990 年已达到 78 比 1。此后这个趋势更为加快，因为虚拟资本的潜在乘数随着衍生产品的引入而以惊人的速度增长起来。[③]由此可见，虚拟资本相对于实际资本的畸形和过度积累，已构成现代资本主义国家资本积累的一个突出特征。它意味着金融资本已在社会资本中占据主导地位，现代资本主义经济已经虚拟化。

三　虚拟资本与实际资本、虚拟经济与实体经济的关系[④]

在分析资本积累虚拟化和资本主义经济虚拟化的影响与后果之前，我们应该了解虚拟资本或虚拟资产的性质，了解虚拟资本与实际资本或虚拟资产与实际资产的根本区别。在这个问题上，西方主流经济学与马克思主义经济学的观点当然是不同的。在西方主流经济学看来，金融领域和实际生产领域并没有什么根本性的区别，一切交易都会创造价值，一切能够带来收益的东西都是资本。对此我们不必深入讨论。但在马克思主义经济学者内部，看法

---

① 弗朗索瓦·沙奈等：《金融全球化》，中央编译出版社 2001 年版，第 4 页。
② 刘骏民：《从虚拟资本到虚拟经济》，山东人民出版社 1998 年版，第 277 页。
③ 弗朗索瓦·沙奈等：《金融全球化》，中央编译出版社 2001 年版，第 72 页。
④ 本节文字有较大删减。详细分析请参阅笔者《论财富》一文。

也不完全一致。有学者认为：现代市场经济中价值没有使用价值也能存在，价值创造不一定依赖物质生产过程，因而虚拟财富也是真实财富。其理论根据是：马克思的财富观是社会的，而西方主流经济学的财富观是物质的。既然马克思认为财富的本质属性是社会属性，单纯以价值形式存在的财富更能体现市场经济中财富的社会性质，所以虚拟财富也是真实财富。①这样的逻辑推理能不能成立呢？由于这个问题涉及对"财富"范畴的理解，需要稍微详细地讨论一下。

大家都熟知马克思关于财富二重性的观点。在马克思看来，财富是具有物质实体和社会形式的二重物，并且就财富的物质性质和社会性质来说，他强调只有财富的社会形式代表财富的本质，只有财富的社会性代表财富的本质属性。马克思对财富社会性质的强调，反映了他的一贯思想：一定社会的生产关系即经济制度是决定社会性质的，对财富的生产方式和分配方式具有决定性作用。既然财富的本质属性是社会的，那么在商品社会中，作为财富社会形式的价值，自然就代表着财富的本质属性。不过，马克思这里强调财富的本质属性是其社会属性，只是就财富的物质性和社会性的关系而言的。而当马克思谈到财富的现实性和抽象性时，他则认为，只有物质财富才是真实财富。

在商品社会中，价值体现了财富的本质，并在货币（金银）上取得了自身的独立表现形式。马克思怎样看待物质财富与金银货币的关系呢？他说："这些执行货币职能的商品，既不进入个人消费，也不进入生产消费。这是固定在充当单纯的流通机器的形式上的社会劳动。除了社会财富的一部分被束缚于这种非生产的形式之外，货币的磨损，要求不断得到补偿，……它是社会财富中必须为流通过程牺牲的部分。"②这些话表明，货币（甚至本身具有价值的金属货币）并不构成社会的现实财富，但它要占用社会财富的一部分，其磨损意味着现实财富的扣除。从什么意义上说，只有物质财富才是现实的财富呢？马克思讲得很清楚：只有物质财富才能进入个人消费和生产消费，只有由使用价值（包括产品与劳务）构成的物质财富，才能满足人类社会的各种生产和生活需要，从而构成人类社会生存与发展的现实基础。货币作为财富的社会化身，尽管在商品社会特别是资本主义社会中成为最具有财富象

---

① 刘骏民：《财富本质属性与虚拟经济》，《南开经济研究》2002 年第 5 期。

② 马克思：《资本论》第 2 卷，《马克思恩格斯全集》第 24 卷，人民出版社 1972 年版，第 153-154 页。

征的东西，但归根到底，货币仍不过是虚幻的财富。说它是虚幻的，是因为货币自身在直接形态上不能进入人类的个人消费和生产消费，它只有转化为物质产品，才能变成现实的财富。所以马克思说："同作为'财富的一般形式'的货币，即独立化的交换价值相对立的是整个实际财富界。货币是实际财富的纯粹抽象，因此，保留在这种抽象上的货币只是一种想象的量。在财富显得是以完全物质的，可感觉的形式本身存在的地方，财富仅仅存在于我的头脑里，是一种纯粹的幻想。货币作为一般财富的物质代表，只有当它重新投入流通，和特殊形式的财富相交换而消失的时候，才能够实现。……如果我把货币保留下来，它就会在我的手里蒸发为财富的纯粹的幻影。"①

说到这里可以明了，谈论财富的社会性与谈论财富的真实性并不是同一个命题。强调财富的社会性，是为了说明由生产关系决定的财富的社会形式对财富的运动具有决定性的作用；而强调财富的真实性，是要说明只有物质财富才是维系人类社会生存与发展的现实基础。因此，试图从马克思关于价值在商品社会中体现财富的本质属性的论断，推导出价值及其体化物或各种价值符号（如货币或其他价值凭证）也是甚至在更大程度上是真实的财富，在逻辑上是不能成立的。

马克思的上述论点，对于认识当今时代市场经济中虚拟资产的性质具有重要的现实意义。

当马克思把还没有转化为实际财富的金银货币看作只不过是抽象或虚幻的财富时，严格说来，金银本身还是一种具有使用价值和价值的物质产品。金银货币尚且被马克思看作虚幻的财富，更何况那些自身没有价值的纸币、被马克思称为"虚拟资本"的有价证券，以及现代市场经济中衍生出来的各种虚拟资产。纸币也好，股票和债券也好，其他各种虚拟资产也好，它们本身并没有价值和使用价值，也不能进入生产消费或个人消费；它们只是一种价值"凭证"，执行一定的社会功能，作为社会财富的代表而存在；它们可能转化为各种物质财富，但其自身却不构成社会物质财富的本体，当然也不能成为社会的实际财富。因此，说虚拟财富也是真实的财富，显然是不正确的。

虚拟资产大体上包括三个主要部分：一部分是马克思称为"虚拟资本"的东西，如股票、债券、国债等生息的有价证券；另一部分是虚拟化了的货币，如国家发行的纸币等；再一部分是与商业信用和银行信用相关的各种票

---

① 马克思：《经济学手稿（1857—1858 年）》，《马克思恩格斯全集》第 46 卷下，人民出版社 1980 年版，第 482-483 页。

据，它们也常常作为货币来流通。马克思之所以把股票、债券等称为"虚拟资本"，只因为它们不过是"现实资本的纸制复本"，是"资本的所有权证书"，这种证券的资本价值"纯粹是幻想的"。这几种虚拟资产虽然有所不同，但却有着共同的性质，即都不过是对实际财富具有索取权的"法律证书"。在现代市场经济国家特别是资本主义国家中，由于经济的虚拟化发展，虚拟资产已在社会总资产中占有绝大部分的比例，在社会经济中也起着越来越大的作用。但虚拟资产不管占有多大的比重和具有多大的经济作用，也不能改变虚拟资产作为虚拟财富或抽象财富的性质。一物的数量多少与它的性质无关。在今天，随着虚拟资产的规模空前扩大，虚拟资产的种类越来越多，许多虚拟资产（如由货币、票据、债券、股票等原生金融资产派生出来的衍生金融资产，像各种金融资产的期货、期权合约，甚至各种指数的期货、期权合约等）的虚拟性更为显著，只能说虚拟资产作为虚拟财富或抽象财富的性质更加突出罢了。

区别实际财富和虚拟财富，不是纯粹的概念之争。只有认识实际财富与虚拟财富的本质区别，才能真正承认实体经济与虚拟经济的本质区别。①在市场经济条件下，虚拟财富及其交易虽然是实际财富再生产过程所不可或缺的，并且会促进实际财富的扩大再生产，但是，由于虚拟财富只是一种名义财富，它的运动本身不可能创造出实际财富及其价值，因而以虚拟财富运动为主体的虚拟经济，终究不能代替以实际财富运动为主体的实体经济，不能成为市场经济社会生存与发展的基础。正确理解实际财富和虚拟财富的本质区别及相互作用，也才能正确认识实体经济与虚拟经济的相互关系。既然实际财富和实体经济是人类社会生存和发展的基础，市场经济中虚拟资产及其交易的产生从根本上说是源于实体经济运转的需要，并服务于促进实体经济，因此，虚拟经济的扩大应以在总体上有利于实体经济的发展为原则。由于虚拟经济不直接创造财富和价值，虚拟经济的畸形膨胀便可能因过多占用社会资源而削弱实体经济的发展，并由于虚拟经济领域易于滋生投机狂热与金融泡沫而大大加剧整个经济系统的不稳定性，一旦发生金融危机则会更严重地损害实体经济。同时，虚拟财富的运动不论有多大的相对独立性，不论扩张到多么巨大的规模，也不论它自身具有如何特异的规律，但归根到底，它仍

---

① 实际财富和虚拟财富与实体经济和虚拟经济，并不是两对完全对应的范畴。一部分现代货币和信用工具虽然属于虚拟资产，但却是市场经济条件下实际财富再生产过程中所不可或缺的，被包含在实体经济的运动之中。

旧是由实际财富的再生产过程派生出来的，并最终要受到实体经济运动的一定程度的制约。

四　资本积累和资本主义经济虚拟化的影响与后果

资本积累的虚拟化和虚拟经济的空前发展，是当代资本主义经济的一个深刻变化。它扩大了资本攫取剩余价值的权力，对资本主义经济产生了多方面的十分重大的影响。

我们应该看到，虚拟经济的发展对资本主义国家特别是美国经济逐渐走出 20 世纪 70 年代后的经济"滞胀"局面起了重要作用。第一，虚拟经济的膨胀在一定时期有利于资本摆脱利润率下降困境。从 20 世纪 80 年代初期开始，美国经济中利润率下降趋势逐渐扭转，并在 90 年代得到显著提高。这既得益于劳动生产率增长和雇员实际工资的基本停滞，也得益于实体企业部分从事金融业务而获得的金融利润。资本向虚拟经济领域转移与部分制造业迁往发展中国家结合起来，降低了实体资本对劳动力的需求，有利于资本与政府联合起来打压工会，为压低雇员实际工资创造了条件；信息革命的发展又同时为劳动生产率增长提供了技术基础。利润率转向上升，必然刺激投资，推动经济较快增长。雇员实际工资相对停滞加上发展中国家廉价商品的大量进口，则使通货膨胀率能够长期保持较低水平。第二，虚拟资本的发展也在一定程度上促进了固定资本投资。20 世纪 90 年代非住宅固定资本投资的高涨，以及 2003—2007 年住宅投资的增长，都与当时股票市场或房地产市场的繁荣密切相关。这种虚拟经济领域的繁荣尽管包含巨大泡沫，但却在一定时期促进了固定资本投资，也为这类投资筹集了充裕的资本，如这个时期创业资本的兴起就为信息及其他高新技术产业的发展提供了巨大的资金支持。第三，虚拟经济的发展还在一定时期扩大了居民的消费需求。经济的较快增长必须以充分的消费需求为条件。这个时期固定资本投资和经济发展都较快，但雇员的实际工资却停滞不前，那么居民消费需求的增长从何而来呢？这仍然要靠虚拟经济的刺激。股票市场和房地产市场繁荣所产生的"财富效应"，使居民敢于借贷消费，从而促进了消费需求的增长。正是虚拟资本的扩张缓和了经济较快发展与居民收入相对停滞的矛盾，在一定程度上缓解了产品的"实现"困难，保证了经济增长的市场条件。总之，虚拟资本的积累虽然包含着深刻的矛盾和严重的问题，但它在一定时期对经济发展的刺激作用是不应否定的。

　　然而，不要忘记，上述虚拟资本积累对经济发展的刺激作用，主要是以大资本加强对居民剥削为基础的。巨额虚拟资本和虚拟资产的积累与交易，为大资本再分配和掠夺社会财富开辟了新的途径。前面分析虚拟资产的性质时已经说明：虚拟资产本身及其交易并不能直接代表或产生实际的社会财富，但它作为法律证书却具有转化为实际财富的社会权利，因此，它占有的财富只能是社会已经生产出来的实际财富的转移。在这里，它与产业资本是全然不同的。一般说来，产业资本家为了获取剩余价值，需要投资于实际经济部门，从事物质产品或劳务的生产；而金融资本家通过资本市场进行金融投机，就可能在虚拟资产形式上获取暴利。马克思在 19 世纪时已经指出这一点：“由这种所有权证书的价格变动而造成的盈亏，以及这种证书在铁路大王等人手里的集中，就其本质来说，越来越成为赌博的结果。赌博已经代替劳动，并且也代替了直接的暴力，而表现为夺取资本财产的原始方法。”①在当今虚拟经济空前发展的资本主义国家中，大金融资本家的经济实力、他们从事金融投机的手段和规模，以及资本在国家间流动的速度，都是 19 世纪根本无法比拟的。经济的虚拟化和经济的全球化结合在一起，为大资本转移和攫取社会财富提供了前所未有的便利条件。大资本不仅在发达国家内部操纵金融市场获取暴利，而且伺机攻击某些发展中国家薄弱的金融市场来掠夺它们的财富，把它们当作自己的取款机。如果说，传统的资本家为获取剩余价值必须首先创造剩余价值，为占有社会财富必须首先创造社会财富；那么，现代的金融巨头已对物质生产和创造财富不感兴趣，他们专注于通过金融炒作和金融投机，去占有社会已创造出来的现成的剩余价值和物质财富。金融巨头像任何资本家一样，当然也有失手和亏损的时候，但总的说来，他们掠夺社会财富和集中社会财富的能力是前所未有的。沙奈正确指出：金融靠转移实际财富养肥自己。“金融全球化史无前例地加强了货币资本构造资本增殖运动的特殊能力，这种增殖运动表面上看是‘自主的’，但在它的背后，却可以清楚地辨认出种种使生产中创造的财富转移的机制。”②由此可以看出现代资本主义阶段在剩余占有方式上的一个新特点：资本通过实体经济创造剩余相对于资本通过非实体经济再分配剩余的重要性在下降，大量金融资本在

---

① 马克思：《资本论》第 3 卷，《马克思恩格斯全集》第 25 卷，人民出版社 1974 年版，第 541 页。

② 弗朗索瓦·沙奈：《资本全球化》，中央编译出版社 2001 年版，第 37 页。

虚拟经济领域的活动实际上是再分配和占有实体经济中已经创造出来的物质财富。这构成了当代过剩资本积累的一种新形式。

与此直接相关的是，资本主义经济的投机性质空前地加强了。在经济虚拟化条件下，虚拟资产交易的绝大部分并非为了实体经济中生产和贸易的需要，而是通过对金融资产价格升降的预估和押赌来赚取差价以赢得暴利。不可否认，这种投机获利行为是资本主义经济从来就有的。马克思早已根据资本的本质特性指出："正因为价值的货币形态是价值的独立的可以捉摸的表现形式，所以，以实在货币为起点和终点的流通形式 G…G′，最明白地表示出资本主义生产的动机就是赚钱。生产过程只是为了赚钱而不可缺少的中间环节，只是为了赚钱而必须干的倒霉事。｛因此，一切资本主义生产方式的国家，都周期性地患上一种狂想病，企图不用生产过程作媒介而赚到钱。｝"①如果说这种"狂想病"在传统资本主义那里只是一种周期性的病症，主要在经济周期的繁荣阶段才出现，那么在今天，它已经成为资本主义经济的一种经常性的病态。"这种'狂想病'可以从阶段性的病状（它与周期上升期的结束阶段相联系）变为结构性的病状。……从 20 世纪 70 年代末以来，这种'狂想病'又发展到一个新的水平。这种从阶段性到结构性的病变，一般是在部分纯利润开始结晶并在利息的形式下变得自主的时候实现的，而这一结晶过程的起点总是发生在产业资本形式的资本积累放缓、利润不再投入创造价值和剩余价值的领域的时候"②。资本主义的这种病变，从一个方面反映了现代资本主义经济腐朽性的加强。它使更多资本从促进社会生产的正常性经营，转向不利于社会生产的投机性经营。"'不完善的'金融全球化创造了一个竞技场，它向以机构投资者，还有大银行（其作用不该低估）为代表的集中货币资本，提供了在高度流动状态下实现价值增值的一切乐趣。全球化已开始走向亨·布吉纳特命名的'真正的投机经济'。"③或者像有的学者所说，它已经成为"赌博资本主义"④。

然而，资本主义经济的虚拟化在扩大资本攫取社会财富的权力的同时，从长期看，却对社会生产力发展产生了严重的负面影响。资本是在实体经济

---

① 马克思：《资本论》第 2 卷，《马克思恩格斯全集》第 24 卷，人民出版社 1972 年版，第 68 页。

② 弗朗索瓦·沙奈等：《金融全球化》，中央编译出版社 2001 年版，第 3 页。

③ 弗朗索瓦·沙奈：《资本全球化》，中央编译出版社 2001 年版，第 32 页。

④《每月评论》社论：《资本主义发展的新趋势与当前世界经济危机》，见李其庆主编：《全球化与新自由主义》，广西师范大学出版社 2003 年版，第 123 页。

需求不足和利润率下降的背景下涌向金融领域的；而一旦资本通过虚拟资产经营享受到直接赚大钱赚快钱的乐趣，它们对于投资实际生产这种"麻烦事"和"倒霉事"的兴趣就会大大下降。由此就产生了产业资本被吸引到金融领域中去的"吸出效应"，其结果，便是在虚拟经济急剧膨胀的同时，实体经济特别是制造业发展的相对衰落。这不能不说是对资本主义国家长期经济进步的一种障碍，因为制造业的规模和水平归根到底仍是生产力发展水平的基础和标志。发达国家制造业相对衰落的主要表现，是它们在全球制造业中的份额趋于下降。根据联合国工业发展组织 2006 年的数据，世界主要工业国家 2005 年在全球制造业中所占份额为 74.2%，而 1995 年为 80.3%；在这 10年中，英国在全球制造业中所占份额从 3.8%下降到 3%，日本所占份额则从 21.1%降低到 17.7%。[①]一些西方学者把资本主义国家中制造业的相对衰落，称之为工业的"空心化"。其表现是：制造业投资相对于金融资本的扩张极其缓慢；相当一部分劳动密集型甚至资本密集型制造业或生产环节被转移到条件较好的发展中国家或地区；而从事实体经济的企业也越来越多地从事金融交易。后面这一点恰恰是观察金融化趋势时容易被人忽略的。美国学者克里普纳在一篇论文中强调："金融在经济活动中不断增长的权重反映在银行、经纪人事务所、金融公司等机构的扩张上；也同样反映在非金融企业的行为上。……面对国内劳工的战斗性和海外与日俱增的国际竞争力，非金融企业对不断下降的投资回报的反应，就是将资本从生产领域抽走，将其转移到金融市场。这样，一个完整的金融化概念就必须既包括金融企业，也包括非金融企业的活动。"他用美国非金融企业金融活动收入（以证券收入为代表）与生产活动收入（以现金流量为代表）比率的长期数据，来观察这类企业中金融活动重要性的变化。结果显示：从 1950 年到 2001 年的半个世纪中，相对于非金融活动的回报，来自金融活动的回报在企业收入中占有更大的份额。这一比率在 50 年代和 60 年代是非常稳定的，但是从 70 年代起开始攀升，在整个 80 年代急剧上扬，到 80 年代后期已高达战后初期 20 年通常水平的 5倍左右；这一比率在 90 年代前期有所回落，但到 90 年代后期又重新恢复到原来的高位。按数据绘制的曲线所显示的战后初期阶段与 20 世纪 70 年代开始阶段所产生的巨大差异，仍使人感到震惊。[②]

在经济虚拟化和经济全球化条件下，美国力图建立一种新的资本积累模

---

① 《参考消息》2006 年 5 月 24 日第 4 版。

② 格·R. 克里普纳：《美国经济的金融化》，《国外理论动态》2008 年第 6 期，第 11-12 页。

式。它具有以下特征：第一，在将一般制造业转移到新兴发展中国家的同时，通过金融资本的积累和经营刺激消费需求，以拉动投资和大规模商品进口，维持美国和世界经济的增长，从中获取高额利润。第二，一般制造业向外转移，不仅在国外（特别是新兴发展中国家）获得高额投资回报；在国内也加强了对工人阶级的压力，有利于压低实际工资；同时通过大量进口廉价工业品，保持了国内较低的通货膨胀率。第三，对于国内制造业萎缩和大量进口工业品所造成的巨额国际收支逆差与财政赤字，借助美元不受黄金约束的准国际储备货币的特殊霸权地位，通过发行美元来支付，再依靠大量出售国库券向国外借入美元来平衡收支。这就在美国"形成了新自由主义时期一种新型的经济结构，一方面是实业生产大规模地向新兴市场国家转移，造成国内生产疲软，居民消费充当了拉动经济的主要动力；另一边是美元的世界货币地位和宽松的金融政策环境吸引着国际资本的流入，助长了金融市场的膨胀。"①美国借助这种新型积累模式，实际上占有和利用了全球廉价的劳动力资源、原材料资源乃至资本资源，从中攫取高额金融利润和工业利润。不可否认，经济金融化全球化的发展，确实帮助美国走出了"滞胀"困境，在80年代开始了利润率回升，并在90年代实现了所谓"新经济"繁荣，进入21世纪后也维持了一定的经济增长。然而问题在于，美国的新型积累模式并不能从根本上解决生产与消费的深层矛盾，反而加剧了全球性的生产过剩和积累过剩。这从2008—2009年的"大衰退"和美国、欧洲及日本工业生产与实体经济的全面下降中反映出来。

经济的虚拟化不仅削弱了发达国家以制造业为中心的实体经济的发展，同时也加剧了资本主义世界经济的不稳定性，这突出表现为20世纪70年代后金融危机的日趋频繁。两位金融学者在20世纪末即谈到："从全球视角来看，随着经济和金融全球化的步伐加快，金融危机自80年代以来开始经常化和全球化了。拉美的国际债务危机绵延了20年之久，至今尚未彻底解决。头号发达国家美国则在80年代中期以后经历了一场由于金融监管失败造成的持续10年之久的储蓄贷款协会危机。另一个战后一直增长强劲的发达国家日本也于80年代末期发生泡沫经济大崩溃，至今还没有走出衰退的阴影。其间，还有1987年10月19日的'黑色星期一'全球大股灾。进入90年代，金融危机的狂潮更是一浪高过一浪。先有在金融衍生品上投资失败的'巴林事件'

① 王旭琰：《新自由主义全球资本积累结构与美国金融危机》，《海派经济学》第24辑，第112页。

和'大和事件'，继而发生了北欧银行危机，然后有 10 余个欧洲发达国家在一批投机者攻击下所发生的欧洲货币体系危机，时隔不久，作为新兴市场经济国家典范的墨西哥发生了'新兴市场时代的第一次大危机'。1997 年 7 月亚洲金融危机的爆发，更使得此前所有的危机都黯然失色。人们惊呼其为'全球化时代的第一次大危机'。80 年代末 90 年代初原苏联东欧集团的解体，更使全球金融危机蔓延到'转轨国家'之中。"①进入 21 世纪后，金融危机更是连绵不断。特别是 2007—2009 年美国由次贷危机发端而酿成的空前严重的全球性金融危机和经济危机，更是把虚拟经济畸形发展所包含的巨大风险和经济不稳定性暴露无遗。

在经济虚拟化条件下，金融危机不但日趋频繁，而且具有了新的特点。尽管金融危机很难明确界定，但金德尔伯格还是引用了戈德史密斯对金融危机的定义："所有金融指标或某一组金融指标——包括短期利率、资产（股票、不动产和土地）价格、商业清偿能力等指标都产生了不同寻常的、短暂的急剧恶化，以及金融机构倒闭。"②这个定义似乎可简化为：金融资产价格急剧下降和金融机构大规模破产。价格急剧下降的金融资产可以是货币（外汇）、股票、债券、房地产或各种金融衍生物，大规模破产的金融机构则可能是银行、保险公司、各种金融组织甚至一个国家的金融当局。金融危机的基本表现虽然有其共性，但具体类型可能不同。一般来说，可分为独立性金融危机和共生性金融危机。独立性金融危机是不致引起实体经济危机的金融危机，共生性金融危机是与实体经济危机同时发生的金融危机。传统的经济周期与危机是由工业部门特别是制造业部门中的深刻矛盾引起的，直接受到工业投资波动的制约，但金融因素也起着非常重要的作用。周期上升阶段较低的利率、充裕的货币供给、急剧的信用扩张和渐趋狂热的证券市场，适应并大大促进了由利润上升预期所驱动的工业投资高涨；而危机时期的高利率、货币紧缺、信用断裂和股市暴跌，则成为金融危机的主要表现，大大加剧了工业生产及投资的下降。在这种传统的危机中，经济危机和金融危机是互相影响、互相促进的，但尽管如此，货币信用关系的剧烈波动和金融危机仍是派生的现象，原动力还是来自工业部门。这种传统的经济危机可以称为工业主导型经济危机，与之共生的金融危机则可称为派生性金融危机。但是，在经济虚

---

① 李扬、黄金老：《金融全球化研究》，上海远东出版社 1999 年版，第 365 页。

② 查理斯·P.金德尔伯格：《经济过热、经济恐慌及经济崩溃》，北京大学出版社 2000 年版，第 4-5 页。

拟化、全球化的新的经济条件下，经济危机的形成机制也开始发生变化，不仅独立性金融危机更加频繁，而且共生性金融危机也有了新的特点。对于传统的工业主导型经济危机来说，共生性金融危机只具有派生性质。而对于虚拟经济下的经济危机来说，金融因素则起着更为重要的作用，成为驱动实体经济中矛盾深化的主导力量。比如2008年发端于美国并迅速波及全球的世界经济危机，就是由美国住房和居民收入金融化所导致的金融危机所诱发的。大资本日益依靠金融业的畸形扩张来驱动实体经济的发展。如果说20世纪90年代美国IT金融狂热与泡沫对推动当时的超长周期起了巨大作用，但在相当程度上还有实体经济中信息技术设备投资的实际支撑；那么在世纪交替时期IT泡沫崩溃以后，美国大资本就更加依靠金融因素来刺激消费与投资，以保持经济的表面繁荣。其中，住房抵押贷款特别是次级住房抵押贷款起了关键作用。房地产金融的狂热不仅刺激了住宅投资和固定资本投资的增长，日益上涨的房价、股价则借助财富效应扩大了居民以债务为基础的个人消费，并带动了来自全球的巨大商品进口与供给。可见，这一轮周期的驱动力显然不是植根于工业部门，它首先来自金融领域。而由房地产泡沫破灭和次贷危机为基础的金融危机的爆发，也必然导致美国和全球性的经济危机。正是从这个意义上，或许可以用"金融主导型经济危机"来概括这场全球性危机的特征。如果说与工业主导型经济危机相共生的是派生性金融危机，那么与金融主导型经济危机相共生的则可称之为先导性金融危机。这个"先导性"主要不是从时间序列的意义上说的，而是从逻辑关系的意义上说的。它们虽然离不开实体经济中的矛盾这个基础，但对实体经济中矛盾的加剧和危机的爆发起着更为先导性的作用。可见，经济的虚拟化使金融危机也具有了新的特征。

（原载《资本积累理论与现代资本主义》，社会科学文献出版社2014年版，本文为该书的"附录"）

资本积累问题上不同理论的比较研究
（马克思主义经济学与西方经济学比较）

资本积累理论是马克思主义经济学的重要组成部分。严格地说，西方学院派经济学家（以下均简称为西方经济学），特别是自新古典经济学取得支配地位以来，并没有真正意义上的资本积累理论，他们偶尔在"资本积累"概念下所分析的问题，实际上属于经济增长的内容。因此，在这个题目下对马克思主义经济学与西方经济学进行比较，似乎有些困难。我们只能在并不十分严格和对称的意义上来讨论这两大经济学派在资本积累问题上的主要分歧，有时还不得不涉及马克思主义学派内部的一些争论。

一、围绕资本积累概念的根本分歧

马克思的经济学是研究资本主义经济的运行规律和发展规律的科学。马克思批判地继承英国的古典经济学，创立科学的劳动价值论，建立剩余价值学说，揭示了资本主义经济制度的基本矛盾和运行机制。资本积累理论则在此基础上进一步考察资本主义经济制度的演变，研究资本主义经济运动的长期趋势规律。正是从这个意义上说，资本积累理论是马克思主义经济学的一种理论，西方经济学没有这种理论。

第一，在资本这个基本概念上，两大学派的理解就是根本不同的。西方经济学的主流看法是，资本是一种生产要素；马克思主义经济学则把资本看作一种生产关系。西方经济学的这种资本概念由来已久，早在古典经济学时期就已经基本确立。亚当·斯密对资本的界定就是十分含糊的："当一个人拥有的资财足以维持几个月或几年时，他自然力图从其大部分来获得一种收入，只保留一小部分做直接消费之用……因此，他的全部资财区分为两部分。一部分是他预期能为他提供这种收入的，称为他的资本。"又说："一个织匠除非在自己手中或在别人手中预先积蓄一定的资财，足以维持他的生活，并向他提供工作原料和工具，直到他完成并售出渔网之时，否则他是不能全力去织网的。"①可见，斯密的资本概念，指的是为获取收入而积蓄起来的资财。当他（在大多数场合）把这种获取的收入正确地解释为利润时，涉及资本主义关系；但他认为织匠"在自己手中"积蓄的资财也是资本，这就把资本混同于维持生产所需要的生活资料和生产资料，混同于原料和工具了。正是斯密的这种错误的资本概念，被后来的资产阶级经济学家所继承。在李嘉图的著作中，资本和生产资料已经混为一谈。他指出："资本是国家财富中用于生产的部分，包括实现劳动所必需的食物、衣服、工具、原料、机器等。""即使是在亚当·斯密所说的那种早期状态中，虽然资本可能是由猎人自己制造和积累的，但他总是要有一些资本才能捕猎鸟兽。"②在这里，资本所承载的经济关系已经完全不存在，它甚至可以是原始人使用的棍棒和弓箭，因而也就与一般的生产工具等同无异了。虽然李嘉图认为生产工具是积累起来的物化劳动，这也改变不了他把资本混同于物的错误观点。随着古典经济学的式微和新古典学派取得支配地位，这种把资本看作生产要素的观点得到了根本性的确立。萨伊说："我们已经看到劳动、资本和自然力如何在自己职能范围内协同进行生产工作。我们也看到这三者是创造产品不可缺少的因素。"③马歇尔则说得更明确："生产要素通常分为土地、劳动和资本三类。土地是指大自然为了帮助人类，在陆地、海上、空气、光和热各方面所赠与的物质和力量。劳动是指人类的经济工作——不论是用手的还是用脑的。资本是指为了生产物质货物和为了获取通常被算作收入一部分的利益而储备的一切设备。资本是财富的生产资料，与其将它看作是满足欲望的直接源泉，不如将它看作是生产的一个要素。"④这种新古典经济学的资本界定，已成为现代西方经济学的基本"原理"。资本与生产资料或资本"物品"已无区别。萨缪尔森在他的教科书中就写道："资本一词通常被用来表示一般的资本品。资本是另一种生产要素。资本品和初级生产要素的不同之处在于：前者是一种入量，同

① 亚当·斯密：《国民财富的性质和原因的研究》上，陕西人民出版社2001年版，第315、312页。
② 李嘉图：《政治经济学及赋税原理》，商务印书馆1962年版，第78、17-18页。
③ 萨伊：《政治经济学概论》，商务印书馆1963年版，第77页。
④ 马歇尔：《经济学原理》上，商务印书馆1981年版，第157页。

时又是经济社会的出量。"①

与这种观点根本不同的是，在马克思主义经济学家看来，资本不是物，而是一种生产关系，但它却附着在一定的物品之上，通过物与物之间的关系表现出来。马克思说："**资本**也是一种社会生产关系。这是**资产阶级的生产关系**，是资产阶级社会的生产关系。构成资本的生活资料、劳动工具和原料，难道不是在一定的社会条件下，不是在一定的社会关系下生产出来和积累起来的吗？难道这一切不是在一定的社会条件下，在一定的社会关系内被用来进行新生产的吗？"他进一步解释道："**黑人**就是黑人。只有在一定的关系下，它才成为**奴隶**。纺纱机是纺棉花的机器。只有在一定的关系下，它才成为**资本**。脱离了这种关系，它也就不是资本了，就像**黄金**本身并不是**货币**，砂糖并不是砂糖的**价格**一样。"②马克思在批判李嘉图把资本混同于"积累的劳动"这种错误观点时深刻地指出："如果说资本是'作为手段被用于新劳动〈生产〉的那种积累的〈已实现的〉劳动〈确切地说，**物化**劳动〉'，那就是只看到了资本的物质，而忽视了使资本成为资本的形式规定。这无非是说，资本就是生产工具，因为从最广泛的意义来说，任何东西，甚至纯粹由自然提供的物，例如石头，也必须先通过某种活动被占有，然后才能用作工具，用作生产资料。按照这种说法，资本存在于一切社会形式中，成了某种完全非历史的东西。……这样，资本就只是一个同人类一样古老的事物的新名称了，因为任何一种劳动，甚至最原始的劳动，如狩猎、捕鱼等，都要有一个前提，就是把过去劳动的产品用作直接的活劳动的手段。""如果这样抽掉资本的特定形式，只强调**内容**，而**资本作为这种内容是一切劳动的一种必要要素，那么，要证明资本是一切人类生产的必要条件，自然就是再容易不过的事情了。**"③这里，马克思一针见血地揭示了西方学院派经济学资本概念的理论实质。

第二，由于资本概念的根本分歧，必然导致对资本积累范畴的不同认识。西方经济学家既然认为资本是生产工具和用于生产的物质产品，是一种生产要素，它就必然把资本积累看作用于生产的物质要素的增长和生产能力的扩

---

① 萨缪尔森：《经济学》，商务印书馆1979年版，第73页。

② 马克思：《雇佣劳动与资本》，《马克思恩格斯选集》第1卷，人民出版社1972年版，第363、362页。

③ 马克思：《经济学手稿（1957—1958年）》，《马克思恩格斯全集》第46卷上，人民出版社1979年版，第211-212页。

大。因此，他们通常从经济增长的角度来研究资本积累，就不是偶然的了。
"资本的积累由经济学家用两种大相径庭的方法进行了分析。最普通的方法
是，将它看作一定技术条件的经济所具有的生产潜力的扩张，在此扩张过程
中经济也会得到改善。但是，资本的积累也被理解为经济的技术和生产组织
的彻底变革。第一种方法导致了以稳定增长的观点为基础的分析，而把第二
种方法所涉及的内容归于'技术进步'的范畴。"①这两种方法的区别固然重
要，却未能抹煞二者的一致性：把资本积累仅仅看作生产能力的扩大和经济
的增长。

　　马克思主义经济学家的看法与此有根本的区别。资本既然是体现在物上
的资本主义的生产关系，那么，资本的积累就不仅仅是物质生产的扩大，而
且还是资本主义生产关系的扩展。把资本积累"作为再生产过程来考察，它
不仅生产商品，不仅生产剩余价值，而且还生产和再生产资本关系本身，一
方面是资本家，另一方面是雇佣工人"②。因此，马克思主义的资本积累理
论与经济增长理论不同，它主要研究的不是增长过程所要求的经济、技术条
件及其变化，而是这种变化对资本主义经济关系的影响，是资本关系内在矛
盾的发展，是资本主义经济变量的长期趋势和资本主义经济制度的长期演变。
而这些问题对相信资本主义制度的永恒性和资本主义经济能够长期均衡增长
的西方经济学家来说，是根本不存在的。

　　第三，关于资本积累的源泉，两大学派的观点也完全不同。按照马克思
的经济理论，资本关系是资本家无偿占有雇佣工人剩余价值的剥削关系，其
前提是，资本家垄断了生产资料所有权，雇佣工人不得不向资本家出卖劳动
力，获得仅能维持自身和家庭生活的劳动力价值即工资。在这种条件下，资
本积累的源泉，当然只能来自剩余价值。"把剩余价值当作资本使用，或者
说，把剩余价值再转化为资本，叫做资本积累。"③可见，在马克思主义经济
学看来，资本积累是以资本主义剥削关系为基础的，并体现了这种剥削关系。
西方经济学家的观点不是这样。他们通常是笼统地谈论资本积累的源泉是储
蓄。例如，萨伊指出："只有通过储蓄的方法，就是说，只有通过把超过生产
过程中所消耗的产品的数量的产品再投入于生产的方法，才能扩大个人的生

---

① 约翰·伊特韦尔等：《新帕尔格雷夫经济学大辞典》第1卷，经济科学出版社1992年版，第15页。
② 马克思：《资本论》第1卷，《马克思恩格斯全集》第23卷，人民出版社1972年版，第634页。
③ 马克思：《资本论》第1卷，《马克思恩格斯全集》第23卷，人民出版社1972年版，第635页。

产资本和社会的生产资本的总量。"①马歇尔则说得比较具体："关于积累的源泉。储蓄的能力要看收入超过必需的支出的部分而定；在富人之中，这个部分是最大的。在英国，大部分的巨额收入主要是从资本中得到的……在本世纪之初，英国的商人阶级具有比乡村绅士或工人阶级都多得多的储蓄习惯。这些原因合在一起，就使得上一代的经济学家把储蓄看作差不多完全是从资本的利润中得来的。""但是，即在现代英国，地租与自由职业者及雇佣劳动者的收入，都是积累的一个重要源泉；而在一切初期文明阶段中，它们是积累的主要源泉。"②如果笼统地谈论储蓄是积累的源泉，或者说工人阶级的收入也是积累的主要源泉之一，那么，资本主义社会中积累体现的本质关系就被完全抹煞了。

直观地看，西方经济学的说法似乎更符合实际，投资的确来自储蓄，雇佣劳动阶级也确实会把一部分收入储存起来。但是，首先，工人和劳动群众的储蓄与资本家和剥削阶级的储蓄有着性质上的不同。工人阶级从工资收入中所储蓄的部分，主要是为了应付个人和家庭在医疗、教育和日常生活中的不时之需，或支付在失业时或退休后的生活费用，归根到底要用于未来的消费，从而不过是跨时消费的一部分。资本家和剥削阶级的巨额储蓄则不同，它们主要来自剩余价值的各种转化形式，其中的绝大部分不是为了跨时消费，而是用作投资以获取更多的利润或利息，所以它们才真正是积累的源泉。其次，工人阶级和劳动群众的劳动收入与资本家和剥削阶级的财产收入相比，其储蓄倾向有着天壤之别。劳动收入的消费倾向极高而储蓄倾向极低，财产收入则完全相反。这可以从现代经济学的许多经验研究中得到证明。例如：莫芬的研究发现，英国在 1960—1975 年间，劳动收入中的 MPC（边际消费倾向）为 0.84，而财产收入中的 MPC 为 0.23。谢尔曼和伊文斯的研究表明，美国在 1949—1980 年间，劳动收入中的 MPC 为 0.99，财产收入中的 MPC 仅为 0.13。③这也证明了，工人阶级的绝大部分劳动收入是用于消费的。不可否认，现代资本主义国家中工人家庭也可能购买少量股票、债券等投资品，但这部分财产收入占工人家庭总收入的比重很小，因而不会改变问题的实质。

---

① 萨伊：《政治经济学概论》，商务印书馆 1963 年版，第 117 页。

② 马歇尔：《经济学原理》上，商务印书馆 1981 年版，第 245 页。

③ H. J. Sherman. The Business Cycle, Growth and Crisis under Capitalism, Princeton University Press, 1991, P.96.

第四，是对资本积累本质的不同理解。马克思主义经济学认为，既然剩余价值是资本积累的源泉，那么，资本积累的实质，就不过是资本家用他无偿占有工人创造的剩余价值的一部分，来榨取更多工人的剩余价值。从现象上看，资本家用积累的资本去购买工人的劳动力，似乎是一种平等的买卖关系。但是，"资本家和工人之间的交换关系，仅仅成为属于流通过程的一种表面现象，成为一种与内容本身无关的并只能使它神秘化的形式。劳动力的不断买卖是形式。其内容则是，资本家用他总是不付等价物而占有的别人的已经物化的劳动的一部分，来不断再换取更大量的别人的活劳动"。"现在，对过去无酬劳动的所有权，成为现今以日益扩大的规模占有活的无酬劳动的唯一条件。资本家已经积累的越多，就越能更多地积累。"这就是马克思所概括的"资本主义占有规律"①。它极为深刻地揭示了资本积累的剥削实质。

西方经济学笼统地把储蓄看作资本积累的源泉，必然导致对资本积累本质的不同解释。储蓄是与消费相对而言的，它很容易被经济学家看成消费的对立面，进而被理解为对消费欲望的节制。由此便产生了所谓的"节欲论"。西尼耳公然宣称："我用节欲一词来代替被看作生产工具的资本一词。"对之马克思痛斥道："这真是庸俗经济学的'发现'的不可超越的标本！"资本家绝不是苦行僧式的禁欲主义者。"资本家财富的增长，不像货币贮藏者那样同自己的个人劳动和个人消费的节约成比例，而是同他榨取别人的劳动力的多少和强使工人放弃一切生活享受的程度成比例的。因此，虽然资本家的挥霍从来不像放荡的封建主的挥霍那样是直截了当的，相反地，在它的背后总是隐藏着最肮脏的贪欲和最小心的盘算；但是资本家的挥霍仍然和积累一同增加，一方决不会妨害另一方。"②对于西尼耳的节欲论，马歇尔做了辩护性的说明与改进性的表述："为了将来而牺牲现在的愉快，对这种牺牲经济学家称为**节欲**。但是，这个名词被误解了：因为，财富的最大积累者是非常富有的人，其中有些人过着奢侈的生活，当然不会按照这个名词的同义语节俭的意义实行节欲的。经济学家的意思是说，当一个人节制在他消费能力以内的任何东西的消费，目的在于增加他的将来的资源时，他对这一特殊消费行为的节制，就增加了财富的积累。这个名词既易为人误解，我们还是不用的好，我们说，财富积累一般是享乐的延期或**等待**的结果。"③用"等待"代替"节

①　马克思：《资本论》第 1 卷，《马克思恩格斯全集》第 23 卷，人民出版社 1972 年版，第 640、639 页。

②　马克思：《资本论》第 1 卷，《马克思恩格斯全集》第 23 卷，人民出版社 1972 年版，第 654、651 页。

③　马歇尔：《经济学原理》上，商务印书馆 1981 年版，第 248-249 页。

欲"来说明资本积累，是马歇尔的创新。但"等待"的本质含义，仍然是"享乐的延期"或"为了将来而牺牲现在的愉快"，因而在"牺牲愉快"的意义上同"节欲"并无根本区别。而实际的情况是，资本家在积累时不会也没有必要牺牲他的愉快。此外，"等待"和"节欲"一词类似，是"一个单纯的否定"，它并不会使资本增殖，资本家如果仅仅依靠节欲或等待，哪怕一百年也不能使的资本增加一个铜子。"利润的来源不是节欲，而是用于生产的资本的使用"①。"节欲论"或"等待论"尽管在理论上很荒唐，但仍被现代西方经济学所信奉。萨缪尔森就说："在人们愿意储蓄——节制目前的消费，等待将来的消费——的限度内，社会能够把那个限度内的资源用于新的资本形成。"②西方经济学用"节欲"或"等待"来说明资本和资本积累，不但掩盖了利润的真实来源和资本关系，也掩盖了资本积累的本质。

由此可见，马克思主义经济学和西方经济学在资本积累的含义、资本积累的源泉和资本积累的本质等各个主要问题上的理论与解释，都是根本不同的。

二、马克思与古典学派
对积累过程中利润率下降趋势的不同解释

利润率下降是马克思研究资本积累过程所发现的一个基本趋势，利润率下降趋势理论是马克思资本积累理论的重要组成部分。关于是否存在利润率的下降趋势问题，虽然在现代经济学（包括马克思主义经济学）中存在巨大争论，但在古典经济学时代，却是各派经济学家所普遍肯定的。在18世纪和19世纪，一般利润率的下降从而一般利息率的下降，是经济学家们从经验上可以观察到的事实，对这种下降趋势似乎没有人怀疑。人们研究并力图说明的，是一般利润率趋向下降的原因及其经济影响。"经济学家看到了这种现象，并且在各种自相矛盾的尝试中绞尽脑汁地去解释它。由于这个规律对资本主义生产极其重要，因此可以说，它是一个秘密，亚当·斯密以来的全部政治经济学一直围绕着这个秘密的解决兜圈子。"③

古典经济学派的主要代表斯密和李嘉图对利润率下降的现象给予了特别

---

① 马克思：《资本论》第1卷，《马克思恩格斯全集》第23卷，人民出版社1972年版，第654页注释。
② 萨缪尔森：《经济学》，商务印书馆1979年版，第74-75页。
③ 马克思：《资本论》第3卷，《马克思恩格斯全集》第25卷，人民出版社1974年版，第238页。

关注，但他们的相关理论却有很大差别。斯密断言："根据任何一国通常的市场利息率的变动，我们可以肯定，资本的普通利润率一定会随之变动。"①他用 16 世纪到 18 世纪英国利息率趋向下降的事实来证明利润率的下降趋势。他认为，资本积累必然使资本之间的竞争加剧，进而促使工人的工资上升，资本的利润下降。"资本的增加一方面会提高工资，一方面又会降低利润。当许多富商的资本投入同一行业时，这些资本的相互竞争自然会降低资本的利润；当同一社会中所有不同行业的资本都增加时，相同的竞争必然在它们中间产生相同的效果。"②他还通过法国和英格兰的比较以及英格兰和荷兰的比较来说明，一个相对发达和富裕的国家，工资相对较高而利润和利息相对较低。总之，斯密把一般利润率的下降归因于资本积累所引起的竞争加剧和工资上涨。

　　李嘉图与斯密的观点不同。他虽然也把利润率下降看作工资上升的直接结果，但认为工资上升不是由于竞争加剧，而是由于谷物价格上涨，而谷物价格上涨又是因为人口增长和土地收益递减，使谷物生产耗费越来越多的劳动。李嘉图批评了斯密的观点，并从他信奉的萨伊法则和人口规律出发，断言积累和竞争只会引起工资的暂时上涨，并不是工资长期趋于上涨的原因。"除非有某种长期存在的原因使工资提高，否则资本积累就不会持久地降低利润。"③这种长期存在的原因，就是决定劳动价格的一种主要商品谷物的价格的持续上涨。但李嘉图认为，由此引起的工资上升并非有利于工人，因为上涨的只是货币工资而不是实际工资。工人"的确将得到更多的货币工资，但谷物工资却减少了。不仅是他能够支配的谷物减少了，而且一般生活状况都将恶化"。但谷物价格上涨却会提高地租而有利于土地所有者。"地租的货币价值上涨时，它在产品中所占份额也会随之增加。不仅是地主的货币地租增加了，而且谷物地租也会增加。"④李嘉图经济理论的阶级含义十分清楚，他不但看到资本家和工人在利益上的对立，而且强调了他们二者与地主阶级利益的对立。

　　对于利润率下降的经济影响，乐观的斯密和悲观的李嘉图也持有完全不同的看法。斯密从未对利润率下降表示过不安，从不以为利润率下降会危害

---

① 亚当·斯密：《国民财富的性质和原因的研究》上，陕西人民出版社 2001 年版，第 114 页。
② 亚当·斯密：《国民财富的性质和原因的研究》上，陕西人民出版社 2001 年版，第 113 页。
③ 李嘉图：《政治经济学及赋税原理》，商务印书馆 1962 年版，第 246 页。
④ 李嘉图：《政治经济学及赋税原理》，商务印书馆 1962 年版，第 85 页。

资本积累。"当利润下降时，资本不仅继续增加，而且比以前增加更快。勤劳的个人是如此，在取得财富的道路上向前迈进的勤劳国家也是如此。带来小额利润的大资本一般比带来巨额利润的小量资本增长更快"[1]。他甚至认为低利润反而对产业的发展有利，因为在纯利润率很低从而这种利润所能负担的利息率也很低的情况下，很少人能够单纯靠货币利息生活；几乎一切人都有从事某种产业的必要。同时，由于高工资可以由低利润弥补，产品就能够与工资较低的邻国以同样低廉的价格出售，从而具有同样的竞争力。与斯密不同的是，李嘉图对利润率下降趋势则怀着深切的忧虑。作为新兴资产阶级的理论代表，李嘉图懂得资本主义生产的目的和动机是追求利润。在他看来，"没有积累的动机就没有积累……劳动者没有工资就活不下去，农场主和制作业者没有利润也是一样。他们的积累动机会随着利润的每一减少而减少；当利润低落到不足以补偿其用于生产的资本所必然碰到的麻烦和风险时，积累动机就会全然终止"[2]。

斯密和李嘉图对利润率下降原因的分析，在理论上都站不住脚。斯密把利润率下降归因于资本积累所引起的竞争加剧，但是，不同部门资本之间的竞争只会使利润率平均化，并不必然降低利润率的一般水平。部门内部资本之间的竞争虽然会使单位商品的价值和价格下降，但商品总量中包含的利润总量不一定减少，仅从这一点并不能说明利润率下降的原因。斯密的本意或许是：资本积累快于人口增长会扩大资本对劳动的需求，促使工人名义工资和实际工资上涨，而商品的价格却会降低，结果使利润率下降。但李嘉图认为：这种情况即便发生，也只是暂时的；他坚信工资决定于劳动的自然价格，即"让劳动者大体上能够生活下去并不增不减地延续其后裔所必需的价格"，即使劳动供不应求而工资上涨，"但当高额工资刺激人口增加，使劳动者的人数增加时，工资又会降到其自然价格上去"[3]。所以，积累和竞争绝不是工资持久上涨的原因。李嘉图也断然否定积累会遇到需求不足的困难，以致形成资本过剩而使利润跌落。"由于需求只受生产限制，所以不论一个国家有多少资本都不会不能得到使用。"[4]显然，上述李嘉图对斯密的批评，所依据的理论同样是错误的。他的批判武器，一个是后来被拉萨尔发展为"工资铁率"

---

[1] 亚当·斯密：《国民财富的性质和原因的研究》上，陕西人民出版社 2001 年版，第 119 页。

[2] 李嘉图：《政治经济学及赋税原理》，商务印书馆 1962 年版，第 103 页。

[3] 李嘉图：《政治经济学及赋税原理》，商务印书馆 1962 年版，第 77、78 页。

[4] 李嘉图：《政治经济学及赋税原理》，商务印书馆 1962 年版，第 247 页。

的那个教条，以为工资变动是由工人人口绝对量的变动来调节的；另一个则是众所周知的"萨伊定律"，认为商品的生产和供给即为自身创造需求。对这两种教条，马克思在《资本论》中都有详尽的批评。

李嘉图不仅在批判斯密时犯了理论错误，他自己对利润率下降原因的说明也是错误的。李嘉图的逻辑推论是：利润取决于工资的高低，工资取决于必需品的价格，必需品的价格又主要取决于食物的价格。而食物是由农业生产的，由于人口增加和土地收益递减，为满足农产品日益增长的需求，劣等和更劣等的土地不断投入耕作，农业生产条件愈来愈差和农业生产力不断下降，致使农产品价格趋于上涨，并成为工资持续上升和利润率趋向下降的根本原因。按照这一逻辑，李嘉图事实上把利润率下降的最终原因归咎于自然界和物质生产本身，而忽视了资本主义生产关系。李嘉图用工资上升来说明利润率下降也是不对的。无论是他说的货币工资上升还是斯密说的实际工资上升，都不能成为导致利润率下降的充足理由，两者并没有直接的因果关系。工资提高并不意味着收入中的工资份额下降和剩余价值率下降，这要视工作日是否变化、劳动强度是否变化、劳动生产率是否变化以及变化程度大小等因素而定。进一步说，即使工资份额和剩余价值率下降了，也不意味着利润率必然下降，因为利润率是减去成本后的价值余额同全部预付资本之比，而不是与工资或可变资本之比，所以利润率是否下降还涉及资本构成问题。总之，单纯用工资变动来说明利润率的变动，理论上是不能成立的。

李嘉图在这个问题上的根本错误，在于混同了利润率和剩余价值率。早在 1857—1858 年的经济学手稿中，马克思就已经指出李嘉图混淆剩余价值和利润的错误，并在其后的经济学手稿和《资本论》中对这种错误进行了深入的批判。马克思指出："李嘉图在任何地方都没有离开剩余价值的特殊形式——利润（利息）和地租——来单独考察**剩余价值**。"[①] "李嘉图自以为考察了利润率，实际上只是考察了剩余价值率，而且只是考察了在工作日的内含和外延都是不变量这个前提下的剩余价值率。"[②]正是由于这种混淆，李嘉图总是把可能促使剩余价值率下降的原因看作促使利润率下降的原因，并且用前者来说明后者。当李嘉图用农产品价格上涨所引起的工资提高来说明利润率的下降时，他实际上是把剩余价值率的下降当作了利润率的下降。"因为**利润率**和**剩余价值率**（指相对剩余价值率，因为李嘉图假定工作日不变）在

---

① 马克思：《剩余价值理论》，《马克思恩格斯全集》第 26 卷 II，人民出版社 1973 年版，第 423 页。

② 马克思：《资本论》第 3 卷，《马克思恩格斯全集》第 25 卷，人民出版社 1974 年版，第 269 页。

李嘉图看来是等同的，所以，利润率的不断下降或利润率下降的趋势，他只能用决定**剩余价值率**（即工作日中工人不是为自己而是为资本家劳动的那一部分）不断下降或下降趋势的**同样原因来说明。**"①

马克思自己关于一般利润率下降趋势的理论，就是在批判古典经济学的过程中形成的。事实上，在1857—1858年经济学手稿中，马克思已经弄清了一般利润率倾向下降的内在机制。他把这个规律简短地概括如下："实际剩余价值取决于剩余劳动同必要劳动的比例，……而剩余价值在利润的形式上，则是按在生产过程开始前就已存在的资本的总价值来计量的。因此，**利润率**取决于——**假定剩余价值不变，剩余劳动同必要劳动的比例不变**——与活劳动相交换的那部分资本同以原料和生产资料形式存在的那部分资本的比例。这样一来，与活劳动相交换的那部分越少，利润率就越低。因此，资本作为资本同直接劳动相比在生产过程中所占的份额越是大，因而，相对剩余价值，资本创造价值的能力越是增长，**利润率**也就按相同的比例越是**下降。**"②《资本论》中则有更明确的表达："资本主义生产，随着可变资本同不变资本相比的日益相对减少，使总资本的有机构成不断提高，由此产生的直接结果是：在劳动剥削程度不变甚至提高时，剩余价值率会表现为一个不断下降的一般利润率。"③马克思还指出："从历史的观点来看，这是最重要的规律。这一规律虽然十分简单，可是直到现在还没有人能理解，更没有被自觉地表述出来。"④

总之，关于一般利润率下降趋势这个资本积累的最重要的规律，马克思和李嘉图的理论是根本不同的。它们的区别可以概括为以下几点：第一，从整个理论分析的基础来看，同李嘉图混淆剩余价值和利润的根本错误相对立，马克思全部分析的立足点，在于严格区别利润范畴和剩余价值范畴，区别利润率和剩余价值率，强调利润率可以独立于剩余价值率的变动而变动。第二，李嘉图从农业部门生产率的变化来论证一般利润率的变化，断言利润率的下降同地租率的提高必然同时发生。与此不同，马克思从一般社会生产力的变

---

① 马克思：《剩余价值理论》，《马克思恩格斯全集》第 26 卷 II，人民出版社 1973 年版，第 497-498 页。

② 马克思：《经济学手稿（1857—1858 年）》，《马克思恩格斯全集》第 46 卷下，人民出版社 1980 年版，第 265 页。

③ 马克思：《资本论》第 3 卷，《马克思恩格斯全集》第 25 卷，人民出版社 1974 年版，第 237 页。

④ 马克思：《经济学手稿（1857—1858 年）》，《马克思恩格斯全集》第 46 卷下，人民出版社 1980 年版，第 267 页。

化出发，通过社会资本有机构成的提高，来说明一般利润率趋向下降的必然性，而不把地租理论作为利润率下降理论的前提。第三，李嘉图把利润率下降归因于农业生产力的降低；马克思则强调，利润率下降恰恰是社会生产力不断增强的结果。"利润率下降不是因为劳动生产率降低了，而是因为劳动生产率提高了。"[1]第四，李嘉图认为工资上升是利润率下降的前提条件，实际上是用剩余价值率的下降来说明利润率的下降。马克思断然否定这种看法，认为利润率的下降不但可能而且必然和剩余价值率的提高同时发生。"利润率下降不是因为对工人的剥削减轻了，而是因为对工人的剥削加重了。"[2]第五，李嘉图断言利润率下降是由于工资上升，这表明他把利润率下降和利润量减少视为同一过程。马克思则强调，由于总资本扩大和剥削率提高，利润率的下降会和利润量的增长结合在一起。"造成一般利润率趋向下降的同一些原因，又会引起资本的加速积累，从而引起资本所占有的剩余劳动（剩余价值、利润）绝对量或总量的增加。"[3]第六，李嘉图在用食品价格上涨解释工资上升和利润下降时，尽管谈到农业科学技术进步所引起的遏制作用，但既然认为农业生产力下降是一种自然趋势，便意指利润率下降是一个不断的过程，直到积累停止。马克思详细分析了起反作用的各种因素，强调利润率下降规律"只是作为一种趋势发生作用；它的作用，只有在一定情况下，并且经过一个长的时期，才会清楚地显示出来"[4]。第七，李嘉图把利润率下降的最终原因归之于农业生产力下降的自然趋势，从而把利润率下降所表现出来的对资本主义生产的限制归因于自然。"他从经济学逃到有机化学中去了。"[5]马克思则指出：一般利润率日益下降的趋势，不过是"劳动的社会生产力日益发展**在资本主义生产方式下所特有的表现**"，是资本主义制度的产物；因此，"资本主义生产的**真正限制**是**资本自身**"。[6]

---

① 马克思：《剩余价值理论》，《马克思恩格斯全集》第 26 卷 II，人民出版社 1973 年版，第 498 页。

② 马克思：《剩余价值理论》，《马克思恩格斯全集》第 26 卷 II，人民出版社 1973 年版，第 498 页。

③ 马克思：《资本论》第 3 卷，《马克思恩格斯全集》第 25 卷，人民出版社 1974 年版，第 250 页。

④ 马克思：《资本论》第 3 卷，《马克思恩格斯全集》第 25 卷，人民出版社 1974 年版，第 266 页。

⑤ 马克思：《经济学手稿（1857—1858 年）》，《马克思恩格斯全集》第 46 卷下，人民出版社 1980 年版，第 273 页。

⑥ 马克思：《资本论》第 3 卷，《马克思恩格斯全集》第 25 卷，人民出版社 1974 年版，第 237、278 页。

三、关于资本有机构成提高规律的现代争论

资本有机构成提高规律，在马克思资本积累理论中具有重要地位，是一系列资本积累趋势推导的基础。马克思一贯认为，资本有机构成的长期提高是资本积累的客观规律。他的逻辑推论非常简单：资本积累是资本家扩大剩余价值生产的手段，必然伴随着生产技术不断改进和社会劳动生产率不断提高，社会劳动生产率的增长必然带来资本技术构成不断提高，资本技术构成的变化又必然引起资本价值构成不断提高。"特殊的资本主义的生产方式随着资本积累而发展，资本积累又随着特殊的资本主义的生产方式而发展。这两种经济因素由于这种互相推动的复合关系，引起资本技术构成的变化，从而使资本的可变组成部分同不变组成部分相比越来越少。""随着资本主义生产方式的发展，可变资本同不变资本相比，从而同被推动的总资本相比，会相对减少，这是资本主义生产方式的规律。"[①]马克思的资本有机构成提高趋势理论，其含义是非常清楚的，即资本积累过程中的技术进步必然具有耗费资本和节约劳动的特性或倾向。

正是马克思的这一理论含义，受到现代西方经济学家的抨击，一些马克思主义学者也对之提出异议。早在1948年，罗宾逊夫人就断言："至少可以这样设想，即是今后节约资本的发明将同耗费资本的发明相抵，于是有机构成停止上涨（每单位雇佣劳动的资本趋于不变），而技术进步同过去一样迅速地继续提高着生产率。一个有机构成不变（或有机构成下降）的世界是完全想象得到的。对于这样的一个世界，马克思的分析将没有用武之地。"[②]1958年她进一步强调："我们没有理由可以期望在任何一个经济里技术进步是完全没有偏向的，可是同样地没有理由可以期望这一种或者那一种自成体系的一面倒的偏向。耗费资本的新发明能提高机器的以商品计算的成本，促使企业家进一步去设法降低成本。节约资本的新发明会在消费部门里产生劳动的稀少，促使企业家更进一步去增加生产力。每一种偏向自会由另一种偏向予

---

① 马克思：《资本论》第1卷，《马克思恩格斯全集》第23卷，人民出版社1972年版，第685页；《资本论》第3卷，《马克思恩格斯全集》第25卷，人民出版社1974年版，第236页。

② 乔安·罗宾逊：《马克思、马歇尔和凯恩斯》，商务印书馆1964年版，第12页。

以补充或矫正。"①马克·布劳在一篇专题论文中更是对马克思的这个理论提出了详细的质疑。他认为："从事后来看，很难相信会有人怀疑，节约资本的改良也和节约劳动的改良一样，是技术进步的正常的特性。"②卡尔多于1958年提出了资本主义社会经济发展过程中的六个"程式化事实"（Stylized Facts），其中的第四项写道："资本—产出率在长时期的稳定，至少是不存在明显的长期趋势，无论上升还是下降。如果考虑到能力利用率的差异，这一事实意味着或反映了，生产的增长率和资本存量的增长率是近乎一致的。"③这个经验事实也常被经济学家用来证明并不存在资本有机构成提高的趋势。布劳就说："发达国家总的资本/产出比率在过去长达75年中实际上保持不变这一事实，对马克思先验性的图式是致命的。再加上可以观察到的相对份额的长期稳定，便可直接引出结论：人均利润的增长一直和人均资本的增长同样快，所以 P′ 没有下降。"④左派经济学者中也有人把资本/产出比率长期稳定的事实作为反对资本有机构成提高趋势的经验证据，例如霍奇森。⑤

对于上述批评，有几个具体论点值得深入分析。

1. 一种观点认为，许多技术改良虽然要耗费大量的固定资本，但同时也节约了大量的存货，从而抵消了增长的设备投资。"马克思（或者不如说，恩格斯代替他）明白地承认，情况并不是所有的技术进步都增加单位劳动的资本。从历史上看，经济发展的关键是运输与省时间、节约资本的发明，因此，随着资本主义的发展，有机构成真在迅速地增长的事实绝不是显然的。巨大的机器设备投资是显而易见的，但由于交通与生产过程的加速而节约的存货与在制品，在过去抵消了多少增长的设备投资是不可能估计的。并且，哪一种类型的发明在将来占优势，也是难说的。"⑥

这个批评，显然没有区别资本的使用和预付。所谓交通运输业的发展节省了时间和加速了生产过程，指的是资本周转时间加快了，它确实会减少原

① 乔安·罗宾逊：《资本积累论》，商务印书馆1963年版，第164-165页。

② M. Blaug. Technical Change and Marxian Economics, In D. Horowitz. Marx and Modern Economics, Monthly Review Press, 1968, P.235.

③ N. Kaldor. Capital Accumulation and Economic Growth, In N. Kaldor. Futher Essays on Economic Theory, Holmes & Meier, 1978, P.2.

④ M. Blaug. Technical Change and Marxian Economics, In D. Horowitz. Marx and Modern Economics, Monthly Review Press, 1968, P.232. P′代表利润率。

⑤ G. Hodgson. The Falling Rate of Profit, New Left Review, 1974 (84).

⑥ 乔安·罗宾逊：《马克思、马歇尔和凯恩斯》，商务印书馆1964年版，第12页。

材料和在制品的储备，节约被其占用的这部分流动资本的预付价值。但是，企业或部门所使用的原材料的物质数量，通常只与生产规模和生产效率成比例，而与资本的周转速度无关，并不会因为生产过程缩短或运输业的发展而受到影响。存货与在制品的数量虽然会随着资本周转速度加快而相对减少，但它所代表的只是流动不变资本的预付量，它的减少意味着流动不变资本预付价值的节约。从这个角度看，周转速度加快既影响流动不变资本的预付价值，也影响可变资本的预付价值，使预付在劳动力上的资本价值得到同等程度的节约。因而从预付资本的角度看，周转速度加快并不会严重影响不变资本与可变资本的价值比率即资本有机构成的提高趋势。

2. 另一种观点强调，技术进步过程由于市场机制的调节作用，从长期看不会具有任何显著的倾向，节约资本的发明同耗费资本的发明相抵消的中性技术革命倾向是完全可以设想的。布劳指出：如果一个时期节约劳动的技术革新占支配地位，总成本中的资本份额将会上升而劳动份额下降，同时市场上的劳动（力）价格将相对降低而资本价格相对上涨，这必然诱使资本家更多地转向节约资本的技术革新；如果一个时期节约资本的技术革新占支配地位，成本份额和要素价格就会发生与上述过程相反的变化，从而推动资本家更多地采用节约劳动的技术革新。"技术变革不会在任何显著的程度上表现出哪一种倾向，其原因在于，革新的长期形式乃是对于反映在相对价格上的不同的要素供给增长率做出相继调整的结果。……生产者完全由经验所支配，他们为了不致失望，总是选择那种能够节约相对稀缺的要素的技术革新。这一调节过程阻止了任何要素报酬急剧的累积性变化，并因此而作用于稳定要素份额。"他在谈到若干特殊情况后接着强调："然而，这些保留意见不会损害下述观点：从总体上看，革新过程是对市场压力做出反应的结果。理性的最优化行为排除了技术变革在长时期内具有任何显著偏向的可能性。"①从新古典经济学的理论来看，上述观点似乎无懈可击。毫无疑问，资本家的技术选择必定要考虑生产要素的相对价格，力图节约相对稀缺和昂贵的生产要素。在现实中，资本节约型的技术革新、劳动节约型的技术革新甚至中性的技术革新都是可能存在的。马克思并没有忽视资本节约型革新在资本经营中的重要地位，他曾详细讨论过不变资本节约的两种形式，即生产不变资本的劳动的节约和不变资本本身使用上的节约。那么，马克思凭什么认为节约劳

① M. Blaug. Technical Change and Marxian Economics, In D. Horowitz. Marx and Modern Economics, Monthly Review Press, 1968, P.240-241, 242.

动是资本主义技术进步的主导形式，并因此而必然导致资本有机构成提高的长期趋势呢？这个问题是值得深入讨论的。我们认为有若干理由可以说明这一判断。

第一，劳动（力）是一种特殊的生产要素。西方经济学把劳动和资本看成普通的生产要素，必然忽视劳动（力）的特殊性质。如果说劳动（力）与资本（货物）都是商品，那就必须看到劳动力这种生产要素与普通商品的不同之处。劳动力作为一种特殊商品，它的供给受到人口自然增长的一定限制；它的价值决定包含着历史的道德的因素，再生产劳动力所必需的生活资料即工人的实际工资从长期看有增长的趋势；它的价格即使因供过于求而下跌时也会受到工人有组织的反抗。这一切决定了劳动力在市场上的供给变化和价格波动一般不会像资本货物那样剧烈，即西方经济学所说的劳动供给缺乏弹性和工资具有刚性。因此，即使大量出现节约劳动的技术革新使资本（货物）价格从而资本成本上涨，劳动力价格和劳动成本却不一定按相同的程度下降，并足以驱使资本家转而主要采用节约资本的技术。资本主义国家的实际情形正是如此。虽然长期以来节约劳动的技术进步占主导地位，生产资料与劳动力之比大幅度提高，但劳动成本一直下降很慢，至今仍在总成本中占较大比重。资本家也不得不继续把节约劳动作为技术选择的主要考虑。在这里，市场机制对资本和劳动使用的调节作用，并不像对两种不同的普通商品那样显著和有效。

第二，资本节约型技术革新和劳动节约型技术革新，其经济作用并不完全相同。单纯的资本节约型革新的意义，在于减少生产资料的使用，只具有降低成本的作用；而劳动节约型的新技术，通常会提高劳动生产率，使一定时间内生产的产品数量增加，这就在节约劳动成本的同时，也通过减少分摊到单位产品中的固定资本价值而降低资本成本。更重要的是，提高劳动生产率，是资本家获取超额利润和加强市场竞争力的主要手段。同时，生产效率提高还意味着缩短劳动时间和生产时间，这又可以加速资本周转，相对或绝对减少预付资本，提高年利润量和利润率。由此可见，节约活劳动比节约生产资料的技术革新，能够为资本家带来多重的经济利益。这必然使资本家更热衷于劳动节约型的新技术。

第三，同节约资本的革新相比较，节约劳动的革新还具有一种经济技术上的强制性。这表现在两方面：一方面，劳动节约型技术的采用往往具有不可逆性。因为节约劳动的革新通常要以机器设备的大规模使用为前提，而机器设备一旦被使用，就要作为固定资本进入企业生产的不变成本。机器设备不同于劳动力，它不能被"解雇"，处于闲置状态也要受到有形磨损和无形磨损，也必须折旧。因此，即使再出现有利于使用劳动力的市场条件，企业也难以回到原来的生产方式。所以，节约劳动和耗费资本的机械化必然表现为一个不断深化的过程，这至少对已经采用机器的企业来说是如此。另一方面，劳动节约型技术的采用往往还具有关联和扩展效应。与单纯节约资本的革新不同，节约劳动的革新和机械化会在生产过程内部和生产过程之间引起强制关联或连锁反应。由于社会分工和专业化，资本主义企业内部和企业之间形成了广泛而密切的相互依存关系。一种操作过程或生产过程因采用节约劳动的新设备而提高了劳动效率，会立即引起生产内部的不平衡，并刺激与之有关的其他操作过程或生产过程也相应地提高劳动效率，以保持生产的均衡运转。因此，节约劳动的新技术一旦在生产的某个环节上被采用，就可能诱发一系列同类性质的发明和革新，向整个企业或部门扩展。正是这种纵向上的和横向上的强制作用，使得劳动节约型的技术进步和机械化得到了更为迅速的应用与发展。

第四，资本主义技术进步中的劳动节约倾向还有其深刻的制度和阶级根源。西方经济学从物质生产的角度把生产资料和劳动（力）归结为两种单纯的生产要素或要素投入。但在马克思主义经济学看来，资本主义条件下的生产资料和劳动（力）不仅仅是两种物质生产要素，它们同时还具有自身特定的社会形式，作为资本和雇佣劳动相对立。资本的生命在于吮吸雇佣工人的剩余劳动，它们剥削剩余劳动的基本方法不外两种：扩大劳动总量以绝对增加剩余劳动量；减少必要劳动以相对增加剩余劳动量。这后一种方法作为资本主义特征性的剥削方法，以劳动生产率不断提高为前提，要求生产资料的效能与数量相对于活劳动量更快增长。剩余价值生产因此而包含一种矛盾的内在趋势：扩大雇佣工人投入生产的劳动量，同时使活劳动不断被物化劳动所代替。"提高劳动生产力和最大限度否定必要劳动，……是资本的必然趋势。"[1]这一矛盾趋势体现在资本家的实际经营中，便是在通过资本积累而不断扩大生产规模的同时，又使推动积累的技术进步过程必然具有耗费资本和节约劳动的内在倾向。还应看到，资本对雇佣劳动的剥削关系本质上是一种阶级对抗关系。劳动者不只是一种生产要素，同时还是有生命有意志的活的

---

① 马克思：《经济学手稿（1857—1858 年）》，《马克思恩格斯全集》第 46 卷下，人民出版社 1980 年版，第 209 页。

人群，他们的反抗与斗争形成对资本的巨大威胁。这也是促使资本家用机器代替工人的一个重要原因。马克思曾指出："机器成为镇压工人反抗资本专制的周期性暴动和罢工等等的最强有力的武器。……可以写出整整一部历史，说明 1830 年以来的许多发明，都只是作为资本对付工人暴动的武器而出现的。"①

由此可见，把资本（生产资料）和劳动（力）仅仅看作单纯的生产要素或普通商品，并用市场机制的调节作用来否定资本主义技术进步在总体上具有耗费资本和节约劳动的内在倾向，是站不住脚的。

3. 再一种观点则是用资本/产出率的长期稳定作为经验证据，以否定资本有机构成提高的趋势。这一论据也值得讨论。

有经济学家认为，在西方经济学的统计指标中，与马克思资本有机构成最相似的比率是资本/产出率。②也有学者断言："如果资本不断地投入到劳动节约型的技术革新中，资本/产出率必定上升。"③然而，这个论断在理论上是不严谨的。资本有机构成是马克思经济学的一个范畴，资本/产出率是西方经济学的一个统计指标，两者虽然都可以用来衡量生产中的资本密集度，但却有着本质的区别。资本有机构成是不变资本与可变资本的比率，是一个价值指标，它不仅决定于生产资料与劳动力物质数量之比，而且决定于二者的价值，所以它们反映的已不是单纯的物质技术关系，同时也是资本主义经济中的阶级关系。资本/产出率则表示生产一定产量所需要的资本量，不论以总量为基础还是以净量为基础，这个比率通常是按不变价格计算的，代表了生产资料实物存量与实物产量之比，实际上是一个物量指标，反映的是生产内部的物质技术关系，即一定技术条件下生产一定产量所需要的生产资料量。既然资本/产出率是一个物量指标，它当然不能代表作为价值指标的资本有机构成，或许与资本技术构成即资本/劳动比率更为接近。

那么，资本/产出率的长期动态能否代表资本技术构成的长期动态呢？答复似乎是肯定的，其实不然。这里要弄清物质产量与两种所谓生产要素投入——资本和劳动——三者之间的关系。它们之间存在着三种比率关系：资本/产量比率（资本/产出率）、资本/劳动比率（资本技术构成）和产量/劳动

① 马克思：《资本论》第 1 卷，《马克思恩格斯全集》第 23 卷，人民出版社 1972 年版，第 476-477 页。

② G. Hodgson. The Falling Rate of Profit, New Left Review, 1974 (84), P.72.

③ M. Blaug. Technical Change and Marxian Economics, In D. Horowitz. Marx and Modern Economics, Monthly Review Press, 1968, P.239.

比率（劳动生产率）。三种比率关系是互相联系和制约的。只有在劳动生产率即产量/劳动比率不变的条件下，资本/劳动比率的变化才会与资本/产量比率的变化成正比，后者的动态才能代表前者的动态。如果劳动生产率发生变化，那么资本/产量比率与资本/劳动比率就不仅在变动程度上可能有差异，甚至在变动方向上可以相反。例如，在劳动生产率提高时，即使资本/产量比率下降，资本/劳动比率仍然可以提高，只不过提高的程度小于劳动生产率提高的程度；如果资本/产量比率也提高，则资本/劳动比率提高的幅度将更大。既然劳动生产率增长是资本积累过程中的常规现象，那么资本/产量比率的变动也就经常和资本/劳动比率的变动不一致。关于这一点，多布曾经明确指出："甚至资本对产量的比率不变或下降，资本/劳动比率也完全可能提高，不过这只有在劳动生产率的增长同工人平均资本量的增长一样快或更快时才能发生。"[1]由此可见，资本/产出率的长期稳定，根本不能作为否定资本有机构成甚至资本技术构成提高趋势的经验证据。

顺便说一下，关于发达国家的资本/产出率长期保持稳定、产出增长率和资本存量增长率近乎一致的所谓经验数据，也还值得讨论。如果不是只看一个较短的"长时期"，不是只取一个长时期的"平均数"，那么实际上，不同时期资本/产出率的波动还是很大的。资本/产出率的倒数是资本生产率（即产出/资本比率），资本生产率的波动直接反映了资本/产出率的波动。请看下表（表1）。

表1　美、英、日三国不同时期资本生产率的变动（年平均复合增长率，%）

年份	资本生产率		
	美国	英国	日本
1820—1870	-1.18	-0.55	—
1870—1913	-1.51	0.16	-0.95a
1913—1950	0.81	0.10	-1.85
1950—1973	0.63	-2.10	0.06
1973—1992	-0.72	-1.67	-2.85

资料来源：A. 麦迪森：《世界经济二百年回顾》，改革出版社 1997 年版，第 19 页。
说明：a：1890—1913。资本生产率按单位非居住用资本生产的 GDP 计算。

仅从这几个有长期统计资料的发达国家来看，在长达 170 多年的长时期

---

[1] M. Dobb. The Falling Rate of Profit, Science & Society, 1959(01), P.102.

中，不同时期资本生产率或资本/产出率的波动是非常巨大的，根本谈不上什么稳定。

那么，发达国家的资本/产出率有没有长期趋势呢？库兹涅茨汇集了美国、英国、日本、德国（西德）、比利时、挪威、瑞典和澳大利亚等8个发达国家从19世纪中后期到20世纪中期（不同国家的起止时期各异）的资本/产出率变动资料，指出："表2.7表明英国、美国及日本，可再生资本对国民产值的比率已有所上升；并且这一推断对于日本还由于资本—产值率（国内资本形成净额/国内净产值）从19世纪晚期、20世纪初期的1.6%升至20世纪的3.1%而加强。国内净增资本—产出率于大约19世纪后半叶和20世纪前半叶期间也有所增长。瑞典由2.6%上升到3.6%；挪威从4.0%上升到5.1%，表2.7中所示的下降仅限于20世纪；丹麦从2.4%上升到2.8%；澳大利亚从2.9%上升到5.0%。尽管许多国家的这种比较掩盖了早期新增资本的资本产值率的上升和后期的下降，并且尽管增殖比率不能成为平均比率的有效指示器，但迹象仍然表明，总的来说，再生资本对产值的比率呈上升趋势，这一趋势虽然由近期的下降，通常降到二次大战后特别低的水平有所缓和。"①但这种战后五六十年代的下降趋势，到70年代后又转为上升，这从前引麦迪森更长时期的统计资料中看得很清楚。因此，按照可再生资本计算的资本/产出率的长期趋势是存在的，这就是一种长期提高的趋势。

库兹涅茨同时也指出，如果涉及包括土地和地下资源在内的总资本时，则总资本对产值的比率在持有资料的五个国家（英国、美国、日本、比利时和澳大利亚）中是下降的。"随着土地和其他自然资源在现代经济增长和工业化过程中占总物质资本的比例明显下降，所有发达国家这种总资本产值比率长时期内必然下降。"②不过按照马克思的理论，他在分析资本构成时所谈到的不变资本及作为其物质载体的生产资料，指的正是可再生资本，并不包括土地和地下资源在内。因此，只有按可再生资本计算的资本/产出率和资本/劳动比率及其变动趋势，才与马克思的资本构成概念及其变动趋势具有某种近似的可比性。

4. 还有一种观点强调：随着技术进步，不仅工人推动的生产资料的数量在增长，而且生产资料的价值也在下降，因此资本技术构成提高并不必然导致资本价值构成上升；马克思也没有论证过，为什么生产资料价值量的下降

---

① 西蒙·库兹涅茨：《现代经济增长》，北京经济学院出版社1989年版，第66-69页。

② 西蒙·库兹涅茨：《现代经济增长》，北京经济学院出版社1989年版，第69页。

抵消不了生产资料实物量的增长。赖特指出，"无疑，工人平均的机器、原材料、建筑物等实物量已随着资本主义发展大大增加了。但资本有机构成是一个价值概念，而工人平均的不变资本价值是否已经提高或有一种提高趋势，却是完全不清楚的，特别是在资本主义发展的较晚阶段"，因此，马克思的这一命题是"最成问题的"。①斯威齐、霍奇森、霍华德与金等学者也都提出过类似的批评。②

马克思对资本有机构成提高趋势的论证，的确是建立在"生产资料价值量的下降抵消不了生产资料实物量的增长"这个推断基础上的，即他所说的"不变资本的价值虽然不是同它的量成比例地增长，但毕竟是在增长，因为不变资本的量的增长比它的价值的减少快"。③马克思对这个推断究竟有过论证没有呢？有的。请看他在《剩余价值理论》第三册论述舍尔比利埃一章中的几段话，正如罗斯道尔斯基所指出的，这些论述曾被大多数西方学者忽视。"毫无疑问，机器变得便宜是由于两个原因：由于制造机器的原料是用机器生产的；由于在把这种原料变成机器时使用机器。但是，这样说包含着两重意思：**第一**，在这两个部门，拿它们采用的机器和工场手工业生产中使用的工具相比，花在机器上的资本同花在劳动上的资本相对来说，在价值上增加了。**第二**，单个机器和它的组成部分变得便宜了，但是发展起一个机器体系：代替工具出现的不仅是单个机器，而且是整个体系……尽管各单个要素便宜了，机器的总体在价格上却大大提高了。""因此，机器价值的增长（与使用的劳动量相比较，因而也是与劳动价值，可变资本相比较），同机器引起的劳动生产率的增长相适应，这种说法，是不言而喻的，或者说是同义反复。"至于原料，"很明显，原料量必须同劳动生产率成比例地增长，也就是说，原料量必须同劳动量成比例"。不过，"在原料方面，可以提出这样一个问题：假如纺纱业的生产力提高十倍，也就是一个工人现在纺的纱和过去十个工人纺的纱一样多，那么，为什么一个黑人现在生产的棉花不可以和过去十个黑人生产的棉花一样多，也就是说，为什么不可以使**价值比例**在这里保持不变呢"？对这个问题"可以非常简单地回答如下：一部分原料，如毛、丝、皮革，是

---

① E. O. Wright. Class, Crisis and the State, Verso Books, 1979, P.131-132.

② Paul M. Sweezy. The Theory of Capitalist Development: Principles of Marxian Political Economy, Monthly Review Press, 1970, c1942, P.108; G. Hodgson. The Falling Rate of Profit, New Left Review, 1974 (84), P.63; M. C. Howard and J. E. King. The Political Economy of Marx, Longman, 1985, 2nd edition, P.197-198.

③ 马克思：《剩余价值理论》，《马克思恩格斯全集》第 26 卷 II，人民出版社 1973 年版，第 473 页。

通过动物性**有机**过程生产出来的，而**棉、麻**之类是通过植物性**有机**过程生产出来的；资本主义生产至今不能，并且永远不能像掌握纯机械方法或无机化学过程那样来掌握这些过程。……至于煤和金属（以及木材），它们随着生产的发展已变得非常便宜；然而在矿源枯竭时，金属的开采也会成为比较困难的事情等"。因此结论是，"原料、辅助材料等的降价，使资本的这个部分的价值增长变慢，但没有使增长停止"。[①]

马克思的以上论述说明，他是深入考虑过生产资料贬值为何抵消不了生产资料实物量增长这个问题的，也提出了一定的论证。他的论证，对于 19 世纪中后期来说，也是完全符合实际情况的。但也必须指出，马克思的这个论证是比较薄弱的。他关于机器所说的话，在工场手工业过渡到机器大工业的时期是完全正确的，但在已经实现了机械化的资本主义经济中是否仍然有效，却有待于进一步研究。至于有关原料的论点，从 19 世纪来看也有道理。但 20 世纪以来情况发生了马克思未曾预料到的巨大变化，资本主义的生产技术已发展到如此高度，不但依赖自然条件的那些原料生产部门如农业、矿业等的生产率比制造业提高得更快，而且许多原属植物性原料和动物性原料的生产过程已经能够"像掌握纯机械方法或无机化学过程那样来掌握"，本身已变成了工业部门，如化学纤维业、合成橡胶业、人造皮革业等。因此，从当代资本主义发展的实际情况来看，马克思的论证就显得说服力不足了。

尽管马克思的资本有机构成理论存在着上述弱点，但仍有不少西方激进派经济学家认为马克思关于资本有机构成提高趋势的论点是正确的，并试图从新的角度来论证和维护马克思的这一命题。英国经济学家耶菲、比利时经济学家曼德尔等都做过这种努力，[②]但并不成功。因此，应该说，关于资本价值构成提高的必然性，马克思的论证是不充分的，后来的马克思主义学者也没有提出有分量的论据。某些赞成资本有机构成提高规律理论的经济学家也承认，这个问题需要进一步讨论。[③]甚至有学者认为，资本价值构成的提高根本不能用数学推导来严格证明，而应看作马克思的一个经验命题。[④]

那么经验数据反映的趋势究竟如何呢？国内外有关资本有机构成变动趋

---

① 马克思：《剩余价值理论》，《马克思恩格斯全集》第 26 卷 III，人民出版社 1974 年版，第 402-406 页。

② D. S. Yaffe. The Marxian Theory of Crisis, Capital and the State, Economy and Society, 1973(2), P.197; E. 曼德尔：《晚期资本主义》，黑龙江人民出版社 1983 年版，第 229-230 页。

③ A. Shaikh. An Introduction to the History of Crisis Theories, US Capitalism in Crisis, 1978, P.234.

④ A. Lipietz. Behind the Crisis: The Exhaustion of a Regime of Accumulation. A "Regulation School" Perspective on Some French Empirical Works, Review of Radical Political Economics, 1986, P.15.

势的经验研究，大部分是关于美国制造业的。资本有机构成既然是马克思经济学的范畴，相关研究当然主要是由马克思主义学者或左派学者做出的。最早进行这种经验研究的是美国马克思主义经济学家吉尔曼。他在《利润率下降》一书中依据统计资料第一次计算了美国制造业的资本有机构成、剩余价值率和利润率的长期变动，并按照不同计算方法提供了关于资本价值构成的四组数据，时限是 1849 到 1952 年。[1]四组数据表现的资本价值构成动态基本相同：1919 年以前都不同程度地迅速提高，1919 年以后则在波动中趋于下降。吉尔曼的开创性研究影响很大。他虽然站在维护马克思主义的立场上，试图对资本主义发展的新情况做出理论解释；但自从他的著作出版后，借助他的经验数据，即使左派经济学家也大多认为，20 世纪以来资本价值构成的变动趋势已发生逆转，由上升转向下降或稳定。苏联的一些经济学家也持有这种观点。他们认为："美国在 19 世纪，无论是加工工业还是整个国民经济的资本价值构成都表现出持续增长的趋势；而在 20 世纪则是其稳定的趋势，有些时期甚至是其下降的趋势占据优势。这可从下列材料中得到证实。美国加工工业中资本对工资之比是：1879 年为 2.38，1989 年为 2.51，1899 年为 3.62，1909 年为 4.12，1919 年为 3.26，1929 年为 3.67，1937 年为 3.51，1948 年为 2.49，1953 年为 2.36，1960 年为 2.45。……在美国主要物质生产部门中，资本对工资之比是：1929 年为 4.06，1937 年为 4.15，1940 年为 4.06，1950 年为 3.41，1958 年为 3.61，1965 年为 3.5，1968 年为 3.6。"所有资料都"证明 20 世纪资本构成稳定化的结论"。[2]

我国也有几项关于美国制造业资本技术构成和资本价值构成长期动态的经验研究。第一项研究是基本按照使用资本计算的资本价值构成，[3]起止时间为 1879—1979 年，分两个时期（1879—1929 年和 1929—1979 年）计算。在这长达 100 年的时期里，美国制造业的劳动生产率是不断提高的；资本技术构成也趋于增长；但资本价值构成的动态在前后两个时期有很大变化。前 50 年，价值构成趋于提高，增长了 44%；后 50 年则趋于稳定，仅提高了 9%。但如果把后 50 年再细分为两个时期，即可看出在价值构成稳定趋势背后所

---

① J. M. Gillman. The Falling Rate of Profit, Dennis Dobson, 1957, P.37-56.

② Н. Н. 伊诺泽姆采夫：《现代垄断资本主义政治经济学》上册，上海人民出版社 1978 年版，第 387-389 页。

③ 从方法上说，资本构成可分别按照使用资本、耗费资本或预付资本计算。关于这三种计算方法的差异及其合理性的讨论，请参阅高峰：《资本积累理论与现代资本主义》，南开大学出版社 1991 年版，第二章第三节。

隐藏的重大差别。以 1948 年为分界线，前 20 年价值构成下降了 25％，后 30 年价值构成却提高了 45％。[①]第二项研究是严格按照使用资本计算的资本价值构成，起止时间为 1859—1981 年，共 120 年左右。数据表明：第一个时期（1859—1914），劳动生产率提高约 90％，资本技术构成提高近 1.8 倍，资本价值构成提高约 40％；第二个时期（1914—1947 年），劳动生产率提高 85％，资本技术构成和资本价值构成分别下降约 15％和 50％；第三个时期（1947—1981 年），劳动生产率提高 1.9 倍，资本技术构成提高 1.6 倍，资本价值构成提高 80％。[②]第三项研究的起止时间为 1880—1979 年，是严格按照预付资本计算的资本价值构成。这组数据表明：在 1880—1919 年间，价值构成指数从 68.4 提高到 115.5，趋于上升；在 1919—1947 年间，价值构成指数趋于下降，但各年波动很大，指数一直在 100 上下徘徊；在 1947—1979 年间，价值构成又在波动中趋于增长，指数从 105.8 逐渐提高到 179.2。[③]

　　比较上述几项经验研究，可以大体看出 100 多年的长时期中美国制造业资本构成的若干长期动态。第一，资本技术构成和资本价值构成呈现一种提高—下降—提高的长期变动趋势。从 19 世纪中后期到 20 世纪 20 年代，资本构成表现为上升趋势；20 世纪 20 年代到 50 年代，资本构成转为下降趋势；20 世纪 50 年代到 70 或 80 年代，资本构成再次呈现出提高趋势。但如果统观整个长时期，绝大部分时间内（如我国第一项研究涉及的 100 年中有 80 年）始终存在着资本技术构成和资本价值构成的提高趋势，尽管提高的程度在不同时期有很大差别。第二，吉尔曼和苏联学者提供的数据，由于时间止于 20 世纪 50 或 60 年代，未能充分反映战后整个时期资本构成重新呈现的上升趋势。他们由此得出的 20 世纪资本主义国家资本有机构成趋于稳定化的结论，当然也就难以成立。此外，其他发达资本主义国家资本价值构成的实证资料虽然不多，但劳动生产率和资本技术构成的长期变动资料却显示：其上升趋势不仅在二次大战后比美国显著得多；即使从 1913 年算起（到 80 年代上半期），美国资本技术构成的增长率也大大低于英国和德国。[④]这表明，美国可能是 20 世纪中资本构成上升最慢的发达资本主义国家。因此，吉尔曼

①　高峰：《马克思的资本有机构成理论与现实》，《中国社会科学》1983 年第 2 期。
②　王庭笑：《资本主义一般利润率变动的长期趋势》，（南开大学经济学系硕士论文，未全文发表）。
③　葛亮：《当代资本有机构成的实际计算及其提高趋势的分析》，《世界经济》1985 年第 10 期。
④　其他国家资本构成的长期变动资料请参阅高峰：《资本积累理论与现代资本主义》，南开大学出版社 1991 年版，第二章第三节。

和苏联学者关于 20 世纪资本主义国家资本有机构成趋于稳定化的论断，其所依据的实证资料不仅受到时间系列过短的限制，而且可能受到国别（美国）特殊性的限制。第三，同时也应该指出，20 世纪同 19 世纪相比，发达国家资本有机构成的变动出现了一些新现象。一个是资本技术构成变动和劳动生产率变动的对比关系发生了变化：20 年代以前，资本技术构成比劳动生产率提高得快；20 年代以后，劳动生产率比资本技术构成提高得快。另一个是资本价值构成变动与资本技术构成变动的相关性也发生了变化：20 年代以前，资本价值构成与资本技术构成的变动方向总是一致的，虽然程度有所不同，即资本技术构成的提高趋势总是伴随着资本价值构成的提高趋势；但 20 年代以后，这种相关性削弱了，虽然从长期看两者的变动方向仍是一致的，但从中期看两者的变动方向可能出现背离，即在一定时期资本技术构成提高的同时资本价值构成可能表现为稳定或略有下降。这种相关性的削弱不过表明，资本价值构成上升的持续性已被打破，上升的速度也已放慢。这种变化反映了发达国家经济条件的变化，由于篇幅所限，在此不作详述。①总之，经验资料显示，在当代经济条件下，马克思揭示的资本有机构成提高规律仍在顽强地表现其作用，但作用的强度有所减弱。

四、现代经济学对一般利润率下降趋势规律的批评

自《资本论》第三卷问世以来，围绕着马克思的一般利润率下降趋势规律理论，始终存在着不同意见的争论。20 世纪四五十年代以后，出现了对这个理论的更多批评。批评集中在两个问题上：一个是资本有机构成提高的命题能否成立，另一个是马克思关于资本有机构成变动与剩余价值率变动相互关系的论断是否正确。第一个问题在上一节已经进行了讨论，这里主要围绕第二个问题进行分析。

按照马克思的理论，有两个因素对一般利润率的变动趋势起决定作用，即资本有机构成和剩余价值率。西方学者通常使用下面这个利润率公式来反映这三个变量之间的关系。②

---

① 详细分析见高峰：《资本积累理论与现代资本主义》，南开大学出版社 1991 年版，第二章第四节。

② J. M. Gillman. The Falling Rate of Profit, Dennis Dobson, 1957, P.18; R. Meek. The Falling Rate of Profit, Science and Society, 1960 (1), P.37.

$$P' = \frac{S}{C+V} = \frac{S/V}{(C+V)/V} = \frac{S/V}{C/V+1} = \frac{\text{剩余价值率}}{1+\text{资本有机构成}}$$

公式表明，利润率同剩余价值率按正方向变化，同资本有机构成按反方向变化。社会资本有机构成提高固然会降低一般利润率，但剩余价值率的普遍增长却会提高一般利润率。因此，即使证明资本有机构成趋于上升，还不能充分说明一般利润率必然具有下降趋势，必须同时分析剩余价值率的变动趋势。正是在这一点上，许多当代西方学者批评马克思，认为他在论证利润率下降趋势规律时对剩余价值率的处理存在错误。主要批评可概括为以下三点。

第一点批评：马克思是在假定剩余价值率不变的前提下来论述利润率下降趋势规律的，这导致了理论上的"前后矛盾"和"同义反复"。罗宾逊夫人认为：马克思的理论断言工人的实际工资是固定不变的，因此，如果假定剩余价值率不变，那么随着劳动生产率提高，工人会在日益增长的净产量中得到一个固定份额，实际工资必然随之上升。这样，"马克思只有放弃他的实际工资不变的论点，才能证明利润率的下降。他似乎没有注意到这个严重的前后矛盾，因为当他讨论利润率下降趋势时，完全没有提到它带来的实际工资的增长趋势"①。不仅如此，按照上述假定，"马克思的利润率下降趋势规律不过是一个简单的同义反复：剥削率不变，利润率随人均资本量的增长而下降"，这种解释"什么也没有说明"。②对于这个批评，有两个问题应该回答。

首先，马克思在论证一般利润率下降趋势规律时，是否把剩余价值率不变作为一个前提性的假定？在马克思分析利润率下降规律的某些段落中，确实可以找到关于剩余价值率或剥削程度不变的假定。但这只是存在于他的论证的一定阶段，而马克思的分析方法常常是一个逐步上升的过程。在《资本论》第三卷第十三章论述利润率下降趋势的原因时，马克思首先假定剥削程度不变，只是为了突出决定利润率下降的主要因素，同时也是针对李嘉图的错误，强调即使舍象掉剩余价值率变动这个因素，利润率的下降也是必然的。而在进一步的分析中，马克思实际上否定了这个假定。在第十三章中他不止一次地指出，社会总资本有机构成不断提高的"直接结果是：在劳动剥削程度不变甚至提高时，剩余价值率会表现为一个不断下降的一般利润率"，"一个同样的甚至不断提高的剩余价值率表现为不断下降的利润率"。直到第十

---

① J. Robinson. An Essay on Marxian Economics, Macmillan Publishers, 1966, 2nd edition, P.36.

② J. Robinson. An Essay on Marxian Economics, Macmillan Publishers, 1966, 2nd edition, P.42.

四章末尾，马克思为了避免误解还再次强调："利润率趋向下降，和剩余价值率趋向提高，从而和劳动剥削程度趋向提高是结合在一起的。……利润率下降，不是因为劳动的生产效率降低了，而是因为劳动的生产效率提高了。剩余价值率提高和利润率下降，这二者只是劳动生产率的提高在资本主义下借以表现的特殊形式。"[①]这些引文足以表明，说马克思把剩余价值率不变作为利润率下降的假定前提条件是没有根据的。罗斯道尔斯基反驳了罗宾逊夫人对马克思的上述指责，正确地指出：马克思并未把利润率下降规律限制在剩余价值率不变的场合。既然马克思没有"将他的规律和剩余价值率不变的假定联系在一起，他在这个问题上也不应受到'自相矛盾'和'同义反复'的责难"[②]。

其次，马克思是否有一种理论，认为工人的实际工资是趋于不变的？对于这个问题，回答也是否定的。如果不局限于马克思的某些早期著作，或他在分析特定问题而有意舍象掉工资变动的某些场合，马克思的理论实际上指出了资本主义国家工人实际工资必然提高的趋势。例如，从马克思的劳动力商品理论来看，他强调劳动力这种特殊商品的价值决定"包含着一个历史的和道德的因素"，工人"所谓自然需要的数量，和满足这些需要的方式一样，本身是历史的产物，因此多半取决于所达到的文明程度"。[③]这个论点的含义是，再生产劳动力所必需的生活资料即实际工资，会随着社会经济的发展和文明程度的提高而扩大。从马克思的工资变动趋势理论来看，他认为工人的劳动力价值虽然会随着经济发展和社会劳动生产率增长趋于下降，但名义工资和实际工资却趋于上升。"不应该因为在某个国家中劳动的相对价值随该国劳动生产率的增长而下降，就认为在不同国家中工资与劳动生产率成反比。情况恰恰相反。世界市场上一个国家同其他国家相比，生产率越高，它的工资也就越高。在英国，不仅名义工资比大陆高，实际工资也比大陆高。"[④]这种不同国家的横向比较当然也适用于一个国家不同时期的历史发展。再从马克思的相对剩余价值理论来看，他认为相对剩余价值生产的发展，并不排斥工人生活水平和实际工资提高。"相对剩余价值的存在和增长根本不要求工

---

① 马克思：《资本论》第3卷，《马克思恩格斯全集》第25卷，人民出版社1974年版，第237、240、267页。

② Roman Rosdolsky. The Making of Marx's Capital, Pluto Press, 1977, P. 401, 402.

③ 马克思：《资本论》第1卷，《马克思恩格斯全集》第23卷，人民出版社1972年版，第194页；《资本论》第1卷，人民出版社1983年法文版，第156页。

④ 马克思：《剩余价值理论》，《马克思恩格斯全集》第26卷II，人民出版社1973年版，第5页。

人的**生活状况**保持**不变**，也就是说，根本不要求他的平均工资总是只给他提供同一的、量和质既定的生活资料。……相对剩余价值甚至可以不断增长，因而**劳动能力的价值**，也就是平均工资的价值可以不断下降，但生活资料范围、从而工人的生活享受仍然可以不断扩大。这就是说，决定这一范围的是工人所能占有的**使用价值**（商品）的质和量，而不是它们的**交换价值**。"①以上的引证说明，马克思并不认为工人的实际工资是趋于不变的。在当时即 19世纪中期，工人实际工资刚开始出现增长的趋势，还不像 20 世纪特别是战后时期那样显著和迅速。但可以肯定的是，马克思已经看到了这种趋势，并且从理论上说明了，工资的价值和工资所体现的使用价值是不同的，因而工人实际工资的提高可以和对工人剥削程度的提高同时发生，它们二者又可以和利润率的下降同时发生。

第二点批评：马克思不应该把剥削程度的提高作为利润率下降的一种抵消因素来分析。"把生产率提高过程整体中的一个部分独立出来作为一种抵消因素来处理似乎是不明智的；更好的方法是从一开始便确认生产率增长会随之带来剩余价值率提高。而马克思通常正是这样做的。"②斯威齐的这个批评，第二句话完全正确，马克思的确认为剩余价值生产是劳动生产率提高的必然结果。但他不能理解并提出责难的是，为什么在分析利润率下降问题时，马克思要把由生产率增长同时引起但对利润率变动起不同作用的两种因素割裂开，先假定剩余价值率不变并强调有机构成提高引起利润率降低，然后再把剥削程度提高看作一种起反作用的因素。

从一方面看，这个批评似乎无的放矢。因为马克思分析利润率下降原因时并没有以剩余价值率不变为前提，他比谁都更清楚有机构成提高和剩余价值率上升是社会劳动生产率增长的两重结果，从未把它们分离开或割裂开。从另一方面看，马克思在论证了利润率趋向下降的原因以后，在分析起反作用的各种因素时，确实又首先谈到剥削程度的提高。其实这并不难解释。因为劳动生产率增长并不是促使剩余价值率提高的唯一因素，或者说，剥削程度提高并非只能由生产率增长引起，只能和资本有机构成变动直接相关或同时并进。罗斯道尔斯基和米克在反驳斯威齐时都指出：细心的读者会发现，

① 马克思：《经济学手稿（1861—1863 年）》，《马克思恩格斯全集》第 47 卷，人民出版社 1979 年版，第 278-279 页。

② Paul M. Sweezy. The Theory of Capitalist Development: Principles of Marxian Political Economy, Monthly Review Press, 1970, c1942, P.101.

马克思在"起反作用的各种原因"那一节分析"劳动剥削程度的提高"时，着重论述的是加强劳动强度、延长工作日、使用妇女和儿童劳动等方法，而这些提高剩余价值率的方法与生产率的增长可能并无关系，它们"在不变资本同可变资本相比完全没有增加或不按比例增加的情况下也会发生"。①简言之，马克思在第十三章分析利润率下降的原因时，并没有把剩余价值率增长和资本有机构成提高割裂开；而独立出来在第十四章加以考察的，只是那些同资本构成变动基本无关的提高剥削程度的方法。"如果批评家们没有注意到第十三章和第十四章在方法论上的区别，这很可能是由于他们在着手研究时的先入之见，而与这些章节相当复杂的结构无关。"②

第三点批评：既然生产力发展会同时引起资本有机构成和剩余价值率提高，利润率的变动方向就是不确定的，马克思对利润率下降趋势规律的论述也不能令人信服。至多人们只能说，"如果剩余价值率的增长比例小于总资本中可变资本份额的下降比例，利润率将下降"。但是没有根据认为，"资本有机构成的变化相对说来会比剩余价值率的变化大得多，以至于能支配利润率的运动。相反，似乎必须把这两个变量看作具有大体上同等的重要性"。在一般情况下我们应该假定，"资本有机构成提高与剩余价值率提高的进程是同步的"。③

对于这一批评，马克思并非没有预见到，他不仅在《资本论》中，而且早在经济学手稿中，已经对此有所论证。他的分析有以下几个方面。

第一，一般利润率因资本有机构成提高而下降被剥削率上升所带来的剩余价值量增长所抵消是可能的，但有某种不可超越的界限。"平均工作日（它天然总是小于 24 小时）的绝对界限，就是可变资本的减少可以由剩余价值率的提高来补偿的绝对界限，或者说，就是受剥削的工人人数的减少可以由劳动力受剥削的程度的提高来补偿的绝对界限。"④由此可知："靠提高劳动剥削程度来补偿工人人数的减少，有某些不可逾越的界限；因此，这种补偿能够阻碍利润率下降，但是不能制止它下降。"⑤

第二，资本主义越发展和已达到的剥削程度越高，用提高劳动生产率来进一步增加相对剩余价值会变得越困难。"**在生产力提高以前**资本的剩余价值

① 马克思：《资本论》第3卷，《马克思恩格斯全集》第25卷，人民出版社1974年版，第260-261页。

② Roman Rosdolsky. The Making of Marx's Capital, Pluto Press, 1977, P.405.

③ Paul M. Sweezy. The Theory of Capitalist Development: Principles of Marxian Political Economy, Monthly Review Press, 1970, c1942, P.102, 104.

④ 马克思：《资本论》第1卷，《马克思恩格斯全集》第23卷，人民出版社1972年版，第339页。

⑤ 马克思：《资本论》第3卷，《马克思恩格斯全集》第25卷，人民出版社1974年版，第276页。

越大，在这种提高以前已经存在的资本的剩余劳动量或剩余价值量越大，或者说，工作日中构成工人的等价物即表示必要劳动的那部分越小，资本由于生产力的提高而得到的剩余价值的增加就越少。资本的剩余价值不断增加，但是同生产力的发展相比，增加的比例却越来越小。……因为资本的界限始终是一日中体现**必要劳动**的部分和整个工作日之间的比例。资本只能在这个界限以内运动。属于**必要**劳动的那部分越小，**剩余劳动**越大，生产力不管怎样提高都越是不可能明显地减少必要劳动，因为分母已经变得很大了。资本已有的价值增殖程度越高，资本的自行增殖就越困难。"①因此，从长期看，剩余价值率的提高终究不能抵消资本有机构成提高的影响而改变一般利润率的下降趋势。

第三，由于一些原因的影响，劳动力价值的下降比社会劳动生产力的提高要慢得多，从而相对剩余价值率的提高比社会生产力的增长要慢得多。首先，前面的分析还是假定，劳动力价值的下降同劳动生产力的提高成比例。但实际上，"劳动能力的价值不是按劳动或资本的生产力提高的比例降低的"。这是因为，"生产力的这种提高也会在一切不（直接或间接）生产必需品的部门提高不变资本对可变资本的比例，而不引起劳动价值的任何变化"。其次，"生产力的发展是不平衡的。资本主义生产的性质的特点是，它发展工业比农业快。……但是，农产品是必需品的主要组成部分"。此外，"还会有各种抵消因素发生作用；例如，工人本身虽然不能阻止工资下降（就价值来说），但是他们不会容许工资绝对降到最低限度，反而会努力争取在量上分享一些增长的共同财富"。②

马克思的这些论述包含两个论点。一个论点是：农产品作为工人生活必需品的主要组成部分，其劳动生产率的提高慢于工业，所以劳动力价值的下降慢于社会生产力的增长。另一个论点是：随着经济的发展，工人必然要努力争取提高实际工资，分享增长的财富，从而使劳动力价值的下降变得缓慢。这两个论点从 19 世纪中后期的情况看，其正确性是勿庸置疑的。那么 20 世纪的实际情况又如何呢？这需要做具体分析。第一个论点就其本身来说，似乎已经失去效力。20 世纪以来不仅农业劳动生产率的增长速度大大提高，已

---

① 马克思：《经济学手稿（1857—1858 年）》，《马克思恩格斯全集》第 46 卷上，人民出版社 1979 年版，第 305 页。

② 马克思：《剩余价值理论》，《马克思恩格斯全集》第 26 卷 III，人民出版社 1974 年版，第 331-332、345 页。

经超过工业，而且农产品在工人必需消费品中所占比重也大大下降，已不构成工资货物的主要部分；而服务在工人消费中的重要性则显著加强了。农产品作为工人必需品的主要组成部分以及农业生产的发展慢于工业等事实已经变化。但是，马克思想说明的问题却以另一种形式表现出来。服务产品在工人必需消费品中所占的比重逐渐提高，而服务部门的生产率增长却大大慢于工农业生产部门。由于这个原因，劳动力价值的下降和剩余价值率的提高，仍然要比社会劳动生产率的增长较为缓慢。至于第二个论点，其正确性已为20 世纪的历史发展所证明。工人争取提高工资的斗争从 19 世纪中期逐渐显示出它的力量，19 世纪下半期资本主义国家的工人工资已开始缓慢增长，到20 世纪则大大加速了。工人实际工资迅速提高已成为一个主要的抵消因素，使劳动力价值的下降和剩余价值率的上升变得更加缓慢。

总结以上分析可知，某些西方学者指责马克思在处理资本有机构成和剩余价值率的关系上犯了错误，未能对利润率下降趋势规律进行科学论证，是缺乏根据的。

那么，究竟应该怎样来理解一般利润率的长期下降趋势呢？至少有两种在我看来是不正确的观点，应该加以澄清。

一种观点认为，利润率下降只是一种"抽象趋势"，并不意味着利润率的实际下降。这种观点是由英国马克思主义经济学家法因和哈里斯提出的。他们认为，《资本论》在方法上包含着互相重叠的两套结构：一套结构按生产、交换和分配等级联系安排，一套结构按抽象程度的不同层次安排。《资本论》第三卷第三篇对利润率下降趋势规律的分析结构，也应该按照不同的抽象水平来把握。第十三章考察规律本身，舍象了所有的分配变化和不是由资本技术构成变动所引起的价值变化，舍象了剩余价值的流通和分配，而把利润率的下降趋势归结为资本技术构成提高的直接结果。换句话说，规律本身是从许多复杂因素中抽象出来的。第十四章考察起反作用的各种原因，开始分析这些复杂因素，引入积累对分配和资本价值构成的影响，进一步把生产和交换、分配联结起来。起反作用的因素并不是在利润率下降趋势规律基础上产生的，毋宁说它们二者都是资本积累及其必然伴随物资本技术构成提高的产物，在这个意义上，它们处于相同的抽象水平。第十五章进而研究利润率下降趋势和起反作用因素的矛盾对社会表层的影响，其后果表现为生产过剩、资本过剩和危机等，这些概念则处于较低的抽象水平上，反映了利润率下降趋势和起反作用因素二者之间的复杂矛盾和冲突。因此，利润率下降趋势规律仅仅是一种抽象规律，并不预示着利润率的实际下降。利润率的实际运动取决于下降趋势和抵消因素之间的复杂联系。所以精确地说，马克思揭示的这一规律应该表述为"利润率下降趋势和抵消因素起反作用趋势的规律"。①法因和哈里斯依据上述推论，对所谓"新李嘉图主义者"等学派进行批评，指责他们都误解了马克思的方法和规律的意义，都把利润率下降趋势规律理解为实际利润率的下降，又把这种下降归结为资本技术构成提高的简单结果，虽然前者反对这个命题而后者维护这个命题。法因和哈里斯强调：利润率下降趋势和抵消因素的存在，在它们都是资本积累必然产物的意义上，是一个规律。其区别不在于它们相对的经验和逻辑重要性的不同，只在于把它们分别看作积累的不同结果。②

马克思在《资本论》中运用了从抽象上升到具体的方法，这是经济学家所公认的。这一方法主要体现在分卷和分篇的总体结构上，体现在范畴体系的逻辑安排上。至于各篇内部各章的结构，则要具体分析。法因和哈里斯断定第三卷第三篇各章之间的结构也要按这种方法来理解，就显得牵强附会了。无论从这个第三篇的总体地位来看，还是从各章的具体内容来看，都不能说第十三章完全舍象了交换过程和分配变化。第十四章才进一步把生产和交换、分配联结起来。在第十三章中，马克思不但明确讲到利润率下降可以和剩余价值率提高同时发生，还详细分析了利润率下降和利润量增长的规律会表现为商品的价格下降和出售商品所实现的利润相对增加。从这些内容来看，怎么能说舍象了分配和交换呢？当然，十三章和十四章的内容有所不同。前者主要论述利润率下降趋势的必然性，揭示其内在机制，这里已经涉及起反作用的力量，但没有展开。十四章则进一步分析各种抵消因素的作用，着重说明利润率的下降为什么缓慢，只具有趋势的性质。有侧重就有取舍，理论分析离不开抽象力的运用，但不能像法因和哈里斯那样机械地搬用《资本论》的总体结构去理解这两章的结构。

由于利润率的下降趋势是在推动利润率下降和推动利润率上升的两种力量的冲突中贯彻的，因此可以说，利润率下降趋势规律已经包含了抵消因素的作用，体现了趋势和反趋势的矛盾。互相矛盾的这两种力量，确实都是资本积累的必然产物，是资本主义条件下劳动生产率增长过程的不同结果。但

---

① B. Fine, L. Harris. Controversial Issues in Marxist Economic Theory, Socialist Register, Merlin Press, 1976, P.141-145, 159-163; B. Fine, L. Harris. Rereading Capital, Macmillan Publishers, 1979, P.61-65.

② B. Fine, L. Harris. Rereading Capital, Macmillan Publishers, 1979, P.75.

是，这并不意味着，矛盾的两种力量可以不分主次处于同等地位。在法因和哈里斯看来，既然两种力量都是积累过程的产物，就不存在哪种力量起主导作用的问题，实际利润率的长期变动趋势根本不能确定，一切决定于两种力量的复杂联系。但这样一来，也就否定了利润率下降趋势本身。如果促使利润率下降的因素不占优势，就根本谈不到利润率的下降趋势，也没有抵消作用和反趋势可言。可见，尽管法因和哈里斯的本意在于维护马克思关于利润率下降趋势规律的命题，但他们对《资本论》有关篇章分析方法的解释以及由此得出的结论，却是不符合马克思原意的。

另一种观点，则是把一般利润率的下降趋势，看作一个不间断的持续过程。这显然是一种误解。一些对马克思的利润率下降趋势规律理论持批判态度的学者，实际上往往就是这样来理解这个规律的。当他们发现利润率的实际动态并非如此时，自然就会否定这一规律的存在。这种理解显然不符合一般利润率的实际动态，也把马克思的理论简单化了。理论分析和经验资料都表明，一般利润率的下降趋势实际上是在利润率的波动之中得以贯彻的。马克思在分析一般利润率下降趋势问题时，虽未明确提出但已暗示了利润率的波动。当他谈到危机前夕一般利润率的突然下降时，便意味着在此之前的利润率可能是上升的。马克思还用一章专门讨论对利润率下降起反作用的各种因素，虽然认为这些促进利润率上升的力量从长期看不会取消利润率下降的规律，但强调"这个规律只是作为一种趋势发生作用；它的作用，只有在一定情况下，并且经过一个长的时期，才会清楚地显示出来"①。这也意味着利润率在一定时期是可能上升的。资本主义经济发展的历史已经表明，促使利润率下降的力量始终与促使利润率上升的力量互相交织，因而利润率的长期下降趋势体现在利润率的波动之中，主要在经济周期的收缩阶段和经济长波的相对停滞时期现实地表现出来。

关于利润率的长期趋势和利润率的周期波动之间的联系，我们曾做过这样的推测：推动资本有机构成上升的力量主要发生在周期的扩张阶段，推动利润率下降的力量主要发生在周期的收缩阶段；尽管扩张大部分时期资本有机构成上升并未导致利润率下降，而收缩时期直接推动利润率下降的力量也不是资本有机构成的提高。但是，扩张时期资本有机构成上升提高了整个周期的生产技术和资本有机构成的平均水平；收缩时期资本有机构成下降则主

① 马克思：《资本论》第3卷，《马克思恩格斯全集》第25卷，人民出版社1974年版，第266页。

要是由生产要素利用程度的差别和要素贬值程度的差别所造成的，一般不会退回到周期上升阶段以前的水平。当下一个周期的扩张阶段到来时，资本有机构成将在这个较高的基础上继续上升。同样，利润率在周期的收缩阶段急剧下降后，虽然在下一个周期扩张阶段会重新上升，但由于资本有机构成的平均水平已经提高，利润率往往难以恢复到前一个周期的平均水平。[①]这个关于利润率长期趋势与利润率周期波动的关系的推测，对于利润率长期趋势与利润率长期波动的关系，似乎大体上也是适用的。当然，对这种联系的理解不应绝对化。同前一个周期的平均水平相比，后续周期的资本有机构成较低而一般利润率较高并非绝对不可能。特殊的（经济的或政治的）重大历史事件也可能大幅度地把某个国家的一般利润率提高到一个新水平，第二次世界大战期间美国利润率的急剧上升就是突出的例子。因此，对于一般利润率的长期下降趋势，既不应理解为一般利润率的直线下降，也不应理解为任何一个较后时期的利润率一定比前一个时期的利润率低。利润率的下降趋势体现为资本经营中经常存在的一种压力，这种压力会周期性地（短周期地和长周期地）强化并凸显出来。

在讨论了一般利润率下降趋势规律的各种理论争论之后，可以看看一般利润率的实际动态究竟如何。这方面的实证研究不算太多。这里仅仅引证两项有关美国一般利润率的长期动态资料。这些资料所显示的动态趋势与我们的上述分析大体上是一致的。

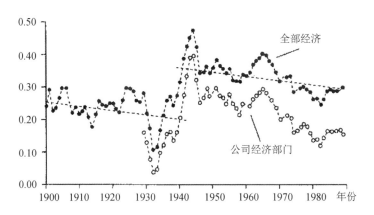

图 1　20 世纪美国经济中的利润率趋势（1900—1989 年）

资料来源：G. Duménil, D. Lévy. The Economics of the Profit Rate, Edward Elgar Publishing, 1993, P.248.G.

---

① 高峰：《资本积累理论与现代资本主义》，南开大学出版社 1991 年版，第 392 页。

表2 战后美国经济中的利润率趋势（平均利润率，%）

年份部门	1948—1959	1959—1969	1969—1973	1973—1979	1969—1979	1979—1990
制造业部门	25.0	24.6	16.6	14.0	15.1	13.0
非农非制造业部门	11.0	11.1	10.4	10.3	10.3	9.1
非农业私人部门	19.9	20.8	18.3	16.3	17.1	15.0

资料来源：R. Brenner. The Boom and the Bubble, Verso Books, 2000, P.21.

以上简要分析了马克思主义经济学与西方经济学在资本积累理论上的若干主要分歧与争论。资本积累理论在马克思主义经济学中具有极其重要的地位，但也是争论最大的问题之一。约一个半世纪以来，围绕这个理论，不同经济学派之间一直聚讼纷纭，莫衷一是。我们的上述讨论并非想得出什么结论，而是希望引起大家的兴趣，以便能有更多的人结合实际来研究这一问题，以推动资本积累理论的进一步发展。

（原载《马克思主义经济学与西方经济学比较研究》[第2卷]，中国人民大学出版社2009年版，原标题为"资本积累理论"）

二十世纪世界资本主义经济的发展与演变

一

资本的近代生活史从 16 世纪揭开以来，已经过去了 500 多年。经过资本主义经济的萌芽和资本的原始积累，新兴资产阶级逐渐登上历史舞台。1640年的英国资产阶级革命和 1789 年的法国大革命，标志着新兴资产阶级开始取得自己的政治统治。18 世纪 60 年代后兴起的产业革命，开始了资本主义的工业化过程，逐渐奠定了资本主义经济的物质基础。从此资本主义成为世界经济中占主导地位的生产方式和经济形态。

同前资本主义社会生产和技术的缓慢进步相比，资本主义社会的经济发展和经济变化是非常迅速的。"资产阶级在它的不到一百年的阶级统治中所创造的生产力，比过去一切世代创造的全部生产力还要多，还要大。"[①]当马克思和恩格斯在 1847 年写下这个论断时，人们或许难以预见，在 160 年后的今天，世界资本主义又发生了多么惊人的变化。随着科学技术和社会生产力更为迅速的发展，资本主义的生产方式、生活状况、企业形态、制度结构等所呈现出的新的面貌，都是前 100 年根本无法想象的。而这些变化主要发生在20 世纪。新的百年早已开始，这时来分析现代资本主义经济的主要变化和特点，对于更深刻地认识资本主义的经济规律，预测世界经济形势的进一步演变和谋划我国在新世纪的发展战略，显然具有重要意义。

资本主义经济发展与演变的基础，是资本的积累及其内在矛盾。积累是资本主义企业的一种本能的需要。资本主义企业在微观上的积累要求，形成了资本主义经济在宏观上的积累趋势。从长期看，资本积累是促使资本主义

① 马克思，恩格斯：《共产党宣言》，《马克思恩格斯选集》第 1 卷，人民出版社 1972 年版，第 256 页。

经济迅速发展的最基本的力量。如果人们说，资本主义经济的发展主要是由资本积累推动的，那么，这种说法虽然不够全面，但基本上是正确的。这种说法包含两重意思：一重意思是，资本关系为资本主义经济发展提供了制度上的动力，它的内部关系（资本剥削雇佣劳动的关系）激励资本家经常具有扩大资本主义生产的利益冲动；它的外部关系（资本与资本的竞争关系）则迫使资本家要不断通过扩大生产来维护自身的生存与发展。另一重意思是，实际资本为资本主义经济发展提供了物质技术基础：资本积累增加了生产工具和其他投入品，扩大了生产规模；积累会刺激机器对人力的替换，提高劳动生产率；积累在扩大生产规模的同时，促进了企业内部和企业之间的分工与协作，扩大了市场规模，提高了经济效率；积累为技术创新和进步提供了物质前提，技术进步则是加速资本主义经济发展的根本性力量。由此可见，资本积累在资本主义经济发展中起着决定性的作用。

然而，积累推动资本主义经济发展并不只是一个量的增长过程，它还必然包含某些性质和结构变化，这就构成了资本主义经济的演变。而推动资本主义经济演变的力量就是资本积累过程的内在矛盾。资本积累的矛盾是资本主义生产方式的基本矛盾（即社会化生产与资本主义占有形式的矛盾）在积累过程中的体现，具体表现在两个方面：一是资本主义生产与资本主义制度的矛盾，二是资本主义生产与资本主义市场的矛盾。

资本主义生产与资本主义制度之间的矛盾，是资本积累过程所固有的基本矛盾之一，其实质是资本主义经济的物质内容和社会形式的动态性的对立统一，它随着积累的进程时而尖锐、时而缓和。制度是规则和组织的总和，是一定社会人们行为的法律道德规范和社会正常运转的秩序框架。资本主义生产当然要在资本主义的制度规范内才能正常进行。资本主义经济的制度关系与其他社会经济的制度关系相比，是一个更为复杂的包含若干部分、若干层次的制度系统。就资本主义社会占主导地位的经济制度来说，第一个层次是资本主义经济的根本制度，它决定了资本主义经济的基本性质，这就是资本主义的私有制度和雇佣劳动制度。第二个层次是资本主义经济制度的实现形式，在资本主义根本制度不变的条件下，它的实现形式是多样化的和可变的。例如，资本主义私有制就可能采取资本家私人所有制或股份资本所有制等不同形式；雇佣劳动制度也可能表现为单个资本家和单个工人的契约关系或资方与劳方的集体议价关系等。第三个层次是资本主义的宏观经济体制，这也是更现实更具体的制度形式，它在资本主义条件下也是多样化的，可以随着经济条件、法律法规和经济政策的改变而变化。资本主义社会中具体的再分配制度、财政制度、金融制度、国际货币制度等大都属于这一类。除了占主导地位的资本主义制度体系之外，资本主义社会还不同程度地存在着前资本主义经济制度的残留，也可能出现未来社会经济制度的萌芽。

谈论资本积累过程中资本主义生产与资本主义制度的矛盾，主要涉及上述资本主义经济制度的第二和第三层次。在资本主义漫长的历史发展中，资本主义经济制度的具体实现形式和宏观经济体制不仅在国家之间存在区别，它们本身也必然在经济增长过程中逐渐发生变化，推动这种变化的正是社会生产力的发展。生产社会化虽然是资本主义社会生产力的基本性质，但其社会化程度却是随着资本积累过程中的技术变革而不断提高的。日益发展的社会化生产力会在一定时期与现存的资本主义制度发生冲突，迫使资本主义经济不断调整，改变那些阻碍生产社会化进一步发展的制度形式，形成新的适合生产力发展的制度形式，从而促进资本主义制度的演变。在这个演变过程中，资本主义制度在一定时期会具有某些新的重要特征，影响资本积累过程的长期波动，并使资本主义发展呈现出阶段性。可见，积累过程中资本主义生产与资本主义制度的矛盾，是资本主义制度演变的内在动力。战后西方已有一些马克思主义经济学家对资本积累过程中的制度演变进行研究，试图做出理论上的解释，并形成了不同学派。这种处于演变中的资本主义制度关系，作为资本主义积累过程中更具体更现实的制度形式，美国的"权力学派"称之为"社会积累结构"，法国的"调节学派"称之为"积累体制"。它们与资本主义根本制度相比，处在一个较低的抽象层次上。资本积累过程离不开这种具体的资本主义制度的制约，也不可能超越社会化生产力与这种资本主义具体制度之间矛盾运动的决定性影响。

资本主义生产与资本主义市场的矛盾，是资本积累过程所固有的另一个基本矛盾。这一矛盾根源于资本主义生产的商品生产性质，根源于资本主义制度与商品制度的不可分割。资本主义商品制度的麻烦在于：生产的目的是价值增殖，生产的结果却不是直接形式的价值而是商品，其价值需要到市场上实现；价值增殖的追求推动资本把日益增多的商品提供到市场上，而价值增殖的基础却是占有工人的剩余劳动，必然限制大多数居民市场需求的相应增长。这就是资本主义实现问题的制度根源。它体现的不仅有生产目的和生产形式的不一致，而且有生产目的和生产手段的冲突。资本主义产品的价值实现包括资本价值和剩余价值两个部分。资本价值的实现是一个前提，剩余价值的实现才是资本主义实现问题的特征性要求。因此，资本主义生产与资本主义市场的矛盾，实质上是剩余价值生产与剩余价值实现的矛盾。

剩余价值生产与剩余价值实现之间存在矛盾的直接原因，是它们各自的制约条件并不相同。"直接剥削的条件和实现这种剥削的条件，不是一回事。二者不仅在时间和空间上是分开的，而且在概念上也是分开的。前者只受社会生产力的限制，后者受不同生产部门的比例和社会消费力的限制。但是社会消费力既不是取决于绝对的生产力，也不是取决于绝对的消费力，而是取决于以对抗性的分配关系为基础的消费力；这种分配关系，使社会上大多数人的消费缩小到只能在相当狭小的界限以内变动的最低限度。这个消费力还受到追求积累的欲望的限制，受到扩大资本和扩大剩余价值生产规模的欲望的限制。……这个内部矛盾力图用扩大生产的外部范围的办法求得解决。但是生产力越发展，它就越和消费关系的狭碍基础发生冲突。在这个充满矛盾的基础上，资本过剩和日益增加的人口过剩结合在一起是完全不矛盾的；因为在二者结合在一起的时候，所生产的剩余价值的量虽然会增加，但是生产剩余价值的条件和实现这个剩余价值的条件之间的矛盾，正好因此而日益增长。"[①]

积累过程的这两个基本矛盾并非互不相关。第一个矛盾的内在要求，是资本主义制度必须变革以适应生产的社会化趋势；第二个矛盾的内在要求，是资本主义市场必须扩大以保证资本主义产品中的资本价值和剩余价值得以实现。前一个矛盾的实质是制度调整问题，后一个矛盾的实质是价值实现问题。资本主义的历史告诉我们，资本主义具体制度的重大变革，通常发生在资本主义生产的实现危机严重加剧的时期。这意味着两个基本矛盾在积累过程中的结构性的加剧存在某种关联。社会化生产力在重大技术变革基础上的较长时期的迅速发展，总是由于有利的制度环境和市场条件，它们共同保证了资本丰厚的利润率和稳定的利润预期。而一旦新技术革命推动生产力增长的潜力基本耗尽和生产社会化发展到某个新的高度，它与现存资本主义具体制度的矛盾就可能加剧，产品实现问题也会相应地尖锐起来。具体资本主义制度对社会化生产力的阻碍可能表现在两个方面：一是对社会生产力发展的直接束缚；一是对社会消费力增长的束缚，它通过实现困难和利润率下降间接阻碍社会生产力的发展。可见，剩余价值生产与剩余价值实现之间矛盾的

---

① 马克思：《资本论》第3卷，《马克思恩格斯全集》第25卷，人民出版社1974年版，第272-273页。

结构性加剧，既是资本主义生产与资本主义制度之间矛盾尖锐化的一个本质表现，同时也是促使资本主义制度调整的最重要的力量。制度变革的目的在于恢复利润率，它不仅要缓解或消除直接约束生产力发展的制度关系，也要为扩大市场需求创造新的制度条件，以推动资本积累和经济的加速增长。

正是资本积累过程中这两个基本矛盾的交织和运动，推动了资本主义经济在长期波动中的发展与演变。规律性的现象是，资本积累长时期的缓慢或停滞，通常就是一个全球性的生产过剩时期和市场问题结构性恶化时期，此时一般利润率下降趋势所导致的空前紧张的资本关系和市场竞争，促使资产阶级及其国家力图寻求新的技术突破，调整现有的制度关系，积极扩大市场和创造新的社会需求，以恢复和提高利润率，重新加速资本积累和经济增长。这个时期除酝酿重大的技术变革外，通常就是资本主义制度演变最为急剧的时期，也同时伴有世界市场的显著扩大。事实上，世界市场的扩大往往正是资本主义制度演变的一个重要结果。由此可见，由一般利润率下降直接引导的积累缓慢和资本主义经济长期萧条，是由于技术约束、制度约束和市场约束的共同作用；而资本主义经济要能逐步摆脱长期萧条并走上资本积累和经济增长的快速路，除重大技术创新和制度调整以外，市场的大规模扩展也是必不可少的先决条件。

以上关于资本积累过程基本矛盾的分析，可归纳为以下基本论点。第一，资本主义生产方式的基本矛盾决定了资本积累过程的基本矛盾。资本主义生产与资本主义制度、资本主义生产与资本主义市场这两个资本积累过程中的基本矛盾，是社会化生产与资本主义占有之间矛盾在积累过程中的具体化，是这一资本主义生产方式基本矛盾的动态化表现和历史的运动形式。它们都根源于资本主义市场经济制度。第二，资本积累过程的基本矛盾是资本主义经济发展与演变的直接推动力。以技术革命为基础的社会化生产力发展到一定程度，既要求通过制度变革来突破制度约束，又要求通过扩大市场来摆脱市场约束；而制度调整和市场开拓则反过来促进了资本主义经济的发展。正是在这种矛盾运动的反复过程中，资本主义实现了它的经济增长和经济演变。因此，我们提出一个"制度—市场"的二元假说，把它看作资本积累过程演变的一种可能的理论解释。其含义是：任何长时期的资本积累缓慢与停滞（即所谓资本主义经济的萧条长波阶段），必然是资本主义的制度问题和市场问题空前尖锐化的时期；而长时期的资本迅速积累，则必须有资本主义制度的重大调整和世界市场的大规模开拓作为前提条件。资本主义经济的演变就是在这一矛盾运动中实现的。第三，与资本主义经济演变同时发生的世界市场的结构性扩大，不应简单看作推动资本主义经济发展的外生因素，单纯归因为某些偶然性事件；它在很大程度上是由资本主义制度变革推动的，因而对资本主义经济系统来说是内生的。第四，这种解释与现有的两种重要的西方左派理论有所不同。"垄断资本学派"在正确分析现代资本主义的垄断特征的同时，从资本生产的剩余不断增长而剩余的吸收日益困难这个中心命题出发，把市场和实现问题提到首位；但它完全忽视了资本主义制度变革的作用，而把资本主义经济从19世纪后期以来的几次长期迅速发展单纯归因于"划时代的发明"和"战争及其后果"等所谓"外部刺激"。这种解释显然缺乏说服力。"社会积累结构学派"正确强调了资本主义制度对资本积累的影响，深入分析了资本主义制度结构的演变在萧条长波和扩张长波更替中的作用；但它没有把实现问题提到应有的高度，没有突出世界市场的结构性扩大是资本主义扩张长波的先决条件。这是其理论的一个重大缺陷。我们的"制度—市场"命题则试图弥合上述两种理论的不足，对资本积累过程和资本主义经济的发展与演变提出一个更完全的理论解释。

二

资本主义经济的发展既然是在资本积累内在矛盾推动下的演变过程，这一过程在时间上和空间上必然是非均衡的。

资本主义经济在时间上的非均衡发展主要表现为不同时期的显著波动。这种波动反映出资本主义经济发展的阶段性。为了更简明地描述资本主义经济的波动，我们这里暂不涉及争论较多的根据资本主义长波所做出的时期划分，而主要采用麦迪森所划分的资本主义发展阶段和有关资料。麦迪森的阶段划分似乎为大多数经济学家所接受，他按照阶段划分所提供的大量统计数据也比较能说明问题。麦迪森把现代资本主义的发展划分为1820—1870年、1870—1913年、1913—1950年、1950—1973年、1973—1979年这样几个阶段。他列出了8个指标以显示各个阶段的增长状况和经济特征，见表1。

表 1　资本主义发展不同阶段的增长特征与周期特征

（16 个国家的算术平均数）

年份	（年平均复合增长率，%）			
阶段	GDP	人均 GDP	非住宅固定资本存量	出口量
Ⅰ 1820—1870	2.2	1.0	—	4.0
1870—1913	2.5	1.4	2.9	3.9
Ⅱ 1913—1950	1.9	1.2	1.7	1.0
Ⅲ 1950—1973	4.9	3.8	5.5	8.6
Ⅳ 1973—1979	2.5	2.0	4.4	4.8
阶段	GDP 从波峰到低谷的最大下降幅度	外贸量从波峰到低谷的最大下降幅度	平均失业率（失业占劳动力的百分比）	消费者物价的年平均增长率
Ⅰ 1820—1870	-6.7	-21.7	—	0.2
1870—1913	-6.1	-18.2	4.5	0.4
Ⅱ 1920—1938	-11.9	-36.5	7.3	-0.7
Ⅲ 1950—1973	0.4	-7.0	3.0	4.1
Ⅳ 1973—1979	-1.3	-6.4	4.1	9.5

资料来源：A. Maddison. Phases of Capitalist Growth, Oxford University Press, 1982, P.91, Table4.9, Table4.0. 作者关于周期特征部分的阶段划分，把包含第一次世界大战和第二次世界大战的两个时期省略掉了，因为世界大战及战后恢复时期会扭曲周期的变动。

　　麦迪森指出，他列出的 8 项指标是人们通常用以进行增长核算和跟踪重大形势变化的宏观经济指标，在表中以高度集合的形式展现出来，其大多数特征在四个阶段中都表现出了系统的差异。他也说明了各个阶段终点的选择理由。1913 年作为第一阶段的最后一年，是因为它以第一次世界大战的爆发而告终。1950 年选作一个转折点，是因为从 16 个国家的总体来看，战后的恢复工作已基本完成，产出已恢复到战前的最高点。把 1973 年选作一个新阶段的开始年份，当时可能是最有争议的。但麦迪森强调，1974—1975 年的衰退实际影响了全部 16 个国家，其复苏却一直缓慢、停滞和不完全，成为战后增长势头最为严重的一次中断。同时，衰退背后更深刻的原因，很可能意味着我们已经生活在一个与五六十年代完全不同的阶段。考虑到产出和价格的新的动态、国际货币体系的变化、政府需求政策的改变、劳动市场预期的变化以及国际经济力量平衡的改变等，应该把 1973 年以后的时期看作一个新的阶段。[①]后来的事态发展进一步坚定了麦迪森的上述观点。因而，在他 1995 年和 2001 年的著作中，第四阶段已被延长为 1973—1992 年和 1973—1998 年。[②]总的来看，第一阶段后半期（1870—1913 年）的经济发展比前 50 年快，宏观经济表现有所改善；第二阶段（1913—1950 年）的经济增长显著放慢，绝大多数指标趋于恶化，宏观经济状况在四个阶段中表现最差；第三阶段（1950—1973 年）的经济发展大大加快，宏观经济状况在四个阶段中表现最好；第四阶段（1973 年以后）的经济增长则又明显地趋于缓慢，多数指标所反映的经济状况重新有所恶化。可见，从 19 世纪后期到 20 世纪末，资本主义的积累和经济增长并不是均衡发展的，而是存在着时期上的巨大差异。下面我们将简要分析涉及 20 世纪资本主义发展四个阶段的主要技术、制度和市场特征。

第一阶段后半期，1870—1913 年

首先是第二次技术革命和工业化进程。19 世纪后期，兴起了以电力和内燃机为标志的第二次技术革命。这是比以蒸汽机为标志的产业革命深远得多的又一次重大技术变革，真正引起了制造业和交通运输业技术基础的根本变化。一系列新兴的重化工业部门逐渐形成，原有的轻纺工业部门更新技术装备，都要以巨额的资本积累为基础。交通运输业的革命性变革，不但促进了机械动力船只和机械动力车辆的大量生产，更推动了与之相关的基础设施（如铁路、公路、车站、港口等）的大规模建设，这也要求大量的资本积累作为前提。和工业化并肩而行的是城市化和农村人口向城市的迅速转移，由此带动了城市住房和交通、通信和卫生等城市基础设施的大规模建设，也极大地促进了资本的积累。此外，从第一次技术革命即产业革命开始的工业化，主要发生在英国等极少数国家，而 19 世纪后期兴起的第二次技术革命，则把以美国和德国为代表的一大批资本主义国家卷入工业化过程，因而资本积累的规模比产业革命时期要大得多。这些都说明，技术革命和工业化是推动这个阶段较迅速的资本积累的重要原因。

其次是垄断资本主义关系的形成及其所推行的帝国主义殖民主义政策。资本主义经济关系在 19 世纪后期到 20 世纪初期发生的最重要的变化，是垄

---

① A. Maddison. Phases of Capitalist Growth, Oxford University Press, 1982, P.93.

② A. 麦迪森：《世界经济二百年回顾》，改革出版社 1997 年版；《世界经济千年史》，北京大学出版社 2003 年版。

断资本和垄断组织的形成以及它们在社会经济生活中主导地位的确立。大垄断企业之间通过公开或私下的串谋制定垄断价格获取垄断利润，这在一定程度上刺激了企业的投资，也扩大了资本积累的利润来源，银行垄断资本和证券市场的发展更进一步拓宽了大企业积累资本的融资渠道。在垄断资本形成的基础上，主要资本主义国家实行帝国主义殖民主义政策，向不发达国家大量输出资本，掠夺原材料，划分势力范围，占领殖民地和半殖民地。殖民主义列强从世界扩张中获取了巨额利润，大部分回流到母国，转化为资本积累的新的源泉。资本主义经济关系和经济政策的上述变化，构成了这个阶段基本的制度背景，成为加速资本积累的重要推动力量。

再次是世界市场的进一步扩大。1820—1870 年间，由于重商主义的障碍大部分消除和运输技术的进步，世界贸易的发展已经十分迅速，外贸增长达到世界产出的 4 倍。[①]1870—1913 年继续了这种发展势头，虽然从 1873 年开始直到 90 年代中期的长期萧条曾使国际贸易的增长率有所降低，但 90 年代中期后又有了迅速的增长。这个时期，美国、德国等后起的新兴资本主义国家采取了更多的保护关税政策，这并没有对世界贸易的快速发展产生严重影响。19 世纪后期交通运输业和通信业的巨大发展，为国际贸易的迅速增长提供了更充分的技术基础。世纪转折时期列强实行的殖民主义政策和对世界的瓜分，把大多数不发达国家和地区纳入资本主义世界体系，加强了宗主国与殖民地附属国的贸易关系，不仅为资本主义国家的工业化提供了更充足的粮食和原料，也为工业化中日益增长的制成品提供了更大的市场需求。世界市场的进一步迅速拓展，成为推动工业化的资本积累所必需的市场条件。

第二阶段，1913—1950 年

这个阶段导致资本积累急剧放慢的第一个重要因素是技术革命积累效应的减弱和工业化的基本完成。从 19 世纪后期开始的第二次技术革命经过近半个世纪的发展，到 20 世纪的前 20 年，大规模的技术改造已经基本完成，以大企业为主导的新兴工业部门也已建立起来，绝大多数资本主义国家的工业部门已超过或大大超过农业部门。此后一个相当长时期，技术进步更多地采取边际改善的形式，机器设备的革新与升级、工艺流程的改进、劳动组织和管理方法的科学化等，远不像大规模建厂和集中进行基础设施建设时那样需

---

① A. 麦迪森：《世界经济二百年回顾》，改革出版社 1997 年版，第 33 页。

要巨额资本投入。因此这个阶段，由技术创新和工业革命所支撑的投资需求下降了，资本积累的速度也必然慢下来。

第二个因素是重大的政治和经济灾难使资本积累受到严重挫折。这个阶段，经历了两次世界大战和 30 年代的大萧条，是 20 世纪灾难性事件最集中的一个时期。第一次世界大战使西欧大多数国家的 GDP 下降，许多国家的国内资本存量遭到巨大破坏，国外投资也受到严重损失。第二次世界大战中，由于欧洲的广大地区成为战场，战斗极为惨烈，欧洲资本存量遭受的损害比第一次世界大战时更为普遍和严重，战时投资处于极低水平，国外净资产也急剧下降。在两次大战时期，除了政府投资于军事生产，甚至大量现有资本都被战争人为地毁灭掉，当然不能指望还能有正常的资本积累。除这两次严重的政治灾难外，1929—1933 年的大萧条和空前的经济震荡，又给资本主义以沉重打击。大萧条时期的生产下降甚至超过了第一次世界大战时期，大批资本设备严重贬值或被废弃，美国和德国作为危机的核心地区，损失最为惨重。美国经济危机从 1929 年到 1932—1933 年的最低点，实际国内生产总值减少 31%，工业生产下降 46%，私人固定资本投资几乎完全崩溃，下降了74%。[①]这个时期总的来看，虽然资本主义国家有 20 年代的经济繁荣、1933—1938 年的经济复苏和 1945—1950 年的战后恢复，但三次巨大的政治和经济灾难带来的破坏性影响相当深重，资本积累受到的严重阻滞是可想而知的。

第三个因素是国际贸易正常关系的破坏造成的世界市场萎缩。战争期间，不仅敌对国家之间的正式贸易关系被中断，非敌对国家之间的贸易也可能受到战争的影响。此外，在大萧条时期，"国际经济秩序和国内经济政策的希望受到了萧条的严重影响。金本位制被大多数国家抛弃了，国际资本市场崩溃了，自由贸易秩序被破坏了。美国以 1929—1930 年斯幕特—霍莱关税法带了一个坏头，这在其他地方引发一道报复的波浪。英国 1932 年采取了帝国特惠制，废除了多边原则。法国、日本、荷兰在其帝国采取了相似的策略。更坏的是对贸易和外汇的定量限制，德国先行一步，法国、意大利、日本、荷兰、东欧和拉美在某种程度上仿效了这一措施"。结果是，"世界贸易总额下降了四分之一以上，直到 1950 年才达到 1929 年的顶峰"。[②]不言而喻，这个时期国际经济秩序的破坏和贸易保护主义的盛行，导致各国出口增长率急剧下降，

---

① R. DuBoff. Accumulation and Power: Economic History of the United States, M. E. Sharpe, Inc., 1989, P.91.

② A. 麦迪森：《世界经济二百年回顾》，改革出版社 1997 年版，第 40 页。

世界市场的极度不景气，不能不对资本的正常积累形成一种制约。

需要指出的是，当我们说，这个阶段技术革命的积累效应减弱时，指的是急剧技术变革时期大规模固定资本投资的需求有所下降，资本积累速度随之放慢，并不意味着资本积累的质量降低或者技术进步的停滞。实际上，这个时期较慢的资本积累却具有更高的投资效益，技术进步的速率也并不慢。正像麦迪森所说，20 世纪的主要灾难集中在 1914—1950 年间这一事实"使技术进步速度的重大改善被掩盖了"。这特别表现在美国生产率的加速增长上。与大多数欧洲国家不同，美国由于两次世界大战均未受到战火的破坏，生产率增长极为显著。在 1913—1950 年间，美国"劳动生产率年增长 2.5％，比 1870—1913 年的 1.9％大大加速了。新的增长率比 1820 年以后的世纪中英国的增长率快两倍以上"。同时期，"美国全要素生产率年增长 1.9％，几乎是 1870—1913 年的 5 倍"。这反映了资本效率的显著提高，美国资本生产率的年均增长率从前一时期的-1.51％上升到这个时期的 0.81％。[①]可见，在资本积累速度放慢的同时，资本积累的质量和效益却有大幅度的增长。这反映了 20 世纪资本积累的总趋势，对战后的黄金时期也有重要影响。

第三阶段，1950—1973 年

这个阶段是资本主义的黄金年代，也是资本积累最为迅速的一个时期。这不仅是由于战后开始出现的新的科学技术革命，促进了电子技术、计算机技术和通信技术的逐渐兴起；而且要归功于 20 世纪转折时期以电力和内燃机为标志的科技革命的延续效应。发达国家工业化在 20 年代基本实现后的进一步完成，在一定程度上被大萧条和第二次世界大战所延误，上次科技革命的主导部门和相关基础设施的继续扩张，与新兴技术部门的发展想结合，成为推动战后资本迅速积累的强大动力和物质基础。这是一个不可忽视的因素。

另一个不可忽视的因素，是欧洲和日本在战后的恢复和振兴。战争使得作为主战场的欧洲以及日本遭到严重摧残，建筑物和城市基础设施被炸毁，大批生产设施被毁坏，固定资本的更新被搁置，旧设备的改进被推迟，因而战后为恢复和发展经济所需要的投资数量非常巨大。由于它们的资本存量经过大萧条和第二次世界大战已经跌减到极低水平，从而使资本的大规模积累有了很大的增长空间。而美国在前一时期所取得的技术进步，也为西欧各国

---

① A. 麦迪森：《世界经济二百年回顾》，改革出版社 1997 年版，第 42-43、19 页。

和日本在战后加快采用和普及先进技术创造了条件，并为它们巨大的资本积累提供了技术基础。其间，日本和德国的表现最为突出，成为资本积累和经济增长最迅速的国家。

这个时期的发达资本主义国家也为资本积累提供了十分有利的制度和政策环境。它们普遍推行凯恩斯主义的理论和政策，加强国家对经济的宏观调控，建立相对协调的劳资关系，实行福利制度，努力促进高水平的需求和就业，保持了经济和社会的相对稳定，资本积累因有利的投资环境和乐观的利润预期而达到前所未有的增长水平。同时，西方国家通过建立一系列国际机构如经济合作与发展组织、国际货币基金组织、世界银行等，形成了有效的国际经济秩序。战后随社会主义阵营扩大而出现的东西方分裂，"也加强了资本主义经济之间的利益协调，……美国以一种负责任和慷慨的方式发挥着领导作用，在欧洲最需要的时候，向它提供了源源不断的援助，促进了相互关联的合作程序和自由贸易政策。直到 70 年代，它还为国际金融稳定向世界提供了强有力的避风港"①。这种被"社会积累结构"学派称为"美国统治下的世界和平"所形成的世界经济秩序，也成为高速资本积累的重要制度条件。

国际贸易的巨大扩张和世界市场的空前扩展，则为高速资本积累提供了不可缺少的市场条件。表面看来，战后从资本主义阵营分裂出更多社会主义国家以及大批不发达国家取得民族独立而使殖民体系瓦解，似乎缩小了资本主义市场。其实不然。战后这个阶段实际上是资本主义市场扩展最快的时期，这通过发达国家贸易出口增长率的空前加速可以证明。世界市场的扩大来自两个方面。在发达国家内部，不但迅速的资本积累创造了旺盛的投资需求，而且政府的宏观调控、就业政策和福利制度大大提升了居民的收入水平和生活水平，在大萧条和二战期间被长期压抑和推迟的个人需求得以释放，战前还大体属于奢侈品的汽车和家用电器等新消费品逐渐普及，所有这些都使发达国家的有效需求大幅度提高，扩大了它们的内部市场和国家间贸易。在发达国家外部，战前的殖民地和半殖民地纷纷独立后，发达国家更加依靠用贸易、投资和援助等经济手段来剥削和控制这些不发达国家，把它们作为廉价的能源和原材料供应地及制成品销售市场。一些独立后的发展中国家也在努力发展民族经济，那些实行出口导向战略的国家或地区取得的成绩最为突出，如亚洲的韩国和我国台湾地区等，这都促进了发达的北方与不发达的南方之

---

① A.麦迪森:《世界经济二百年回顾》，改革出版社 1997 年版，第 44 页。

间的贸易关系，扩大了发达资本主义国家的外部市场。可以设想，没有世界市场和国际贸易的巨大发展来保证发达国家的廉价原料供应和有利的工业品市场，它们在这个黄金时代的高速资本积累是不可能实现的。

第四阶段，1973—1992 年

这个阶段的情况比较复杂，争论也较多。作为一个与黄金时期显著不同的新阶段，最重要的特征是 GDP 增长率和生产率增长率的下降。按照麦迪森的数据计算，美、法、德、荷、英、日六国的 GDP 年平均增长率，由 1950—1973 年的 5.31%，下降到 1973—1992 年的 2.41%；劳动生产率的年平均增长率，由 4.91% 下降到 2.34%；全要素生产率的年平均增长率，由 3.04% 下降到 0.83%。[1]布伦纳提供的七国集团的数字与此也十分接近：七国私人企业产量的年平均增长率由 1950—1973 年的 4.5% 下降为 1973—1993 年的 2.2%；劳动生产率的年均增长率由 3.6% 下降为 1.3%。[2]产量和生产率的降低幅度都很大，超过了一半以上。这说明两个时期的经济气候和增长势头是完全不同的。

这个阶段发达国家增长率大幅度下降的原因是什么呢？在需求、供给、技术、制度和政策等诸多因素中，首先要提到需求不足的作用。黄金时期资本主义经济的空前增长，特别是欧洲大陆（尤其是德国）和日本的超高速发展，以及亚洲若干新兴工业化国家和地区出口型经济的迅速成长，使全球的工业品供给达到前所未有的水平；而尽管黄金时期国际市场也有了巨大扩展，但终究赶不上生产的增长。结果是生产与消费、供给与需求之间矛盾尖锐化，形成空前规模的全球性生产过剩，这必然对资本主义经济形成严重制约，导致经济增长的急剧下降。[3]

在这一过程中，经济政策的转向也起到了推波助澜的作用。黄金时期发达国家为确保就业和增长而广泛采用凯恩斯主义扩张性的财政金融政策，以及在布雷顿森林体系下美元货币的大量发行和流向全世界，使资本主义国家的通货膨胀步伐逐渐加快，加之 1973 年和 1979 年的两次能源危机和石油价格飞涨，最终导致严重的通货膨胀局面，极大地威胁了资本主义经济社会运

---

① A. 麦迪森：《世界经济二百年回顾》，改革出版社 1997 年版，第 19 页表 2-6。增长率是六个国家的算术平均数。

② R. 布伦纳：《繁荣与泡沫》，经济科学出版社 2003 年版，第 3 页表 1-1。

③ 参阅 R. 布伦纳：《繁荣与泡沫》，经济科学出版社 2003 年版，第一章。

转的正常秩序。这使主要资本主义国家不得不把优先的宏观经济政策目标从确保充分就业和高速增长转向恢复物价稳定，为此而实行的经济紧缩措施必然对增长和就业产生负面影响。产出的下降成为实现新的宏观政策目标的不可避免的代价。

增长率下降和生产率下降实际上相互影响。在这个时期，与其说生产率下降是增长率下降的主要原因，毋宁说增长率下降是生产率下降的主要原因。为什么这样说呢？因为经济增长率急剧下降，必然大幅度降低生产能力的利用率，进而降低劳动生产率。仅以美国为例。其制造业的年平均能力利用率，由60年代的85.0%迅速下降到70年代的81.6%和80年代的79.0%；全部工业的年平均能力利用率则由1967—1969年的87.2%（没有1967年前的数字）迅速下降到70年代的82.7%和80年代的80.1%。[①]生产能力利用率下降不但会提高名义资本构成，降低资本的生产率；同时也会降低劳动生产率。美国经济学家韦斯科普夫和谢尔曼在讨论周期问题时都曾谈到：当能力利用率降低到最佳运转率以下时，生产工人的"直接劳动"总时数容易削减到与产量成比例，管理雇员的"间接劳动"总时数却不易改变。因而在危机或经济收缩时期，产量和能力利用率迅速下降，但因管理人员解雇较少，劳动生产率必然降低。[②]这种周期分析能否适用于较长时期的分析呢？其实麦迪森就曾谈到这一点。他说：在需求疲软的衰退时期，厂商通常解雇雇员较少，以便为经济重新兴旺储备部分管理人员，这会对生产率产生负面影响。但这种情况通常不会持续七八年，因为在较长时期中，低效率厂商的破产将提高生产率，抵消上述负面影响。然而在70年代，各国政府试图用多种方法减轻衰退对就业的不利影响，如实施保护就业的立法、发放就业补助、增加公共就业岗位，或通过接管和扩张帮助大企业免于破产。同时，政府部门的就业对生产率的考虑不是很强，它们在70年代继续扩大。所有这些保护就业的努力都遏制了生产率的增长，但其影响却难以量化。[③]由此可见，70到80年代经济增长的相对停滞和能力利用率的长期低下，可能是劳动生产率增长率大幅

---

① 《美国总统经济报告》，美国联邦政府印制局2001年，第337页。

② T. E. 韦斯科普夫：《马克思主义的危机理论和战后美国经济中的利润率》，《现代国外经济学论文选》第6辑；H. J. Sherman. The Business Cycle, Growth and Crisis under Capitalism, Princeton University Press, 1991, Chapter 8.

③ A. Maddison. Comparative Analysis of the Productivity Situation in the Advanced Capitalist Countries; J. W. Kendrick. International Comparisons of Productivity and Causes of the Slowdown, Ballinger Publishing Co., 1984, P.66.

度下降的重要原因之一。布伦纳曾明确指出：这个时期"生产率增长的放慢应当被理解为长期经济衰退的结果，而不是原因"[①]。

促使生产率下降的另一个重要因素是产业结构的变化。发达国家从 20 世纪六七十年代开始发生了工业化后产业结构的第二次重大变化，即工业部门缩小和服务业部门扩大。按 13 个 OECD 发达国家的简单平均值计算：1971—1992 年，服务业占 GDP 总量的比重从 54.6％上升到 65.4％；1974—1992 年，服务业占全部就业人数的比重从 52.4％上升到 65.1％。[②]资本主义产业结构的这种重大变化，必然降低整个经济中劳动生产率的增长速度，因为服务业与工业特别是制造业相比，劳动生产率水平较低，增长速度也较慢。这就可以理解前面曾谈到的，为什么 1973—1993 年与 1950—1973 年相比，七国集团制造业的产量严重下降而劳动生产率增长的下降幅度较小，但整个私人企业劳动生产率增长率的下降程度却超过了产量增长率的下降程度。麦迪森还特别估算了几个发达国家产业结构变化对生产率增长的影响，称之为"结构效果"。他指出："增加的结构效果的作用在规模上是重大的，并且可以发生方向上的重大变化。现在这些经济有大部分活动是用于生产率增长非常慢的服务业方面，服务业生产率的平均水平现在比工业低。因此，现在在某些经济中出现了严重的结构拖累，而在黄金时代，当经济是生气勃勃的时候，结构改变通过推动劳动力迅速地进入更高生产率的就业产生正面的效用。"[③]

三

在简单地叙述了 20 世纪资本主义经济在时间上的非均衡发展后，可以进一步分析资本主义经济在空间上的非均衡发展。这主要表现为地域上存在着两种类型的发展不平衡：一种是发达国家之间的不平衡，另一种是发达国家与不发达国家（发展中国家）之间的不平衡。从 20 世纪的情况来看，前一种不平衡发展的总趋势是不同国家经济发展水平的趋同，后一种不平衡发展的总趋势则是两类国家经济发展水平的趋异。

发达资本主义国家之间发展的不平衡，是 17 世纪以来长期存在的一种现

---

① R. 布伦纳：《繁荣与泡沫》，经济科学出版社 2003 年版，第 18 页。

② 黄少军：《服务业与经济增长》，经济科学出版社 2000 年版，第 283-284 页。

③ A. 麦迪森：《世界经济二百年回顾》，改革出版社 1997 年版，第 20 页。

象。在 17 世纪和 18 世纪，荷兰曾经是世界上最强大的国家，人均收入水平在欧洲是最高的。但是，从 18 世纪到 19 世纪早期，英国迅速发展起来并逐渐超过了荷兰。在 1720—1820 年，英国的出口每年增长 2%，荷兰却每年下降 0.2%。1700 年时英国航运量占世界航运能力的 20% 略多，而荷兰超过了 25%；但到了 1820 年，英国的份额已超过 40%，荷兰的份额则下降到只有 2% 多一点。[1]这个时期英国的工业实力，由于 18 世纪 60 年代开始的一系列技术创新而得到加强，机械化大大提高了劳动生产率，棉纺织业代替毛纺织业得到急剧发展。在此期间，英国为攫取全球的商业霸权，依靠自身的经济和军事实力卷入了一系列战争，逐渐接管了法国和荷兰在亚洲和非洲失去的殖民地，扩大了对印度的统治范围，确立了在拉丁美洲的商业特权地位。到 19 世纪末 20 世纪初，大英帝国的版图又进一步扩大。1913 年，它在亚洲、非洲、大洋州和加勒比等地区拥有大批殖民地，大英帝国的总人口达到 4.12 亿，是英国本土人口的 10 倍。[2]可以说，在 19 世纪，英国是全球的商业霸主，成为名副其实的"日不落帝国"。

然而，在 19 世纪后期，英国的经济增长逐渐放慢，德国和美国作为新兴资本主义国家开始了迅猛的发展。在 1873 年以后，英国一系列重要经济指标都出现了下降趋势。它的工业生产年平均增长率，从 1853—1873 年的 2.7% 逐渐下降到 1899—1913 年的 2.0%。同时期，国内生产总值的年均增长也在减速，从 1.95% 下降到 1.70%。劳动生产率也出现了大幅度下降，制造业生产率的年均增长在 1853—1873 年为 1.85%，到 1899—1913 年仅为 0.90%；矿业则从 3.0% 跌落到-0.7%。甚至英国出口贸易的增长在 1873 年后也在急剧下降。按不变价格计算，制成品出口在 1853—1873 年每年增长 3.3%，到 1873—1899 年降低为 1.6%；而在后一时期，进口增长率平均为 4.5%。这种 1.6% 的出口增长和 4.5% 的进口增长的结合给英国制造业以致命的打击。[3]在英国经济走向衰落的同时，德国和美国的经济却开始强劲增长。这两个后起资本主义国家利用当时兴起的新科技革命，在发展新兴工业部门上取得了飞速的进步。例如，它们的资本积累势头与英国完全不同。在 1870—1913 年间，非住宅固定资本净存量的年平均增长率，英国为 1.2%，德国却是 3.1%，美

---

① A. 麦迪森：《世界经济千年史》，北京大学出版社 2003 年版，第 86-87 页。
② A. 麦迪森：《世界经济千年史》，北京大学出版社 2003 年版，第 88-90 页。
③ 阿瑟·刘易斯：《增长与波动》，华夏出版社 1987 年版，第 154-162 页。

国更高达 4.7%。[①]由此导致经济增长率的明显落差。英国的 GDP 年均增长仅为 1.90%，而德国为 2.81%，美国为 3.94%。[②]同时期，英国制造业和矿业生产的年均增长率仅为 2.1%，而德国为 4.2%，美国为 5.0%。[③]1913 年德国的出口产品已比英国的出口产品更为先进，特别是在冶金、机械、化工等新兴工业制成品方面的出口均已超过英国。从 19 世纪末开始，美国更是成为世界经济的领先者。到 1913 年，美国经济已经比英国和德国的总和还大。经过 20 世纪上半期和两次世界大战，美国经济又有了更为强劲的发展，已成为全球资本主义的新的霸主。

　　20 世纪 50 年代美国的经济规模和经济实力，在资本主义世界处于压倒优势。1952 年，美国占发达资本主义国家生产的近 60%、工人总数的 30% 和企业固定资产总额的 50%。对 1950 年人均生产总水平进行的研究表明，若以美国为 100，英国相当于 55，法国为 46，西德为 37，意大利为 25。美国煤矿的生产率比英国、西德高 3 到 4 倍，为法国的 7 倍。美国制造业的劳动生产率约为英国的 8 倍或西德的 4 倍，与日本的差距更大。1950 年美国制成品的生产是西德的 6 倍、日本的 30 倍。1953 年它出口的制成品为西德的 5 倍、日本的 17 倍。1957 年世界最大的 50 家公司中，非美国的公司仅有 7 家。[④]然而，尽管美国在二战后的强大似乎是不可动摇的，但资本主义发展不平衡的规律仍在继续产生作用。在黄金年代（1950—1973 年），美国的 GDP 增长显著落后于除英国外的所有主要发达国家；特别是西德和日本，它们的 GDP 年均增长率竟分别是美国的 1.5 倍和 2.4 倍。至于人均 GDP 增长率，美国则慢于所有西欧国家和日本，仅相当于西欧国家人均 GDP 年增长率的 63%。在随后的 1973—1992 年间，在几乎所有资本主义国家 GDP 增长率和人均 GDP 增长率全面下降的情况下，美国 GDP 增长率的下降幅度虽然比多数国家较小，但人均 GDP 增长率仍低于大多数发达国家。美国劳动生产率增长的落后情况更为突出，在这两个时期，它的增长比所有发达国家都慢，其年均增长率在黄金时期只相当于西欧国家平均值的 57% 和日本的 35%，在

---

① A. Maddison. Growth and Slowdown in Advanced Capitalist Economies: Techniques of Quantitative Assessment, Journal of Economic Literature, 1987, 25 (2), P.691.增长率按表中的指数算出。

② A. 麦迪森：《世界经济二百年回顾》，改革出版社 1997 年版，第 19 页表 2-5。

③ 阿瑟·刘易斯：《增长与波动》，华夏出版社 1987 年版，第 372-373 页表 A-3、386 页表 A-6、390 页表 A-7.增长率根据各表中的生产指数算出。

④ P. 阿姆斯特朗等：《战后资本主义大繁荣的形成和破产》，中国社会科学出版社 1991 年版，第 187 页。

其后的 20 年只相当于西欧国家平均值的 48% 和日本的 35%。①美国与西德、日本等其他发达国家经济增长的这种巨大差距，影响因素很多，其中一个重要原因仍在于资本积累的速度不同。仅从 1951 到 1981 年这 30 年来看：全部企业经济按不变价格计算的固定资本总存量的年平均增长率，美国为 3.8%，而除美国以外的发达资本主义国家平均为 5.2%，西德、日本甚至分别高达 5.6% 和 8.6%；制造业固定资本总存量的年平均增长率更为悬殊，美国是 3.3%，其他发达国家为 5.4%，西德、日本分别为 6.1% 和 10.3%。②正是由于增长速度和增长效率的上述巨大差异，到 20 世纪 90 年代中期，美国在资本主义世界的经济优势已经削弱，日、德、法、意等国的经济实力有了巨大增长，它们与美国在人均 GDP 绝对水平上的差距大大地缩小了，有些国家的劳动生产率甚至已经赶上美国。欧洲国家为了与美国竞争，早在 1957 年就成立了欧洲煤钢联盟，后扩大为欧洲共同体，经过 50 多年的经营发展，已成为高度一体化的地区组织，其经济总量已经超过美国。今天，美国虽然仍是最大最强的资本主义国家，但与 50 多年前却不可同日而语，其绝对统治地位已不复存在。美国、欧盟和日本在资本主义世界已形成鼎足之势。

以上简要地叙述了从 19 世纪后期以来发达资本主义国家经济的不平衡发展状况。那么，这种不平衡发展的原因何在呢？根本原因在于，资本主义国家之间存在着竞争关系。威克斯指出：这种不平衡"在主要的资本主义国家集团内部产生，它源于资本的社会关系中竞争和技术创新的采用"③。竞争关系来自资本的本性。资本主义经营既然以追逐利润为目的，那么资本关系本质上必然是竞争的。资本之间也存在着吸引、合作与联合的一面，但这种合作与联合只不过是为了在更大的范围，与更强的对手展开更有力的竞争。任何资本在市场上都力图排斥其他资本，以保持自身在生产和销售上的有利地位，占据更大的市场和获取更多的利润。在世界范围内，资本的这种竞争关系就表现为各国资本在国际市场上的竞争和各个资本主义国家在世界经济、政治舞台上的竞争。先进的资本主义国家力图保持自身优势，后进的资本主义国家则要奋力追赶，这就成为国家之间发展不平衡的根本动力。

---

① A. 麦迪森：《世界经济二百年回顾》，改革出版社 1997 年版，第 19、49、53 页。

② P. 阿姆斯特朗等：《战后资本主义大繁荣的形成和破产》，中国社会科学出版社 1991 年版，第 438-439 页表 A5 和表 A6。增长率按表中提供的绝对值算出。

③ 约翰·威克斯：《资本扩张与世界不平衡发展》，见张宇、孟捷、卢荻主编：《高级政治经济学——马克思主义经济学的最新发展》，经济科学出版社 2002 年版，第 507 页。

　　除了内在的竞争动力之外，还要有促成不平衡发展的客观条件。这里要提到的是技术创新。新老发展程度不同的国家，往往面临不同的技术机会和技术背景。发展程度高的先进国家，通常在生产技术上处于领先地位，但也为后进国家提供了现成的先进技术，创造了更充分的技术机会，后进国家就可能利用现有技术来加速自身的资本积累和经济发展。在 18 世纪，英国的进步在很大程度上依赖荷兰的技术，特别是在农业、水道建设、航运业、银行业和国际专业化等领域。第二次大战后，西德、日本等国经济的高速增长，也在一定程度上得益于大量引进和吸收了美国的先进技术，使它们可以通过高速资本积累，在战争废墟上直接推进以先进技术为基础的经济重建与发展。"在黄金时代，欧洲国家和亚洲出现了非常引人注目的国内投资率高潮，这与技术进步提供的机会相应。由于亚洲和欧洲国家从低水平起步，从长年逆境挫伤的生产率水平复苏，能够将其投资率推进到美国水平以上，而没有陷入收入递减。结果欧洲和日本能够将其资本存量推进到非常接近美国的水平。在许多方面，这些追随者国家正在复制在美国已发展起来的消费模式、技术和组织方法"。[①]

　　如果后进国家的追赶恰逢新技术革命兴起之时，它们对于先进国家将会处于特别有利的地位。由于没有旧技术和旧工业的负担，后进国家可以利用最新技术直接建立新兴工业部门，大幅度提高生产率和增长率，一举超过老的发达国家。这正是 19 世纪末德国、美国等国和英国之间所发生的故事，刘易斯曾做过详细分析。1880 年前的一个世纪，英国在工业革命基础上已建成了纺织、生铁、煤炭、铁路运输等一系列工业部门，促进工业经济的创新技术已经耗尽。而此时其他资本主义国家的发展程度低得多，由于当时以电力和内燃机为标志的新的科技革命正在兴起，它们就能以此为基础直接发展新兴工业部门。刘易斯指出："在考虑新机器取代旧机器时，问题往往不只是比较旧机器的最初成本与新机器的平均成本，因为采用新机器的成本可能大于新机器简单的平均成本。例如，假定一项铁路运输的创新要求使用更宽的铁轨。要在现有的铁路系统使用这项创新就要求用新钢轨代替旧钢轨，加宽隧道，建设新的、更宽的桥梁，重新设置车站。因此，在一个新国家采用新体系比在一个已有铁路系统的旧国家采用新体系要廉价得多。这是英国人常说的最先开始发展的不利性之一，特别是在他们的铁路、矿山、铁矿炉和道路

---

① A. 麦迪森：《世界经济二百年回顾》，改革出版社 1997 年版，第 44 页。

的投资方面这个问题更突出。新国家的有利之处就在于还没有开始，在采用新体系之前不用拆除旧体系的结构。"①正因为如此，英国在发展以新科学为基础的工业方面十分缓慢，国内的投资率很低，大量资本由于缺乏投资机会而输出到国外；而德国和美国却成为新科技革命的中心，资本积累率很高，代表新技术和更高生产率的电力、钢铁、内燃机和有机化学等新兴工业部门迅速发展起来。

后进国家与先进国家在国际市场上竞争时还往往具有价格优势，这通常是由于后进国家的工资相对较低而生产率相对较高。问题不在于工资和生产率的绝对水平。在 1883 年，德国的人均产量是英国的 70%，工资只是英国的 60%。德国的货币工资增长比英国快得多，但生产率的增长也快得多。当生产率下降时，工资则有更大程度的下降。美国的工资虽然比英国高，但生产率超过英国的幅度更大。结果是，在 1883 到 1913 年间，英国出口制成品的价格在下降时比德国和美国下降得少，在上升时却比后者上升得快，德国和美国由于在国际市场竞争中享有价格优势，致使英国出口增长率下降和市场份额相对缩小。"随着其他国家的工业化，英国的地位在三个方面受到损害。第一，其他国家生产它们自己所用的产品。第二，大多数成功的工业化国家开始在第三国市场上与英国竞争。第三，英国本土的市场也受到入侵。"②国际市场份额相对萎缩和出口增长放慢，削弱了英国有效需求的扩大，进而限制了投资和工业生产的增长。因此，先进国家与后起国家在世界市场份额上的这种此消彼长，既是它们经济实力不平衡发展的结果，又反过来加剧了这种发展的不平衡。为什么后起国家通常享有价格优势呢？因为一般来说，经济发展较落后的国家工资也较低；虽然它们的生产率往往也较低，但一旦利用先进技术加速资本积累和人均资本的增长，生产率将会迅速提高。这必然大大加强它们的国际竞争力。

后起国家为了在竞争中追赶先进国家，可能采用更有利于技术进步和经济增长的制度与政策。先进国家在经济上、政治上占有支配地位，通常会比较安于现状，而缺乏积极的变革精神；后进国家则不同，它们具有较强的危机感和紧迫感，力图通过技术和制度变革来实现对先进国家的超越，必要时甚至不惜动用武力。17 世纪到 18 世纪的英国就是这样。当时荷兰是最强大的国家，英国在学习荷兰的经济模式和先进技术的同时，努力创立有利于商

① 阿瑟·刘易斯：《增长与波动》，华夏出版社 1987 年版，第 160 页。

② 阿瑟·刘易斯：《增长与波动》，华夏出版社 1987 年版，第 167-168、171、165-166 页。

业资本主义利益的现代民族国家：原来的封建割据被集中化的政治体系所代替，经济政策领域中的政府管理实现了现代化，建立起一套稳健的公共财政体系，加强了科学技术研究，实行贸易保护政策以促进自身工业和贸易的发展等。此期间，英国为了商业利益，还与荷兰进行了四次战争。[①]这样，英国通过经济、政治和军事等多种手段，终于超越和取代荷兰成为新的世界霸主。但是，到了19世纪末20世纪初，这种后起国家超越先进国家的故事又在美、德与英国之间重演。虽然具体情况不同，但制度和社会背景的差异仍然发挥了重要作用。当英国上升为世界霸权国并在国际市场上占据支配地位后，它内部的矛盾和弱点也逐渐暴露出来。国内资本过剩和投资机会不足，大量资本流出，工人缺乏积极性和工作节奏缓慢，工会主义的上升导致罢工频繁，工人阶级对工厂制度的抵制日益增长，大量失业使工人反对增加产量的技术革新，科学研究与工业之间缺少联系，学校体系轻视应用科学和技术，中等教育严重不足，群众的受教育水平比较落后，如此等等，都阻碍了英国的技术创新和经济增长。形成鲜明对照的是，后起的德国和美国却在努力创造有利于经济快速发展的制度环境。德国早在1885年就已经实行了社会保险，而其后的25年中这种社会保险制度也未能跨过英吉利海峡，这使德国工人更关心工业资本主义的发展；在19世纪最后25年，德国已在科学与工业之间架起了桥梁，有力地推动了以科学为基础的新技术革命，而英国则落在了后面；德国在技术学校的发展方面也远远超过英国，工人的受教育水平比英国高；德国还建立了多种销售组织，在世界各地努力进行销售，以扩展国外市场等。美国和德国一样，在群众受教育水平上比英国更高，工人阶级在改进工业技术中起着更重要的作用，它在科学与工业的结合上也比英国做得好；特别是，早在19世纪开始时，美国即发明了标准化和大量生产的可通用零部件，这为提高生产效率和后来发展的装配线生产提供了基础；美国人也更重视劳动组织和生产管理，工厂的纪律较严格，工作节奏也较快；从19世纪80年代即开始研究如何使劳动操作标准化以节约劳动时间和提高工作效率，其工厂管理比英国更科学。[②]这两个国家也都实行了关税保护政策，以促进国内工业的发展。正是由于这些原因，德国和美国在开发新技术、发展新兴工业、加速资本积累、提高生产率和加强国际竞争力等方面，具有更强劲的动力，并最终实现了对英国的巨大超越。

---

① A. 麦迪森：《世界经济千年史》，北京大学出版社2003年版，第73、83—84页。

② 阿瑟·刘易斯：《增长与波动》，华夏出版社1987年版。

资本主义发展不平衡所带来的最重要的政治后果，是加剧了列强之间的矛盾与冲突。在 20 世纪中期以前，帝国主义列强在争夺世界市场的同时力图扩大自己的政治势力范围，攫取殖民地半殖民地，用政治统治巩固经济和商业利益。一旦各国的经济实力发生变化和此消彼长，原有的势力范围划分与现有的经济实力不相称，重新瓜分势力范围的斗争必然尖锐化，战争就成为这种争夺的最后手段。因此，伴随着某些大国的崛起，新旧大国之间的军事冲突往往不可避免。从 16 世纪中期以来，资本主义国家之间的战争一直连绵不断。特别是 20 世纪上半期，两次世界大战给人类带来了空前的灾难。

从经济上看，发达资本主义国家在不平衡发展的长期过程中，"呈现出趋同和分化的循环模式，其长期趋势是趋同"①。集中的表现是，从 1870 年以后直到 1950 年，美国与其他主要资本主义国家的经济差距有扩大的趋势，美国的人均 GDP 增长率和劳动生产率增长率一直快于其他主要资本主义国家。由于欧洲国家和日本在第二次世界大战中被严重破坏，它们和美国之间的经济水平与生活水平差距在战后初期达到最大程度。但是，随之而来的是其他国家对美国长期而迅速的追赶势头，从而开始了一个显著的趋同过程。"在 1950 年和 1973 年之间，所有西欧国家劳动生产率的增长都比美国快得多。1950 年，在进一步落后了八十年之后，它们的平均生产率比美国水平的一半还低，但是到了 1973 年，它们已推进到非常接近技术前沿，1973 年以后进一步继续沿着这条健康道路前进。"②人均 GDP 的增长，其他绝大多数资本主义国家也都高于或大大高于美国。因此到了 20 世纪 90 年代，它们之间的经济实力和差距已经显著缩小。1950 年到 1992 年，按就业者每人占用的非居住用资本总量来看，如以美国为 100，法国从 31 提高到 92，德国从 32 提高到 91，英国从 51 提高到 78，日本从 22 提高到 58。③1950 年到 1998 年，若以美国的人均 GDP 水平为 100，12 个西欧发达资本主义国家平均从 52 提高到 72；若以美国的劳动生产率（每工作小时的 GDP）水平为 100，12 个西欧国家平均从 44 提高到 83。④从实际的劳动状况与生活水平来看，西欧大陆的发达资本主义国家甚至优于美国，它们人口平均的全年劳动时间比美国

---

① 约翰·威克斯：《资本扩张与世界不平衡发展》，见张宇、孟捷、卢获主编：《高级政治经济学——马克思主义经济学的最新发展》，经济科学出版社 2002 年版，第 507 页。

② A. 麦迪森：《世界经济二百年回顾》，改革出版社 1997 年版，第 46 页。

③ A. 麦迪森：《世界经济二百年回顾》，改革出版社 1997 年版，第 47 页表 3-11。

④ A. 麦迪森：《世界经济千年史》，北京大学出版社 2003 年版，第 123 页表 3-7。

短，而享受的社会福利则比美国更好。尽管从 20 世纪 90 年代中期以后，美国经济又有了比西欧和日本更强劲的增长，在科学技术和综合实力方面仍处于世界领先地位，但发达资本主义国家在经济和生活水平方面逐渐接近的总趋势可能不会逆转。

四

如果超出发达国家范围而从整个资本主义世界体系着眼，不平衡发展则是另外一种景象。在 19 世纪，发达国家与不发达国家的经济差距一直在扩大。20 世纪特别是 1950 年以后是资本主义经济迅速增长时期，但不幸的是，发达国家与不发达国家之间的经济差距并未缩小，世界范围的不平等状况总体来说仍在继续恶化。

根据麦迪森的估算，全世界按西欧、西方衍生国（美国、加拿大、澳大利亚和新西兰）、日本、亚洲（不含日本）、拉丁美洲、东欧与苏联、非洲等七大地区比较，地区之间的最大差距为：1820 年，3:1；1870 年，5:1；1913 年，9:1；1950 年，15:1；1973 年，13:1；1998 年，19:1。在整个 1820—1998 年间，西欧、西方衍生国和日本（发达资本主义地区）作为一组（A 组），人均 GDP 的年均增长率平均为 1.67％；而亚洲、非洲、拉丁美洲、东欧和苏联（不发达地区）作为一组（B 组），人均 GDP 的年均增长率平均仅为 0.95％。1820 年，A 组人口为世界人口的 17％，占有世界 GDP 总量的 29％；1998 年，A 组人口占世界人口的比例下降到 14％，占有世界 GDP 的份额却上升到 53％。1820 年，A 组人均 GDP 约为 B 组人均 GDP 的 2 倍；到 1998 年，它们的比例已提高到将近 7 倍。[①]这组令人沮丧而警醒的数字，有说服力地证明了近 200 年发达资本主义国家与不发达国家（发展中国家）经济发展的严重不平衡和经济水平差距不断扩大的总趋势。

全球性两极分化和经济差距扩大的根源何在呢？西方主流经济学不可能提供一种合理的说明。新古典的静态经济模型也好或动态经济模型也好，都只会推导出不同国家经济水平在长期内趋于均衡化的趋同的结论，这显然与经验事实不相符。然而在马克思主义经济学看来，这种两极分化现象是容易

① A. 麦迪森：《世界经济千年史》，北京大学出版社 2003 年版，第 117 页表 3-1b、32 页表 1-9a、32-33 页表 1-9c 和表 1-9d、32 页表 1-9b。百分比和倍数均按表中的绝对数算出。

解释的，它的根源就在于资本的本性和资本主义积累本身。资本在本质上是一种资本剥削雇佣劳动的经济关系，资本能够增殖是因为雇佣工人不能得到自身创造的全部价值，因而工人的相对贫困就成为资本家发财致富的前提条件。资本积累作为剩余利润的资本化，不但要以对工人的剥削为基础，而且也是扩大和加深资本主义剥削关系的催化剂。因此，资本积累必然在国内不断生产出并以日益扩大的规模生产出资本家与劳动者的两极分化。资本主义世界的分化现象不过是资本主义国内的分化现象在全球规模上的重演。资本主义是一个世界体系，资本的兴起从一开始就离不开世界市场，资本主义经济也从未离开非资本主义国家和地区而独立存在过。资本积累无限扩大的趋势，使它在国内不断遇到绝对意义上或相对意义上的市场约束和资源约束，从而要到非资本主义世界去开拓市场，以销售商品、获取原料和进行投资。它们这样做仍在于获取利润，所以仍然要以剥削和掠夺这些非资本主义国家的民众为基础。其结果可想而知，这些非资本主义国家和地区由于发达国家的剥削和掠夺，经济发展必然受到不同程度的阻碍，并长期处于贫穷落后状态。导致这种结果的主要机制在于：第一，这些国家的大量经济剩余被发达国家的资本所占有，并通过利润回流的形式转移到发达国家，使发展经济所需要的资本极度短缺。第二，出于巩固自身支配地位的目的，外国资本通常与不发达国家原有的统治阶级相勾结，维持某些前资本主义的经济结构（例如封建的土地制度等），这些旧的制度关系阻碍了资本主义工业所必需的国内市场的发展。第三，外国资本为加强对不发达国家的经济控制，极力打压当地的民族资本，阻碍当地民族经济的发展。第四，在外国资本的控制和扶植下，不发达国家的有限资本更多地流向外贸、金融、不动产等非生产性部门，其利润也大量进入外国资本家、官僚、买办、地主等剥削阶级的非生产性消费，进一步限制了生产性资本的积累。第五，为了使不平等的交换关系永久化，把不发达国家当作自己的工业品市场和原料供应地，发达国家竭力巩固不合理的国际分工，迫使不发达国家维持初级产品或低端工业品生产的畸形的产业结构。所有上述这些机制，在不发达国家处于殖民地、附属国地位时，其作用是十分显著的；而在不发达国家取得民族独立之后，它们也还在不同程度地起作用。由此可见，资本的本性和资本积累，不仅必然在国家范围内造成两极分化，产生富人与穷人的对立；同时也必然在世界范围内造成两极分化，形成富国与穷国的对立。

资本主义世界经济体系由此分为两大部分：一部分是经济发达的富裕的

资本主义国家，另一部分是经济不发达的贫穷的前资本主义或半资本主义国家。"依附学派"把前者称为"中心"，把后者称为"外围"或"边缘"，它们相互紧密联系，形成统一的世界资本主义经济体系。"中心"的经济构成世界资本主义经济体系的主体和主导，"外围"的经济则依附于"中心"并服务于"中心"发展的要求或需要。从这样一个世界资本主义体系出发，曼德尔把世界范围的资本积累区分为两种类型，即发达国家的资本继续积累和不发达国家的资本原始积累。原始积累和继续积累不仅是资本积累过程中两种并行的或连续的积累形式，同时也代表了资本主义经济发展的两个历史阶段。对发达资本主义国家来说，16世纪到18世纪的原始积累奠定了资本主义制度形成的基础，随后便进入了以资本生产的剩余价值为主要源泉的资本的正常积累；但对于那些不发达的前资本主义或半资本主义国家来说，它们还处于资本的原始积累阶段。不过这时，不发达国家的原始积累与早期资本主义国家原始积累的背景或手段已经完全不同。早期资本主义国家的原始积累不但未受到外力干扰，反而把掠夺其他国家作为自身积累的一个重要源泉；而现在不发达国家的原始积累，却是在发达资本主义国家已经取得世界经济支配地位的情况下进行的。于是，发达国家的资本继续积累与不发达国家的资本原始积累便形成了一种紧密的关联，其特征是，后者虽然与前者竞争，但却不得不受到前者的决定和制约。①由于这种制约关系，不发达国家的原始积累过程被不同程度地阻滞了，它们的积累也被纳入并服务于发达国家资本积累的需要，其经济则成为发达资本主义经济的附庸。更确切地说，资本主义世界范围的资本积累表现为发达国家的主导性积累与不发达国家的依附性积累的复杂联系。

资本主义富国对非资本主义穷国的剥削与掠夺经历了几种形式的演变。在16世纪到18世纪，当资本主义国家还处在原始积累时期，它们主要通过公开的暴力手段对落后国家进行掠夺。"从16世纪到18世纪的历史，是一整串接连不断的强盗行径的历史，这些强盗行径无一不是西欧国家价值及资本的国际积聚行为。西欧国家价值及资本国际积聚的日益增长，实在说来，是以遭受劫掠地区的日益贫困化为代价的。"②它们从落后地区掠夺财富之巨从下列几个数字可见一斑。1503—1660年，拉丁美洲一共输出了价值5亿金比索的黄金和白银。1650—1780年，荷兰东印度公司从印度尼西亚攫取的利

---

① E. 曼德尔：《晚期资本主义》，黑龙江人民出版社1983年版，第48页。
② E. 曼德尔：《论马克思主义经济学》下卷，商务印书馆1979年版，第58页。

润、官吏手续费及杂货装运费等高达 6 亿金盾。18 世纪时，法国从事黑奴买卖获得的利润高达 5 亿土尔奴阿镑。从印属西印度群岛黑人劳动中攫取的收入少说也有两三亿金镑。[①]在从"普拉赛"到"滑铁卢"时代这个英国资本主义发展的最重要阶段，英国从印度大约掠夺了 5 亿到 10 亿英镑的财富。与 19 世纪初在印度的全部股份公司的总资本 3600 万英镑相比，这笔财富之巨可想而知。[②]从 18 世纪后期到 19 世纪后期，随着工业革命和英国在世界市场上霸权地位的确立，资本主义国家开始主要利用商业手段对落后国家进行剥削。"掠夺之后，随之而来的是贸易。但贸易的后果却往往比侵略战争的后果更加致人于死地。"[③]开始时英国的工业品（主要是纺织工业品）在世界市场上并不占上风，甚至在 1760 年工业革命兴起后半个世纪，国际市场上一些主要纺织品的供应者仍然是印度和中国。1815 年印度向英国输出了价值 130 万英镑的棉布，而它进口的英国棉布不过价值 2.6 万英镑。当时印度的棉制品和丝制品比英国产品价格低 50%—60%，但英国利用其强国地位，一面实施贸易保护政策，对印度上述产品征收 70%—80% 的进口税；一面通过东印度公司在印度强迫推行自由贸易。印度的丝制品进入英国要纳税 20%，英国输往印度的丝制品仅纳税 3.5%。这样，英国的纺织品最终征服了印度，并使印度的手工纺织业趋于衰败。随之英国决定在印度大规模发展棉花等农业原料生产，恶性循环开始形成。过去向全世界输出棉布的印度，而今仅仅出口棉花，这些棉花在英国加工成布匹再重新卖到印度。一个生产工业制成品的国家就这样沦落为生产农业原料的落后国家。印度的这个例子，再生动不过地注解了英国从 1830 年左右开始在世界范围内慷慨推行自由贸易政策的实质。[④]

从 19 世纪末到 20 世纪中期，发达资本主义国家的垄断资本和垄断财团实行帝国主义和殖民主义政策，把绝大多数贫穷落后国家变成自己的殖民地和附属国，对这些国家的剥削和掠夺也就从主要采用商业手段转变为全面的政治统治和经济控制。它们利用在殖民地、附属国的各种政治特权，控制其海关、银行、外贸、铁路、港口、矿山、种植园等经济命脉和主要生产部门，垄断其工业品市场和重要原料生产。这个时期发达国家在继续扩大商品输出

① E. 曼德尔：《论马克思主义经济学》下卷，商务印书馆 1979 年版，第 59 页。

② 保罗·巴兰：《增长的政治经济学》，商务印书馆 2000 年版，第 233 页。

③ E. 曼德尔：《论马克思主义经济学》下卷，商务印书馆 1979 年版，第 61—62 页。

④ E. 曼德尔：《论马克思主义经济学》下卷，商务印书馆 1979 年版，第 63—64 页。

的同时，资本输出的重要性日益增长。输出的资本中借贷资本的比重较大，当时海外投资的大部分以债券形式进行，且主要集中在铁路建设方面。大量资本投向英联邦的自治领，以及亚洲、非洲的殖民地和拉丁美洲的半殖民地。于是在不等价交换之外，海外投资的高额利息和利润又成为发达国家财富积累的新的源泉。例如荷兰公司在荷兰本土的平均股息为 3.97％，而在印度尼西亚的平均股息为 12.70％。英国向国外投资的 120 家公司，在成立以后最为兴隆的五个年头里，就实现了高于其资本两倍的利润。[①]列宁曾经概括性地指出：在第一次世界大战前夜，英、法、德三个主要国家"的国外投资已经达到 1750（亿）—2000 亿法郎，按 5％的低利率计算，这笔款额的收入每年会有 80（亿）—100 亿法郎。这就是帝国主义压迫和剥削世界上大多数民族和国家的坚实基础，这就是极少数最富国家的资本主义寄生性的坚实基础"[②]。

　　第二次世界大战结束以后，世界开始发生重大变化。一批社会主义国家的出现和殖民体系的瓦解，是最重要的两大事件，对世界形势产生了深远的影响。发达国家之间经济的依赖和趋同，虽然不能根本消除它们之间的矛盾，但已不再存在相互发生战争的土壤。战前的殖民地半殖民地国家纷纷取得民族独立成为主权国家，为它们的经济发展提供了前所未有的可能性。然而，旧殖民体系的崩溃，并不意味着资本主义列强改变了它们剥削和掠夺的本性，改变的只是进行剥削和掠夺的形式与方法。帝国主义时代对殖民地半殖民地的政治统治和经济控制，现在让位于主要依靠经济手段对发展中国家进行剥削。发达国家的跨国公司成为实现这种经济剥削的主体。它们通过对发展中国家的直接投资，在攫取高额利润的同时，保持旧的国际分工格局，使发展中国家在经济上仍然处于从属地位；它们继续主导国际贸易，垄断世界市场和操纵商品价格，同发展中国家进行不等价交换；它们掌握着国际货币体系和金融体系的垄断权，发展中国家不得不忍受发达国家的金融控制与盘剥；它们还对发展中国家进行所谓援助和贷款，附加各种政治条件，以确保其在发展中国家的经济特权和经济利益。这样，在外国资本的剥削和控制下，发展中国家依附性的经济结构很难得到根本改变，经济剩余继续大量流向发达国家，经济发展依然缓慢，大多数国家继续处于贫穷落后状态。发展中国家究竟有多少经济剩余由于外国资本的剥削而流向富国，没有可靠的系统资料而只有一些零星数据。根据拉美经委会和国际货币基金组织的资料，以 1950

---

① E. 曼德尔：《论马克思主义经济学》下卷，商务印书馆 1979 年版，第 73 页。

② 列宁：《帝国主义是资本主义的最高阶段》，人民出版社 1959 年版，第 57 页。

年的价格为基础，在贸易条件方面，整个拉丁美洲（不包括古巴）在1951—1966年间的损失，大约为264亿美元。[①]在中非五个法郎区国家，1960—1968年间的利润流出每年平均达到442亿非洲金融共同体法郎，而流入这些国家的公共援助和外国投资则不超过344亿非洲金融共同体法郎。就中非关税与经济同盟所有国家而言，其可输出的利润总额占到国内生产总值的13％。西非九国在1960—1970年的十年间，利润流出达820亿非洲金融共同体法郎，占国内生产总值的10％，也大于私人资本加公共援助的流入。[②]

在20世纪下半期，由于富裕而强大的少数资本主义发达国家在世界经济中的支配地位，以及它们与大多数贫穷而羸弱的发展中国家不对称的经济实力和不平等的经济关系，富国与穷国的经济差距自然难以缩小，甚至还在继续扩大。在资本主义黄金时期，在发达国家经济迅速增长的带动下，发展中国家的经济发展一度有些起色，但1973年以后随着资本主义国家的经济减速又重新陷入停滞状态。1950—1973年，17个发达资本主义国家合计人均GDP的年均增长率为3.72％；而被麦迪森称为"徘徊或衰落中的经济实体"的168个亚洲、非洲、拉丁美洲和东欧及苏联国家合计的年均增长率为2.94％。1973—1998年，发达资本主义国家合计人均GDP的年均增长率为1.98％，后者则为-0.21％。[③]20世纪70年代以后富国和穷国的收入差距又急剧扩大了。若以经济合作与发展组织各发达国家按固定美元计算的人均GDP的平均绝对值为100，把各地区发展中国家人均GDP平均绝对值与之相比较，看其差距在1961—1965年时期到1996—1997年时期的变化，结果发现：拉丁美洲国家的人均GDP从相当于发达国家人均GDP的15.4％下降到11.2％；北非和中东国家从13.7％下降到8.5％；南亚国家从2.0％下降到1.8％；撒哈拉以南非洲国家从3.4％下降到1.5％；只有东亚和东南亚地区从1.7％上升到4.6％。[④]可见，绝大多数穷国与富国的经济差距在20世纪后半期已经越拉越大。

但是，这个时期在不发达世界中出现了一个新的现象，就是一部分东亚和东南亚的发展中国家和地区开始了高速度的或较高速度的经济增长。这些

---

① 特奥托尼奥·多斯桑托斯：《帝国主义与依附》，社会科学文献出版社1999年版，第313页。

② 萨米尔·阿明：《不平等的发展》，商务印书馆2000年版，第209页。

③ A.麦迪森：《世界经济千年史》，北京大学出版社2003年版，第120页表3-5。

④ 约翰·威克斯：《资本扩张与世界不平衡发展》，见张宇、孟捷、卢荻主编：《高级政治经济学——马克思主义经济学的最新发展》，经济科学出版社2002年版，第515页表2。

国家和地区被麦迪森称为"复兴的亚洲"。复兴的亚洲由 15 个国家和地区组成，其中又分为两组。第一组包括 7 个东亚和东南亚的国家或地区，即中国内地、中国香港、中国台湾、韩国、新加坡、马来西亚和泰国，它们在 1950—1999 年时期人均 GDP 增长率达到 4.4%，远高于美国的 2.2% 和西欧的 2.9%。这是当今世界经济中最具活力的部分，其中有 4 个其人均收入已经达到西欧国家的水平。第二组的国家有 8 个，包括印度、巴基斯坦、印度尼西亚、菲律宾、斯里兰卡、孟加拉、缅甸和尼泊尔。它们在 1950—1999 年时期的人均收入增长率为 2.2%，只相当于第一组的一半，但从 1973 年开始，它们的增长率显著提高，超过了亚洲以外世界其他任何地区。整个"复兴的亚洲"的人均 GDP 年均增长率在 1973—1998 年间为 4.18%，大大超过发达资本主义国家的 1.98%。[①]

在 20 世纪全球经济总体分化和趋异的悲观图景中，东亚和东南亚经济体的复兴无疑是最大的亮点和最鼓舞人心的事件。它表明不发达国家成为主权国家后，其振兴经济和追赶发达国家的努力是可能成功的。近年来中国和印度同时出现的快速经济增长已经在世界上引起震动，特别是社会主义中国史无前例的长期稳定高速发展和迅速崛起，更具有特殊的政治和经济意义，将对 21 世纪的世界经济政治格局产生难以估量的深远影响。

五

在时间上和空间上的不平衡发展中，资本主义从 1820 年算起，也已经走过了将近两百个年头，经历了持续的演变过程。特别是在 20 世纪的最后二三十年，资本主义经济的变化尤为巨大，具有以下几个明显特征：第一，经济的信息化。信息技术是在电信技术、电子技术和计算机技术等基础上发展起来的，到 20 世纪 70 年代后，以微电子技术、个人电脑和网络为标志，推动了整个经济的信息化。信息技术不仅改变了商品和劳务的生产方式，使更多物质产品的生产实现了自动化，大大加快了商品的流转过程；而且使劳务的远程即时利用成为可能，极大地扩展了生产要素的配置空间。信息技术还对人们的生活方式产生了深刻的影响，包括交流、交易、教育、娱乐等各个方

---

① A. 麦迪森：《世界经济千年史》，北京大学出版社 2003 年版，第 133 页、134 页表 3-14、120 页表 3-5。

面。第二，经济的服务业化。这表现为第三产业的迅速发展，到 20 世纪 90 年代末，发达资本主义国家第三产业在经济中的比重平均已达到 68%，美、法等国甚至超过 70%。[1]服务业已取代工业成为国民经济中的主体部门。正是这一特征，使许多西方学者认为现代资本主义已经进入后工业化阶段。第三，经济的虚拟化。从 20 世纪 80 年代以来，货币、证券、外汇、金融衍生物等非实物的虚拟资产急剧膨胀，其增长速度大大超过 GDP 的增长率，虚拟资产的交易额与实际商品和劳务的交易额相比已大得不成比例。如在 20 世纪 90 年代中期，仅国际汇兑市场每天的交易量就高达 14000 亿美元，而与之相对应的实际的国际贸易只占 5%—8%。[2]虚拟经济在资产存量和交易数量方面都已大大超过实体经济。第四，经济的全球化。虽然经济全球化是伴随着资本主义兴起和发展的一种长期和固有的现象，但这一过程在 20 世纪 70 年代以后发生了重要变化，不但商品和资本的国际流动发展到一个新的高度，而且货币与信息的国际流动得到空前发展。世界经济正在商品、生产要素、资本、货币、信息的全面跨国流动基础上联成一体。

然而，在这些直观和表面的特征后面，还可以观察到资本关系更深层次的变化。这包括以下几个重要方面：第一，在资本形态上，资本的社会化达到空前高度。这种高度的社会化可以从两个角度来说明。一方面，是资本的终极所有权的高度分散化。在股份制发展和股票持有人日益增多的基础上，20 世纪后期年金基金和共同基金的扩大更加分散了资本的终极持有，而法人资本和机构投资者的兴起则进一步提高了资本的社会化程度。但另一方面，高度分散化和社会化的资本却集中在少数大公司和大金融机构手中由其支配，结果强化了掌握着资本直接所有权的能动的资产阶级管理阶层的资本权力。第二，在资本结构上，金融业资本相对于非金融业资本占有主要地位。在今天的资本主义世界，银行资本、证券资本、风险资本、投机资本等金融业资本不仅对实体经济中的资本运转和积累产生越来越重要的影响，而且对于一国甚至世界经济的稳定也具有举足轻重的作用。金融业资本相对独立地过度膨胀极大地加强了资本主义经济的不稳定性。第三，在资本占有剩余的方式上，资本通过实体经济创造剩余相对于资本通过非实体经济再分配剩余的重要性在下降。大量资本在虚拟经济领域的逐利活动实际上是再分配和占有实体经济中已创造的物质财富，这构成了过剩资本积累的新方式，也反映

---

① 陈英：《后工业经济：产业结构变迁与经济运行特征》，南开大学出版社 2005 年版，第 22 页。

② 弗朗索瓦·沙奈等：《金融全球化》，中央编译出版社 2001 年版，第 5 页。

了现代资本主义腐朽性的一面。在资本家看来，"生产过程只是为了赚钱而不可缺少的中间环节，只是为了赚钱而必须干的倒霉事。因此，一切资本主义生产方式的国家，都周期地患一种狂想病，企图不用生产过程作媒介而赚到钱"①。具有讽刺意味的是，这种周期性的狂想病，已演变为现代资产阶级的一种经常性的病态。第四，在资本的实现条件上，发达资本主义经济的外部市场相对于其内部市场的重要性在上升。第二次世界大战后资本的迅速积累和资本主义经济的不断发展，以及发达资本主义国家有效需求的相对饱和，在 20 世纪 70 年代后已形成全球性的生产过剩和积累过剩。发达资本主义国家所创造的价值和剩余价值，已越来越难以在其内部充分实现，而不得不更加依赖发展中国家现实的和潜在的市场需求。几百年来，资本主义经济发展对外部市场的依赖从未达到现在这样高的程度。

以上特点表明，现代资本主义经济在 20 世纪 90 年代已经发展到一个新的历史阶段。对这个新阶段，左派学者有各种不同的概括，如国际垄断资本主义阶段、金融垄断资本主义阶段、新自由主义资本主义阶段等。我们倾向于把当代资本主义称为金融化全球化的垄断资本主义阶段。划分资本主义经济的历史发展阶段，应以和资本结构变化相联系的资本主义制度结构演变的主导特征为标准。当代资本主义经济作为金融化全球化的垄断资本主义，正是体现了这个阶段资本主义经济主导性的制度特征。它意味着：当代资本主义依然具有垄断资本主义的性质，因为作为垄断资本的巨型企业在资本主义的主导产业中仍然占有支配地位，尽管在一般部门中资本的竞争性有所加强；当代资本主义的垄断资本又具有全球化的特征，它们已经在生产要素空前自由的国际流动基础上进行全球化的资源配置，并通过跨国投资与并购来争夺、瓜分和控制主导产业的世界市场；当代资本主义的垄断资本更具有金融化的特征，不仅金融业资本及其交易已发展到在资本总量中占有压倒优势，而且非金融企业也大量从事金融交易，金融业和非金融业的垄断资本已成为当代资本主义经济中起支配作用的资本力量和获取高额金融利润的主体。因此，我们可以说，当代资本主义经济，已不同于 19 世纪末期以前的自由竞争的资本主义、20 世纪到第二次世界大战时期的一般垄断资本主义、二次大战后到

---

① 马克思：《资本论》第 2 卷，《马克思恩格斯全集》第 24 卷，人民出版社 1972 年版，第 68 页。

20 世纪 80 年代前的国家调节的垄断资本主义，①而是进入一个新的金融化全球化的垄断资本主义阶段。

从以上关于现代资本主义经济的历史演变和当代资本主义发展阶段主要特征的简要论述中，我们可以初步得出几点基本判断。第一点，资本主义经济的发展是一个很长的历史过程，在这一过程中，资本主义经济在资本积累内在矛盾的推动下会不断地演变。随着社会生产力和生产技术的发展，资本主义的具体经济制度和经济体制不断得到调整。这表明，资本主义还具有适应生产社会化而不断调整自身的活力。资本主义经济的发展和演变也还将是一个漫长的历史过程。第二点，尽管现代资本主义经济的面貌与古典资本主义已经完全不同，但资本主义最本质的东西并没有变。资本主义生产仍然以资本剥削雇佣劳动为基础，追逐利润仍然是资本主义经营的根本目的，资本之间仍然存在着竞争关系。只要资产阶级还掌握着政治统治，资本主义经济的发展和演变并不会从根本上改变占主导地位的经济制度的资本主义性质。第三点，现代资本主义经济的发展和演变既然没有改变占主导地位的资本主义经济制度的性质，当然也不可能消除资本主义生产和资本积累过程中的内在矛盾。现实的和潜在的各种深刻矛盾通过变化了的经济条件以新的形式表现出来，仍然困扰着现代资本主义经济，并进一步加强了资本主义经济的腐朽性和不稳定性。

在人类社会进入 21 世纪的这段历史时期，上述资本主义新阶段的主要特征基本上保持着并有所发展，资本主义经济的内在矛盾也在不断深化，并为再一次的危机积累了能量。2007 年 7、8 月美国的次贷危机爆发，到 2008 年 9 月发展为以华尔街为震中的金融风暴，并迅速蔓延和影响到实体经济，最终酿成了一场资本主义世界自 20 世纪 30 年代大萧条以来最严重的经济危机。这场严重的金融危机和经济危机，不仅是资本主义经济固有矛盾继续深化和内在规律依然发生作用的铁证，而且表明当前资本主义全球性的生产过剩和积累过剩是何等严重，而资本通过狂热投资虚拟经济领域以人为扩大需求和牟取暴利，只能加剧资本主义经济的腐朽性和不稳定性。正在发展的这场深

---

① 我们不采用学术界传统使用的私人垄断资本主义和国家垄断资本主义的提法。这个由苏联和法国共产党创导的理论概念，受到许多西方左派学者的批评。它极易使人误解为私人垄断的资本主义会被国家垄断的资本主义所代替。其实，资本主义垄断本质上总是以私人资本所有制和私人垄断为基础的；而资本主义国家对垄断资本的调节或规制，说到底是为私人垄断资本的整体利益和长远利益服务的，并不是用国家垄断来代替私人垄断。

刻危机严重打击了资本主义经济，削弱了资本主义的政治影响力，加剧了资本主义社会的动荡。资本主义国家为应对危机，正在以空前的力度采取各种措施，加强政府对经济的干预，筹集巨资拯救濒临破产的大银行大企业，竭力实行经济刺激计划，甚至乞求贸易保护主义。面对资本主义国家宏观经济干预的强化、国际贸易的锐减和贸易保护主义的抬头，国内外一些学者预言资本主义国家实行多年的新自由主义政策将重新被国家强力干预政策所代替，经济全球化趋势也将发生逆转，世界资本主义经济可能随之进入一个新的历史阶段。对此似乎还有待于进一步观察，但经济全球化的大趋势可能是难以逆转的。这次发达资本主义的经济危机也对发展中国家产生了严重负面影响，发达国家也企图向发展中国家转嫁危机造成的损失。但总的看来，发展中国家的经济状况仍要好于发达国家。进入 21 世纪以来，以中国、印度、巴西等国为代表的第三世界新兴经济体的增长呈现加速趋势，"南南合作"不断加强，中国社会主义市场经济模式的影响日益扩大，发展中国家的朝气蓬勃与发达国家的老迈蹒跚形成鲜明对照。经过此次危机，发达国家与发展中国家的经济实力将有进一步的此消彼长。尽管在短期内发达国家特别是美国经济在世界上的主导地位还不会根本改变，但已有不少学者预测，到 21 世纪中期，中国、印度等国将逐渐实现工业化和现代化，其经济总量将先后进入世界前列，一批现在的穷国将变为富国，一批现在的富国则可能沦为二流国家，几百年来资本主义发展中先进国家与落后国家划分的世界版图和两极分化趋势将会根本改变。在回顾 20 世纪世界资本主义经济的发展与演变时，我们既要把握资本主义演进的逻辑，也要看到世界经济在 21 世纪已经发生和将要发生的深刻变化，这样才能正确谋划我国的长远发展战略。我们对未来充满信心：中国和世界的前途是光明的，社会主义的前途是光明的。

（原载《政治经济学评论》2010 年第 1 期，为清晰起见，分为五节）

资本主义垄断问题研究的学术线索和理论焦点

　　资本积累是资本主义经济发展的主导力量。两三百年的资本积累过程不断推动资本主义经济的发展和变化,其中最重大的变化莫过于发生在 19 世纪末 20 世纪初的以自由竞争为主的资本主义经济向以垄断竞争为主的资本主义经济的转变。

　　这一转变过程长达三四十年。在 19 世纪 70 年代以前,资本主义经济以自由竞争为主要特征,当时只有英、法是先进的资本主义国家,世界范围的资本积累相对来说还比较缓慢。那时,虽然以产品或资源的稀缺为基础的垄断早已有之,虽然在某些分隔的地方市场上可能存在小企业的垄断,虽然个别工业部门中曾出现过垄断组织,但这一切都不占主导地位。然而,进入 19 世纪 70 年代以后,一系列技术、经济条件的变化使世界资本主义的积累过程大大地加快了。在 19 世纪的最后 30 年,新的科学技术革命席卷资本主义世界,推动了美、德、日等后起资本主义国家的加速发展。内燃机特别是电力的发明和应用实现了能源的又一次革命,新型炼钢方法的推广使钢逐渐成为工业的基本材料,若干化工技术的突破使化学工业获得第一次大发展。新技术革命带动一系列新兴工业部门兴起,急剧改变了产业革命后所形成的工业部门结构,原来占统治地位的纺织工业和煤炭工业的重要性下降了,冶金、机器制造、电力、电机、石油和化工等重工业部门先后建立和发展起来,重工业开始代替轻工业在工业中占据主导地位。科学技术革命和工业部门结构的急剧变化,大大加速了资本积累过程,加剧了资本的积聚和集中。由于重工业需要大量固定资本投资,企业的规模不断扩大,股份公司逐渐成为大企业的主要组织形式,银行等信用机构也相应地得到迅速发展,于是生产和资本日益集中于少数大企业手中。这一切为垄断资本的形成奠定了经济基础。

　　垄断资本是资本积累发展到一定高度时的必然产物。某些部门中资本集中于少数大企业使企业的数量急剧减少而企业的规模迅速扩大,大资本面临竞争前景的极大不稳定和利润率下降的严重威胁，与此同时，大企业通过单独或联合控制市场来减少自由竞争的破坏性后果及稳定和提高利润率的可能性却空前增大，严重的经济危机则进一步加强了大资本垄断市场的动机。正是这些因素在 19 世纪最后 30 年迅速推动了少数大资本向垄断资本转化，使以卡特尔为代表的各种垄断组织得以迅速发展。列宁把 19 世纪后期至 20 世纪初期的垄断组织发展史分为以下几个基本时期："（1）19 世纪 60 年代和 70 年代是自由竞争发展的顶点即最高阶段。这时垄断组织还只是一种不明显的萌芽。（2）1873 年危机之后，卡特尔有一段很长的发展时期，但卡特尔在当时还是一种例外，还不稳固，还是一种暂时现象。（3）19 世纪末的高涨和 1900—1903 年的危机。这时卡特尔成了全部经济生活的基础之一。"[①]到 20 世纪初期，垄断资本的统治在主要发达资本主义国家中已经基本确立，以自由竞争为主的资本主义被以垄断竞争为主的资本主义所代替。在迄今将近一个世纪的发展过程中，虽然垄断资本主义在技术状况、生产条件、经济环境、政府职能等方面都发生了巨大变化，但垄断资本的基本经济结构及其在整个经济生活中的支配地位从未发生根本性的动摇。

资本主义经济在世纪交替时期所经历的巨大变化及以后的演进，必然在社会经济思想上有所反映，对垄断问题的研究随之兴起，推动了经济理论的扩展与深化。需要指出的是，关于垄断问题的经济理论是沿着资产阶级学院派和马克思主义学派两条不同的路线平行发展的。

学院派经济学家对垄断问题的研究在 20 世纪初已开始大量涌现。由于德国的卡特尔比较发达，银行资本对工业参与较深，因而德国经济学家关于卡特尔和金融资本的研究比较丰富，这从列宁《关于帝国主义的笔记》所用资料中可见一斑。在美国，托拉斯的广泛发展不仅最先导致反托拉斯法的通过与实施，而且促使许多经济学家开始对垄断的原因、形式与后果等问题进行深入探讨。作为反托拉斯努力的一部分，美国公司局还对标准石油公司、美国烟草公司、美国钢铁公司等主要托拉斯进行了一系列实际调查研究。到 20 年代前，学院派逐渐形成了两种不同的研究方法：一种是新古典学派高度抽象的理论分析，仍把自由竞争当作研究资本主义经济的出发点，认为垄断问题微不足道，甚至也不乏为托拉斯直接辩解的观点。另一种研究方法则比较实际，力图分析垄断组织形成的经济条件及其对现实经济生活的影响。20 年

---

① 列宁：《帝国主义是资本主义的最高阶段》，《列宁选集》第 2 卷，人民出版社 1995 年版，第 589 页。

代兴起的第二次兼并浪潮、寡头垄断势力的进一步扩展以及30年代的大萧条，更加推动了经济学家对垄断问题特别是寡头垄断问题的研究。比较现实的研究方法得到进一步发展，对寡头垄断的各种形式提供了新的证据和更详尽的理论分析，对垄断大公司的权力地位进行了深入考察，伯恩斯的《竞争的衰落》就是这类研究的代表性著作。与此同时，新古典派的经济理论也出现了重大变化，其主要标志即张伯伦的《垄断竞争理论》和罗宾逊夫人的《不完全竞争经济学》的同年出版，开始加强了对寡头垄断问题的抽象性的理论分析。正是从30年代经济理论的这一重新思考和蓬勃发展中，一门专门研究垄断与竞争对市场和价格影响的新学科"产业组织理论"，作为西方微观经济学的一个分支，开始逐渐形成。

和学院派对垄断问题的研究同时和平行发展的，是马克思主义的垄断资本理论。早在19世纪中后期，马克思从关于资本集中的研究中已经预见到了垄断产生的某种必然性。恩格斯在晚年更是对已经开始出现的垄断大企业给予极大关注，并对垄断组织形成的原因进行了某些分析。进入20世纪后，垄断问题成为马克思主义经济学研究的一个中心课题。最早系统研究垄断资本的马克思主义理论家是拉法格，他在1903年发表的《美国托拉斯及其经济、社会和政治意义》一文中，已根据当时资本的大规模集中和垄断组织的发展，指出"资本主义已演进到特殊阶段"。[①]希法亭1910年出版的《金融资本》，是第一部对垄断资本特别是金融垄断资本进行全面系统理论分析的马克思主义经济学巨著。而后是布哈林的《世界经济与帝国主义》，从世界经济的角度论述了国际垄断资本的发展和国际垄断竞争的政治后果。1917年列宁出版《帝国主义是资本主义的最高阶段》（简称《帝国主义论》）一书，标志着马克思主义垄断资本理论的形成，这一理论同时成为马克思主义帝国主义学说的核心内容和理论基础。在对垄断问题的研究上，马克思主义经济学家与学院派经济学家的出发点完全不同，他们考虑的中心问题不是什么样的资本主义更优越，而是如何彻底变革资本主义制度。因此，他们的研究更为敏锐和深刻，更着重于分析垄断资本形成引起的经济关系变化和经济、政治矛盾的加剧，并将其与当时的帝国主义战争和无产阶级革命任务联系起来。应该说，马克思主义的垄断资本理论是先于学院派的有关理论而形成的。遗憾的是，在十月革命胜利后的苏联，垄断资本理论像马克思主义的许多其他学说一样，

---

① 《拉法格文选》下，人民出版社1985年版，第213页。

其进一步发展的活力在相当程度上被抑制了，以致在很长时期内，一直停留在列宁《帝国主义论》的分析水平。

第二次世界大战后资本主义经济高速增长和寡头垄断势力进一步扩展，开辟了垄断问题研究的一个新时期，学院派产业组织经济学在北美和西欧得到非常迅速的发展。在抽象分析领域，以博弈论为中心的各种理论探讨不断深入；在实证研究方面，出现了大量对工业部门和大企业所进行的经济计量学的分析，提供了极其丰富的经验材料。美国是战后产业组织经济学发展的中心。一方面，以贝因和谢勒尔为首的经济学家形成新古典产业组织理论的主流派，认为广泛存在的寡头垄断部门和大公司的市场势力，导致其产品价格高于边际成本而其发明与革新却相对落后，造成巨大的社会资源浪费和居民的福利损失，因而主张加强实施反托拉斯法以限制大公司的市场势力。但是另一方面，以施蒂格勒和德姆赛茨为代表的芝加哥—UCLA 学派[①]，从 60 年代开始崛起，对主流派采取严厉批判态度。他们断言实际经济中并不存在严重的垄断问题，生产日益集中在大企业手中有利于提高规模经济和生产效率，大公司的高利润完全可能是高效率的结果而与垄断势力无关，因此主张放松反托拉斯法的实施和政府的管制政策。这个学派在 20 世纪 70 年代后开始流行，并对 80 年代里根和布什政府的有关政策产生了重大影响。新古典主流派在面对芝加哥—UCLA 学派全面挑战的同时，还受到来自制度学派的猛烈批评。制度学派对垄断问题的研究在 80 年代也有发展，他们批评新古典主流派产业组织理论只是从单个市场的角度研究垄断问题，忽视了在战后混合兼并浪潮中成长起来的混合联合大公司的经济作用，大大低估了大公司的垄断势力及其统治范围，因而主张用更激进的经济改革来消除大公司的垄断势力。在来自激进的和保守的两个方面的夹击中，主流派的产业组织经济学正在竭力维护自己的理论阵地，同时也在理论观点上经历着极其微妙的变化。

马克思主义的垄断资本理论经过 20 到 30 年代的相对停滞，在战后也有了进一步的发展。发达资本主义国家中一批信奉马克思主义的激进经济学者为了维护马克思主义经济理论阵地，加强了对垄断资本的研究。斯威齐的《资本主义发展论》（1942 年）、斯坦德尔的《美国资本主义的成熟与停滞》（1952 年）、巴兰和斯威齐的《垄断资本》（1968 年）、曼德尔的《晚期资本主义》（1972 年）等著作，都对进一步丰富马克思主义的垄断资本理论作出了贡献。20 世

---

① UCLA 是加利福尼亚大学洛杉矶分校的英文简写，这个学派因以芝加哥大学和加州大学洛杉矶分校为主要阵地而得名。

纪 70 年代马克思主义开始在西方世界复兴,推动了更多经济学家对垄断问题的研究,以致在美国激进政治经济学家中形成了一个以斯威齐为首的垄断资本学派。遵照马克思主义的传统和方法对垄断问题进行的研究不同于学院派的产业组织理论,他们着重于分析垄断资本的发展是否引起资本主义经济规律作用的变化,给资本主义经济的宏观运行带来了哪些严重后果,以及如何影响当代资本主义社会的阶级关系。而这些基本问题却是学院派产业组织理论很少注意甚至根本不注意的。直到 70 年代末,关于现代资本主义是垄断资本主义的命题,在马克思主义经济学家中似乎没有争议。然而从 80 年代开始,在美国有少数马克思主义经济学家形成了一个特殊的派别,对马克思主义传统的垄断资本理论发起了挑战。这个学派维护马克思经济学的几乎一切基本原理,唯独反对垄断资本主义这一论断,认为现代资本主义大公司的经济地位并不能消除竞争而形成垄断,也不能改变资本主义的经济规律,并攻击垄断资本学派的理论是资产阶级经济学的翻版,只能导致政治上的改良主义。于是在马克思主义学派内部,也展开了一场围绕垄断资本问题的论战。

以上的简略介绍提供了近一个世纪以来垄断问题研究发展的基本线索。资产阶级学院派的产业组织经济学是完全独立于马克思主义的垄断资本理论而发展起来的,在资本主义国家的学术领域中占据主导地位,不但研究者人数众多,而且研究的问题已经相当深入,经济计量学等先进的研究工具也得到日益广泛的应用,有关的研究文献浩如烟海。相比之下,马克思主义学派的研究成果在数量上则少得多,并且不得不利用学院派研究所提供的大量资料;但在马克思主义的观点和方法指导下,他们有着完全不同的研究视角,并且提出了许多更为深刻的理论观点。与此同时,学院派产业组织理论中的不同观点也必然会影响马克思主义学派的研究。因此,不但学院派产业组织经济学在发展过程中存在不同学派和不同理论的长期争论,而且马克思主义学派在垄断问题研究上也存在不同观点的激烈论战。而他们各自的理论发展和争论又必然涉及一些共同的问题,其中有几个问题关系到垄断问题研究的根本观点或方法,有必要在这里进行简要的讨论。

第一个问题是垄断与市场。垄断就其基本含义来说是指市场垄断;但垄断是否只局限于单个市场,对垄断的考察是否只应以单个市场作为分析单位,则是一个值得研究的方法论问题。学院派新古典产业组织理论的突出特点,就是从单个市场(即部门)出发研究垄断问题,把垄断权力界定为市场势力,并形成一种以分析部门内部企业关系为主线的"结构—行为—绩效"的研究框架。由于这种出发点，他们可能不重视甚至忽视例如垂直兼并、混合兼并、总体集中率等重要问题，即使涉及也只是着眼于它们如何影响了部门内部企业之间的竞争。产业组织经济学的这种分析方法，已经受到制度学派和激进派经济学家的严厉批评。他们指出：从 20 年代以来不断发展的垂直兼并特别是混合兼并，早已使现代大公司成为跨部门多产品经营的混合联合大企业，其垄断势力早已超出单个市场而扩展到相关部门和更广阔的经济领域，因而仅仅从单个市场的内部企业关系出发来研究垄断问题已经远远不够了。笔者认为这种批评是有道理的。实际上，垄断作为对自由竞争的阻碍，同时涉及部门内部和部门之间的企业关系，不把这两种关系的变化结合起来就不能正确理解垄断的特性。大公司的垄断统治范围，也的确由于混合联合大企业的发展早已不限于单个部门和市场；它们的垄断势力也不只体现在对市场价格的操纵上，同时还表现在对成本的影响，对重要投入品和关键技术的控制等。因此，仅仅把垄断权力界定为市场势力，把单个市场作为分析单位，把市场内部企业关系作为分析重点，是完全不够的。产业组织理论这种研究的实践意义，在于为政府的公共政策服务，但不足以对垄断势力的发展程度及其宏观后果作出科学分析。正确的研究方法，应该是把部门内部关系与部门之间关系结合起来，把微观方面和宏观方面结合起来。

第二个问题是垄断与竞争。垄断和竞争往往被当作对立物，看作市场状态的两种极端。产业组织理论虽然认为市场结构通常介于纯粹垄断与纯粹竞争之间，但由于其着眼点在于部门内部的企业关系，暗含的前提仍然是纯粹垄断与纯粹竞争状态的绝对互相排斥。某些马克思主义学者在对垄断问题的研究中，也认为垄断统治一旦形成，便意味着一定部门甚至一定国家内部竞争的窒息；少数反对垄断命题的学者则推论，如承认垄断统治就不能不同时承认竞争的削弱或消除。然而，对垄断和竞争关系的上述理解，实际上都是不正确的。垄断与竞争的确有互相排斥的一面，但绝不是互不相容和不能并存的。在资本主义条件下，垄断与竞争都应该从资本的本性来理解。资本的目的既然是利润最大化，资本与资本之间必然发生竞争，而竞争中体现的排他性，便是资本在一定条件下形成垄断的根源。应该说，垄断的种子本来就包含在资本的土壤中，但必须有特定的经济条件才能成长为现实的经济势力；在此之前，资本在部门内部和部门之间的竞争是相对"自由"和"平等"的。垄断资本一旦形成，它便会阻碍和限制自由竞争，但却不会改变资本的竞争本性，不会使竞争消失。不但垄断资本与非垄断资本之间的竞争继续存在，而且部门内部、部门之间和国家之间垄断资本的竞争也会以更激烈的形式展开。因此确切地说，垄断是自由竞争的对立物而不是竞争的对立物；垄断的统治并不表明竞争的消除，倒是意味着以垄断资本为主体的竞争即垄断竞争的出现与展开。这种垄断竞争的特点及其后果正是研究垄断资本主义的重要内容之一。不仅如此，垄断资本的形成甚至也没有消除自由竞争。由于垄断阶段仍然存在大量的非垄断部门和非垄断企业，因而自由竞争仍然广泛存在，只是不占主要地位，垄断竞争则成为资本竞争的主导形式。列宁指出："从自由竞争中生长起来的垄断并不消除自由竞争，而是凌驾于这种竞争之上，与之并存，因而产生许多特别尖锐特别剧烈的矛盾、摩擦和冲突。"[1]因此，任何把垄断与竞争和自由竞争截然对立起来，用一方的存在来否定另一方存在的观点都是不科学的。正确理解垄断与竞争和自由竞争的关系，是正确分析垄断资本主义的一个基本理论前提。

第三个问题是垄断与效率。大公司和高集中部门通常具有的高额利润究竟是来自垄断势力还是来自规模经济和高效率？这是产业组织经济学中主流派和芝加哥—UCLA学派争论的一个焦点。它表明这两个学派研究产业组织问题的着眼点十分不同：主流派强调市场结构的决定作用，认为垄断的市场结构是损害效率的；芝加哥—UCLA学派则强调效率标准的决定意义，认为高度集中可能有助于提高效率而并不必然形成垄断。在马克思主义学派内部，对这个问题的分歧和争论表现为以下两种不同看法：曾经长期流行的观点认为，竞争促进经济发展和技术进步，垄断则导致腐朽与停滞；近年来出现的一种新观点则认为，垄断和竞争都是推动经济迅速发展的力量，垄断并不与生产、技术的停滞相联系。上述各种争论可以归结为一个集中的命题，即：垄断与自由竞争相比，是促进效率与发展还是损害效率与发展？其实，对这个问题并没有绝对肯定或绝对否定的答案。垄断对效率和发展的影响，无论在微观上还是在宏观上都具有两重性，既有积极作用又有消极作用。一方面，垄断既然以高额利润为目的，既然本身也是一种竞争形式，既然要以生产高度集中为基础，那么，垄断便可能促进变革，获取规模经济，加速资本积累，从而有助于提高效率和促进发展。但另一方面，垄断既然能够通过操纵价格而保持高额利润，既然可以享受投入品购买上的优惠，既然对自由竞争形成阻碍，既然意味着竞争压力的减轻，那么，垄断也可能削弱变革的动因，导

---

① 列宁：《帝国主义是资本主义的最高阶段》，《列宁选集》第2卷，人民出版社1995年版，第650页。

致效率低下，影响资源配置，加剧市场问题，从而阻碍发展和产生停滞趋势。在垄断条件下，这两种影响可能同时存在，并和其他经济因素的作用交织在一起，但在不同部门、不同国家和不同时期，两种影响的作用强度会有所不同，或者这种趋势占上风，或者那种趋势占上风。研究垄断资本，归根到底是要研究垄断所形成的经济条件对资本主义经济的影响与后果。在这种研究中，不应把垄断的作用片面化、绝对化，也不应把垄断的影响孤立起来。只有全面分析垄断资本的经济作用和垄断资本主义的客观条件，才能正确了解现代资本主义发展的一些重要特点和趋势。

　　第四个问题是垄断与经济规律。垄断的形成和发展会不会消除资本主义经济固有的某些规律？这是马克思主义学派内部在讨论垄断问题时已经提出或者可能提出的问题。譬如说，垄断企业提高产品价格是否可以不受制约？垄断价格是否意味着价值规律的失效？又譬如，垄断利润的存在是否表明利润率平均化规律已经不起作用？等等。对这类问题往往可以听到两种完全不同的回答，例如有些马克思主义学者认为，垄断部门和垄断企业经常获得高于非垄断部门和企业的垄断利润，便说明社会统一的平均利润率已经不能形成，利润率平均化规律已不再起作用；而另一些马克思主义学者的看法则相反，认为高集中部门和大企业得到较高利润不过是暂时现象，是经济发展中暂时不均衡的表现，从长期看，社会仍然会形成统一的平均利润率，利润率平均化规律仍然在起作用。上述等等不同看法，反映了一个如何看待垄断条件下资本主义经济规律作用的问题。资本主义经济规律是资本主义经济运动内在必然性的表现，是资本主义经济所客观具有的，从这个意义上说，只要资本主义经济制度仍然存在，这种经济制度的客观运动规律就不可能消失或不起作用。但是，由于资本主义的经济条件不断发生变化，资本主义经济规律的作用形式和作用程度也并不是一成不变的，甚至可能出现某些新的规律性现象。如果上述观点不错的话，那么应该说，垄断资本主义的发展并不能消除资本主义经济所固有的客观规律，但同时又能够甚至必然使某些经济规律的作用形式发生变化。在垄断条件下，确实出现了一些新现象，这些现象似乎同某些固有的资本主义规律不一致，但只要深入观察就会发现，它们终究不能超越客观经济规律的制约。这当然不是说，资本主义经济条件的变化，以及在此基础上出现的新的经济现象和经济规律作用的新形式是无关紧要的。这些新现象和新变化必然要对资本主义的经济关系、经济矛盾、经济运行和经济发展产生影响，带来各种复杂后果，而这些正是我们应该着力研究的。

　　以上简要分析的四个问题，涉及垄断资本研究的几个根本观点或方法，在本书的许多章节中将会遇到并得以详细讨论。正确理解这些问题，是我们科学研究垄断问题的基本指导思想。

　　（原载《发达资本主义经济中的垄断与竞争》，南开大学出版社 1996 年版，本文为该书的"导言"）

关于垄断资本的几个问题

垄断是现代资本主义的经济实质。垄断资本问题是研究当代资本主义的中心问题。但是一方面，多年来，我们在政治经济学的教学和研究中，对垄断资本主义的分析存在着一种教条主义倾向，人们往往把列宁有关垄断组织的论述不加分析地硬搬到今天，对垄断资本的实质缺乏明确的解释，对垄断资本统治的范围和程度缺乏恰当的估计，因此常常给学生一些模糊不清和不切实际的认识。另一方面，近年来又出现一种思潮，即学术界有少数同志否认现代资本主义的垄断本质，认为当代资本主义的生产高度集中并没有形成市场垄断，断言战后以来垄断资本在不断退缩，或者已走向竞争打破垄断的新时代。笔者认为，上述两种倾向都是不正确的，都是理论脱离实际的反映。

一

什么是垄断？垄断是少数资本主义大企业基于控制一个或几个部门产品的生产和销售，通过影响成本和操纵价格来获取高额利润的一种经济势力。具有这种垄断势力的大资本即为垄断资本。

垄断应作为自由竞争的对立物来理解。在自由资本主义发展阶段，各个生产部门中企业的数量众多而规模差别较小，因而资本之间必然形成一种自由竞争的关系。部门内部的自由竞争使产品的个别价值均衡为社会价值，企业只能按照自发形成的市场价格出卖商品，降低成本是增加利润的唯一手段。部门之间的自由竞争则形成社会的平均利润率，使价值转化为生产价格，各部门产品的市场价格都围绕生产价格上下波动。到了资本主义发展的较高阶段，一些部门由于生产集中而形成了大企业，当一个或几个大企业占有了一个部门产品的生产和销售的相当大部分时，它们就会利用其经济地位对自由竞争进行限制，形成垄断。在部门内部，大企业控制了较大的产品份额，便可操纵市场，制定垄断高价，按照高于平均生产条件所决定的产品价值出售商品，获取垄断高额利润；其他中小企业如威胁到垄断价格则会受到大企业的排挤和打击。在部门之间，垄断部门的大企业通过进入壁垒，阻碍其他部门资本的流入，以维护自身的垄断价格和垄断利润，迫使非垄断部门接受较低的利润率。这样，随着垄断资本的形成和统治，无论在垄断部门内部还是在非垄断部门与垄断部门之间，一般中小企业已经难以同垄断大企业进行"自由"的竞争了。

正是在这个意义上，列宁指出："资本主义的某些基本特性开始变成自己的对立物"[①]。这是资本主义关系的部分质变。资本主义生产关系包含着资本与雇佣劳动的关系和资本与资本之间的关系两个不可分割的方面。垄断代替自由竞争直接意味着资本之间关系的一个本质变化：作为资本主义和一般商品生产基本特性的自由竞争转化为自身的对立物。但是，这个质变是部分的而不是根本的，资本之间的竞争本质仍然存在。自由竞争转变为垄断不是竞争的消除，而是竞争形态的变化，即自由竞争被垄断竞争所代替。[②]

垄断资本虽然具有共同的本质特征，但却可以有不同的形式。资本主义大企业是垄断资本的载体。垄断资本可以采取单个企业控制的形式，也可以采取多企业联合控制的形式，即西方经济学中所谓的寡头垄断。实行寡头垄断的若干大企业之间可能有某种协议或组织（如卡特尔、辛迪加、托拉斯等），但也可能是默契的勾结和心照不宣的协同行动。垄断资本采取何种形式取决于不同国家和不同时期的具体历史条件，并不是一成不变的。在20世纪初垄断资本形成时期，有组织的垄断企业联合形式相当普遍，这就是当时列宁所说的"垄断组织"。但随着各个国家先后制定和实施反垄断法规，通过卡特尔等形式垄断市场便逐渐成为非法的。美国是制定反托拉斯法最早的国家，早在1890年即已通过《谢尔曼法》；大多数西欧国家和日本则直到第二次世界大战后才逐渐制定反垄断法。由于反垄断法规的实施，今天发达资本主义国家的大企业已不能公开签订垄断协定和建立垄断组织，而只能采取各种非公开的垄断形式。因此，我们在给垄断下定义时，就不应拘泥于20纪初的情况，仍然强调垄断企业之间的"协定"或"同盟"，强调其具有一定的"组织形式"。这类定义已不符合当代资本主义的实际情况。

---

① 列宁：《帝国主义是资本主义的最高阶段》，《列宁选集》第2卷，人民出版社1972年版，第807页。

② "垄断竞争"一词在西方经济学中有其特定含义。此处泛指垄断条件下的资本竞争。

但是，公开的垄断组织不能合法存在，并不意味着垄断势力的消失。如果以大企业不能公开勾结和签订垄断协议为根据来否定垄断资本的存在，那也是不符合实际的。寡头垄断企业的勾结形式可分为三种，即公开的勾结、暗地的勾结和默契的勾结。公开的勾结就是公开建立垄断组织。一旦公开的垄断组织成为不合法的，大公司便会转向非公开的勾结形式。美国著名产业组织经济学家谢勒尔指出："在美国，几乎任何形式的规定价格和限制产量的协议（不论公开的或秘密的）都是非法的；但是每年仍有几十宗违反法规的行为被起诉，其他未被查出的则不计其数。"①另一位著名经济学家谢佩德认为：根据推测，现在美国经济中有几千个秘密的规定价格的勾结安排。这些勾结都是为了提高价格和增加利润。而最有效和持久的协议则最不为人们所知晓。②

除了暗地的勾结外，默契的勾结已成为当今寡头垄断的主导形式。默契的勾结就是大公司通过心照不宣的协同行动来提高和维持垄断价格。这是行业中若干大公司能够垄断市场而又不至于触犯刑律的最好方法，其主要形式是"价格领导制"：通常由一个行业中被公认为行业领导的大企业不定期地宣布价格变化，其他大公司随之仿效，由此达到统一高价和共同获得高额利润的目的。例如美国的烟草制品部门，早在 20 世纪二三十年代就提供了价格领导制的范例，雷诺兹公司、美国烟草公司和菲利普莫里斯公司三大企业通过骆驼牌等名烟的销售，建立了保证三大公司获得最大勾结性利润的价格结构，最大销售商雷诺兹公司一直充当价格领导。第二次世界大战后，美国烟草公司发展到占总销售量的第一位，并成功地领导了若干次提价。而后，菲利普莫里斯公司取得巨大进展，当它的万宝路香烟变为世界上最畅销的香烟牌子后，它便成为新的价格领导。从长期看，尽管这个部门大公司的领导地位有所变化且香烟型号趋于多样化，但并没有迹象表明香烟制造商之间价格竞争的加剧。80 年代以来，虽然每盒烟的联邦货物税在 1983 年增加了一倍，同时对香烟的消费需求下降并且低价烟重新出现，但几个大公司通过提高价格，仍有效地把每千支烟的利润从 1980 年的 3.80 美元提高到 1988 年的 11.55 美元。③

---

① F. M. Sherer, D. Ross. Industrial Market Structure and Economic Performance, Houghton Mifflin, 1990, P.235.

② W. G. Shepherd. The Economics of Industrial Organization, Prentice Hall, 1990, 3rd edition, P.351.

③ F. M. Sherer, D. Ross. Industrial Market Structure and Economic Performance, Houghton Mifflin, 1990, P.250-251.

人们用来否定垄断资本存在和发展的论据主要有两个。

一个论据是资本主义国家的政策干预即反垄断法的制定和实施。应该肯定，反垄断法对垄断势力的发展的确是一种制约因素，它限制了部门集中率的过分提高，使垄断组织不能合法存在，并可能在某些部门限制和削弱垄断势力。但对反垄断法的作用也不可估计过高，如果以为有了反垄断法就可以从根本上限制甚至消除垄断势力，就过于天真了。从本质上说，反垄断法反对的不是垄断资本整体和垄断势力本身，而是反对个别垄断资本势力的过分发展，使之不致破坏整个资本主义经济的正常运行和威胁整个资产阶级与大多数垄断资本集团的根本利益。[1]因此，甚至在实施反托拉斯法相对说来最严格的美国，反托拉斯法在减少市场集中和垄断势力方面的直接作用也很有限。自 1890 年以来，美国司法部全部涉及《谢尔曼法》第二条款的反垄断诉讼案件中，只有 33 件最后由法庭裁决垄断组织或垄断大公司进行结构改组，其中除 8 件外都发生在 1950 年以前。有几项裁决是严厉的，但大多数比较温和。[2]虽然战后曾出现过一次反托拉斯浪潮，但是，"除了美国电话电报公司一案例外，60 年代后期和 70 年代由政府反托拉斯机构掀起的反垄断诉讼浪潮并没有达到什么结果。有一些败诉了，另一些放弃了，而且除美国电话电报公司外，甚至当美国政府取得名义上的胜利时打算进行的改组也没有实施。里根政府倾向于认为没有什么重要的私人部门垄断问题存在，也没有什么新的寻求改组的垄断诉讼被提出。于是这股浪潮又像以前一样最后归于平息"[3]。还应该指出，不要把国家的政策干预对垄断的影响完全看作消极的。从本质上看，现代资产阶级国家代表着垄断资本的整体和长远利益，因而多数政策干预措施是有利于垄断大公司的。至于"反托拉斯政策，对于那在许多重要工业中助长了市场势力的其他各项政府政策，并没有起什么强有力的具体的抵消作用"[4]。

否定垄断存在的另一个论据是当代资本主义仍然存在着激烈的国内竞争和国际竞争。从理论上说，这个论据不能成立。因为垄断是自由竞争的对立物而不是竞争的对立物。垄断的统治没有消除竞争，而只是产生了新的竞争形式并部分地改变了竞争的性质：在垄断部门中和垄断部门与非垄断部门之

---

① B. 明兹：《现代资本主义》，东方出版社 1987 年版，第 235 页。

② F. M. Sherer, D. Ross. Industrial Market Structure and Economic Performance, Houghton Mifflin, 1990, P.480.

③ F. M. Sherer, D. Ross. Industrial Market Structure and Economic Performance, Houghton Mifflin, 1990, P.479.

④ W. G. 谢佩德：《市场势力与经济福利导论》，商务印书馆 1980 年版，第 245-246 页。

间，垄断竞争代替自由竞争成为主导的竞争形式；在非垄断部门中和非垄断部门之间，甚至自由竞争也仍然存在。正是由于垄断与竞争和自由竞争并存，"因而产生许多特别尖锐特别剧烈的矛盾、摩擦和冲突"[①]。因此，在当代发达资本主义国家内部，存在着不同层次和水平上的激烈竞争，这不仅不是垄断消失的证据，而正是垄断存在的表现，是垄断资本主义必然具有的经济现象。

关于资本主义世界市场上国际竞争的加剧对垄断的影响，则应做具体分析。国际竞争加剧导致廉价商品进口增多，确实可能对一个国家有关部门的集中和垄断产生冲击或使其削弱，但国际竞争的压力也可能推动某些国家加剧生产集中和垄断势力，以加强其国际竞争能力。第二次世界大战后，五六十年代英国资本在政府帮助下的加速集中和垄断大公司的加速发展即为一例。至于某些国家因大量进口而受到威胁和削弱的垄断部门，大公司除努力加强自身的竞争能力外，通常会求助于两种途径来维护其垄断地位：一是调整竞争策略，同外国大公司联合建立合资企业，以保持自身的市场份额或共同瓜分市场。二是迫使政府实行保护政策，以抵制外来竞争和维护国内的垄断价格。美国汽车制造业三大垄断公司从 70 年代以来面对日本进口车的竞争即采取了这些办法。有人断言，美国三大汽车公司并未达成瓜分市场的垄断价格，并以此为证据来否定垄断的存在，是不符合实际的。美国汽车制造业的寡头垄断特征是多数经济学家所公认的。依靠价格领导制和政府的保护政策，美国汽车价格的长期记录是持续地大幅度增长，从 1967 年到 1987 年新车的平均售价上涨四倍，比同期整个消费物价指数的通货膨胀率年平均快25％，由此保证了三大公司的高额垄断利润。从 1947 年到 1977 年，美国全部制造业公司的税后股本利润率年平均为 11.8％，而三大汽车公司为 14.3％。1980 年至 1982 年在进口竞争和经济衰退的双重影响下，汽车公司曾一度出现亏损，但到 1983 年在政府对汽车进口限制的保护下，三大公司又开始大规模赢利。1983 年至 1987 年间，全部制造业公司平均年利润率为 11.1％，而三大汽车公司却高达 26.7％。[②]

---

① 列宁：《帝国主义是资本主义的最高阶段》，《列宁选集》第 2 卷，人民出版社 1972 年版，第 808 页。

② W. Adams, J. W. Brock. The Automobile Industry. In W. Adams. The Structure of American Industry, Macmillan Publishing, 1990, 8th edition. P.115-116.

二

发达资本主义国家的垄断资本势力从长期趋势看，究竟是在发展还是在不断退缩？让我们用西方国家的历史事实来判断这个问题。

那么，应该用什么来衡量垄断势力的发展程度呢？由于公开的垄断组织已不能合法存在，如何衡量垄断势力的发展程度便成为一个难题。尽管如此，西方经济学家仍然提出了各种衡量垄断的具体方法，归纳起来不外两大类：一类主要以市场结构来衡量垄断，由于大公司的集中程度是决定市场结构的首要因素，人们大都用市场集中率作为判断是否存在垄断和衡量垄断发展水平的主要指标。另一类主要以市场绩效来衡量垄断，而市场绩效的中心问题是赢利状况，例如经济学家伦勒提出的伦勒指数就属于这一类，伦勒指数也被称为垄断指数。

用生产和资本的集中水平来衡量垄断程度是符合马克思主义观点的。马克思主义认为，生产和资本集中是垄断形成的基础，集中发展到一定阶段必然走向垄断。但近年来却有人认为，当代资本主义生产的高度集中并没有形成市场垄断。我认为，虽然集中与垄断的发展并不是完全同步的，但如果一般地断言集中的发展与垄断无关，则不但违背了马克思主义，甚至连多数西方经济学家的观点也不及。西方新古典主流派经济学家也认为，部门市场集中率达到一定高度便会出现寡头垄断；随着集中率的进一步提高，寡头垄断势力必然随之加强。谢勒尔教授指出："当最大的四家厂商控制了全部市场的百分之四十或更多时，便极可能出现寡头垄断行为。"[1]另一位美国老资格的产业组织经济学家贝因教授，则按照市场集中率的高低把寡头垄断划分为垄断程度不同的若干类别。[2]这表明贝因也认为寡头垄断程度是随着集中水平的提高而加强的。

如果用市场集中率作为衡量垄断发展程度的一种标准，那么可以看到，多数发达资本主义国家中主要经济部门的市场集中率存在着长期增长的趋势。制造业是最大和最重要的物质生产部门。美国制造业的市场集中率从 20世纪初到第二次世界大战前一直缓慢增长，战后仍在逐步提高。制造业 400

---

① F. M. Sherer, D. Ross. Industrial Market Structure and Economic Performance, Houghton Mifflin, 1990, P.82.

② J. S. Bain, P. D. Qualls. Industrial Organization: A Treatise, Volume 1, JAI Press, 1987, P.97-103.

多个四位数字部门[1]加权平均计算的四大企业集中率，1947 年为 35.3％，1972 年上升到 39.2％。1982 年在 448 个制造业四位数字部门中，四大企业集中率达到和超过 40％的部门共 199 个，占 44.4％。结论正如谢勒尔所说："如果舍象掉进口的竞争，普查局定义的四位数部门平均来说范围过宽，因此上述统计数字表明，美国全部制造业部门的大约一半是以寡头垄断为特征的。"[2] 英国工业中的市场集中程度从 1935 年以来也在不断上升，战后比战前甚至提高得更快。根据不同时期选出的可比行业计算，1935 年至 1951 年间 98 个可比行业加权平均的三企业集中率从 34.9％提高到 38.3％；而 1951 年至 1973 年间 42 个可比部门平均三企业集中率从 29.3％上升到 42.2％。[3]制造业和矿业中 256 个四位数字行业五家最大公司的平均销售集中率在 1975 年已高达 65.1％。[4]英国的四位数字行业大体相当于单个产品市场，其 65％的五企业销售集中率显然高于美国的平均市场集中水平。从西欧共同市场各国总体来看，根据四家最大厂商在较宽定义工业部门中的市场份额来衡量，大多数部门具有较高的市场集中水平。1981 年在八个主要大部门中四大公司所占市场份额，化学产品为 31％，机械产品为 33％，纺织品为 42％，电机产品为 43％，运输设备为 44％，纸张产品为 45％；只有金属工业和食品工业两大部门低于 30％。经济学家的结论是：整个 70 年代，在共同市场四个主要国家的 305 个产品市场上，主要的市场结构为紧密的寡头垄断。[5]

如果从市场绩效来衡量市场垄断程度，可以观察伦勒指数的长期动态。伦勒指数以西方微观经济学原理为基础，按照这一原理，处于完全竞争市场中的厂商，其产品价格必然最终等于边际成本；而在不完全竞争的垄断条件下，价格将高于边际成本。经济学家伦勒提出，作为一个比率表现出来的这

---

① 美国普查局将制造业划分为 20 个两位数字部门组，各组再逐级细分至五位数字行业。例如 "20" 为 "全部食品及饮料工业"，"201" 为 "肉类产品" 部门，"2011" 为 "屠宰业" 部门，"20111" 为 "鲜牛肉及冷冻牛肉业"。人们通常把四位数字部门看作一个相对独立的市场，用于考察市场垄断问题，但实际上，许多四位数字部门包括的面仍然太宽。

② F. M. Sherer, D. Ross. Industrial Market Structure and Economic Performance, Houghton Mifflin, 1990, P.84, 83, 82.

③ P. E. Hart, R. Clarke. Concentration in British Industry, 1935-75: A Study of the Growth, Causes and Effects of Concentration in British Manufacturing Industries, Cambridge University Press, 1980, p.14, 27, 35.

④ P. E. Hart, R. Clarke. Concentration in British Industry, 1935-75: A Study of the Growth, Causes and Effects of Concentration in British Manufacturing Industries, Cambridge University Press, 1980, p.14, 27, 35.

⑤ H.W. de Jong. The Structure of European Industry, Martinus Nijhoff, 1988, 2nd edition, P.14, 13.

种价格与边际成本的偏离程度可以用来衡量垄断势力。[1]早在 1954 年，著名经济学家卡莱茨基已对美国制造业部门在 1879—1937 年的伦勒指数做了估算，1985 年美国经济学家迈伦·戈登继续了这一工作。他们分别估算的结果见表 1。

表 1　美国制造业部门的垄断指数（1879—1982 年）

卡莱茨基的估算（1879—1937）		戈登的估算（1939—1982）	
年份	垄断指数	年份	垄断指数
1879	1.23	1939	1.38
1889	1.32	1947	1.31
1923	1.33	1950	1.33
1929	1.39	1954	1.35
1937	1.36	1958	1.39
—	—	1963	1.45
—	—	1967	1.48
—	—	1972	1.49
—	—	1977	1.46
—	—	1980	1.45
—	—	1981	1.45
—	—	1982	1.46

资料来源：M. J. Gordon. The Postwar Growth in Monopoly Power, Journal of Post Keynesian Economics, 1985,8(1), P.8, 9.

美国制造业部门垄断指数的长期动态表明：第一，从 19 世纪末以来美国制造业一直存在垄断势力；第二，垄断势力有长期增长的趋势，但发展并不是直线式的；第三，当代美国的这个最重要部门中，垄断已发展到很高程度。正如戈登所说：上述"垄断指数数值使人们清楚地看到，美国制造业部门中垄断势力的发展程度是很高的。由于卡莱茨基指数估算中的边际成本没有包括可变的管理成本，再加上一些无规则的干扰，使得所计算的伦勒指数在没有垄断势力存在时也会大于一。但是，这些因素并不能解释在整个时期中这样高的垄断指数数值"[2]。

---

[1] A. P. Lerner. The Concept of Monopoly and the Measurement of Monopoly Power, Review of Economic Studies, Jun. 1934.

[2] M. J. Gordon. The Postwar Growth in Monopoly Power, Journal of Post Keynesian Economics, 1985,8(1), P.10.

以上主要是从市场集中率的水平和变动来观察发达资本主义国家垄断势力的发展程度和发展趋势。但应该指出，市场集中率并不是垄断势力的唯一而充分的衡量指标。要判断大公司的垄断实力，还必须考察总体集中率。总体集中率是指最大公司在制造业或整个工业或整个经济领域中所占的份额。我国有部分学者认为，只有市场集中率才与垄断直接相关，总体集中率则与垄断没有直接联系。这种看法实际上来自西方产业组织经济学中的芝加哥学派。然而芝加哥学派的这种观点正受到越来越多的西方经济学家（特别是非正统派经济学家）的批评。他们指出：垄断势力并不局限于一个个的单个市场；由于现代垄断大公司通过混合兼并，大多已发展为混合联合大企业，它们不但绝对规模极其巨大，而且通过多产品跨部门经营，大大加强了它们在单个市场及整个工业中的垄断地位。因此，总体集中率也在相当程度上反映了巨型公司的垄断统治势力。

从总体集中率来看，现代主要发达资本主义国家的总体集中水平已大大高于 20 世纪初垄断资本形成时期，长期提高的趋势更为突出。例如美国，1909年企业总数为 26.8491 万个，产值在 100 万美元以上的大企业共 3060 个，占企业总数的 1.1%，但拥有全部企业总产值的 43.8%。据此列宁指出："美国所有企业的全部产值，差不多有一半掌握在仅占企业总数**百分之一**的企业手里！"[①]到 1982 年，美国全部非金融公司总数为 246.4303 万个，其中资产在 2.5 亿美元以上的特大公司有 1314 个，占公司总数的 0.5‰，却拥有全部公司资产的 68.0%。[②]这就是说，0.5‰的非金融大公司已占有全部非金融公司总资产的近 70%！至于美国全部工业和制造业中 100 家和 200 家最大厂商所拥有的资产份额在 20 世纪的长期变化，请看表 2。

表 2　美国 100 家和 200 家大公司在工业和制造业总资产中的份额（1909—1987 年）（%）

在全部工业资产中的份额		在全部制造业资产中的份额		
年份	100 家最大工业厂商	年　份	100 家最大制造业厂商	200 家最大制造业厂商
1909	17.7	—	—	—
1919	16.6	—	—	—
—	—	1925	34.5	—

① 列宁：《帝国主义是资本主义的最高阶段》，《列宁选集》第 2 卷，人民出版社 1972 年版，第 740 页。
② F. M. Sherer, D. Ross. Industrial Market Structure and Economic Performance, Houghton Mifflin, 1990, P.58.

在全部工业资产中的份额		在全部制造业资产中的份额		
年份	100 家 最大工业厂商	年 份	100 家最大 制造业厂商	200 家最大 制造业厂商
1929	25.5	1929	38.2	45.8
1939	27.7	1939	41.9	48.7
1948	26.7	1950	39.7	47.7
1958	29.8	1960	46.4	56.3
1967	31.8	1970	48.5	60.4
1977	29.5	1980	46.7	59.7
—	—	1987	50.0	61.8

说明：工业资产包括制造业、矿业、批发和零售商业、服务业和建筑业。

资料来源：R. DuBoff. Accumulation and Power: Economic History of the United States, M. E. Sharpe, Inc., 1989, P.170.

上述资料充分表明，美国全部工业和制造业中大公司的资产集中从 20 世纪初以来已有很大增长，并已达到相当高的水平，显示了大公司垄断势力的空前强大。

其他发达资本主义国家的总体集中率存在着和美国相同的长期趋势，只不过更为迅速和显著。英国制造业中 100 家最大厂商在制造业全部净产出中所占的比重，在 1907 年到 1948 年的 42 年中从 15％上升到 22％，提高了 7 个百分点；而在 1948 年到 1978 年的 31 年中，这一比重竟从 22％上升到 41％，提高了 19 个百分点。这说明战后的增长速度大大加快了。[①]加拿大非金融公司部门的总体集中率在战后时期发展也非常迅速，100 家最大非金融公司在全部非金融公司总资产中所占的份额，1965 年为 38.6％，1983 年已激增至 52.2％。[②]按一定的标准来衡量，多数发达资本主义国家的总体集中水平甚至比美国更高。1985 年 20 家最大工业公司在全部工业就业中所占的比重，美国为 18.6％，而其他国家分别为：加拿大 21.9％，西德 26.0％，法国 32.5％，英国 35.3％，瑞士 60.2％，瑞典 66.9％，荷兰 95.1％；只有日本低

---

① L. Hannah. The Rise of the Corporate Economy, Johns Hopkins University Press, 1983, 2nd edition, P.180.

② C. Marfels. Aggregate Concentration in International Perspective: Canada, Federal Republic of Germany, Japan, and the United States. In R.S. Khemani et al. Mergers, Corporate Concentration and Power in Canada, Institute for Research in Public Policy, 1988, P.65.

于美国，为 9.9％。[1]但是日本较低的总体集中率在很大程度上是一种统计上的假象。典型的日本大公司通常把大量零部件生产转包给形式上独立的小企业；同时，日本大公司通过共同的金融联系和交叉持股而联结成家族集团，但却在形式上保持各自的独立性。因此，日本大公司的总体集中水平实际上大大高于统计数字。

上述资料和分析可以大体说明，不论采用市场集中率、总体集中率还是其他经济指标来衡量，现代发达资本主义国家的垄断特征都是很突出的，垄断势力确实存在着长期增长的趋势，并且已经达到了相当高的水平。那种认为当代资本主义并没有形成市场垄断，或者认为战后以来垄断势力在不断退缩的观点，看来是没有充分根据的。

但是，在肯定当代资本主义垄断实质的同时，也不应走向另一种极端，或者按照过去流行过的教条主义思维方式，把垄断的发展和垄断的统治绝对化，这也不符合当代资本主义的实际。这里只强调指出以下两点。

第一点，集中和垄断的发展不是直线式的，而是波澜起伏的。在长期发展的总趋势中，可能有一定时期的下降或减弱。这是因为在资本主义国家中，既存在着推动资本集中和垄断发展的力量，也存在着阻遏其发展的因素。这些因素主要有三类：首先是经济规模和市场规模变动的速度。当技术迅速变革和市场急剧扩大时，由于新生产部门的成长和大批新企业的涌现，某些行业、部门甚至国家的市场集中水平有可能下降，某些大公司的市场份额和垄断势力有可能削弱。其次是反垄断法的实施情况。虽然反垄断法的影响总的来说很有限，但它在一定时期和一定部门仍能起到遏制垄断势力过分扩张的作用。反垄断法的实施在不同国家差别甚大，即使在美国也是时紧时松。20世纪以来主要有三次反托拉斯浪潮，分别发生在 1909—1913 年、1938—1952年和 1968—1974 年。[2]在反垄断法加紧实施期间，集中过程和垄断势力便可能受到抑制，甚至有所减弱。最后是对外贸易和国际竞争的发展。如果一定时期某个国家的进口商品大量增加，国际贸易竞争加剧，则可能导致某些大公司市场份额的下降和垄断势力的削弱。例如从 70 年代开始，大量外国廉价商品（如汽车、钢铁、轮船、纺织品、鞋类和家用电器等）打入美国市场，曾使美国某些生产部门的寡头垄断势力受到严重冲击。

集中和垄断发展的起伏性从一些国家集中率的变动上可以反映出来。美

---

[1] F. M. Sherer, D. Ross. Industrial Market Structure and Economic Performance, Houghton Mifflin, 1990, P.63.

[2] W. G. Shepherd. The Economics of Industrial Organization, Prentice Hall, 1990, 3rd edition, P.469-471.

国制造业四位数部门加权平均四企业集中率 1972 年曾达到 39.2%，到 1982 年却回落到 37.1%。[①]由于 1987 年的制造业集中率普查资料至今未公布，80 年代的变动暂时不得而知。考虑到从里根到布什任总统以来美国政府大力削弱反托拉斯法的实施，80 年代又掀起空前巨大的第四次兼并浪潮，以及美国重新加紧贸易保护主义等情况，许多经济学家推测 1982 年以后美国制造业的平均市场集中率必然重新上升。从美国制造业总体集中率在战后时期的变动看，其迅速增长也主要发生在 60 年代中期以前，此后至 80 年代初则基本稳定，但 80 年代又有显著提高。英国的总体集中率虽然在战后前 30 年急剧上升，但 70 年代后半期却有所下降。100 家最大公司在私人非金融企业部门就业中所占比重，1968 年为 26.7%，1975 年为 32.7%，1980 年下降为 29.2%。[②]西德 100 家最大的制造业、矿业、建筑业及电力和煤气业公司在这些部门中所拥有的销售份额，从 1954 年的 33.6% 持续上升到 1973 年的 50.0%，此后则没有明显的发展趋势。[③]只有加拿大例外，其总体集中率在整个战后时期具有长期不断增长的特点。

第二点，垄断的统治并不意味着垄断资本支配了一切生产部门和经济领域，更不意味着非垄断中小企业的不断减少和逐渐消失。事实上，垄断资本主义的基本特征是垄断部门和非垄断部门并存，极少数大垄断公司和在数量上占绝对优势的中小企业并存。

垄断的发展在不同部门和不同行业间是很不平衡的。大垄断公司只是在几个重要产业部门中占有支配地位。以美国为例，1982 年 1314 个资产超过 2.5 亿美元的特大非金融公司，其中 1020 个（占总数近 80%）集中在四个产业部门：矿业 79 个（占部门公司总数的 0.2%），拥有全部公司资产的 67.3%；制造业 657 个（占部门公司总数的 0.3%），拥有全部公司资产的 79.5%；交通运输业和公用事业共 284 个（占部门公司总数的 0.2%），拥有全部公司资产的 91.0%。此外，金融、保险和房地产业有特大公司 1875 个

① F. M. Sherer, D. Ross. Industrial Market Structure and Economic Performance, Houghton Mifflin, 1990, P.84.

② A. Hughes, M. Kumar. Recent Trends in Aggregate Concentration in the United Kingdom Economy, Cambridge Journal of Economics, 1984, P.238.

③ C. Marfels. Aggregate Concentration in International Perspective: Canada, Federal Republic of Germany, Japan, and the United States. In R.S. Khemani et al. Mergers, Corporate Concentration and Power in Canada, Institute for Research in Public Policy, 1988, P.67.

（占部门公司总数的 0.4％），拥有全部金融公司资产的 78.4％。[①]正是在这几个国民经济的要害产业中，资本集中程度最高，垄断势力最为强大。而其他产业部门如农林渔业、建筑业、商业和服务业，尽管大公司的经济地位也在逐渐加强，但中小企业仍占优势。即使在寡头垄断相当普遍的制造业中，各个部门和行业的发展也不平衡，1982 年制造业 448 个四位数字部门中有一半以上的四企业集中率在 40％以下；其中又有 86 个部门甚至低于 20％，基本上还是小企业的天下。[②]

在垄断资本主义条件下，非垄断的中小企业在数量上仍占绝对优势。美国 1989 年共有非农业企业 2010 万个，其中雇员超过 500 人的大企业不到 7000个，仅占企业总数的 0.03％，99％以上的企业属于中小规模。[③]战后一些国家在生产集中和垄断发展的同时，小企业的数量不是在减少而是在增加。美国全国企业总数 1958 年为 1070 万个，1980 年已增加为 1680 万个；非农业企业 1980 年为 1300 万个，1989 年已增加到 2010 万个。[④]

垄断条件下大量中小企业的存在与发展有其客观原因。首先，现代国家的国民经济极其复杂与庞大，少数大垄断企业难以囊括一切经济领域，因而中小企业仍有广泛的生存余地。其次，现代科学技术和生产专业化的发展，为中小企业的存在与发展提供了技术基础，许多中小企业利用其特殊优势可能在经济效率和赢利方面取得好的成果。再次，社会需求的日趋多样化和日益迅速的变化，为中小企业提供了广阔的市场，尤其是商业、服务业等第三产业的扩大，更促进了小企业的发展。从资本主义经济增长的角度看，中小企业在满足社会需求、扩大劳动就业方面有着重要贡献，在推动技术进步和扩大对外贸易方面也具有一定作用。

需要指出的是，尽管垄断资本主义条件下中小企业在数量上占绝对优势，但它们在整个经济中的地位和作用从总的方面说来却趋向于下降。各国经济中总体集中率自 20 世纪初以来的长期增长趋势可以说明这一点。从战后时期美国的情况看，虽然 1958 年以后企业总数不断增加，但雇员少于 500 人的中小企业在全部就业中的比重从 1958 年的 41.3％下降到 1977 年的 40.1％，在

① W. M. Dugger. Corporate Power and Economic Performance, In W. C. Peterson. Market Power and the Economy, Springer, 1988, P.89.

② F. M. Sherer, D. Ross. Industrial Market Structure and Economic Performance, Houghton Mifflin, 1990, P.83.

③ 美国总统办公室：《小企业状况》，1990 年，第 12 页。

④ W. A. Brock, D.S. Evans. The Economics of Small Firms, Holmes & Meier Publishers, Inc., 1986, P.15; 美国总统办公室：《小企业状况》，1990 年，第 13 页。

全部企业增加值中所占比重从 1958 年的 52％下降到 1977 年的 47％；年营业收入在 500 万美元以下的中小企业在全部企业总营业收入中的比重从 1958 年的 51.5％下降到 1979 年的 28.7％。[①] 70 年代末期以后，由于服务业的迅速扩大，美国中小企业的就业份额曾一度有轻微上升，中小企业经济重要性的长期下降趋势似乎有所扭转。但考虑到在小企业占优势的第三产业中，经济集中的趋势也在不断加强，商业和服务业大公司通过各种连锁经营形式（连锁百货公司、连锁超级市场、连锁快餐店等）正在不断扩大规模，因而连官方报告也认为："尽管小企业近期有了一些发展，但趋向较大企业规模的趋势可能不会长期逆转。规模效益正在改变那些传统上是小企业占优势的产业部门的企业规模分配。"[②]

总的说来，我们不能因为集中和垄断的高度发展而否认大量中小企业存在的必然性及其经济作用，但也不能因大量中小企业的存在而否认垄断资本的支配地位，或因中小企业在一定时期有所发展而否认经济集中和资本集中的总趋势。

三

垄断价格和垄断利润也是争论颇多的问题。本文只想涉及两点：一是垄断价格和垄断利润是否存在；二是如何看待垄断价格和垄断利润的制约因素。

垄断利润和垄断价格是垄断资本存在的根本标志，也是垄断资本在经济上实现自身的基本形式。否认垄断势力存在的西方经济学家总是力图否认垄断价格和垄断利润的存在；我国也有学者认为由于现代生产力和科学技术的高度发展，资本集中和垄断已不再是取得高额利润的必要手段。这类观点是否符合实际呢？

垄断价格是保证垄断大公司获取高额利润而起支配作用的商品价格，通常表现为商品市场上的垄断高价。垄断利润则是大公司凭借垄断地位而获得的一种特殊超额利润。因此，商品的垄断价格包括三个组成部分：成本价格、一般利润和垄断利润。而资本主义自由竞争阶段起支配作用的生产价格只包

---

① W. A. Brock, D.S. Evans. The Economics of Small Firms, Holmes & Meier Publishers, Inc., 1986, P.15.

② 美国总统办公室：《小企业状况》，1987 年，第 18-19 页。

括成本价格和平均利润两个部分。从自由资本主义阶段生产价格的普遍通行，到垄断资本主义阶段垄断价格在垄断部门的通行，是资本主义经济条件的重大变化在价格领域中的集中反映。

垄断价格和垄断利润的存在并不是某些经济学家的主观推论，而是当代资本主义的现实。这不但从垄断企业产品价格的经验特征上表现出来，而且从垄断大企业的定价原则上得到体现。根据西方经济学家的调查研究，在资本主义大公司中普遍流行的经验定价方法叫作成本加成定价法和目标利润定价法。成本加成定价法又称全额成本定价法，就是把价格定为等于某种假定产量上的全部成本加上一个利润贴水。全部成本包括可变成本（主要是雇员工薪和原材料耗费）和固定成本（固定资本折旧和管理费用等）。由于单位产品的固定成本和产量按反方向变化，故必须预先假定某种"标准"产量以确定单位产品的全部成本，再加上一个能产生期望投资报酬的利润量，便形成产品的"基准"价格。目标利润则是事先确定期望达到的利润率目标。这种定价方法的根本要求在于，价格的确定要和成本相联系并达到一个预先确定的投资利润率。早在 20 世纪 50 年代，美国布鲁金斯研究所的一项关于大公司实际定价方法的开拓性研究即发现："投资目标利润可能是最普遍强调的公司定价目的。"[1]兰齐洛蒂在总结研究中所利用的有关资料时指出：在部门中占支配地位的大公司制定价格的主要目的，是获得投资的目标利润。"在大多数场合，这被认为是一个长期的目标。平均说来，提到的投资利润目标在纳税后的 14％"[2]。从大公司的定价方法可以看出，在企业对产品价格的关系上，垄断大公司同自由资本主义时期的企业乃至垄断时期一般非垄断部门的中小企业是很不相同的：后者通常只能按照市场上自发形成的现有价格出卖产品，它们当然也要计算成本，但却无力影响商品价格，也只能在商品售卖后方能得知所实现的利润量和利润率；而垄断大公司却能直接确定和支配垄断部门的产品价格，并能通过市场销售大体实现预先确定的高额利润率。

西方经济学中关于垄断问题的争论必然导致对垄断价格和垄断利润问题的经验研究。尽管有关个别产品垄断高价的实例很多，但由于不同部门的产品价格因产品的性质不同而难以综合比较，故关于垄断价格的系统经验分析较少。然而有关垄断利润的经验研究却非常丰富。这类研究通常使用的方法，

---

① A. D. H. Kaplan. Big Business in a Competitive System, 1955, quoted in J. M. Blair. Economic Concentration. Structure, Behavior and Public Policy, Harcourt Brace Jovanovich, 1972, P.475.

② R. F. Lanzilotti. Pricing Objectives in Large Companies, The American Economic Review, 1958, P.923.

是以高度集中的部门代表垄断部门或以占据大量市场份额的大企业代表垄断企业，来分析它们与较高利润率（或其他赢利指标）的相关程度。如果高集中部门比一般部门，或者大企业比一般中小企业具有较高的利润率，即证明垄断利润和垄断价格的存在；否则，结论则相反。这种经验分析具有重要的理论意义。从 20 世纪 50 年代初期到 70 年代中期，西方曾发表了大量有关这类经验研究的论著，到 1974 年至少有 54 项。这些研究反映了广泛的经验材料，时间跨度从 1936 年到 1970 年，地区范围包括了美国、英国、加拿大及日本。经济学家威斯总结列举的这 54 项研究中，有 46 项提供了集中与利润的正相关联系，即集中率较高的部门和企业通常利润率也较高；其中又有 36 项研究揭示了两者较高程度的相关性。[①]这个事实足以证明，高度集中的垄断部门和企业确实能够获得高额垄断利润。

由于篇幅所限，我们不能大量列举各种研究结果，这里只补充两组经验数字。我们曾对美国制造业两位数字部门组在 1947 年至 1987 年间的平均集中率水平差异和长期利润率水平差异进行计算和比较分析。分析中发现：当五个部门组由于平均集中率变动过大或其他特殊原因被排除后，在这 41 年的长时期中，七个高集中部门组（1982 年加权平均四企业集中率在 37% 以上）的平均税后股本利润率始终高于八个低集中部门组（1982 年加权平均四企业集中率在 37% 以下）的平均税后股本利润率。前者的平均值将近 13%，后者的平均值为 10.7%。其中，烟草制品、运输设备、仪器、电机和化学产品等五个高集中部门组的利润率平均值高达 13.6%，比低集中部门组高出近三个百分点。[②]

如果我们不从部门出发而从企业出发，同样可以观察到垄断大公司的高利润水平（见表 3）。

---

① L. W. Weiss. The Concentration-profits Relationship and Antitrust, Industrial Concentration: The New Learning, Little Brown and Company, 1974, P.201-227.

② 计算根据：《美国制造业公司的利润率，1947—1962》，美国联邦贸易委员会（1963 年）；《美国制造业、矿业和商业公司的季度财务报告》，美国商务部普查局 1959 至 1987 年各期；《美国制造业普查：制造业集中率》，美国商务部普查局（1982 年）；《美国制造业普查：概要》，美国商务部普查局（1954 年、1982 年）。

表 3　美国制造业不同规模公司的平均税后股本利润率（1963—1987 年）（%）

资产规模（美元）	1963— 1965	1966— 1969	1969— 1971	1975— 1977	1979— 1982	1984— 1987
10 亿以上	13.5	12.7	10.3	13.2	13.1	11.7
2.5 亿—10 亿	11.0	12.1	10.4	13.0	10.8	9.0
1 亿—2.5 亿	11.2	12.0	9.7	12.1	10.5	9.7
5000 万—1 亿	10.4	11.2	8.6	12.0	10.0	10.4
2500 万—5000 万	10.0	11.4	8.2	11.9	9.2	10.4
1000 万—2500 万	9.9	11.0	7.9	12.4	9.9	11.1

资料来源：F. M. Sherer, D. Ross. Industrial Market Structure and Economic Performance, Houghton Mifflin, 1990, P.112.

不同规模公司的长期利润记录表明，10 亿美元以上资产的特大制造业公司——大都属于垄断大企业——的利润率是最高的，尽管在不同时期它们与其他公司的利润率差距有所变化。

以上的简要分析说明，垄断部门和垄断企业的利润通常高于一般水平，垄断企业通过垄断价格长期获得垄断利润，既是垄断资本的基本要求，也是客观存在的事实。不可否认，由于经济生活的复杂性，反常规的情况也确实存在，个别垄断部门可能长期低赢利，某些垄断企业可能暂时亏损，而少数中小企业可能利用某些有利条件而获得高利润。但普遍和经常的事实却是，垄断价格高于竞争价格，垄断利润高于一般利润。否认垄断价格和垄断利润的存在是没有充分根据的。

但是，我们也应避免对垄断利润和垄断价格做不切实际的理解，以为垄断企业可以任意提高垄断价格和垄断利润。事实上，垄断价格和垄断利润的水平也受到客观经济规律的制约。在理论上，我们要区分两种不同经济条件的垄断：一种垄断是以产品或资源的稀有性为基础形成的，如某些稀有的古董或名画，以及靠特有自然资源制造的某些珍稀产品等。这类产品的垄断价格"只由购买者的购买欲和支付能力决定，而与一般生产价格或产品价值所决定的价格无关"[1]。这种垄断价格虽然不会消除"价值规定的界限"，因为"某些商品的垄断价格，不过是把其他商品生产者的一部分利润，转移到具有垄断价格的商品上"[2]，但它却能超越一般市场条件的限制。这种垄断通常

① 马克思：《资本论》第 3 卷，《马克思恩格斯全集》第 25 卷，人民出版社 1974 年版，第 873 页。
② 马克思：《资本论》第 3 卷，《马克思恩格斯全集》第 25 卷，人民出版社 1974 年版，第 973 页。

不会在社会中成为较普遍的或起主导作用的因素。另一种垄断是以生产集中和大企业控制一定市场份额为基础而形成的。这种垄断在资本主义发展的较高阶段成为相当普遍的和起支配作用的因素。但这种垄断所形成的垄断价格与前者不同，它不仅不能消除社会商品的价值界限，而且也不能超越资本主义一般市场条件的限制。

这里说的市场条件，主要是指资本主义商品市场上的供求规律和竞争规律，即垄断企业的产品价格仍然要受到需求、供给和成本三种因素的制约。这可以用垄断企业年利润量的计算公式来说明。任何垄断企业在资本量已定时，资本利润率的高低取决于年利润量的大小，而年利润量公式如下。

单位产品利润量×产品年销售量＝（单位产品价格－单位产品成本）×（企业市场份额×部门产品总销售量）

这一公式表明：第一，垄断企业的年利润量与企业产品的年销售量成正比，企业产品的年销售量则取决于部门产品总销售量和垄断企业所占有的市场份额。问题在于，这两个因素都要受到产品价格的直接影响。首先，产品价格过高，对该产品的社会需求则可能缩小，该部门产品的总销售量也会相应减少，这时即使垄断企业所占的市场份额不变，垄断企业的产品销售量也会相应缩减；如果产品的销售量不下降，需求的缩小则会加剧部门内的竞争，迫使产品的价格回落。这两种结果，都必然导致垄断企业的利润下降。其次，假定产品的社会需求不变，产品价格过高也会因为利润刺激而吸引大量资本进入，使产品的供给激增，这时部门内部的竞争必然加剧，其结果不论是垄断企业的市场份额和销售量缩小，还是产品的价格下降，都会导致垄断企业的利润减少。可见，垄断企业商品价格的提高，要以产品年销售量不致下降到减少年利润总量为限度。第二，垄断企业年利润总量又与单位产品的利润量成正比，单位产品利润量则取决于产品价格和产品成本两个因素。而单位产品的成本却会受到产品价格的间接影响，即使假定垄断部门的进入壁垒足以阻止任何资本的入侵，垄断企业在制定垄断高价时通常也不得不适当限制产量，价格越高要求对产量的限制也越大。但问题在于，如果由于产量过于缩减而过分降低了企业生产能力的利用率，引起固定成本和单位产品成本上升，则可能导致单位产品利润减少从而年利润总量下降。因此，垄断企业商品价格的提高，又要以产量的限制不致因单位产品成本上升而减少年利润总量为限度。

在一般市场条件的限制下，垄断企业提高和维持垄断价格的能力特别取决于两个因素：第一个因素是垄断部门产品的需求弹性。一般说来，产品的需求弹性越小，垄断企业提高价格的幅度和可能性也越大；反之则相反。不过，甚至需求弹性最小的商品，无论是生产资料还是消费品，都可能有代用品，如果价格定得太高，购买者会转向其他代用品，因而各种代用品之间的竞争是影响产品的需求弹性进而制约产品的垄断高价的重要力量。即使没有代用品，从长期看，高价格也会推动人们去发明或开发各种代用品，并最终导致新的竞争和价格下降。例如 20 世纪 20 年代，由于橡胶卡特尔提高了天然橡胶的价格，激发了合成橡胶的加紧研制，而合成橡胶的发明终于在许多生产领域代替了天然橡胶。第二个因素是垄断部门的进入壁垒。进入壁垒越强，就越能阻止外部资本的流入，从而维持垄断高价；反之则相反。但是，任何高壁垒都不是绝对的，甚至专利垄断这种高壁垒在 17 年期满后也会失去作用。垄断企业由于产品定价太高导致自身垄断地位削弱甚至完全丧失的例子很多。例如，美国粘胶纤维公司 1919 年曾控制国内人造丝市场的 100%，但在关键专利期满后，大批资本的进入使其市场份额在 1930 年下降到 42%，此后再也不能实行支配性的企业定价模式。再如雷诺兹国际钢笔公司，作为圆珠笔生产的开创者，在 1945 年曾确定圆珠笔零售价格高达 12 至 20 美元，而成本不过 80 美分，结果一下子吸引了大约 100 家企业参加竞争，以致到1948 年它的圆珠笔市场份额下降到等于零。[①]因此，垄断企业在确定垄断价格的高度时必须考虑可能发生的资本进入及其后果，暂时的异常高的利润可能最终牺牲市场份额，如要维持长期垄断地位，则必须把垄断价格定在能够限制资本进入的适当高度。

以上三方面分析的中心思想是要说明：在发达资本主义国家中，垄断资本和垄断势力的统治以及垄断价格和垄断利润的存在，都是客观现实，任何否认当代资本主义具有垄断特征的观点都是没有充分根据的。但是，对垄断问题应有符合实际的理解，垄断统治的范围不可能囊括全社会，垄断势力的发展也会遇到某些社会、经济力量的阻遏；在资本主义商品生产一般基础上所形成的垄断及其所派生的价格运动，虽然具有若干新的特征，但终究不能超越资本主义商品生产的一般规律。

（原载《南开学报》[哲学社会科学版]1993 年第 1 期）

---

① F. M. Sherer, D. Ross. Industrial Market Structure and Economic Performance, Houghton Mifflin, 1990, P.367.

关于马克思主义竞争理论的几个问题

内容摘要:《竞争与制度：马克思主义经济学的相关分析》①一文涉及竞争体制这个过去国内研究不多的重要学术问题，对竞争理论的深入研究是一个巨大的推进。但文中也有几个问题值得进一步讨论，如竞争与资本本性的关系、竞争一般概念的含义，以及如何概括新自由主义时代竞争体制的特征等。

关键词： 资本竞争 资本本性 竞争一般 垄断竞争

《竞争与制度：马克思主义经济学的相关分析》一文（以下简称《竞争与制度》）提出了一个重要的理论问题，过去国内的研究不多。论文讨论了竞争概念与资本主义基本经济制度的联系，认为应从不同的抽象层次分析竞争问题，试图对"竞争一般"的概念进行界定，并分析了 20 世纪 70 年代后新自由主义调节方式对资本主义竞争体制的影响等，对深入研究竞争问题是一个巨大的推进。

在仔细阅读了《竞争与制度》后，觉得有几个问题还可以进一步讨论。

一、竞争能否定义为"资本的内在本性"

从论文的一些段落看，作者似乎认为不应该把竞争看作资本的内在规定，而只能看作资本内在本性的外在表现。这在文章批评威克斯和布里安的观点时说得很清楚：威克斯"把竞争直接定义为'资本本身的内在本性'，在分析上是把它和资本一般混同了。有趣的是，布里安在威克斯之后提出竞争一般

---

① 该文发表于《中国人民大学学报》2012 年第 6 期。

概念时，也把竞争一般界定为'资本本身的内在本性'。这一定义似有曲解马克思之嫌。马克思的原话是……'从概念上来说，竞争不过是资本的内在本性，是作为许多资本彼此间的相互作用而表现出来并得到实现的资本的本质规定，不过是作为外在必然性表现出来的内在趋势。'因此，竞争在这里不过是指资本的内在本性的外在实现形式而已"。

我的看法是，把竞争界定为资本的内在本性和界定为资本内在本性的外在实现形式，都是可以成立的。这两种表述在马克思那里都可以找到，问题在于角度不同。把竞争看作资本内在本性的外在表现，是从单个资本的角度出发的。马克思明确指出："自由竞争是资本的现实发展，它使符合资本本性，符合以资本为基础的生产方式，符合资本概念的东西，表现为单个资本的外在必然性。"[①]又说："竞争使资本的内在规律得到贯彻，使这些规律对于个别资本成为强制规律。"[②]但如果从总资本看，竞争就成为资本内在的东西，成为资本本性的直接表现了。

或许有人会问：马克思提出的"资本一般"概念，是着眼于总资本的一般特征，但正是在这里，马克思强调要舍象掉竞争。我觉得，这里所说要把竞争抽象掉，应该是指各特殊资本和个别资本之间具体的竞争形式，因为在考察资本一般时是不考虑各类资本或各个资本的特殊差异的。马克思很明确地说：他考察的**"资本一般"**就是使作为资本的价值同单纯作为价值的价值"区别开来的那些规定的总和"。所以，这里研究的"既不是资本的某一**特殊**形式，也不是与其他各单个资本相区别的某一**单个资本**等等。我们研究的是资本的产生过程"[③]。

但正如《竞争与制度》所论述的，资本竞争应该从不同的抽象层次来分析，其中着重讨论了和"资本一般"相联系的"竞争一般"。那就表明，"资本一般"概念虽然抽象了各特殊资本和个别资本具体的竞争形式，但仍包含着一般意义上的竞争概念。在这种意义上，说竞争是资本的内在本性或本质规定，也是完全成立的。论文既强调"资本一般"包含着"竞争一般"；又认为不能把竞争界定为资本的内在本性，否则就是"把它和资本一般混同了"，

---

① 马克思：《经济学手稿（1857—1858 年）》，《马克思恩格斯全集》第 46 卷下，人民出版社 1980 年版，第 159 页。

② 马克思：《经济学手稿（1857—1858 年）》，《马克思恩格斯全集》第 46 卷下，人民出版社 1980 年版，第 271 页。

③ 马克思：《经济学手稿（1857—1858 年）》，《马克思恩格斯全集》第 46 卷上，人民出版社 1979 年版，第 270 页。

这似乎也是自相矛盾的。

我的理解是，资本作为一个经济范畴，本质上就包含着两重经济关系：剥削关系和竞争关系。资本实质上体现的是资本无偿占有雇佣工人剩余价值的剥削关系。但正因为资本占有的是剩余价值而不是直接占有剩余劳动或剩余产品，资本就不但要在市场上与雇佣劳动者发生交易关系，也必须在市场上同其他资本发生交易关系。资本经营的目的既然是占有尽可能多的剩余价值，那么它们在市场上发生的这种关系必然是竞争性的。资本的现实运动总是从在市场上购买生产资料（和劳动力）开始，并在生产出产品后还必须拿到市场上去实现其资本价值和剩余价值。因此，资本最后能够占有剩余价值的前提是产品能够按照社会价值出售，在供求平衡的情况下，这只能在部门内部的资本竞争中得到实现；在供求不平衡的情况下，这又需要通过部门内部和部门之间的竞争才能实现；各部门的资本为了获得平均利润，更离不开部门之间资本的竞争。由此就不难理解，为什么马克思把竞争看作"资本的实际运动"，并认为"资本是而且只能是作为许多资本而存在，因而它的自我规定表现为许多资本彼此间的相互作用"。[①]总之，离开了市场，离开了市场上资本之间的竞争关系，资本就不能存在，也不可能占有工人的剩余价值。因此可以说，资本的剥削关系是资本竞争关系的基础，资本的竞争关系又是实现资本剥削关系的必要条件，两者实际上是不可分的。它们共同构成了资本的内在本性或本质规定。

二、如何界定"竞争一般"

《竞争与制度》以马克思的相对剩余价值理论为参照系，提出要区分两类不同的竞争手段：一是提高生产率以削减成本的竞争，二是降低产品价格的竞争。作者认为，价格竞争只是资本主义垄断前阶段所通行的竞争形式，故须排除在外，而应把"竞争一般"规定为"提高生产率、削减成本的竞争"，因为只有这种竞争形式才适用于资本主义发展的自由竞争阶段和垄断阶段。

这个界定也值得讨论。第一，"提高生产率以削减成本的竞争"，似乎不

---

① 马克思：《经济学手稿（1861—1863年）》，《马克思恩格斯全集》第48卷，人民出版社1985年版，第303页；《经济学手稿（1857—1858年）》，《马克思恩格斯全集》第46卷上，人民出版社1979年版，第398页。

是最高抽象层次的竞争概括，而是属于比较具体的竞争手段或方式。按照论文所肯定的布里安的概括，竞争的三个抽象层次是：竞争一般，资本主义各个阶段不同的竞争形式，各种具体的竞争手段和策略。不论是削减成本的竞争还是价格竞争，都应属于具体的竞争方式；即使是削减成本的竞争，除提高生产率外也还可以采用其他具体方法，如延长工作日、加强劳动强度、压低工人工资等。如果说资本主义自由竞争阶段的竞争类型以价格竞争为主，垄断阶段的竞争类型（即垄断竞争）以非价格竞争为主，那也只能属于竞争分析的第二个抽象层次，而不涉及竞争一般的范畴。第二，"竞争一般"的概念必须适用于一切竞争类型和一切竞争方式。正像"资本一般"范畴应概括各种资本形态的共同特征一样，"竞争一般"范畴也要能体现各种竞争形态的一般特征。"提高生产率以削减成本的竞争"，不论在资本主义发展的哪个阶段，直接涉及的只是部门内部的资本竞争，目的在于争夺销售市场以获取更多剩余价值。但资本不仅争夺销售市场，还要争夺投资市场以获取更多剩余价值。这就涉及部门之间的资本竞争，其主要形式是资本在部门之间的流动，从利润率低的部门向利润率高的部门转移。而这种部门之间的竞争却是"提高生产率以削减成本的竞争"所概括不了的。既然"提高生产率以削减成本的竞争"不能反映部门之间资本竞争的特征，它显然也不能作为"资本一般"的本质规定。

在《发达资本主义经济中的垄断与竞争》一书中，我曾把资本的竞争关系概括为资本的"排他性"，并认为正是这种排他性在一定条件下发展为"独占性"而成为垄断的根源。[①]当时我脑子里还没有"竞争一般"的概念，但也似乎是不自觉地把它看作资本竞争的基本特征。马克思的确说过："资本的本质——这要在考察竞争时更详细地加以说明——**就是**自相排斥。"[②]《竞争与制度》也谈到了马克思的这一思想并引用了马克思的相关论述。但进一步考虑后，我认为：用"排他性"或"自相排斥"来界定"竞争一般"，似乎还不够，因为即使小商品生产者之间的竞争也具有排他性，这个界定似乎还不能反映资本竞争的根本特征。为了概括资本竞争的最一般特征，我倾向于将其与"资本一般"的概念直接联系起来。如果"资本一般"可界定为"资本对剩余价值的无偿占有"，"竞争一般"则可界定为"资本对剩余价值的相互

---

① 高峰：《发达资本主义经济中的垄断与竞争》，南开大学出版社 1996 年版，第 72 页。

② 马克思：《经济学手稿（1857—1858 年）》，《马克思恩格斯全集》第 46 卷上，人民出版社 1979 年版，第 408 页。

争夺"，它们共同构成了资本所体现的经济关系在实际上不可分割的两个根本特征或本质规定。如果说"资本对剩余价值的无偿占有"这个"资本一般"的本质规定适用于任何资本类型或任何单个资本，那么，"资本对剩余价值的相互争夺"这个"竞争一般"的本质规定，也适用于任何资本主义发展阶段的资本竞争、任何经济领域（部门内部或部门之间）的资本竞争、任何资本竞争形式以及任何具体的资本竞争手段与策略。

三、关于"新自由主义时代竞争体制的特征"

福特主义调节方式下竞争体制与新自由主义调节方式下竞争体制的不同特征，应该是《竞争与制度》一文第三部分的中心问题和整篇论文的重点。但恰恰这一部分的分析较弱，有关新自由主义调节方式下竞争体制的新特征究竟是什么并不十分清晰。《竞争与制度》主要利用的是克罗蒂的相关研究成果。克罗蒂的相关论文涉及投资理论和竞争体制等重要问题，试图说明新自由主义时代竞争方式的变化对投资策略的影响，并对长期存在的全球产能过剩现象提出解释。他的论文理论性强，对新自由主义时代需求增长缓慢和长期产能过剩的原因也有许多中肯和深入的分析，具有一定的学术价值和启发性。但克罗蒂关于竞争体制等问题的某些论述（其中有些被《竞争与制度》一文所肯定和接受），在我看来，却有值得讨论的地方。

1. 克罗蒂区分了两种类型的竞争，认为在利润丰厚和需求旺盛时期，资本竞争通常是友好型的，以资本扩张型投资为主，这种竞争不会威胁到个别企业的生存；而在利润低下和需求停滞时期，资本竞争会转向相互残杀型，以资本深化型投资为主，这种竞争对个别企业就成为强制性的，即不投资即死亡。[1]这个分析一般来说是可以成立的，但把它用于分析 20 世纪 70 年代前后竞争体制的变化，似乎有过于简单化之嫌。因为战后发达国家已是垄断资本主义时代，占统治地位的是垄断竞争，情况就复杂多了。

2. 克罗蒂把战后黄金时代（或福特主义调节方式下）的垄断竞争称作垄断企业之间"相互尊重的竞争"，关于这种竞争体制的主要特征，根据克罗蒂的两篇论文，《竞争与制度》一文中将其概括为四点：大企业之间避免了价格

---

① J. Crotty. Rethinking Marxian Investment Theory: Keynes-Minsky Instability, Competitive Regime Shifts and Coerced Investment, Review of Radical Political Economics, 1993, Vol. 25(1), P.2-6.

和投资大战，垄断利润保证了良好的劳资关系，降低了预期的不确定性，形成了稳定的金融体系。但这些特征却遗漏了垄断竞争的一个极其重要的方面：垄断大公司与非垄断中小企业之间的竞争。不仅从马克思主义的观点来看，即使从西方主流的产业组织理论的观点来看，垄断竞争都同时包括垄断大企业与非垄断中小企业之间的竞争以及垄断企业之间的竞争这两个方面。因此，即便是战后黄金时期的垄断竞争，也不是用"相互尊重的竞争"或"友好型竞争"可以概括得了的，因为垄断大公司对中小企业是一种排挤、掠夺和控制的关系，它们之间的竞争从来就不是"友好"或"互相尊重"的。

3. 克罗蒂特别以 20 世纪 80 年代的美国制造业为例，来说明新自由主义调节方式下竞争体制的变化，认为从 70 年代中期到 80 年代，由于经济停滞、利润下降和需求不振，市场竞争迅速加剧，推动制造业主要大公司从"相互尊重"的竞争体制转向"无政府状态"的竞争体制，迫使企业转变经营策略并改变投资函数，一种"强制性的不投资即死亡"的投资模式代替了"从容的增长—安全权衡的自由选择"的投资模式，于是（以提高生产率为目的的）深化型投资代替（以扩大产量为目的的）扩张型投资成为主要的积累方式。[①]克罗蒂的这种推论和描述，至少有两个重要方面似乎与实际情况不尽相符。第一，20 世纪 80 年代美国工业市场的竞争是否严重加剧了？不可否认，有些行业（如汽车部门等）由于日本和欧洲参与国际竞争而使竞争加剧了，但整个制造业的情况如何还有待调查研究。可以看一个间接指标：市场集中率。谢勒尔曾以各部门创造的增加值为权数，计算了美国制造业加权平均的四企业集中率，战后各普查年份的数字是：1947 年，35.3%；1954 年，36.9%；1958 年，37.0%；1963 年，38.9%；1972 年，39.2%；1977 年，38.5%；1982 年，37.1%。[②]此后，根据普赖尔以美国普查局集中率资料为基础所做的计算，美国制造业加权平均的四企业集中率，又从 1982 年的 37.7%提高到 1992 年的 39.9%；从 1992—1997 年，就制造业中可比行业计算，加权平均的四企业

---

① J. Crotty. Rethinking Marxian Investment Theory: Keynes-Minsky Instability, Competitive Regime Shifts and Coerced Investment, Review of Radical Political Economics, 1993, Vol. 25(1), P.12-19.

② F. M. Sherer, D. Ross. Industrial Market Structure and Economic Performance, Houghton Mifflin, 1990, P.84.

集中率又由 39.4％上升到 42.0％。[①]数据显示，从 1972 年到 1982 年市场集中率确实有所下降，但不仅在 80 年代重新趋于提高，而且直到 20 世纪末都是上升的。尽管市场结构不能直接判断市场竞争程度，但它终究是垄断与竞争状况的一个基础。市场集中率提高通常意味着垄断的加强而不是竞争的加剧。第二，如果 80 年代如克罗蒂所说，由于竞争体制的改变而使深化型投资扩大和扩张型投资减少，那么劳动生产率的增长率就应迅速提高，但统计数据对此并不支持。根据官方数据计算，美国非农企业部门的劳动生产率在战后各经济周期的年平均增长率：1960—1969 年为 2.9％，1970—1979 年为 2.0％，1980—1990 年为 1.4％，1991—2000 年为 2.0％。[②]事实上，80 年代美国的生产率增长率是比较低的。这个事实和克罗蒂关于 80 年代以提高生产率为目的的深化型投资急剧增长的推论显然不一致。

4. 克罗蒂对于新自由主义时代垄断竞争体制的概括是"强制性竞争"或"破坏性竞争"，它导致"残杀式的定价，稳定的寡头利润边际的丧失，以及核心市场上日益严重的金融脆弱性"。[③]但克罗蒂的论文除了列举汽车工业外，对这些特征似乎并未给出全面且更有说服力的论证。金融体系的脆弱性涉及的问题太多暂且不论，但残杀式定价和寡头利润丧失这两个与垄断竞争直接相关的问题是值得进一步讨论的。

不可否认，垄断不能消除竞争，个别大公司在竞争中被打败、被兼并甚至被淘汰的案例是一直存在的。在新自由主义时代，由于产能过剩、放松管制和经济全球化，竞争在某些重要行业中的确是更加激烈了，汽车工业就是最典型的部门之一。由于日本汽车的出口竞争，美国汽车市场上三大公司的集中程度有所下降，原来的垄断定价行为也被打破，汽车价格的波动加剧了。但即使从克罗蒂所列举的汽车工业来看，美国三大公司的寡头垄断地位是否已经彻底丧失，以至于只能采取"残杀式定价"方式来竞争呢？看来也不尽

① F. L. Pryor. New Trends in US Industrial Concentration, Review of Industrial Organization, May 2001, P.309; F. L. Pryor. News from the Monopoly Front: Changes in Industrial Concentration, Review of Industrial Organization, Mar. 2002, P.184. Pryor 计算的制造业集中率所依据的是后来发布的普查资料，因而 1982 年的集中率数据与谢勒尔的计算略有不同。而普赖尔自己计算的两个不同时期的制造业集中率数据，由于美国普查局不时调整制造业的产业分类，所以后一时期（1992—1997 年）是按可比行业计算的，其范围与前一时期（1982—1992 年）并不完全一致，因而前后两个 1992 年的集中率数据也略有差异。

② R.Pollin. Anatomy of Clintonomics, New Left Review, 2000, P.29.

③ J. Crotty. Why Do Global Markets Suffer from Chronic Excess Capacity? Insights from Keynes, Schumpeter and Marx, Challenge Nov.-Dec. 2002, P.36.

然，垄断大公司还有很多办法来应对需求萎缩、利润下降和趋于激烈的竞争。这包括：第一，攻击劳工，压低工资，加强剥削，以降低劳动成本。这点克罗蒂提到了。第二，强化非价格竞争特别是产品竞争。激烈竞争的冲击激发出大量的超新车型和设计，迫使厂家在发动机、刹车、传动装置等方面提高产品质量，推动了汽车生产技术的革新。这与克罗蒂强调的加强深化型投资相关。第三，通过政府实行保护主义来削弱外来的竞争。如 1981 年后三大公司成功获得美国政府对日本进口汽车的数量限制；90 年代早期游说国会对日本在美国的汽车（包括日本在美国的移植性工厂所生产的汽车）销售额施加380 万辆的年度配额；1985 年的《广场协议》迫使日元大幅度升值，而当日本厂商不得不提高汽车价格时，三大巨头也迅速提高价格。第四，通过改组生产模式，降低生产成本。例如，通用汽车一直是垂直一体化程度最高的汽车制造商，自己生产零部件的大约 70%。改组的方向就是放弃零部件制造而缩小垂直规模。福特和克莱斯勒也采取类似措施，它们把零部件制造转移给外部供应商而大量削减公司雇员，通过压低零部件供应价格，加强对中小企业的压榨和控制，从而降低成本。正如《财富》杂志所说："当汽车公司放弃制造自己的部件而更多地依赖于供给者时，从设计车型到建立工厂一切将变得便宜。"[①] 第五，三大汽车巨头与外国大公司建立合资企业，进行跨国合并。如通用持有日本五十铃汽车公司的一半所有权，和丰田联合经营一家在加利福尼亚的汽车组装厂。福特掌握了日本马自达汽车公司的实际控制权，拥有马自达在密歇根州一家移植性工厂的一半所有权；控制了韩国汽车制造商Kia 的所有权股份，共同在泰国生产轻型货车并出口到北美等。此外，三大巨头还与它们的外国竞争者签订了许多互供合同以获得更多类型的汽车配件。大型汽车公司还在研发方面加强合作，美国汽车研究委员会把三大巨头在许多不同领域的研究协会联合起来，并创导"合作生产新一代车型"，成立了许多包括三大巨头的技术小组。同时欧洲也建立了汽车研究和发展委员会，通过许多相似的研究合作机构将欧洲生产商联合起来。这种程度和范围的联盟与合伙协议促进了美国买方寡头彼此的合作，也与主要的外国竞争对手联合，从而扩大了大汽车公司之间的信息交流、协调与合作。综上所述，正如布罗克所客观评述的："20 世纪 80 年代，外国'移植性工厂'的到来削弱了国内生产的集中度，而在过去的 20 年间，进口的长期增长已经削弱了三

---

① W. 亚当斯等：《美国产业结构》，中国人民大学出版社 2003 年版，第 123 页。

大公司对美国汽车销售的支配地位。然而，三大厂商依然占主导地位，而这些促进竞争的作用却被削弱了。这是因为三大巨头在政治上成功获得了政府对外国进口的限制；美国垄断厂商与其主要外国竞争者建立的合资企业和'联盟'的发展；外国厂商和三大巨头的合并。"到 20 世纪末的 1998 年，三大巨头仍占有美国生产和销售的新汽车的 65%—70% 的份额；在细分市场上：份额最低的豪华小汽车也达到 45%，中档小汽车 56%，小型经济车 65%，体育用车 69%，小型货车 88%，轻型货车 90%。①需补充说明的是，1998 年克莱斯勒与戴姆勒—奔驰合并为戴姆勒—克莱斯勒集团公司；2007 年克莱斯勒将 80.1% 的股份出售给博龙资产管理有限公司；2009 年克莱斯勒汽车与意大利菲亚特汽车初步达成策略性联盟协议，2009 年 4 月克莱斯勒公司申请破产保护后，意大利菲亚特集团正式宣布入主。这也是国际汽车巨头合并的一个例证。

特别应该强调指出，在新自由主义时代，垄断大公司还通过并利用经济全球化来应对激烈的竞争，维护其垄断地位和垄断利润。20 世纪 70 年代后新自由主义思潮和积累体制的盛行，推动了金融业和实体经济的全球化发展。全球化在加剧国际市场上的竞争的同时，也成为大公司获取垄断利润的重要途径。垄断大公司作为跨国公司，把大量资本和生产转移到发展中国家。这从三个方面有助于维护大公司的垄断地位：一是加强国内工人的就业压力，压低了国内工人实际工资的增长；二是扩大了国外市场，有利于强化国际市场上大公司的市场垄断；三是利用发展中国家工人的低工资，大幅度地降低生产成本。特别是第三点，通过加强对发展中国家工人的剥削来压低成本和获取垄断利润，被某些学者称为"全球劳工套利"。现在，美国主要的垄断性跨国公司，如通用电气、埃克森、雪佛龙、福特、通用汽车、宝洁、惠普、联合技术、强生、美国铝业、卡夫、可口可乐等，雇用的外国工人比美国本土工人还要多。像耐克和锐步这类大公司，100% 的生产工人都由第三世界分包商提供；国内雇员仅限于管理、产品开发、市场营销等。电脑制造商戴尔从全球多个国家的 300 多个供应商那里购买大约 4500 个配件，主要进行组装。苹果公司制造的 iPhone，其实际生产除了软件和设计外，都主要发生在美国国外。它的配件主要在 8 个公司生产，然后运到富士康的工厂进行组装，再出口到美国和世界各地。垄断跨国公司正是通过这种全球配置资源和全球供

---

① W. 亚当斯等：《美国产业结构》，中国人民大学出版社 2003 年版，第 117-118、120-121 页。

应链，尤其是对发展中国家工人的剥削，维护着它们的高额垄断利润。例如，2009 年 iPhone 的利润率竟高达 64%。[①]

至于寡头利润边际的丧失，不知道作者是否有充分的实证资料支持。这里说的当然不是短期。从短期看，特别是在衰退时期，垄断大公司出现寡头利润丧失甚至巨额亏损都是可能的，这种现象即使在 20 世纪 70 年代以前也存在。但从长期看，垄断大公司通常可以凭借其垄断势力保持较高水平的均衡利润率。曼德尔、鲍林、爱德华兹等对此都做过经验证明。如爱德华兹的数据：在 1958—1971 年，美国制造业"核心企业"（即四厂商集中率达到和超过 40% 的部门中资产达到和超过 1 亿美元的大公司）的长期平均利润率比所有其他制造业厂商的平均水平高出大约 30%。[②]如果说这个数据还主要是在福特主义时代，那我们还有一个更长时间的经验材料。在 1947—1987 年的整个长时期和各个分时期，美国制造业 7 个较高集中率部门的平均利润率均高于 8 个较低集中率部门的平均利润率。在长达 40 年期间，前者的平均利润率为 12.9%，后者的平均利润率为 10.7%。从分时期看，如 1981—1987 年间，前者的平均利润率为 13.0%，后者的平均利润率为 10.5%，二者相差 2.5 个百分点，即高集中部门的利润率比低集中部门高出 24%。[③]如果挑出高集中率部门中的大公司，它们的利润率可能更高。这个数据至少表明，克罗蒂关于新自由主义时代因爆发"强制性竞争"而导致美国制造业寡头利润边际消失的论断，可能并不完全符合实际。

从以上几点来看，依据克罗蒂的论述来界定 20 世纪 80 年代乃至整个新自由主义时期资本主义竞争体制的特征，既不够清晰，也存在有待商榷的地方。如果把它概括为"残杀式定价和寡头利润边际的消失"，那涉及的就不是垄断竞争的新特征，而似乎是垄断资本和垄断竞争还存不存在的问题。我的意思绝不是说，新自由主义时期积累体制和调节方式的改变不会影响垄断竞争的具体特征，这的确是一个值得思考和探讨的理论和现实问题，需要我们进行更深入的研究和讨论。

（原载《中国人民大学学报》2012 年第 6 期）

[①] J. B. 福斯特等：《全球劳动后备军与新帝国主义》，《国外理论动态》2012 年第 6 期，第 42-43 页。

[②] J. B. Foster. The Theory of Monopoly Capitalism, Monthly Review Press, 1986, P.71.

[③] 高峰：《发达资本主义经济中的垄断与竞争》，南开大学出版社 1996 年版，第 299 页表 11-2。

关于企业并购的基本理论研究

企业并购的基本动因与后果

马克思主义经济学把企业并购看作生产和资本集中的一种形式。马克思在《资本论》中详细分析了资本集中的原因、后果与趋势。在马克思看来，企业规模扩大和资本日趋集中是资本主义经济发展的必然结果，而资本主义的生产目的和技术基础则是推动资本集中的基本动因。

马克思认为，资本主义生产的根本目的和动力，来自对剩余价值的追逐，其表现形式是追求尽可能多的利润和尽可能高的利润率。资本主义企业追求利润最大化必须在两条战线上进行斗争：一条战线是面对企业内的工人，力图提高对工人的剥削程度和扩大所剥削的工人数量；另一条战线是面对与之竞争的其他企业，力图加强在市场竞争中的有利地位。这两条战线上的斗争，都必须依靠采用先进技术和扩大生产规模。

资本主义生产从一开始就是一种社会化的生产方式，并在工业革命之后形成了机器生产的技术基础。工业革命和大机器生产虽然对资本主义企业生产规模的扩大提出了要求并提供了可能性，但大规模生产的直接经济意义还在于，它能提高生产效率和产生规模经济。规模经济的源泉主要来自两个方面：第一，大规模生产可以提高劳动生产率。扩大生产规模不仅有利于更好地使用机器和采用新技术，而机器和先进技术的采用是提高生产效率的首要条件；而且有利于加强劳动者的分工与协作，分工与专业化必然提高工人的熟练程度和工作效率，协作则会产生新的生产力。提高劳动生产率意味着用较少的劳动投入生产更多的物质产品。这是规模经济的第一个因素。第二，大规模生产可以节约生产资料的投入。生产规模越大，劳动过程越是社会化，固定资本使用上的节约可能越大，因为厂房、仓库、动力系统、取暖照明设备以及工作主机等都不会与生产规模同比例地增加。大规模生产还有助于利用废料，使原材料的使用得到节约。扩大生产规模还可以相对减少工厂的一般管理费用。节约生产的物质要素意味着用较少的生产资料投入生产更多的物质产品。这是规模经济的另一个要素。

从社会生产一般的角度看，规模经济是一种社会利益，因为它为社会生产节约了活劳动和物化劳动，有利于提高居民的福利。但是，能为社会带来利益的规模经济还不足以推动资本主义生产的集中，资本家之所以要扩大生产规模，主要是因为可以利用规模经济来降低成本和提高利润。事实上，降低成本正是资本在两条战线上进行斗争的基本武器。资本家为了提高对工人的剥削程度，主要依靠相对剩余价值生产和超额剩余价值生产的方法，而这种剩余价值生产方法的基础就在于提高劳动生产率以降低劳动成本；同时，资本家为了加强竞争力量，也需要降低劳动成本和生产资料成本。"竞争斗争是通过使商品便宜来进行的。在其他条件不变时，商品的便宜取决于劳动生产率，而劳动生产率又取决于生产规模。因此，较大的资本战胜较小的资本。"[①]在资本竞争中，降低生产资料成本和降低劳动成本具有同样的重要性，这也要依赖于生产规模的扩大。"工人的集中和他们的大规模协作，从一方面来看会节省不变资本。同样一些建筑物、取暖设备和照明设备等等用于大规模生产所花的费用，比用于小规模生产相对地说要少一些。动力机和工作机也是这样。它们的价值虽然绝对地说是增加了，但是同不断扩大的生产相比，同可变资本的量或者说同所推动的劳动力的量相比，相对地说却是减少了。一个资本在本生产部门内实现的节约，首先是并且直接是劳动的节约，即本部门内工人的有酬劳动的减少；而上面所说的那种节约，却是用最经济的办法，也就是说，在一定的生产规模上，用最少的费用，来实现对别人无酬劳动的这种最大限度的占有。"[②]由此可见，能够节约社会劳动的规模经济，虽然在客观上要求一定程度的生产集中，但这种生产集中在物质技术上的必要性，只有与资本主义企业追求利润和加强竞争的动机结合起来，并在真正有助于资本主义企业降低生产和经营成本的条件下，才会转化为推动资本主义生产集中的现实力量。

马克思虽然对资本主义条件下生产集中和资本集中的必然性及趋势进行了深刻的理论说明，其中已包含了对企业兼并现象的预见，但他终究没有亲

①　马克思：《资本论》第1卷，《马克思恩格斯全集》第23卷，人民出版社1972年版，第686—687页。
②　马克思：《资本论》第3卷，《马克思恩格斯全集》第25卷，人民出版社1974年版，第97—98页。

见大兼并浪潮，因而并没有对企业兼并现象进行直接的分析；而希法亭则对企业兼并问题有较多的讨论。

希法亭对企业兼并的分析是从企业联合问题入手的。他从 19 世纪末 20 世纪初的实际情况出发，看到企业联合已成为资本集中的最重要的手段。他把企业联合区分为以契约维系的利益共同体与合并两种形式，并着重分析了不同类型企业联合的不同动机和目的。希法亭首先从部门之间利润率的差别出发，谈到企业之间的纵向联合，将之称为联合制。他指出："联合制最初并不意味着有什么优势，因为总是只能实现平均利润率。但是，第一，联合制使行情差异持平，从而为联合制工厂提供了更为稳定的利润率。第二，联合制导致商业的消除。第三，联合制造成技术进步的可能性，从而与单纯工厂相比获得超额利润。第四，在严重的萧条时期，当原料价格降低与成品价格降低不同步时，联合制加强了联合制工厂对单纯工厂竞争中的地位。"[①]希法亭进而对纵向联合与横向联合进行了比较。"我们所说的联合制，是指一个为另一个提供原材料的资本主义企业的结合；我们还把由不同产业领域中利润率的差别引起的这种结合，和同一产业部门的企业联合区别开来。后者是以通过消除竞争来提高该产业部门的低于平均水平的利润率为目的而形成的。在第一种场合，企业联合之前所属的产业部门的利润率不发生变化。……在第二种情况下，可以期待利润率在该产业部门中由于竞争的减少而提高。"[②]希法亭还进一步强调："同种的联合，在它是局部联合时，总是导致竞争的削弱；在它是完全联合时，总是导致竞争的消除。除了提供经济上的好处之外，联合制、兼并和托拉斯也提供与小企业相比大企业所固有的技术上的好处。"[③]以上论述表明，在希法亭看来，纵向联合或兼并的主要目的在于为企业提供更稳定的利润率；而横向联合或兼并的主要目的则是为了削弱或消除竞争，形成垄断，以提高企业的利润率。他同时也认为，无论是纵向联合与兼并或横向联合与兼并，都会给实行联合或兼并的大企业既带来技术上的利益，也带来经济上的利益，并且总会加强这些大企业对小企业竞争的有利地位。

希法亭还特别论述了作为金融业的银行在企业联合与兼并中的作用。"产业企业的所有这些联合，通常都是由把银行同企业连接在一起的共同利益所

---

① 希法亭：《金融资本》，商务印书馆 1994 年版，第 218 页。
② 希法亭：《金融资本》，商务印书馆 1994 年版，第 219 页。
③ 希法亭：《金融资本》，商务印书馆 1994 年版，第 221 页。

促成的。""这种银行的干预加快和促进了向产业集中方向的发展过程。"①希法亭分析了银行在推动企业联合与兼并中的利益关系：一是银行提高了它贷给那些原来互相竞争而现在已经实行联合或兼并的企业的资本的安全性；二是银行可以作为企业联合或兼并的中介人而获得收益。"对于银行来说，中介上述过程意味着：首先，它所贷出的资本有了更大的保证；其次，是进行有利可图的交易即股票买卖和发行新股票等等的机会。实际上，这些企业的联合意味着它们利润的提高。这种被提高的利润中的一部分，被银行资本化和占有。"②

总之，马克思主义经典作家在分析资本集中和企业兼并的动机或后果时，既肯定了集中或兼并过程有利于提高规模经济和技术效率，又更强调资本的利润动机以及由此而导致的限制竞争和形成或加强垄断的后果。现代西方的马克思主义学者多数继承了马克思主义的这一传统观点。如谢尔曼在论述现代美国的生产集中时指出："除了在规模经济的基础上使技术改进以外，……大厂商还有牟取更大赢利的原因。由于这些厂商都希望行使对市场的垄断权力，它们或是从内部或是通过合并发展起来以至远远超过了工艺上的必要限度。随着小竞争者的被消灭和被控制，少数保留下来的大厂商能够限制产量并规定高价以得到高利润率。"③

学院派经济学的三种基本假说

西方学院派经济学对企业并购问题也进行了大量研究，特别是对企业并购的动机提出了各种各样的理论和说法。对纷繁复杂的企业并购理论的最详尽的概括，见于威斯通等撰写的《兼并、重组与公司控制》一书的第八章。国内出版的关于企业并购的著作，涉及企业并购理论的部分几乎大都是该书有关论述的一个简化了的翻版。这里不打算重复这些论点，而只想对几种影响较大的并购理论进行简要的介绍和评述。

---

① 希法亭：《金融资本》，商务印书馆 1994 年版，第 221 页。
② 希法亭：《金融资本》，商务印书馆 1994 年版，第 222 页。
③ H. J. 谢尔曼：《停滞膨胀》，商务印书馆 1984 年版，第 144 页。

1. 市场势力理论

西方产业组织经济学中的新古典主流派大多强调这一理论,并在 20 世纪 70 年代以前在西方国家占有主导地位。市场势力理论认为,并购行为特别是大企业的横向并购行为(但不仅仅是横向并购行为),其主要动机在于寻求市场势力,即通过垄断市场提高产品价格,以获取稳定的高额垄断利润。主张市场势力理论的经济学家,例如老资格的产业组织理论家贝因,一般并不否定企业生产和销售方面的规模经济及其对生产集中和企业兼并的推动作用;但强调这种作用是有限的,它们只是"在一定限度内在各个市场中导致销售者集中程度的提高",还有另一些促进集中和兼并的力量,"它们以不同程度的活力在经常地起作用,并且会刺激厂商无限制地逐步提高集中程度,或者在部门内部,或者通过企业的成长而跨越单个部门的边界"。贝因概括了三种主要力量:一是,"通过兼并或消灭、排挤竞争对手,以减少厂商的数量而限制竞争。这或者发生在一个部门的横向水平上,或者发生在相关部门的纵向水平上。为了方便,这可以称为垄断的动机(Monopolization Considerations)"。二是,"某些厂商由于它们对所有实际或可能的竞争对手具有战略上的优势,而倾向于获取在市场上的支配地位,并因此而尽可能提高销售集中程度。这些优势包括:专利,对战略性原料的控制,与其他实际或潜在的竞争性产品相比较消费者对该厂商产品的强烈的购买偏好,等等。这种特定的进入壁垒动机(Specific Entry Barrier Considerations)在说明许多部门的高集中水平是重要的"。三是,"为了从兼并的运作中获取金融利润,作为'外部人'的金融机构也倾向于从事兼并。与此同时,具有大量现金流量的公司也倾向于在部门内部或其他部门通过并购进行投资。这两种倾向可以概括为金融动机(Financial Considerations)。两者在本质上是促进集中的,尽管它们并不总是会导致单个部门内集中率的上升"。①

另一位主流派产业组织经济学家谢佩德,则把企业合并的动机归结为三个方面:直接获取市场势力和利润的动机,特别是在横向合并的情况下,它总是会消除进行合并的两个企业之间的竞争,其影响则依存于两个企业的市场份额和其他市场条件而可能或大或小;获取技术上节约的动机,如横向合并可能产生规模经济,纵向合并会由于技术上的原因而带来生产成本上的节

---

① J. S. Bain, P. D. Qualls. Industrial Organization: A Treatise, Volume 1, JAI Press, 1987, P.97-103.

约，混合合并则可能由于风险的分散、金融资金在混合联合企业中更有效率的流动等而产生某些经营多样化的节约；获取纯粹财务上节约（Pecuniary Economies）的动机，如降低所购买的投入品的价格，从而减少纳税，扩大促销方面的利益等。但是，谢佩德在概括这三方面的动机时特别强调了两点：一点是，在分析合并可能带来技术上的节约后，他认为："合并只不过是达到上述技术上节约的三种主要方法之一，另外两种方法是企业的内部成长以及与其他企业缔结长期契约。和这两种方法相比，事实上，从合并中产生技术上节约的净利益通常很小，或者为零，或者甚至是负值。"另一点是，在分析合并会带来纯粹财务上的节约时，他认为："财务上的节约虽然能为企业提供金钱上的收益，却并没有改善对实际资源的使用。"①谢佩德强调的这两点，在很大程度上否定了合并在促进市场势力提高之外，还可能具有提高资源配置效率和资源使用效率的作用。

产业组织经济学主流派的这些观点，实际上是认为，在企业并购中起主要作用的是获取市场势力的动机，因而是损害经济效率和居民福利的。这种理论具有一般反对企业并购特别是大企业并购的政策含义，并主张强化和严格执行反垄断法以限制大公司之间的企业并购。然而，主流派关于企业并购的这种理论观点和政策主张，受到产业组织经济学中的芝加哥学派和新制度经济学家的批评，其理论本身也确实包含着一些缺点与不足。第一，它在突出企业并购特别是大企业并购中为限制竞争而加强市场势力的动机的同时，对企业并购可能具有的提高经济效率的意义估计不足；也没有充分强调在不同的市场结构或企业规模下，企业并购可能带来的经济后果上的差异。第二，这些学者在分析并购可能加强企业之间的协同作用和提高经济效率时，主要着眼于由于技术原因而产生的生产成本上的节约，而没有充分认识和深入分析由于组织、制度变动而带来的交易成本上的节约；对后者的研究恰恰是新制度经济学家的贡献。第三，这些学者在承认并购会带来某些技术上的节约时，认为并购不过是产生这类技术上节约的三种方法之一，因而与其他两种方法相比，并购带来技术上节约的净效益可能微不足道。但问题在于，为什么企业要采用并购的方式而不是内部成长或缔结长期契约的方式来获取这类技术上的节约？这恰恰是需要从理论上深入说明的。第四，这些学者在肯定并购会给企业带来财务上的节约时，强调这种节约与实际资源使用的改善无

---

① W. G. Shepherd. The Economics of Industrial Organization, Prentice Hall, 1997, 4th edition, P.151-153.

关。然而这一论断是值得讨论的。并非所有财务上的节约都是社会现有价值再分配的结果，例如由于促销利益的扩大所带来的财务上的节约，就不能说与资源利用效率提高无关。

2. 效率理论

从 20 世纪 60 年代中期以来，有关企业并购的效率理论逐渐兴起。这一理论以产业组织经济学中的芝加哥学派和新制度经济学家为代表，强调企业并购的效率动机和效率意义，认为企业并购的主要作用不是加强市场势力，而是使合并的企业提高效率和降低成本，有利于社会福利的增长，因而主张放松反垄断法对企业并购的限制。以下是几种主要的效率理论。

威廉姆森是并购问题上提倡效率理论的突出代表。

首先，他倡导了一种对待兼并的福利权衡方法（Welfare-Trade-Off Approach）。这一论点是他在 1968 年作为对道格拉斯法官驳回宝洁公司在其反托拉斯诉讼案中以经济效率作为兼并的辩护理由的一种回应而提出的。这种观点认为，一项兼并即便会产生或加强市场势力，也不应简单地加以禁止，而要看它是否还会提高经济效率。如果一项兼并既产生市场势力又提高经济效率，则应对两者进行权衡。为此，威廉姆森运用局部均衡福利经济学的分析方法建立了一个经济模型，以对兼并的这两种后果进行福利评价。在这个模型中，兼并的经济效率效用通过兼并后企业成本的下降来度量，兼并的市场势力效用通过兼并后企业提高价格而导致的消费者剩余的减少来度量，从这两者的比较中就可得知兼并所带来的净福利是正值还是负值。威廉姆森提供的一些计算表明，甚至一项兼并所带来的并不太大的成本下降，就可能超过市场势力提高所带来的福利损失。他还进一步指出："当局部均衡分析表明在任何一个部门垄断价格的增长总是会导致损失的时候，从更一般的角度来看却可能是，这种单独部门的价格上涨导致了资源更理想的重新配置。因此可以想象，一种具有垄断权力和成本节省效果的兼并可能两方面都带来好处——尽管可能很难用规范推演来说明这种情况。"[①]

其次，威廉姆森运用交易费用分析方法论证了纵向合并的效率意义。在1971 年的论文中，威廉姆森从市场失效时企业组织可以更有效率地予以替代的分析角度论证了纵向一体化。他批评了传统的产业组织理论简单用技术上

---

① O. E. 威廉姆森：《作为一种反托拉斯辩护理由的经济效益：福利权衡》，《反托拉斯经济学——兼并、协约和策略行为》，经济科学出版社 1999 年版，第 10 页。

的相互依赖性来解释纵向一体化的观点，指出："事实上存在的问题比通常意识到的更多。如内部组织替代市场交换并不是因为与生产相关的技术经济，而是因为那种被广泛提及的中间产品运行中的'市场失灵'。"①关于市场失灵的分析，威廉姆森强调了契约的不完备性。他指出：在具有中间产品供给和交易的企业之间，有三种不同的供给安排可供考虑，即永久性契约、一系列短期契约和纵向一体化。永久性契约的两难困境是：订立详尽无遗的契约不仅非常困难而且成本高昂；而当技术变化要求产品重新设计时，契约修订中的机会主义态度又可能使一种必要的适应性和连续性的决策程序受阻或被歪曲。订立一系列短期契约的问题则在于：供应方企业对专用性耐用设备的最优投资，又会和便于进行适应性连续性决策的短期契约发生冲突。"因此，考虑到长期和短期契约都有问题，纵向一体化很可能就有必要了。有效的投资和有效的连续性决策之间的冲突由此而避免了。连续的适应成为合作调整的一种情形，而不是进行机会主义的谈判，风险就可减少；相继阶段之间的差异可较容易地被内部控制机制所解决。"②与此同时，威廉姆森还分析了一体化企业相对于市场所具有的两种结构优势：一是一体化企业实现了信息交换的经济；二是交易的内部化可能消除当产权界定不清时所产生的讨价还价的谈判成本。在1979年的论文中，威廉姆森又进一步深入地从与交易性质相适应的不同规制结构的角度论证了纵向一体化，"通过规制结构讨论了决定交易一体化的制度框架"。在威廉姆森看来，交易总是在一定的制度结构下进行的，交易的规制结构就是交易在其中进行的制度母体，它是随交易的性质而变化的。交易的性质决定于交易的三个方面的特性：不确定性、交易的重复频率和投资的专用性程度。其中，特质交易在理解交易的规制结构方面特别重要，所谓特质交易是指进行了专用性投资的定向对口交易，即非标准化交易。按照交易的投资特点和交易频率，可以有三类不同的规制结构，即非专用性结构、半专用性结构和高度专用性结构。市场是典型的非专用性结构，它适合于不需要专用性投资的非经常性的高度标准化交易；高度专用性结构则适合于需要专用性投资的经常性的非标准化交易；半专用性结构介于两者之间，适合于非经常性的非标准化交易。而对于中间产品交易的高度专用性

---

① O. E. 威廉姆森：《生产的纵向一体化：市场失灵的考察》，《企业制度与市场组织——交易费用经济学文选》，上海三联书店1996年版，第2页。

② O. E. 威廉姆森：《生产的纵向一体化：市场失灵的考察》，《企业制度与市场组织——交易费用经济学文选》，上海三联书店1996年版，第9页。

规制结构来说，又可以分为两种形式："保持当事人自主权的双边结构和使交易脱离市场并根据一种权威关系（纵向一体化）在企业内部进行组织的一元结构"，即双边规制和统一规制。在这里，不确定性程度的大小，则会对这两种规制形式的选择产生影响。"只要投资的特质程度并非微不足道，不确定性程度的增加就会使之更迫切地要求当事人设计一种'应变'机制……以便进行更有效适应的连续性决策。……由于经常性交易不确定性增加，双边规制结构常常为统一规制结构所取代。"[①]由此，威廉姆森从交易的制度结构必须适应交易的性质这一原理，论证了纵向一体化代替一般市场交易或双边缔约关系的深层原因。

再次，威廉姆森还分析了混合合并的效率意义。针对一些经济学家认为混合联合大公司会加强垄断势力的观点，威廉姆森提出了质疑，强调混合兼并以及由此形成的混合联合大公司提出了传统理论无力解决的重大制度问题。在他看来，正像纵向一体化是对产品市场失效的一种反应，混合合并及由此形成的"联合大企业可被视为主要是作为对资本市场中失效的反应，由内部组织对市场组织的一种替代"。他认为资本市场具有两项一般功能：资金的流量调节和提供奖惩式的激励。一方面，资本市场对资金流量调节的范围，受到企业留存利润的通行惯例的限制；另一方面，资本市场在与企业的外部联系中处于一种信息劣势地位，这不仅限制了对企业的选择性奖励程序的有效性，而且妨碍了资本市场进行选择性干预以矫正局部状况的能力。鉴于资本市场的这种失效，"联合大企业对激励功能和流量调节功能二者都实行了内部化。作为一种拥有立宪权威、专门知识技能和低成本地获得必备数据资料的途径的内部控制机制，它既能够采用外部控制代理者无法获得的额外的奖励与惩罚工具，又能够以选择性和预防性的方式运用这些工具。作为一种资金流量调节工具，联合大企业（理想地）以预期收益为依据来分配现金流量，而不是允许现金流量由产生它们的部门加以留存。因此，在这两个方面，联合大企业（至少潜在地）可以被视为一个小型的资本市场"[②]。这就是威廉姆森提出的用以证明混合兼并与混合联合大企业具有效率优势的"内部资本市场"理论。

---

① O. E. 威廉姆森：《交易费用经济学：契约关系的规制》，《契约制度与市场组织——交易费用经济学文选》，上海三联书店 1996 年版，第 41、45 页。

② O. E. 威廉姆森：《反托拉斯的实施与现代公司》，《反托拉斯经济学——兼并、协约和策略行为》，经济科学出版社 1999 年版，第 58、59 页。

效率理论的一个核心论点是参与合并的企业之间的协同效应（Synergy Effect）。除了人们通常承认的技术协同和经营协同效应以外，威斯通等从所谓"组织资本"的概念出发，着重论证了与相关并购相联系的管理协同效应和与不相关并购相联系的财务协同效应。威斯通等认为：组织资本是一种生产要素，它体现为一个企业的专属信息资产，是在一个企业组织中借助经验而逐渐积累起来的。这种组织资本与体现在雇员身上的由经验而获得的技能相结合，便形成一个企业所特有的无法通过劳动市场自由转移到其他企业去的人力资本资源。具体表现为三种类型：一般管理能力，行业专属管理能力，企业专属非管理人力资本。以此为基础，威斯通等"假定兼并代表了企业内部化的投资机会，即企业努力从其组织资本中赚取租金时跨经营领域或跨行业重新配置资源的过程"[①]。通过兼并实现这种内部化的投资机会涉及两种协同效应：管理协同效应是相关企业兼并的效率基础，财务协同效应则是不相关企业兼并的效率基础。在横向兼并和相关企业兼并中，行业专属资源过剩的主并购企业可以将其过剩资源转移到行业专属资源不足的被并购企业中，从而提高合并后企业的管理效率。这种行业专属资源的拓展使用是相关并购中增进管理效率的关键；与此同时，企业的组织资本则得到了保存和更充分的利用。在不相关企业兼并中，除了在转移一般管理能力上可能产生的效率之外，更重要的是会产生财务协同效应。"该理论认为，在这样的兼并中，推动收购企业采取兼并的动因并不是收购企业发现其内部存在利用不充分的专属资源，而是由于它们意识到在现有的经营领域中的投资机会实在是有限。"这种理论暗示出一个财务资源重新分配的过程，即资源从收购企业所在的需求增长缓慢的行业转移到被收购企业所在的需求高速增长的行业。但是，感到投资机会不足的企业为什么不通过新建企业而要通过兼并的方式进入一个新行业呢？这通常是因为该企业缺乏可以运用到这个新行业中去的组织资本。因此，"能够把兼并（或收购）从简单的购买资产和雇用新工人的方式区分开来的特征是前者涉及组织资本的收购和保存"[②]。这种混合并购的财务协同效应，由于能够减轻财务风险、提高举债能力、降低筹资成本、合理分配和使用内部资金等，从而可以降低成本和提高效率。

另一种著名的兼并效率假说是曼内在 1965 年的论文中论证的"公司控制权市场"（The Market for Corporate Control）理论。他提出的基本命题是："公

---

① 威斯通等：《兼并、重组与公司控制》，经济科学出版社 1998 年版，第 80 页。

② 威斯通等：《兼并、重组与公司控制》，经济科学出版社 1998 年版，第 87、88 页。

司控制可能构成一种有价值的资产，这一资产独立于由规模经济或由垄断利润所带来的任何利益；因而存在着一个积极的公司控制权市场，相当多的兼并很可能是这个特殊市场成功运作的结果。"[1]在曼内看来，由于大公司的所有权与控制权的分离，公司控制权市场可以给予那些不具有控制权的小股东与其在公司中的利益一致的权力和保护。在这里，形成公司控制权市场的一个根本前提在于，公司的管理效率与公司股票的市场价格存在高度的正相关。如果一个公司管理不善，其股票价格就会相对于部门内其他企业或相对于整个市场而下降。而股票价格相对于在有效管理下的水平越是低下，对于某些个人或企业来接管该公司就越有吸引力，这些个人或企业相信他们能更有效率地管理该公司，并从成功地接管和复兴该公司中获取巨大的潜在收益。对公司控制权的接管有三种基本方式：代理权之争、直接购买股票和兼并。三种接管方式的成本、实际困难和法律后果均有很大差别；但相比之下，"兼并在很多情况下似乎是三种公司接管方式中效率最高的。因此，兼并对于保护不掌握控制权的个人股东具有极为重要的意义，从一般福利经济学的观点来看也是社会所需要的"。总之，公司控制权市场以及作为这个市场成功运作结果的兼并，意味着一系列重要的经济利益，它们包括："减少浪费性的破产程序，改善公司的管理效率，保护没有控制权的公司投资者，提高资本的流动性，使资源配置更有效率。"[2]

以上是几种有代表性的效率理论。可以看出，这些理论的确拓宽了对并购问题的研究视角，提出了关于并购动机和作用的不同于市场势力理论的说明，具有一定的解释力。这种理论的政策含义也十分清楚，就是应尽可能减少对并购的法律限制，放宽对并购事件的反托拉斯执法。效率理论的影响从20世纪70年代以后逐渐扩大，进而引致美国等许多国家的反垄断执法趋于放松，是80年代和90年代形成最近两次并购高潮的重要原因。然而主流派产业组织经济学家对各种效率理论并不信服，他们对效率理论及其政策也一直持批评态度。

关于并购的效率理论本身也存在一些问题和不足。例如：第一，关于为兼并辩护的福利权衡的分析方法，强调即使带来市场势力从而产品价格上升的兼并，如果它同时能更大程度地降低成本，则也应该予以支持。但是，从居民福利的角度来看，这种成本节约的利益并没有通过产品价格下降转移给

---

[1] H. G. Manny. Mergers and the Market for Corporate Control. Journal of Political Economy, 1965, P.112.

[2] H. G. Manny. Mergers and the Market for Corporate Control. Journal of Political Economy, 1965, P.119.

消费者,而是和产品价格提高结合起来更大地增加了兼并后企业的垄断利润。这一结果实际上并没有给作为消费者的居民带来任何福利,而只会进一步加强兼并后企业的市场势力,因为更高的利润必然提高企业的经济实力,更低的成本则有利于对部门内高成本小企业的排挤。第二,效率理论在强调企业兼并会由于规模经济和节省交易费用而提高兼并后企业的经济效率时,往往低估甚至忽略了兼并后企业可能因为垄断势力增长而产生的 X 低效率。由莱宾斯坦创立的 X 效率理论认为:由于个人的非完全理性和企业中代理人与委托人利益目标不一致等原因,企业在缺乏外部压力时并不会自动实现利润最大化和成本最小化,因而假定垄断企业对要素投入的使用同竞争企业一样有效率是不正确的。实际上,大企业的垄断势力不但会提高产品价格,通过减少消费者剩余而损害资源配置效率;同时可能会由于竞争压力减轻而造成企业内部资源使用效率的下降和成本上升,即导致 X 低效率。不少经济学家估算,垄断势力带来 X 低效率所造成的福利损失,甚至超过它带来配置低效率所造成的福利损失。谢佩德在分析 X 低效率问题时指出:"有两个教训显示出来。首先,X 低效率是一个常见的问题,它通常会相对于效率水平提高成本 10% 以上。其次,X 低效率与市场势力紧密相关,垄断、支配性企业、寡头垄断都很可能产生显著的 X 低效率。"[1]第三,效率理论通常以参与合并的企业之间的各种协同效应作为论证的基础,但协同效应对于合并的企业来说只是一种可能性而不是必然性。并购后的企业要发挥协同效应从而提高效率需要两个条件:一是参与合并的企业原来在其资源占有上的确具有互补性,二是企业合并后必须真正实现资源的整合。这两者又依赖于主兼并企业在兼并前对目标企业的正确选择,以及在兼并后对资源整合的认真实施,从而要以主兼并企业具有正确的兼并动机为前提。实际情况表明,在实践中并非所有进行并购的企业都必然是以提高效率为目的的。因此,协同效应作为兼并的一种理论上的可能性,并不能证明所有或大多数兼并在实践上均为合理。纽博尔德 1970 年的案例研究从一个侧面证实了这一推断。他的调查结果显示:企业在并购前的分析研究工作往往十分草率,在许多情况下并没有仔细分析目标公司的资产状况,也没有认真评估并购后的潜在收益;并购的决策通常是在很仓促的情况下作出的。当并购活动十分高涨时,并购成为一种时尚,许多企业进行并购仅仅是为了效仿。此外,并购实现后,只有大约一半

---

① W. G. Shepherd. The Economics of Industrial Organization, Prentice Hall, 1997, 4th edition, P.106.

企业采取了具体步骤去创造所谓的协同效应，改善资产的使用效率。①第四，
"内部资本市场"理论作为混合并购合理性的一种论证，在说明所在行业增长
缓慢但现金流量充裕的公司通过兼并而向具有更大投资机会的部门转移资金
方面有一定的意义，这可以避免用剩余资金提高股东分红而被课以较重的个
人所得税。但正如莱文斯克拉夫特和谢勒尔所指出的："关于兼并的内部资本
市场理论无论在实践中可能如何重要，仍有着一些严重的局限性。如果吸收
过剩资金的被兼并的单位管理不善，获取投资收益的希望就会落空。……在
一个'不熟悉的'市场中能否更好地具有所需要的信息和激励去把资金配置
到最有利可图的使用上，这一点并不清楚。此外，实际上存在着能够解决现
金流量过剩问题而不必过度纳税的其他方法，特别是，现金充裕的公司可以
购买需要吸收现金的企业的不带控制权的股票，而不必支付股票价格贴水或
建立与完全并购相联系的更复杂的组织。"②第五，关于"资本控制权市场"
的假说，其前提是必须有一个充分有效的资本市场。但有些研究对此提出质
疑，认为实际并不存在一个充分有效的资本市场，使股票价格能够及时正确
地反映企业的实际赢利水平。杜博夫和赫尔曼在一篇论文中考察了美国的前
四次兼并浪潮，指出："我们的观察表明，实际上，系统的估价错误是兼并运
动的本质，它们会周期性地群集出现。在 1897 到 1988 年间兼并活动的四次
主要的激增，都发生在经济扩张、流动性加强、股票价格上升、新的证券市
场工具不断出现、新参加者大量涌入金融市场的时期。这个市场的特征是：
各种各样但严重的信息误导，人为操纵，狂热和投机。……这表明，是一个
不均衡的系统而不是一个活跃而有效的市场，提供了兼并运动的制度基础。"③

　　对效率理论最具挑战性的或许是实证资料对这种理论缺乏支持。近几十
年围绕效率理论的激烈争论，出现了大量检验有关理论的实证研究。莱文斯
克拉夫特和谢勒尔的专著是这类实证研究中的一个重要成果。他们运用计量
经济学方法分析了美国在 1950—1977 年间被 471 家公司收购的 5966 家制造
业企业，比较它们在并购前后赢利状况的变化。结果发现：典型的被收购企
业在被兼并前的赢利率显著高于同行业的平均水平；而在兼并以后，其中有

---

　　① 转引自马杰：《西方企业并购的理论与实证研究》（未发表的博士论文），1998 年，第 123 页。

　　② D. J. Ravenscraft, F. M. Scherer. Mergers, Sell-Offs and Economic Efficiency, Brookings Institution Press, 1987, P. 214.

　　③ R. B. DuBoff, E. S. Herman. The Promotional-Financial Dynamic of Merger Movements: A Historical Perspective, Journal of Economic Issues, 1989, 23 (1), P. 108.

三分之一的企业由于经营不善而被转卖，三分之一企业的赢利率在总体上趋于下降，只有规模相近的企业的赢利率有轻微的上升。这些事实显然是同效率理论特别是公司控制权市场理论相矛盾的。莱文斯克拉夫特和谢勒尔因而宣称："我们发现，平均来说，60 年代和 70 年代的兼并所带来的赢利率下降和效率损失，使人们不得不怀疑关于并购的效率理论的广泛适用性。"丹尼斯·缪勒则对二战以来关于检验并购是否具有效率后果的实证研究做了一个全面的总结，从兼并对赢利能力的影响，对市场份额、增长率和生产率的影响，对股票价格的影响这三个方面进行了概括性的分析。首先，在兼并的赢利效应检验方面，共有涉及 10 个国家的 20 项研究成果，多数是关于美国和英国的，每项研究都概括了大量兼并实例，从几十个到几千个不等。概括起来，在关于美国的 7 项研究中只有 2 项、在关于英国的 5 项研究中只有 1 项，表明进行兼并的公司在兼并后利润有所增长；其他的研究都表明主兼并企业的利润在兼并后或者没有提高或者有所下降。在关于其他 8 个国家的 8 项研究中，2 项表明兼并后利润上升，2 项表明兼并后利润下降，其他 4 项则表明兼并后利润无明显变化。由此可见，大多数兼并活动并没有提高企业的赢利率。其次，关于兼并对市场份额的影响的经验研究有 3 项，都表明在兼并后三四年或长达十年左右的时间里，兼并厂商的市场份额或者没有变化或者严重下降。在关于兼并对增长率的影响的研究中，多数表明兼并后企业的增长率没有明显变化，少数表明增长率有所下降。在关于兼并对生产率影响的 2 项研究中，发现更多样化经营的厂商的工厂生产率严重低于非多样化企业，这与人们关于美国的混合并购降低了并购企业的效率的结论也是一致的。再次，关于并购对股票价格的影响的实证研究共有 35 项。一般的表现是：目标公司的股票价格在兼并从宣布至完成的几个月时间里趋于上涨，这是因为兼并方通常会提供一个溢价来诱使目标公司的股东出售股票。目标公司股票价格或者在兼并宣布前一两个月内的戏剧性上涨表明市场已得知兼并的信息；但这个信息对主并购企业股价的影响则很不一致，通常并不具有统计上的重要性。市场对计划进行并购的厂商在并购宣布后缺乏积极的反应，与这些厂商的股票在并购宣布前的表现形成了鲜明对比。在检验主并购厂商在并购宣布前至少 12 个月内股票表现的 16 项研究中，有 15 项表明提供了累积性的积极回报，这种股价上升可以早在并购发生前的五六年就开始，其中位的累积性异常收入达到 13.35％。但与此显著不同的是，主并购企业在并购后时期其股票回报率却大大低于市场一般证券或其他对照组的水平。在对主并购公司宣布并购后至少 6 个月期间股东回报的 26 项估算中，有 19 项为负值，26 项的中位值为-1.7%。缪勒进一步指出：严格检验并购究竟是创造还是破坏财富，应把并购双方的收益和损失加总起来看其净结果。主兼并企业的规模平均来说要比被兼并企业大得多，根据作者在 1980 年的研究，一般要大 10 倍。考虑到这种相对规模上的差异，被兼并企业股东 0.206 的中位收益，由主兼并企业仅仅-0.021 的损失就可全部被抵消。如果我们把主并购企业股东在并购宣布时的收益和在并购宣布后的收益变化结合起来，则 26 项至少追溯到实行并购后 6 个月的研究中，主并购企业股东的中位财富下降为-0.061。只有 4 项研究计算了并购中的净财富变化：两项为微弱的负值，两项为微弱的正值。①总之，由于效率理论并不能得到实证资料的充分支持，这种理论对大量并购现象和多次并购浪潮的实际解释力是值得怀疑的。

3. 经理主义理论

由于市场势力理论和效率理论都不能充分解释大量的并购现象特别是战后的前两次并购浪潮，所以经理主义理论得以兴起。经理主义理论又被称为管理主义理论，这一理论与公司代理问题有关。詹森和麦克林最早对代理问题进行了系统分析，认为代理问题产生于现代公司中所有权与控制权的分离，由于管理者只拥有公司很小部分股权，决策功能和风险承担功能分离，使得管理者可能背离所有者的目标，而所有者和管理者之间的契约又不可能无代价地签订与执行，由此便产生了代理成本。法马和詹森则指出，适当的组织设计可在一定程度上解决代理问题。其方式是使决策的经营与决策的控制相分离，同时适当的报酬安排和经理市场上的竞争也有助于减轻代理问题。②但如果上述机制都不能有效解决代理问题，接管就会成为一种外部控制机制，这就是曼内提出的公司控制权市场理论。在曼内看来，兼并作为公司控制权市场成功运作的结果，便成为解决代理问题的最后手段。

但是，与认为并购可以解决代理问题的观点针锋相对，有学者强调，并购不仅不是解决代理问题的手段，反倒是代理问题的一种表现。缪勒在一篇论述混合并购的论文中提出了关于并购的经理主义假说。他认为，作为代理

---

① D. C. Mueller. Merger Policy in the United States: A Reconsideration, Review of Industrial Organization, Springer, 1997, P.664-676.

② 参看尤金·法马，迈克尔·詹森：《所有权与控制权的分离》（1983 年），《所有权、控制权与激励——代理经济学文选》，上海三联书店、上海人民出版社 1998 年版。

人的管理者或经理从自身的利益出发，通常具有扩大公司规模的强烈动机，因为经理的报酬是公司规模的函数。"经理人员的薪金、奖金、股票选择权和职位提升等等，所有这些与企业规模或规模变化的联系要比与企业利润的联系更为紧密。同样，经理人员从他们的职位中得到的声誉和权力，也更直接地联系于公司的规模和增长而不是公司的赢利。"①缪勒试图在公司增长最大化而不是在公司利润最大化的假设基础上对当时的美国企业并购提供一种解释。他认为，虽然这种假设可以应用于各种类型的兼并与投资活动，但在理解看似不合理的混合并购浪潮上是尤其有用的。缪勒特别批评了那种宣扬混合并购可以为公司股东分散风险的观点。他指出：只要主兼并企业未能改善被兼并企业的经营绩效，这种观点就不能用来证明公司支付巨额兼并成本的合理性。因为股东通过购买两个公司的股票即可达到分散风险的相同目的，而且要比涉及兼并所支出的成本低得多。因此，"公司经营的多样化并不是为股东分散风险的最佳手段。但从另一方面看，公司的多样化却可能是为经理分散风险的有吸引力的方法，因为他们的利益与公司本身有着直接的联系"②。按照缪勒的观点，公司经理始终存在通过并购扩大企业规模的冲动，即使这种并购并不会带来公司利润的增长。

另一种假说也可归于经理主义之列。这一假说并不断言经理们热衷于兼并是为了追求自身利益；他们可能愿望良好，但却由于过于自信和武断而在目标企业的估价上作出错误判断，这就是所谓的"自负假说"（Hubris Hypothesis）。罗尔认为，市场是高度有效的，因而公司的（股票）市价通常正确地反映了公司的赢利情况。进行兼并的公司在对潜在的目标企业进行估价时，如低于其股票市场价值则不会提出报价；只有当估价高于市场价值时才会提出报价并作为竞价企业进行并购尝试，但这种并购的溢价通常反映了主并购公司对目标企业的潜在价值和并购效果的过高估计。实际样本的经验证据也表明，平均来说，合并后公司的价值反有轻微下降。那么，既然兼并并无实际价值，为什么还有大量公司进行并购呢？罗尔认为，这只能归因于并购决策者的自信与武断。他指出："没有理由指望特定的单个竞价者会从自己以往的错误中汲取教训而克制自己。……他自信自己的估价是正确的，而市场并没有反映合并企业的全部经济价值。因此，本文中提出用于解释接管

---

① D. C. Mueller. A Theory of Conglomerate Mergers, Quarterly Journal of Economics., 1969, 83(4), P.644.

② D. C. Mueller. A Theory of Conglomerate Mergers, Quarterly Journal of Economics., 1969, 83(4), P. 652, 656-657.

现象的假设可以称之为'自负假说'。如果接管实际上并不存在总收益，这种现象就只能是由于出价者傲慢专横地推断他们的估价是正确的。"①

经理主义的再一种表现，是所谓的"防卫式兼并"假说。这种理论认为，在激烈的市场竞争和大规模的兼并浪潮中，许多公司进行兼并只是为自己提供一种保护，使自己不致被其他公司兼并。格里指出：有一种可能性被经济学家们忽视了，那就是，一些经理们进行并购是出于恐惧，因为如果他们不进行兼并，他们自己的企业就可能被兼并。这种兼并显然是防御性的，但它有助于长期保持现任经理们的职权和财富，因此可以归于并购的经理主义动机。②为什么并购行为本身会使公司减少或避免被接管的风险呢？格里将其归结为六方面的因素：绝对规模，令人生畏的债务，股票稀释，加强战略地位，调节性购买和报复性反击。③正是并购可能产生的这些后果，使得不断进行兼并的公司更有可能逃避被其他公司兼并的命运。

关于并购的经理主义理论也受到一些学者的批评。如莱维兰和亨特斯曼在 1970 年的一项研究中发现，管理者的报酬与公司的利润率密切相关，而不是与由销售水平表示的公司规模相关，这就使有些人对缪勒经理主义理论的一个基本前提产生了怀疑。④尽管如此，经理主义理论仍然得到许多学者的肯定，认为它具有一定的解释力。例如，莱文斯克拉夫特和谢勒尔在对美国 20 世纪 60 年代和 70 年代的并购浪潮进行实证研究后，认为市场势力理论与效率理论都不足以提供说明，因为这个时期的并购事件大部分为混合并购，对市场势力的影响不会很大；同时，经验资料对协同作用和效率理论也不提供足够的支持。但是，"我们的研究发现，比没有取得所希望的协同效应更为严重的是，对被兼并的公司的管理反而不如它们在被兼并前的管理好。我们当然没有理由相信，这种情况是有意识造成的，或者是事前预见到的。相反，60 年代和 70 年代进行并购的决策者们在很大程度上吃了傲慢自负的苦头。由于在主业经营中以及可能在早期多样化兼并中取得的成功，这些经理们过高地估计了他们对那些大的或小的、相关的和不相关的大规模并购资产的管理能力"⑤。这实际上是把 60 年代到 70 年代美国的大规模并购现象主要归

① Roll. the Corporate Takeover Ego Hypothesis (1986), In P. A. Gaughan. Readings in Mergers and Acquisitions, Blackwel Press, 1994, P. 46.

② D. F. Greer. Acquiring in Order to Acquisition, The Antitrust Bulletin Spring 1986, P.156.

③ D. F. Greer. Acquiring in Order to Acquisition, The Antitrust Bulletin Spring 1986, P.159-170.

④ 转引自威斯通等：《兼并、重组与公司控制》，经济科学出版社 1998 年版，第 183 页。

⑤ D. J. Ravenscraft, F. M. Scherer. Sell-Offs and Economic Efficiency, Brookings Institution Press, 1987, P. 212.

结为经理主义的解释。

对企业并购理论的再探讨

1. 并购动机的多元性

以上简要地介绍和讨论了几种最主要的并购动机。在市场经济实际运动中，企业并购的具体动机显然不是单一的而是多元的。"企业购并动机的多元性包括以下两个方面：首先，可能引发企业购并行为的动机是多元的，是一个复杂的体系；其次，对特定的购并行为而言，单一的动机是不多见的，大多数购并有着多元的动机。"[1]正是由于实际并购动机的多元性，有关并购动机的理论也是多元的。威斯通等在他们的著作中对并购理论有详细论述，列出的具体理论近 20 种；但就其反映具体并购动机的多元性来说，也并没有穷尽。并购动机的多元性，使人们很难构造有关并购动机的单一理论。许多学者试图提出一种单一的理论来说明所有的并购现象，结果往往不能成功。

那么，在多种多样具体或直接的并购动机背后，有没有某种单一的根本的并购动机呢？多数学者对此给予肯定回答，那就是追求利润，或曰追求利润最大化。从抽象的理论分析来说，不论根据马克思主义经济学还是西方经济学，这都是正确的。不过，这一论点由于过于抽象，在说明并购的根本动机方面仍嫌不足。这里涉及两个问题：第一，在现代市场经济条件下，典型的公司制度特别是大公司的公司制度，以公司所有权与公司经营权的分离为特征，而这种分离在很多场合下可以进一步发展为公司所有权与公司控制权的分离。在这种情况下，取得实际控制权的经营者有可能在一定程度上背离公司所有者追求利润最大化的根本目标，而去追求他们自身的利益，这已是现代公司理论特别是委托代理理论所肯定的基本事实。由于企业并购的实际操作者是作为经营者的经理层，因此，在现代公司制度下，经理层发起并购活动的根本动机可能分化为两种：符合公司所有者利益的企业利润最大化，符合公司经营者利益的企业增长最大化。这两种根本动机的立足点可能是不一样的。第二，就利润最大化这种并购动机来说，在现代市场经济条件下，达到目的的手段也分化为两大类：一类是通过并购来提高资源的配置效率和

---

[1] 梁国勇：《企业购并动机和购并行为研究》，《经济研究》1997 年第 8 期，第 40 页。

利用效率，另一类是通过并购来限制竞争和获取市场势力。在自由竞争的资本主义条件下，由于原子式的市场结构，企业一般只能依靠提高效率和降低成本来增加利润。但在高度集中的现代资本主义条件下，大公司已完全有可能通过获取市场势力和提高产品价格来增加利润。这样，企业并购的利润最大化动机也分化为两大类：提高经济效率的动机和获取市场势力的动机。这两类动机的立足点显然也是不一样的。

由此可见，在纷繁复杂的直接并购动机的背后，根本动机也并不是单一的，它已分化为三种基本类型：追求经济效率、追求市场势力和追求单纯的企业扩张。这三种基本动机，已成为各种各样具体并购动机背后的主要支配力量。前面分析的三种主要并购理论，就是这三种基本并购动机的理论概括和理论表现。[①]当然，在每个具体的并购事件中，或在每次巨大的并购浪潮中，这三种基本的并购动机可能同时存在，互相交织；但是，也可能有一种基本动机起主导作用。而在并购中起主导作用的基本动机不同，并购的后果就可能有巨大差别。这正是我们下面要分析的。

2. 并购动机与并购绩效的关联

并购理论仅仅研究并购动机是不够的，更重要的是研究并购的绩效。从经济绩效的角度来分析并购的后果，大体可以分为三种主要类型。

第一种是效益型并购。这种并购类型的特点，是企业微观效益与社会宏观效益的统一。这种类型的并购实现后，企业由于效率改善而成本下降，并导致利润上升和经济效益提高；与此同时，商品的价格并未上涨，甚至可能有所下降。这时，由于企业产品成本降低，社会资源得到节约；如果产品价格有所下降，成本节约的部分利益更会直接转移给居民。这两方面都意味着社会效益提高。效益型并购的基础，是并购后的企业真正改善了资源的配置效率和使用效率。并购后的效率增长可能来自下列多种源泉的一种或几种：规模经济扩大，交易费用节约，资源协同效应发挥，管理效率提高等。这种并购的结果是企业和社会同时受益。

第二种是利益分配型并购。这种并购类型的特点，是微观有效益而宏观无效益。这类并购的实现，使企业利润上升，但这种利润上升不是提高经济

---

① 增长和企业扩张并不必然与企业所有者的利润最大化目标相矛盾。为了实现长期利润最大化，企业不断扩大规模往往是必要的。因此，只有那种出于经理人员利益考虑而可能损害股东利益的盲目的企业扩张，才与经理主义的并购动机相对应。

效率的结果，而是社会利益再分配的结果。这可能有几种情况：如果并购后企业加强市场势力并提高产品销售价格，则企业利润的上升不过是一部分居民收入的转移或一部分购买商利润的转移；如果并购后企业因议价能力加强而压低了投入品的购买价格，则企业利润的上升不过是投入品供应商一部分收益的转移；如果主并购公司在并购时对目标公司的出价低于目标公司的真实价值，则企业利润的上升不过是被并购公司一部分价值的转移等。总之，这类并购并未提高社会的经济效益，也未创造出新价值，基本上是一个社会财富的再分配过程，一部分人受益是由于另一部分人受损；而并购成本则构成社会的一种净损失，并购结果还可能对居民福利造成损害。

第三种是非效益型并购。这种并购类型的特点，是微观与宏观均无效益。这类并购的实现，不但未能提高企业利润，反而使企业利润有所下降。利润下降可能是由于下列各种原因中的一种或几种：并购后的资源配置失当，参与合并的企业无协同效应可言，管理不善导致管理效率下降，并购时的出价高于目标公司真实价值等。由于这种并购的结果是资源配置效率和使用效率降低，因此它不仅损害企业的经济效益，对于社会的经济效益也是一种净损失。

以上分析的三种并购类型[①]，从规范经济学的意义上判断，显然第一类是最理想的并购类型，因为它既有利于社会又有利于企业；第二类和第三类则是应该尽量避免的并购类型，因为它无利于社会，有损于居民福利，甚至同时还有损于企业。

从一定的意义上说，并购绩效的这种多元性正是由并购动机的多元性决定的，因为并购动机和并购绩效密切相关。同前述三种不同类型的基本并购

---

① 本文对并购的这一分类，与下述两种分类有所不同。刘文通在《公司兼并收购论》一书中，按照福利经济学的术语，把并购分为帕累托改进型、卡尔多—希克斯改进型和帕累托非效率型三种。第一种类型是指，并购各方及整个经济的状况皆因并购而得到改善，无任何一方受损；第二种类型是指，虽然有人因并购行为受损，但整个经济的状况得以改善；第三种类型是指，并购双方可能得益，但整个经济却因此受损。他进而将前两类归于效益型兼并，第三类归于垄断型兼并（该书第 61-62 页）。马杰在《企业并购：动机、机制与绩效》一文中，则将并购分为配置型并购、管理者并购和购买型并购三种。配置型并购的特征是提高资源配置效率，管理者并购的特征是单纯的企业增长最大化，购买型并购的特征是出价低于目标企业的真实价值。他进而指出：如果兼并是配置型的，"兼并机制就能改善企业经营业绩，促进效率高的企业兼并效率低的企业，并且会提高合并后公司的股票价值。如果兼并主要是购买型的，那么只能提高合并后公司的股票价值，得不到以上其他两个好处。如果是管理者兼并，三个好处都无法实现"（《南开经济研究》1997 年第 5 期，第 32 页）。以上两种分类，虽然也是着眼于微观效益与宏观效益的权衡，但是：第一，由于这种微观和宏观效益的权衡与并购双方得益的权衡交错在一起，因而微观与宏观效益权衡的分类并不十分清晰；第二，两种分类似乎都忽略了微观效益与宏观效益同时受到损害这一可能的严重后果。

动机大体相对应的，可能正是上述三种不同类型的并购绩效。主要从追求经济效率的动机出发，通常可能导致效益型并购；主要从追求市场势力的动机出发，通常可能导致利益分配型并购；主要从追求企业规模最大化动机出发，通常可能导致非效益型并购。当然，这种对应关系不应从绝对意义上去理解。因为，一方面，一次并购活动可能有几种基本动机同时起作用，因而其绩效后果可能是复合的；另一方面，从好的动机出发有时并不一定取得预想的结果，因为并购活动中也可能出现判断上或工作上的失误。尽管如此，基本并购动机对并购绩效的重要影响仍不容否定，因此，上述大体的对应关系应该是成立的。

3. 企业并购合理性的理论界定

并购动机和并购绩效的多元性表明，企业并购是一种复杂的经济现象，对这种复杂经济现象的动机与后果试图做单一性绝对化的理论解释，显然与客观事实不符，也注定不能成功。

现代市场经济的一个本质特征，是经济的变动性和资源的流动性。在这种条件下，企业并购作为社会资源流动与重组的一种重要形式，有其存在的必然性和经济作用。但是，企业并购所实现的资产重组，是否必然改善资源的配置效率和使用效率并保证企业利润增长，市场经济的内在机制并不能给予完全保证。这是由现代市场经济的本质特征决定的。首先，在现代市场经济条件下，存在与企业并购相关的多重利益主体。其中最主要的是并购双方企业的所有者、经营者和作为并购推销商、承办商的金融中介人，而他们的利益并不总是一致的。由于这些利益主体的利益目标可能不一致，便决定了并购动机的多元性，进而对并购的绩效产生影响。尽管企业所有者的目标函数是利润最大化，但经营者可能追求的是企业规模最大化，而并购的金融中介人考虑的是从成功并购中获得的佣金收入。作为并购直接操办人的公司经营者和金融中介，通常会努力说服双方公司的所有者相信并购将促进效率和提高利润从而对他们有利，但并购实现后能否达到这一结果绝不是必然的。还没有理论上经验上的充分根据可以证明，并购市场上的竞争能够保证效益型并购的必然实现或占据主导地位。其次，现代市场经济条件下还存在着市场结构的多样性和市场的不完全。在高度集中和大公司占支配地位的部门，并购往往成为大公司进行垄断竞争的工具，其目的不在于提高规模经济和配置效益，而是为了排挤小企业、控制市场、形成和加强垄断势力。因而在高度集中市场上的并购与在原子式市场上的并购相比，其绩效后果往往会有巨大差异。再次，市场经济中还存在着信息的不对称和不完全。在并购市场中，主并购企业和目标企业的股东、经理以及承办并购的金融中介人对有关信息的了解程度极不相同。主并购公司的大多数股东并不了解公司内部信息，通常只能听信经理人员的解释；目标公司的股东首先考虑的是并购公司的出价。双方都不可能对企业并购后能否真正提高效率和效益作出准确判断。而资本市场可能充其量不过是一个弱势有效市场，人们往往难以从股票价格上准确判断它是否反映了企业的真实价值。所有这一切，都为经理人员和中介机构操纵并购活动提供了条件，也使并购企业可能作出错误的判断与决策。这进一步说明效益型并购的实现并不总是必然的。

由此可见，企业并购在现代市场经济中虽然有其存在的必然性，但并不意味着任何并购活动都是合理的。那么，在什么意义上和什么限度内企业并购是合理的呢？

企业并购合理性的界定，应具有微观与宏观相统一的观点。企业并购作为一种企业行为，首先必须有利于企业效益的提高；但仅仅对企业有效益还是不够的，其次还应该对社会有效益。从规范经济学和福利经济学的观点来看，只有同时既为企业又为社会带来效益的企业并购，才是合理的和应该提倡的。这种微观效益与宏观效益相统一的观点，是我们判断一个企业的并购活动是否合理，或判断整个社会的并购活动是否合理的根本出发点。

单个企业并购行为合理性的衡量，在于企业效益与社会效益的统一。这意味着，并购活动不仅要有利于企业利润增长，而且应该促进社会资源的更有效利用和居民福利的提高。什么样的并购能够达到企业效益与社会效益的统一呢？显然是立足于效率动机的企业并购。这些企业进行并购的出发点在于，通过改善资源的配置效率和使用效率来提高企业利润。它们在搜寻并购目标时，着眼于企业之间是否具有潜在的协同效应，并考虑到并购后能否提高资产的利用效率，这是企业并购后能否改善资源配置效率和使用效率的前提。而在企业并购交易完成后，则须认真进行并购资产的整合，以便使潜在的协同作用得以发挥，真正实现资源配置效率和使用效率的改善。相反，那些以获取市场势力或单纯企业扩张为主要动机的并购活动，往往会偏离效率原则，通常也难以达到效应型并购的理想目标。由此可见，从效率动机出发，并在整个过程中着眼于效率原则，是使企业并购达到企业效益与社会效益相统一的基本条件。

整个社会并购行为合理性的衡量，则在于企业规模效益与社会资源配置效益的统一。这意味着，从不同行业的所有企业来看，并购在促进企业资产的合理集中和实现企业有效规模的限度内是有效率的，因为它能提高企业的规模经济和规模效益；如果并购既不能在工厂层次上也不能在公司层次上提高企业的规模经济，甚至因规模过大而产生规模不经济和管理低效能，它就很可能是无效率的。从不同行业的整体来看，并购应有助于社会生产的合理集中并实现这样的市场结构，其中所有企业达到有效的经济规模，但却未能形成真正的垄断势力，不致使产量低于和价格高于充分竞争下的水平。只有在形成这样的市场结构的限度内，企业并购才有助于实现社会资源总体上的最佳配置效率。因此，整个社会并购行为合理性的界定，在于企业规模效益和社会资源配置效益的均衡。当然，这种均衡是一种理想状态，我们难以用规范推演对其作出具体界定，它们在现实中也是不可能达到的。但作为抽象的理论分析，这种均衡仍可以成为我们判断企业并购合理性的一个参照性基准。

（原载《中国企业并购的理论与实证研究》，中国财政经济出版社 2001年版，本文为该书的第一章第四节"企业并购的基本理论"）

发达国家所有制研究的几个问题

在马克思主义经济学说中，所有制问题占有极其重要的理论地位。马克思的经济学侧重于研究人类经济活动中的生产关系，而生产资料的所有制则是社会生产关系的基础，决定着生产关系的性质和生产关系的变革。马克思和恩格斯指出："分工发展的各个不同阶段，同时也就是所有制的各种不同形式。这就是说，分工的每一个阶段还根据个人与劳动的材料、工具和产品的关系决定他们相互之间的关系。"[①]马克思又说："在分配是产品的分配之前，它是（1）生产工具的分配，（2）社会成员在各类生产之间的分配（个人从属于一定的生产关系）——这是同上述同一关系的进一步规定。这种分配包含在生产过程本身并且决定生产的结构，产品的分配显然只是这种分配的结果。"[②]这两段话清楚地说明了生产资料所有制在决定生产关系中的重要地位。

当代资本主义国家的所有制问题，是关于当代资本主义经济研究的一个基本课题，对于认识当代资本主义经济关系的性质及其变化具有重要意义。我国虽然有一些教科书、专著和论文涉及这个方面，但系统深入的研究还不多。西方国家的有关研究，虽然提法不尽相同，但应该说，涉及所有制问题的论著是不少的，不过大多是学院派经济学家的研究成果，马克思主义学派的有分量的理论概括仍然显得缺乏。由于这种原因，我国经济学界对于现代西方资本主义国家的所有制状况并不十分了解，在相关的理论问题上也存在许多认识上的分歧。这一现实向理论界提出了任务，应对当代资本主义国家的所有制问题进行系统考察。本书的研究与写作，便是在这一领域所做的一

---

① 马克思，恩格斯：《德意志意识形态》，《马克思恩格斯全集》第 3 卷，人民出版社 1960 年版，第 25 页。

② 马克思：《经济学手稿（1857—1858 年）》，《马克思恩格斯全集》第 46 卷上，人民出版社 1979 年版，第 33-34 页。

次尝试性的努力。

应该指出的是，当代资本主义国家的所有制问题是一个很大的题目，全面研究这一问题非本书作者的能力和水平所及，也不是一部著作所能包含的。为了使研究比较集中和深入，本书的内容将做以下限定：第一，本书只考察西方发达资本主义国家的所有制，而不涉及不发达资本主义国家的所有制问题。这一点在本书的书名上已经指明。由于资本主义不发达国家与发达国家相比，在经济制度和所有制结构上存在重要的甚至是本质的差别，它应该属于一个相对独立的研究课题。对于发达资本主义国家的所有制研究，由于文献可得性的限制，本书也只以美国、英国和日本等几个主要发达资本主义国家的实证资料为基础，其他国家的资料则比较零散。第二，本书主要考察发达资本主义国家的生产资料所有制，而基本上不涉及消费资料所有制和劳动力所有制问题。这主要是因为，关于生产资料所有制在生产关系中的基础和决定作用，大多数马克思主义经济学家已达成共识，人们分析所有制问题首先和主要的就是指生产资料所有制。至于劳动力所有制和消费资料所有制问题，则在理论界存在较大分歧，有的学者甚至根本否认这两种所有制范畴的存在。①我们将避开这一争论，这不会影响或削弱本书的主题，而只会使本书的研究更加集中和深入。第三，发达资本主义国家存在多种生产资料所有制及其具体形式，本书将主要考察三种最主要的所有制形式，即私人垄断资本所有制、国家所有制与合作社所有制。在以私有制为基础的现代资本主义经济中，垄断大公司起主导作用，因而私人垄断资本所有制应成为研究的重点。资本主义国有制在第二次世界大战后有重大发展，曾一度在西欧主要国家经济中占有重要地位，这种新现象应该予以考察。合作社所有制在资本主义国家中历史悠久，至今仍在缓慢发展，它们虽然在经济中不占主要地位，但却是非常值得研究的。这三种所有制都与传统的资本主义私有制不同，是现代资本主义国家中引人注目的所有制形式，其本身的所有制结构比较复杂，引发的理论问题较多，因而作为本书的研究对象是完全合适的。以上三点既指出了本书的局限性，也界定了本书研究的基本内容。

本书对现代资本主义国家生产资料所有制的研究，将遵循以下基本观点和方法。

马克思主义认为，应区别生产关系与法权关系，区别体现实际经济关系

---

① 突出的代表性论著参见龚维平：《所有制范畴论》，陕西人民出版社 1994 年版，第 81—91 页。

的所有制和体现法权、意志关系的所有权。马克思在分析商品所有者在市场上发生的交换关系时指出："他们必须彼此承认对方是私有者。这种具有契约形式的（不管这种契约是不是用法律固定下来的）法权关系，是一种反映着经济关系的意志关系。这种法权关系或意志关系的内容是由这种经济关系本身决定的。"①因此，经济关系是第一性的，法权关系是第二性的，法权关系应该用经济关系来解释，而不是相反。但是在实际生活中，生产关系和法权关系、所有制关系和所有权关系往往是重叠和交织在一起的，以至于人们常常用法律术语来描述经济关系。为了不使这两种不同层次和不同性质的范畴相混淆，应该在概念上把体现在实际经济关系中的权力与体现在法律关系中的权利区别开来。②它们相互对应但本质却不同。生产资料所有者在实际经济关系中的权力，需要法律上层建筑来维护，使之成为合法的权利。但是，实际经济权力同相应的合法权利是有可能脱节的。"只有具有合法的权力才需要具有与它相配对的权利，而只有具有有效的权利才需要具有相配对的权力。"③在一个自发演进的社会中，实际经济权力关系的变革往往先于法定权利关系的变革，而人们也会借助法定权利关系的改变去推动或认可新的实际经济权力关系的形成。但不论是哪种情况，都意味着体现在实际经济制度中的权力关系起着功能性的决定作用。因此，我们对资本主义国家生产资料所有制的研究，将立足于对实际经济关系以及体现在其中的权力关系的考察，而不是着眼于它们的法权形式，尽管有时我们不得不借助法律术语来叙述经济生活中的所有制关系。

生产资料所有制在生产关系中具有基础作用和决定作用，并不意味着生产资料所有制所体现的权力关系可以离开生产关系的其他方面而独立实现。任何一种生产关系都是一个体系，是包含在直接生产过程和再生产过程各个环节中人与人之间关系的总和，包括（狭义的）生产关系、分配关系、交换关系和消费关系等。事实上，离开了对直接生产者的控制权力，对剩余劳动的占有权力，对产品的支配权力等，生产资料所有制的作用就无从体现，甚至所有制本身也就失去了独立存在的价值。正是在这个意义上，马克思强调："给资产阶级所有权下定义不外是把资产阶级生产的全部社会关系描述一

---

① 马克思：《资本论》第 1 卷，《马克思恩格斯全集》第 23 卷，人民出版社 1972 年版，第 102 页。
② G. A. 柯亨：《卡尔·马克思的历史理论——一个辩护》，重庆出版社 1993 年版，第八章。
③ G. A. 柯亨：《卡尔·马克思的历史理论——一个辩护》，重庆出版社 1993 年版，第 236 页。

番。"①这句话的意思不是把所有制与生产关系的总和等同起来,而是强调所有制的实现是不能脱离整个生产关系的。因此,我们在考察一种生产资料所有制时,重要的不在于其生产资料所有权的法律形式或财产关系的法律规定,而在于这种所有制所决定的权力关系在整个再生产过程中的实际体现。这样我们就不能够把考察局限于生产资料所有制本身,而必须分析一定所有制企业的内部关系和外部关系,以及它的分配关系和交换关系,从而在生产关系的总体上探讨和揭示一定生产资料所有制的性质、作用及其变化。实际经济发展中常常有这样的情形:经济的变化先行于法律的变化,生产关系的变化先行于法权规定的变化。这时一定企业虽然还保持着原来生产资料所有权的法定形式,但直接生产过程中人们之间的关系和分配关系等已经悄然变化,表明实际的生产资料所有制关系已经或正在发生变化,某种新质的所有制因素已经或正在产生。因此,我们对资本主义国家生产资料所有制的研究,不但要立足于对其中体现的实际经济权力关系的考察,而且要从生产关系的总体上来进行这种考察。

就生产资料所有制本身来看,它所包含的也是一组权力关系而不是单一的权力关系。在马克思看来,生产资料所有制所体现的权力关系并不是单一的,他在研究生产资料所有制或财产的所有权时,特别分析了财产的占有权、支配权和使用权等,它们不过是人们对生产资料占有、支配和使用等权力关系的法权表现。在这方面,现代西方新制度学派把产权看作一组权利或一个权利体系的观点,同马克思的看法是类似的,虽然他们的产权概念和马克思的所有制概念并不完全相同。生产资料的所有制所包含的多种权力关系或权力结构,是相互联系而又可能分离的。马克思认为,在某些经济制度下,生产资料的所有制(或所有权)所包括的各种权力(或权利)统一在一起属于生产资料或财产所有者;而在另一些经济制度下,所有制的各种权力(或所有权的各种权利)可以分解并可能分离。马克思在深入研究资本主义经济制度时,详细考察了资本主义条件下各种财产权利分离的关系。如农业中土地所有者的土地由租地农业家经营时,即出现土地所有权与土地经营权的分离;当工商业职能资本家利用借贷资本经营企业时,即出现资本所有权与资本使用权的分离;而在股份公司中,当作为股东的分散的资本所有者委托经理人员管理企业时,即出现资本所有权与资本经营权的分离等。马克思在研究前

① 马克思:《哲学的贫困》,《马克思恩格斯全集》第 4 卷,人民出版社 1960 年版,第 180 页。

资本主义生产方式时,还分析了生产资料所有和生产资料占有相分离的情况。例如,他指出在亚细亚的所有制形式中,土地作为最基本的生产资料或财产,即存在着所有者和占有者的不同一。"在大多数亚细亚的基本形式中,凌驾于所有这一切小的共同体之上的总合的统一体表现为更高的所有者或唯一的所有者,实际的公社却只不过表现为世袭的占有者。"①又说:"在亚细亚的(至少是占优势的)形式中,不存在个人所有,只是个人占有;公社是真正的实际所有者;所以,财产只是作为公共的土地财产而存在。"②所有上述分析给我们的启示是,研究生产资料所有制问题,所有制本身的结构考察是一个极为重要的方面。对于研究资本主义生产资料所有制来说,这方面显得尤其重要,因为现代资本主义条件下生产资料所有制的内部结构要比前资本主义所有制的内部结构复杂得多。因此,考察生产资料所有制的内部结构,将成为本书分析的重要内容。

任何一个社会,都是一个复杂的生产关系的体系,存在着许多种不同性质的生产资料所有制。从人类社会的历史发展和更替这个角度来看,一个社会往往有过去社会生产关系的残留,也会有未来社会生产关系的萌芽,因而几种不同性质的生产资料所有制的并存是必然的。从另一个角度来看,任何社会的生产力状况和生产技术条件都不是单一的,和不同的生产技术条件相适应,就会有不同性质的生产资料所有制。不过,在多种生产资料所有制并存的社会中,总有一种所有制起基础或主导作用,由它所构成的生产关系则成为社会的经济基础,决定着社会的基本性质和特征。与此同时,一种性质的生产资料所有制也可以具有不同的形式;而且随着一定社会生产技术和经济条件的发展,生产资料所有制的具体形式也会发生演变。这里需要注意的是,马克思主义经典作家常常把所有制直接称为所有制形式或占有形式,这是与社会生产的物质内容相比较而言的,因为所有制所体现的是人与人之间的生产关系,本身即可看作物质生产的社会形式。但这不排斥生产资料所有制本身仍然存在一个性质和形式的差异问题,即一种性质的生产资料所有制可能具有不同的形式,或可能随着生产力和经济条件的改变而发生具体形式上的变化。马克思在谈到股份公司的发展时指出:"这种向股份形式的转化本

① 马克思:《经济学手稿(1857—1858 年)》,《马克思恩格斯全集》第 46 卷上,人民出版社 1979 年版,第 473 页。

② 马克思:《经济学手稿(1857—1858 年)》,《马克思恩格斯全集》第 46 卷上,人民出版社 1979 年版,第 481 页。

身，还是局限在资本主义界限之内；因此，这种转化并没有克服财富作为社会财富的性质和作为私人财富的性质之间的对立，而只是在新的形态上发展了这种对立。"①恩格斯也强调："无论信用无限膨胀的工业高涨时期，还是由大资本主义企业的破产造成的崩溃本身，都把大量生产资料推向如我们在各种股份公司中所遇见的那种社会形式。""但是，无论转化为股份公司，还是转化为国家财产，都没有消除生产力的资本属性。"②在资本主义条件下，资本主义的生产资料私人所有制是基础，但也存在着个人所有制、合伙所有制、股份所有制甚至是国家所有制等各种不同的具体形式。一种生产资料所有制的形式变化，并不是无关紧要的，它可能具有重要的经济含义，或体现着某种经济关系的新质因素。因此，我们对资本主义国家生产资料所有制的研究既要考察占主导地位的所有制及其与各种所有制相互关系，也要分析各种所有制的消长以及不同所有制形式演变的特征，为深入剖析现代资本主义经济制度的性质和规律提供依据。

在上述基本观点的指导下，本书对资本主义国家中所有制问题的研究将按照这样的顺序来进行：首先分别考察私人垄断资本所有制、资本主义国家所有制和合作社所有制这三种最具特征性的生产资料所有制关系；然后在此基础上，对若干与资本主义所有制相关的重要问题进行理论思考。在整个研究中，我们将结合现代资本主义实际着力探讨几个重大理论问题。例如：在现代资本主义条件下，生产资料所有制范畴是否仍具有重要的理论意义和分析价值？资本主义所有制形式的变迁有没有内在规律性，以及是否受生产力与生产关系矛盾运动规律的支配？现代大公司股权的分散化和法人持股的激增，能不能否定私人大资本的统治权，从根本上改变资本所有制的性质？资本主义所有制形式的变迁，包括国有制的兴起与合作制的发展，是否意味着社会主义公有制因素的产生？所有这些问题，都是应该用理论与实际相结合的方法进行研究和进行回答的。本书将努力在这些方面进行探讨。

（原载《发达资本主义国家所有制研究》，清华大学出版社 1998 年版，本文为该书的"导言"）

---

① 马克思：《资本论》第3卷，《马克思恩格斯全集》第25卷，人民出版社1974年版，第497页。
② 恩格斯：《反杜林论》，《马克思恩格斯全集》第20卷，人民出版社1971年版，第302、303页。

关于深化认识劳动价值论的几点看法

内容摘要： 本文认为，在新的历史条件下深化对劳动价值论的认识，不是要否定和抛弃劳动价值论，而是要深入理解和发展劳动价值论。在当前的讨论中须特别注意，不应混淆物质财富的生产和价值的生产，以及价值的创造和价值的分配。价值理论应能说明产品相对价格的差异和变动。扩大生产劳动的概念，劳动价值论对现实经济问题仍具有解释力。

关键词： 劳动价值论　生产劳动　产品价格
Key Words：Labor Theory of Value　Productive Labor　Price of Product

一、要严格区分使用价值的生产和商品价值的生产

这是马克思的价值理论与剩余价值理论的一个基础性观点，是和他的商品二重性与劳动二重性的理论紧密联系在一起的。使用价值虽然是价值的物质载体，但二者却是商品的两种不同的属性，因而商品的生产过程是二重的。作为使用价值生产的劳动过程，具体形式的劳动与生产资料相结合，共同构成社会财富的生产要素，其中体现了一定的科学技术知识；而作为价值生产的价值形成或增殖过程，抽象的社会必要劳动则是价值的唯一源泉。这种二重性特别表现在：就一个生产部门平均来说，商品的使用价值量与劳动生产率成正比，而（单位）商品的价值量与劳动生产率成反比。

当前讨论中有一些学者认为，既然现代条件下科学技术已成为第一生产力，体现先进科技的生产设备在生产中已成为提高劳动生产率和创造更多社会财富的主要因素，那么，随生产率提高而增加的商品总量中就应有更大的部分是由科学技术和生产设备等非劳动要素创造的，并由此认为，单位商品的价值应与劳动生产率的提高成正比，而不是成反比。

这种看法显然没有分清生产过程的二重性质。从劳动过程看，科学技术和先进设备确实在提高生产率和增加社会财富的生产中发挥了主要作用和作出了主要贡献，但商品价值总量的增长却不能认为是生产设备创造的。从价值形成过程看，这种商品价值总量的增长可能由几种原因造成：第一，少数先进企业率先采用新技术，其产品的个别劳动耗费必然低于部门的社会平均劳动耗费，但它按由社会必要劳动耗费所决定的社会价值出卖，因而能体现为更大的价值。这个更大的价值，按马克思的观点，仍是由该企业工人的劳动创造的，因为"生产力特别高的劳动起了自乘的劳动的作用，或者说，在同样的时间内，它所创造的价值比同种社会平均劳动要多"①。同量劳动在先进企业中能够创造更大的价值，不是因为先进的生产设备参与了新价值的创造，而是决定于形成价值的劳动的特殊的社会性质。第二，当先进技术在部门中普及时，随着商品社会价值的下降，少数原属先进的企业的额外利润消失，但这时该部门所生产的商品的价值总量仍会增加。这可能是因为，先进技术的研究与开发需要投入和耗费大量的物化劳动与活劳动，作为运用先进技术的商品生产过程的先行阶段，研究与开发所耗费的大量劳动自然会进入商品的价值形成过程，从而增大商品的价值总量。同时，先进技术的普遍采用可能提高生产者的劳动复杂程度，而复杂劳动在单位时间内会形成更大的价值，从而增大商品的价值总量。

尽管先进技术普遍采用后一个部门所创造的价值总量可能增大，但由于劳动生产率的普遍提高和单位时间生产的产品数量大幅增长，在市场竞争的条件下，单位产品的价值从而价格仍会趋于下降。

价值理论应能说明产品相对价格的差异和变动，劳动价值论的上述结论是符合商品价格的实际变动的。首先，纵向观察，不论是什么类型的产品和行业（如食品、化纤、塑料制品、家用电器、汽车、计算机等），在竞争条件下，从长期看，随着劳动生产率的提高，其产品价格都是趋于下降的。如认为先进技术设备也创造价值并使产品价值变动与生产率提高成正比，则产品价格就不会下降。例如，集成电路生产的技术水平和资本投入一直在不断迅速提高，一个晶片工厂的投资成本在 1970 年为 200 万美元，1979 年即增加到 5000 万美元，到 90 年代则达到十几亿美元；但集成电路和计算机的价格却一直在下降。这显然是劳动生产率急剧提高的结果。其次，横向观察，不

---

① 马克思：《资本论》第 1 卷，《马克思恩格斯全集》第 23 卷，人民出版社 1972 年版，第 354 页。

同产品的相对价格变动也受到部门生产率变动的制约。不同行业生产率提高的快慢不同，其产品（或服务）价格下降的程度也不同：生产率提高越快的部门其产品价格的下降也越快，如美国的农业部门；生产率提高越慢的部门其产品价格的下降也越慢，如美国的许多服务业部门。

二、要严格区分商品价值的创造和价值的分配

价值的创造和价值的分配是虽有联系但不应混同的两个经济过程。不仅价值的形成或创造在前而价值的分解或分配在后，而且两者的依据也是不同的。商品价值的形成是旧价值的转移和新价值的创造相统一的过程，价值创造的源泉是商品生产者的抽象劳动；而价值分解为各种收入的依据则是参与物质生产的各种生产要素的所有权。马克思指出："就劳动形成价值，并体现为商品的价值来说，它和这个价值在不同范畴之间的分配无关。"[①]

现在有一些学者认为，既然我国现在实行"按要素分配"的原则，就表明所有生产要素（包括劳动要素和非劳动要素，如体现为生产资料的资本、土地等）都参与了商品价值的创造。这显然是不恰当的。按要素分配的现实根据是不同生产要素的所有者对生产要素的产权，而并不是因为各种生产要素都是商品价值的源泉，尽管这些生产要素都参与了作为使用价值的商品的生产。

还有一种被称为"社会劳动价值论"的观点认为，物化劳动也可以创造价值。其论据之一是：在相对剩余价值生产情况下，作为生产资料的物化劳动，由于它提高了劳动生产率，减少了工人的必要劳动时间而增加了剩余劳动时间，从而创造了相对剩余价值，这表明物化劳动创造了剩余价值，虽然并没有增加价值总量。这显然是对马克思论述的一种不正确的解释。马克思在《资本论》中非常明确地论述了，体现在生产资料中的物化劳动，其价值只会转移到产品中去，而不会创造新价值。在上述相对剩余价值生产的场合，价值总量不变是因为工人提供的劳动时间的总量未变；而生产资料的作用是提高了劳动生产率，增加了这个劳动时间中生产的商品数量，从而使单位商品的价值下降，由此导致工人工资的相对下降和全部新价值在工人和资本家

① 马克思：《资本论》第3卷，《马克思恩格斯全集》第25卷，人民出版社1974年版，第930页。

之间的分配发生了变化。因此，这个由于分配变化所引起的相对剩余价值的增加，与价值的创造没有关系，更谈不到是由（体现在生产资料中的）物化劳动所创造的。

有的学者可能认为，既然使用价值是价值的物质承担者，那么各种生产要素参与使用价值的生产，就意味着它们也共同参与了价值的创造；而且分配说到底是物质财富即使用价值的分配，各种生产要素既然参与了使用价值的生产，它们自然也就在商品的使用价值乃至价值中创造了一定的份额，因而各种生产要素所有者在分配中得到的收入份额正是各种生产要素在生产中创造的。但这种看法在理论上存在着许多难以克服的困难。第一，在各种产品（或劳务）的生产中，形形色色的具体劳动和生产资料在不同的技术条件下以各种各样的方式结合在一起发生作用，你如何说明生产资料和劳动分别创造出各自在作为使用价值的产品中所占有的份额？即使在微观上，更不要说在宏观上，似乎也还没有经济学家能对此提出有说服力的理论解释。第二，由于现代社会的财富分配是通过价值的分配来实现的，那么能否借助于价值的分配来摆脱这个困难呢？似乎也不能。因为经济学家仍然难以解决生产资料如何创造新价值的问题。体现为生产资料的资本在通过生产过程后，应从实现了的商品价值中补偿自身价值的耗费即资本成本，但资本如何能在补偿了自身的耗费价值（这可以通过生产资料价值的转移来说明）后又创造出一个新价值，似乎也还没有一种理论给出有力的解释。萨伊以他的"效用价值论"为基础，认为"所生产出来的价值，都是归因于劳动、资本和自然力这三者的作用和协力"[①]。这种建立在混淆价值和使用价值基础上的立论，当时即受到李嘉图的批评："这些自然要素尽管会大大增加商品的使用价值，但是从来不会使商品增加萨伊先生所说的交换价值。如果，个人由于机器或自然哲学知识的帮助可以驾驭自然要素来完成以往由人完成的工作，这种工作的交换价值就会因之而降低。萨伊先生始终忽视了使用价值和交换价值之间有根本的区别。"[②]第三，或许"边际生产力论"能够为"要素价值论"的分配理论提供一种理论基础，但这个理论由于它的论证的不充分和不严谨，甚至受到众多西方经济学家的批评。一方面，克拉克的边际生产力论并未在理论上证明，为什么一项资本经过生产过程在补偿了自身的耗费价值后又能创造一个额外的价值作为资本所有者的收入；换句话说，他并没有对资本生产

① 萨伊：《政治经济学概论》，商务印书馆1963年版，第75页。
② 李嘉图：《政治经济学及赋税原理》，商务印书馆1962年版，第243页。

率给以理论上的证明，而这一点正是资本边际生产率论的基本前提。另一方面，克拉克对所谓生产率递减规律的论证同样是不清晰的。现代经济学的生产函数分析和经济增长的因素分析，似乎可以从经验上估算出一定时期资本和劳动在收入中所占有的相对份额，或估算出所谓的全要素生产率。但是，根据经验资料估算出资本和劳动的相对收入份额是一回事，而从理论上说明这个收入份额是由资本和劳动分别创造的则是另一回事。就如同从经验上表明资本会带来一定数量的利息，不等于从理论上证明了这一定数量的利息是由这个资本创造出来的。克拉克在他的资本生产率理论中就体现了这种混淆。甚至奥国学派的庞巴维克也抓住了克拉克的这个根本弱点而对他进行批评："利息问题要求阐明为什么会产生划归资本家所有的收入，它是怎样产生的。净收入在某种程度上是一种蒸馏物。谁要想说明蒸馏物的产生，他就要说明和表演蒸馏过程。但是克拉克教授却是从假定有现成的蒸馏物这一点开始表演的。"①至于经济增长因素分析中所估算出的全要素生产率，也只被经济学家看作一种"余值"，而这个"余值"的源泉并不清楚，只能笼统地归之于知识进展。我们的这个论述并不是要否定现代经济学中的生产函数分析和经济增长因素分析所具有的经济意义和分析价值，只不过是想表明，用要素价值论来说明分配问题存在着理论上的严重困难。

三、生产劳动的概念必须扩大

深化对劳动价值论的认识，很重要的一点是要深化对生产劳动概念的理解。分析这一问题应回溯到马克思对斯密的生产劳动定义的评析上。马克思认为斯密的论述实际上是把两种不同的生产劳动定义混淆在一起了。一种是从资本主义生产关系来界定的资本主义特殊的生产劳动：与资本相交换而能带来剩余价值劳动是生产性的，与收入相交换的劳动是非生产性的；另一种是从一般劳动过程来界定的一般生产劳动：按斯密的说法，能固定在、体现在某种劳动对象上或可贩卖商品中的劳动是生产性的，不能固定或体现在劳动对象或可贩卖商品上的劳动是非生产性的。

在大多数场合，马克思肯定了斯密的第一个定义而批评了他的第二个定

---

① 转引自布留明：《政治经济学中的主观学派》上卷，人民出版社 1983 年版，第 387 页。

义。但实际上，即使在资本主义条件下，这两个定义也不是对立的。从《资本论》中的论述看，关于生产劳动的特殊定义实际上是以一般定义为基础的。按照生产劳动的特殊定义，资本主义商业店员的劳动由于其同商业资本相交换而应当是生产劳动；但马克思却认为，纯粹的商业店员的劳动（不包括生产过程在流通领域中继续的那些功能）是非生产性的，只能从剩余价值中得到补偿。因此，并不能用生产劳动的特殊定义来否定其一般定义。

进一步看，应如何理解这个关于生产劳动的一般定义呢？斯密强调生产有形商品的劳动才是生产劳动。但马克思批评说："使劳动成为'生产的'或'非生产的'劳动的，既不一定是劳动的这种或那种特殊形式，也不是劳动产品的这种或那种表现形式。不管这个使用价值是随着劳动能力本身活动的停止而消失，还是物化、固定在某个物中。"①对于使用价值，马克思明确指出它有产品和服务两种形式。"服务这个名词，一般地说，不过是指这种劳动所提供的特殊使用价值，就像其他一切商品也提供自己的特殊使用价值一样；但是，这种劳动的特殊使用价值在这里取得了'服务'这个特殊名称，是因为劳动不是作为**物**，而是作为**活动**提供服务的，可是，这一点并不使它例如同某种机器（如钟表）有什么区别。"②

那么，舍象掉生产关系，一般意义的生产劳动应该如何界定？有学者提出："凡生产人们的物质、文化生活所需要的产品的劳动，就是生产劳动，不论那产品是物化劳动形式的产品，或者那产品是劳动活动（服务）形式的产品。"③我基本上同意这一界定，但感觉"生产人们所需要的产品"的提法仍不太确切。从一般劳动过程的观点出发，我倾向于把一般生产劳动界定为：生产能够进入物质资料再生产和人类劳动力再生产所必需的有形和无形产品的劳动。这种生产劳动不仅创造社会财富，在进入社会分工交换体系时也创造价值。

从对一般生产劳动的这种认识出发，在现代社会中，正如马克思所说，随着劳动过程本身的协作性质的发展，生产劳动的概念必然扩大。因此，传统上对属于生产劳动的职业和部门的认识显然过于狭窄。在当今社会分工与协作高度发展的市场经济社会中，不仅传统上认为创造价值的物质生产部门中绝大部分劳动者是生产劳动者，而且传统上被认为是非生产性的第三产业，

---

① 马克思：《剩余价值理论》，《马克思恩格斯全集》第 26 卷 I，人民出版社 1972 年版，第 156-157 页。

② 马克思：《剩余价值理论》，《马克思恩格斯全集》第 26 卷 I，人民出版社 1972 年版，第 435 页。

③ 骆耕漠：《马克思的生产劳动理论》，经济科学出版社 1990 年版，第 13 页。

其中的大多数部门也应该属于创造价值的生产部门。把第三产业全部都看作非生产部门的传统观点显然是不恰当的。第三产业包括庞杂的部门和行业，大体上可分为五类：第一类，本来是物质生产部门，但在统计上被包括在第三产业分类之中，如建筑、通信、运输、公用事业等；第二类，是生产性服务部门，如农机修理与服务、设备安装与维修、计算机与信息服务、耐用商品维修等，它们不仅应属于生产性服务，而且很多活动甚至还直接提供物质产品；第三类，是生活性服务部门，这是人类劳动力再生产所必需的，如医疗卫生服务，教育服务，文化、娱乐、旅游服务，餐饮、缝纫、理发服务等，它们的劳动也应属于生产劳动，其中有些行业也提供有形产品；第四类，是商业部门，其中的包装、分类、保管等职能是生产过程在流通领域的继续，是生产性的，只有纯粹服务于商品形态变化的劳动才是非生产性的；第五类，是纯粹的非生产部门，如金融服务、军政服务，以及主要划归第二产业的纯粹军火生产等，因为它们提供的服务与产品不会进入物质资料或劳动力再生产过程。由此可见，第三产业的大部分行业实际应属于生产性行业，其劳动不仅创造社会财富，在进入分工交换体系时也创造价值。

有学者提出，作为"能力创造体系"的研究与开发劳动和教育劳动不创造价值。这种观点值得商榷。首先，研究与开发劳动是产品生产的一个先行阶段，构成企业生产总劳动的一个有机组成部分。按照马克思的"总体工人"概念，企业中从事研究与开发工作的科技劳动者以及从事生产经营管理的管理劳动者，都不同程度地参与了使用价值的总的生产过程，他们的劳动显然是生产劳动，是创造价值的。马克思在《资本论》和《剩余价值理论》中对此均有论述。其次，关于教育劳动，应被看作参与了劳动力的再生产。马克思把劳动力的价值分为三个部分，其中就包括劳动者的学习和训练费用。如果教育劳动不创造价值，它怎么能够形成劳动力价值的一个组成部分？这显然是不合逻辑的。

有些学者认为，当今世界经济生活中有些实际现象用劳动价值论不好解释，进而对劳动价值论的科学性和解释力有所质疑。这特别涉及以下两种现象。

首先，有人提出，发达国家比某些大的发展中国家的人口和劳动力投入较少，但创造的国民产值却大得多，这种现象明显同劳动价值论相矛盾。对此有学者解释：GNP（国民生产总值）或 GDP（国内生产总值）的统计是按不变价格计算的，实际上是反映使用价值量的价格量指标。发达国家由于科技水平和劳动生产率较高，社会所生产的物质财富即使用价值量必然较多，因而按不变价格计算的 GDP 也必然较大。但 GDP 随着社会财富的增大而增大，并不表明社会生产的价值总量的同比增大。这种解释部分地说明了问题。我还想补充指出：在国际贸易高度发展的条件下，大量产品是按照它们的国际价格计价和出售的。由于发达国家的劳动生产率大大高于发展中国家，其产品的国别社会价值也低于发展中国家，产品按国际价格出售，则通常高于发达国家的国别价值而低于发展中国家的国别价值。因此，发达国家的 GDP 即使按现行价格计算，许多产品的价格也高于反映其实际社会劳动投入的国别价值，再加上大量高新技术产品按垄断价格出售，发达国家的 GDP 就可能大大高于其国内产品的实际价值。

其次，还有学者提出，20 世纪以来发达国家劳动投入增加不多，且工农业等物质生产部门在 70 年代后还相对缩小，传统认为是非生产部门的第三产业的劳动力已占到全社会的 70% 以上，但国家的 GDP 却增长很快，由此要说这个增长的价值来源于劳动就说不通。认识这个问题，首先要正确理解生产劳动的概念，前面对此已经做了分析。现代发达国家第三产业中的大部分劳动者是生产劳动者，他们的劳动是创造价值的。其次还要看到，从 19 世纪后期以来，多数发达国家的劳动投入总量都有了大幅度增长。如美国 1870 年的总劳动投入是 427 亿工作小时，1950 年达 1146 亿工作小时，1992 年又增加到 1893 亿工作小时。与此同时，劳动的复杂程度也不断提高，而复杂劳动会在单位时间里创造更大的价值。以劳动者的平均受教育年限为劳动复杂程度的近似衡量，美国 1870 年为 3.9 年，1950 年提高到 11 年，1992 年达到 18 年。[①]考虑到这些因素，发达国家国内总产值的增长是可以解释的。

（原载《南开经济研究》2001 年第 6 期）

---

① A. 麦迪森：《世界经济二百年回顾》，改革出版社 1997 年版，第 172 页，附录 K。

经济增长方式演变的理论讨论和实证检验

（一）

经济增长理论作为现代经济学的一个重要分支，是在第二次世界大战后才出现的，但对经济增长的研究却由来已久，至少可以追溯到近代经济学产生之时。经济学研究的对象和目的，从最宽泛和最终极的意义上说，是研究人类的经济活动以促进人类的经济发展。因此，经济的增长便不可避免地会成为经济学研究的一个重要课题。

近代经济学是在世界资本主义发展初期开始形成的。从重商主义、重农主义到古典经济学的产生，经济学终于成为一门独立的科学。在这一时期，经济学家都十分重视资本主义经济的发展问题，而对这一课题的研究则主要是围绕着什么是财富以及如何促进财富的增长这样两个问题来展开的。和现代的增长理论相比较，当时的研究具有以下几个特点：第一，对财富的性质的讨论成为增长理论的一个前提。当时的经济学家都认为，经济的增长即财富的增长，而对什么是财富却有着不同的看法。重商主义者把金银即货币看作真正的财富，认为只有金银的增加才意味着一国财富的增长；重农主义者把农产品看作真正的财富，认为只有剩余的农产品即所谓纯产品的增加才表明一国财富的增长；而以亚当·斯密和大卫·李嘉图为代表的古典经济学，则把财富的概念一般化，认为一切物质产品的增长都会构成社会财富的增长。不同经济学者对什么是财富的这种不同的见解，直接关系到对什么是财富增长原因的认识。第二，在把财富增长的源泉归结为劳动的同时，强调了生产劳动与非生产劳动的区分。古典经济学家是劳动价值论者，但他们不懂得劳动二重性的区分，因而在把价值的源泉归结为劳动的同时，也把物质财富的源泉单纯归结为劳动，从而混同了作为物质财富的使用价值和作为社会财富的交换价值。但古典学派纠正了重商主义和重农主义认为只有生产金银的劳动或生产农产品的劳动才创造财富的错误观点，把财富的源泉从特殊部门的劳动提升到生产物质产品的一切劳动，则是他们的功绩。由于古典经济学家把资本主义的生产形式看作物质生产的固有形式，他们必然强调只有同资本相交换的劳动即进入资本主义物质生产过程的劳动才是生产性的。由此他们主张，为促进财富的增长，必须扩大生产性的劳动而减少非生产性的劳动。第三，认为剩余是积累的来源。古典经济学家基本上是剩余论者，与后来作为产品耗尽论者的新古典主义学派不同。古典学派以资本为中心，以劳动为基础，认为工人得到的是生存工资，从而把剩余归结为工人劳动产品扣除生产开支后的余额，构成利润、利息和地租，即李嘉图的所谓纯收入。在古典学派看来，生产增长的前提是资本的扩大，资本的扩大就是积累，资本的积累则意味着把剩余转化为生产工人的消费基金。由此推断，剩余中由进行生产的人消费的部分越大，资本的积累和生产的增长也就越快。这样，古典学派就把经济的增长与（非生产性）消费对立起来，提倡节约和减少浪费，认为这是促进增长的重要条件。

马克思的经济学批判地继承了古典经济学的传统。马克思经济理论的重点虽然在于研究资本主义经济制度的性质、矛盾及其运动规律，但也必然涉及对资本主义经济发展过程的分析。马克思对资本主义经济增长的研究，主要体现在他的相对剩余价值生产理论、资本积累理论和扩大再生产理论之中。同古典学派相类似，马克思也是剩余论者；但他在严谨的劳动价值理论基础上所创立的剩余价值理论，为他的积累理论奠定了科学的基础。马克思对经济增长的分析仍然是以资本积累为中心，强调剩余价值是资本积累的源泉，而资本积累则是资本主义扩大再生产即资本主义经济增长的源泉。马克思批判了"斯密教条"，认为积累的资本只有一部分转化为工人的消费基金，另一部分则要用来购买生产资料，也就是说，积累的资本必须同时转化为不变资本和可变资本。马克思还论证了资本有机构成（不变资本与可变资本的比率）的变化对剩余价值生产和资本积累的影响。马克思关于社会总资本产品实现条件的分析，则进一步揭示了资本积累和经济增长所必须遵循的客观经济条件。

从19世纪后期到20世纪初期，新古典主义经济学逐渐形成并成为西方资产阶级的主流经济学。新古典学派虽然保留了古典经济学的基本假设，以经济人为出发点，信奉"萨伊法则"，崇尚自由竞争和看不见的手，但对古典学派的一系列原理进行了根本性的修改：以边际效用论和供求论的价值论代替劳动价值论，以边际生产力论的分配论代替由社会阶级力量决定的分配论，以产品耗尽论代替剩余论，以相对静态分析代替长期动态分析。新古典主义所关注的中心问题，已不再是剩余在各阶级之间的分配和资本主义的长期发展，而是稀缺性资源如何通过自由竞争达到市场均衡与合理配置，以保证资本利润的最大化和整个社会经济的和谐。既然新古典主义者研究的重心是微观经济的静态均衡问题，他们自然不会对资本主义经济长期增长的课题感兴趣。19 世纪 30 年代发生的凯恩斯革命，对新古典学派的一系列原理进行了批判，否定"萨伊法则"，否认资本主义经济能够通过市场竞争自动达到充分就业的均衡，主张实物经济与货币经济的一体性，强调社会总有效需求的关键性作用，宣扬国家干预经济的必要性，从而开创了关注总量分析的宏观经济学。但是，由于凯恩斯的理论所具有的短期分析和静态分析的性质，使他也不可能关注长期经济增长问题。因此，从 19 世纪后期到第二次世界大战这一长时期中，除个别非正统的西方经济学家如熊彼特以及少数马克思主义学者之外，资本主义的长期经济发展问题并未得到应有的重视和认真的研究。

现代经济增长理论是在第二次世界大战期间和战后初期开始逐渐形成的。对增长问题的研究主要有两种不同的方法和思路：一种是较抽象的理论探讨，以构造经济增长模型为基础，目的在于分析经济均衡增长的条件和原因；另一种是较实际的理论探讨，以长期统计资料分析为基础，目的在于揭示实际经济增长过程中的决定因素和主要特征。

英国经济学家哈罗德和美国经济学家多马被认为是现代经济增长理论的创始者，哈罗德—多马模型被看作第一个正式的经济增长模型。在这一模型中，国民经济的增长率决定于两个变量：储蓄率和资本—产出率（或其倒数资本生产率）；资本增长率与储蓄率的高低正相关，与资本—产出率的大小负相关（或与资本生产率的大小正相关）。由于这一模型采用了凯恩斯的储蓄—投资分析方法，并认为经济均衡增长的前提是储蓄全部转化为投资，而充分的有效需求则决定着全部储蓄到投资的转化，是保证实现充分就业的均衡增长的条件，从而哈罗德—多马的经济增长理论被看作凯恩斯理论的动态化，哈罗德—多马模型被看作凯恩斯主义的经济增长模型。哈罗德—多马模型虽然在于说明经济均衡增长的条件，但却认为实际的增长率符合有保证的增长率和以劳动力增长为基础的自然增长率是偶然的（即所谓"哈罗德锋刃"），不能实现保证充分就业的均衡经济增长则是经常的，因而主张通过国家干预来扩大有效需求，以实现保证充分就业的均衡经济增长。在哈罗德、多马之后，经济增长成为西方主流经济学所关注的一个重要问题，各种经济增长理论和经济增长模型不断地被提出。其中最著名的，一是由索洛等学者提出的新古典经济增长模型，强调资本和劳动这两种生产要素的可替换性，否定哈罗德—多马模型中关于资本—产出率不变的假设，认为市场机制通过要素价格变动的调节即可使资本主义的实际增长率趋向其自然增长率，力图证明资本主义经济具有实现充分就业的稳定均衡增长的趋势；二是由罗宾逊夫人等学者提出的剑桥经济增长模型，强调储蓄率的可变性，认为国民收入中资本和劳动份额的变动会直接影响储蓄率，因而在既定的资本—产出率条件下，可以通过改变储蓄率使资本主义经济的实际增长率符合其自然增长率，试图证明调节国民收入中要素份额的分配是实现充分就业的稳定均衡增长的条件。上述几种经济增长模型都是以生产技术不变为前提假设的，但这并不意味着增长理论家不重视技术进步问题。事实上，许多经济学家十分重视技术进步在经济增长过程中的作用。有人运用包含技术进步的经济增长模型对美国的长期资料进行检验，认为美国人均产值增长的85％以上应归于技术进步的贡献，如阿布拉莫维茨和索洛。不过，在20世纪80年代中期以前，主流经济学家大多把技术进步看作经济系统的外生因素。自80年代中期以后，以罗默和卢卡斯等为代表的新增长理论逐渐兴起，对传统的增长理论进行批评，强调知识和技术作为经济系统的内生因素在增长中的决定作用，提出了各种内生的经济增长模型，并主张通过政府政策来促进经济增长。目前，新增长理论在经济学和经济实践中已具有越来越大的影响。

同以经济增长模型为基础的各种经济增长理论同时发展的，还有对经济增长过程的实证研究。早在20世纪的五六十年代，库兹涅茨和肯德里克即已开始对美国的经济增长过程进行考察，他们于60年代初先后出版的《美国经济中的资本》和《美国的生产率趋势》，分别对美国经济增长过程中的资本积累和生产率趋势做出了深入的实证研究。库兹涅茨随后把对美国的研究扩展到对主要发达国家经济增长的考察，深入揭示和分析了经济增长过程表现在总量变化和结构变化上的一般特征和主要原因。他同时作为现代国民收入核算分析的创始人，可以看作对经济增长进行实证研究的奠基者。肯德里克则在生产率问题的实证分析上做出了不断的努力和重要贡献。与此同时，丹尼森也从60年代开始了对增长因素分析的研究，出版了一系列有关美国经济增长因素分析和各国经济增长因素比较分析的著作，成为这一领域最著名的学者之一。另一位对经济增长因素进行深入分析的学者是乔根森。他在增长因素的核算方法上，特别是在资本投入量的估算方法上，与肯德里克和丹尼森均有不同，并与他们有着激烈的争论。在关于经济增长的实证研究中，对各国经济增长的比较研究占有重要地位。在这方面，除上述学者都有不同程度的涉及外，最著名的经济学家有麦迪森和钱纳里。麦迪森对经济增长问题进行过广泛的研究，发表了多种论著。他于 1997 年出版的《世界经济二百年回顾》，以 56 个主要发达国家和发展中国家为样本，进行了跨度近两个世纪的长期统计分析，被称为"第一本系统地进行全球经济定量大比较的巨著"。钱纳里及其合作者的贡献则是以结构主义和非均衡分析为基础，批评增长理论中的新古典观点，把对经济增长的研究扩展到不发达国家，并以大数量的发展中国家样本为基础，对战后发达国家与发展中国家的经济增长进行比较研究，着重总结发展中国家经济增长的经验教训，特别强调非均衡条件下经济结构的转变在加速经济增长中的作用。

现代经济增长理论，不论是抽象的增长模型分析还是对增长过程的实证考察，也不论其理论观点和分析方法上有何重大差别，都具有宏观分析和动态分析的特征。现代经济增长研究就其最一般的理论出发点来说，主要是以边际生产力论以及建立其上的生产函数分析为基础的。生产函数的特性表明了产量增长的两个基本源泉：生产要素投入量的增加；由一定技术水平所决定的生产要素使用效率，技术进步则表现为要素生产率的提高。几乎所有的增长理论家都强调技术进步在经济增长中的重要作用，尽管在技术进步究竟是外生因素还是内生因素的问题上存在不同观点。为了从实证研究的角度测量技术进步对经济增长的贡献，索洛采用了"余值法"，把生产要素简化归类为资本和劳动，按各要素在国民收入中的份额加权计算出一定时期两种要素投入量的增长额，作为要素投入量对该时期经济增长的贡献；从经济产出的增长额中减去要素投入量的增长额，其余值或残差即为技术进步对经济增长的贡献，而此余值与全部要素投入量之比就是所谓的全要素生产率。全要素生产率与部分要素生产率（即劳动生产率和资本生产率）不同，它不是余值同某一种要素投入量之比，而是同增长的全部要素投入量之比。这样，一定时期的经济增长，就可以分解为要素投入量的增长和要素生产率的增长两个部分。几乎所有关于经济增长因素核算的实证研究，都是在这种"余值法"的基础上进行的。不同核算分析的差别主要在于对要素投入量的估算方法上的不同以及对余值的进一步分解的不同。这种分析方法，虽然建立在"生产要素服务论"和"边际生产力论"的理论基础上，与马克思主义的劳动价值论有着根本的区别；但不能否认此种分析方法所具有的实际经济意义。劳动生产率是产出量与劳动投入量之比率，反映了劳动投入的生产效率和单位产品中活劳动的节约程度；资本生产率是产出量与资本（即生产资料）投入量之比率，反映了生产资料的使用效率和单位产品中物化劳动的节约程度；全要素生产率则是产出量与全部要素投入量之比率，综合反映了全部要素的使用效率和单位产品中全部社会劳动（包括活劳动与物化劳动）的节约程度。按照劳动价值论的观点，生产率的高低，归根到底是由单位产品中所包含的劳动总量的多少来衡量的。马克思指出："加入商品的劳动总量的这种减少，好像是劳动生产力提高的主要标志，无论在什么社会条件下进行生产都一样。"[1]因此，关于资本生产率和全要素生产率等概念以及关于经济增长因素核算的实际经济意义，是应该予以充分肯定的。

（二）

在简要地叙述了经济增长研究的发展情况之后，就可以来讨论关于经济增长方式的概念以及围绕这一概念所展开的争论了。

首先是经济增长方式的概念问题。在西方经济学的经济增长理论中，并没有明确提出过增长方式这一概念，尽管许多理论都涉及我们今天所理解的增长方式概念的内涵。经济增长方式的概念，首先是在 20 世纪 60 年代初由苏联的经济学家提出的。他们从当时苏联存在的经济发展绩效不高的弊病出发，提出应实现增长方式由粗放型为主到集约型为主的转变。在我国，在打倒"四人帮"后的 1979—1980 年间，国务院财经委员会组织了四个研究小组，集中了一批经济学家对我国经济发展的历史和现状进行深入的调查研究。"这四个研究小组从不同的角度考察中国经济，得出了大致相同的结论，这就是：我国在过去数十年间采取了一种依靠铺新摊子用高投入支持高速度的增长方式，增长率虽然不低，但是缺乏实效，当这种战略发挥到极致时，就会出现'大跃进'一类灾难，并致使'文化大革命'期间的国民经济走到了崩溃的边缘。所以，在制定'六五'计划和1980—1990十年规划时，许多

---

① 马克思：《资本论》第 3 卷，《马克思恩格斯全集》第 25 卷，人民出版社 1974 年版，第 291 页。

经济学家指出，出路在于实现从粗放（外延）增长方式到内涵（集约）增长方式的转变。"①正是在这种思路的影响下，党中央在 1985 年明确提出了实现经济增长方式转变的重大任务。此后，我国经济学界即围绕增长方式转变问题，展开了更大规模和更热烈的讨论。

其次是对"经济增长方式"概念的含义，我国经济学界在讨论中提出了各种不同的界定。笔者原则上同意这样一种提法，即增长方式是指一国实现经济增长所依赖的增长源泉的构成。②如前所述，经济增长的源泉或途径，无论从微观角度看还是从宏观角度看，简单说来不外两个方面：一是生产要素的投入数量；二是生产要素的使用效率，也就是所谓的要素生产率。虽然一般说来，经济增长总是这两种源泉共同作用的结果；但这两种增长源泉构成方式的不同，即经济增长主要依靠扩大要素投入量来实现还是主要依靠提高要素生产率来实现，则反映了增长方式的一种根本区别。因为扩大要素的投入数量和提高要素的使用效率尽管存在一定的相互作用，但它们各自所依据的经济条件、所产生的经济影响和所带来的经济绩效却有重大区别。因此，增长源泉或增长途径的构成方式的不同，便反映了经济增长方式的不同。

把经济的增长途径二分为要素投入数量和要素使用效率，是自古典经济学以来几乎各派经济学家共同的认识，虽然在不同的历史阶段由于各种生产要素相对重要性的不同和经济学理论基础的不同，经济学家们的提法略有差别。斯密在《国富论》中指出："要增加一国土地和劳动的年产物的价值，没有其他的办法，只有靠增加生产性劳动者的人数，或增进以前所雇用的生产性劳动者的生产力。"③李嘉图也有类似的说法："国家财富的增加可以通过两种方式：一种是用更多的收入来维持生产性的劳动——这不仅可以增加商品的数量，而且可以增加其价值；另一种是不增加任何劳动量，而使等量劳动的生产效率增加。"④马克思在经济学手稿中也明确指出："生产逐年扩大是由于两个原因：第一，由于投入生产的资本不断增长；第二，由于资本使用的效率不断提高。"⑤现代增长经济学家则以更概括的方式表达了同一思想，他们把增长的源泉或途径概括为要素投入量的扩大和要素生产率的提高，

① 吴敬琏：《怎样才能实现增长方式的转变》，《经济研究》1995 年第 11 期。
② 周振华：《我国现阶段经济增长方式转变的战略地位》，《经济研究》1996 年第 10 期。
③ 亚当·斯密：《国民财富的性质和原因的研究》，陕西人民出版社 2001 年版，第 384 页。
④ 大卫·李嘉图：《政治经济学及赋税原理》，商务印书馆 1962 年版，第 236—237 页。
⑤ 马克思：《剩余价值理论》，《马克思恩格斯全集》第 26 卷 II，人民出版社 1973 年版，第 598 页。

并创造出一套测量这两种增长源泉在实际增长过程中相对重要性的方法。由此可见，以这两种增长源泉的构成方式来区分经济增长方式，不仅在理论上可以成立，而且在实践上也成为可检验的。

学术界讨论较多的主要还不是增长方式的这种区分，而是对这两种不同的增长方式如何定名，是概括为"粗放型"和"集约型"，还是"外延型"和"内涵型"，或是"数量型"和"质量型"，抑或是"速度型"和"效益型"等。特别是围绕"粗放型"和"集约型"的提法，存在不同看法。

有的学者不同意用"粗放型"和"集约型"来概括对增长方式的区分。他们认为，"'粗放'和'集约'这一对概念在经济学上不是表达不同经济增长方式，而是表达不同资源配置方式的概念。更确切地说，它们是农业生产资源配置的两种方式"。粗放经营与集约经营的区别涉及的是要素比例是否改变的问题，而两种不同增长方式的区别涉及的是改变要素的数量还是提高要素的质量的问题。"要素比例变化带来的产量是资源配置效应，而要素质和量的不同是要素'内含'和'外延'效应。"因此，"粗放"和"集约""这一对概念本身用在解释经济增长方式上不妥"。[1]由于"粗放"和"集约"原是用来分析农业中不同的耕作方式和经营方式的两个概念，上述看法中对这一对概念的本义的解释应该说是正确的。这一解释也说明了资源配置方式与经济增长方式的区别，而这两者却往往被人们所混淆。资源配置方式关系到在生产要素的相对稀缺程度和相对价格不同的条件下，如何更合理更有效地配置资源的问题，只有充分利用那些较丰饶和较低廉的生产要素，才能使生产成本最低和经济效益最大。因此，农业中的粗放经营和集约经营，一般说来不存在孰优孰劣的问题。例如，在土地资源极为丰富和价格低廉而资本和劳动比较稀缺的条件下，农业的粗放经营就是相对合理的。经济增长方式则与此不同，它关系到经济的增长主要是通过扩大要素投入量来实现还是主要通过提高要素生产率来实现，而后者又必须以改进技术和提高要素质量为前提。当然，不同增长方式的采用也会受到资源相对稀缺性的制约，转变增长方式也包含着改善资源配置的影响；但不可否认，经济增长方式和资源配置方式所回答的经济问题是有区别的，前者同技术变化和要素质量变化直接相关，后者同要素比例变化直接相关。事实上，现代增长经济学家在理论分析和实证分析中也是把技术变化和要素比例变化分开来处理的。索洛的新古典增长

---

[1] 陈英：《关于经济增长方式转变若干问题思考》，《当代经济研究》1997年第2期。

模型就曾假定，在技术不变条件下，资本与劳动的要素比例可变。他在检验美国 1909—1949 年间的增长实绩时指出：劳动生产率（每人小时的毛产出量）"在此期间翻了一番，其中有百分之 87 又 1/2 是来自于技术变化的，剩下的百分之 12 又 1/2 是由于运用的资本增加了"[①]。这实际上是把劳动生产率的提高分解为技术变化效应和表现在人均资本存量变化上的要素比例变化效应。可见，从概念上区分资源配置方式和经济增长方式是正确的与必要的。

不过，弄清"粗放"和"集约"在农业经营中作为不同资源配置方式的本义，并不意味着不能借用这对概念来表示经济增长方式的区别。在经济学中，赋予某种概念以新的含义的情况并不是绝无仅有的。更何况，如果不是对粗放经营与集约经营做静态比较而是做动态考察，它们同时也表现为农业增长的两种不同方式：第一，如果采用三要素模式而不是两要素模式，并把土地看作农业中最重要的生产要素，那么，农业中的粗放经营和集约经营就同时表现为扩大农业生产的两种不同的途径——粗放型的农业增长主要通过扩大土地要素的投入量（所谓广种薄收）来实现，而集约型的农业增长则主要通过提高土地要素的生产率（提高单位面积产量）来实现。第二，粗放型的农业增长意味着农业生产的技术方式不变而主要扩大要素投入数量；集约型的农业增长则意味着必须改变农业的生产技术，因为不改变生产技术就不可能在同一块土地上不断地追加其他生产要素。列宁指出："'追加的（或连续投入的）劳动和资本'这个概念本身，就是以生产方式的改变和技术的革新为前提的。要大规模地增加投入土地的资本量，就必须发明新的机器、新的耕作制度、新的牲畜饲养方法和产品运输方法等等。"[②]正因为有这种交错性和相似性，苏联的经济学家才会于 60 年代初使用这对概念来概括两种不同的经济增长方式。从这个意义上看，赋予这对概念以新的含义并用它来概括增长方式的不同，并没有什么不妥，只要我们清楚它原来作为不同农业经营方式的内涵和现在作为不同经济增长方式的内涵的基本区别就可以了。

反对用"粗放"和"集约"来概括不同增长方式的学者，主张以"外延"和"内涵"的提法来代替，因为马克思在《资本论》中已使用这两个概念来区分扩大再生产的两种类型。需要指出的是，马克思在分析扩大再生产时使用"外延"和"内涵"这两个对应词，只是顺带谈到，并非要给予严格的界定，因而其含义并不是很精确和统一的。马克思说："积累，剩余价值转化为

---

① 索洛：《技术变化与总生产函数》，《经济增长论文集》，北京经济学院出版社 1989 年版，第 171 页。

② 列宁：《土地问题和"马克思的批评家"》，《列宁全集》第 5 卷，人民出版社 1959 年版，第 87 页。

资本，按其实际内容来说，就是规模扩大的再生产过程，而不论这种扩大是从外延方面表现为在旧工厂之外添设新工厂，还是从内含方面表现为扩充原有的生产规模。"①这里所说的"外延"和"内含"之分显然只具有地理空间上的意义，即原有工厂扩充规模为内含上扩大，另建新厂则为外延上扩大，这与人们现在理解的两种增长方式并不完全相对应，因为原有工厂生产规模的扩充，既可以主要通过提高要素生产率来实现，也可以主要通过增加要素投入量来实现。但马克思又说：在进行扩大再生产时，"如果生产厂所扩大了，就是在外延上扩大；如果生产资料效率提高了，就是在内含上扩大"②。在这里，外延扩大和内含扩大的区分则与两种不同增长方式的含义比较吻合。因此，根据马克思的第二种说法，用"外延型"和"内涵型"来概括两种不同的经济增长方式亦无不可。苏联和东欧经济学家很可能就是受到马克思这一论述的启发，而提出两种增长方式的问题。他们在概括两种增长方式时，实际上是把"外延"和"内涵"与"粗放"和"集约"这两对词看作同义词了。柯尔奈指出：要素投入增加和要素生产率提高"这种区分以及与之相伴随的专门术语，在西方作者中广为流行。但社会主义各国的作者却愿意采用另一对术语，即'粗放（外延）'方式和'集约（内涵）'方式来加以表达。这两对用语在语义上是相同的：要素增加等于外延，要素生产率提高则与内涵相当"③。因此，当我们借用"粗放"和"集约"这对词来概括两种不同的增长方式时，它与"外延"和"内涵"这对词应看作具有相同的含义。这两对词在《资本论》原文中是相同的，说明它们在含义上有相通的一面。但在中文中，经济学家们之所以更偏爱用"粗放"和"集约"这对词来概括两种不同的增长方式，或许因为它们比"外延"和"内涵"这对源于逻辑学的用语更为通俗和形象化一些。

有的学者不同意以扩大要素投入量和提高要素生产率来区分两种不同的增长方式。他们认为："西方经济学家把产出的增加分解为'要素投入增加'和'要素生产率提高'这两个因素，从理论上来说也是对的。……但是，把这两个因素作为经济增长的两种方式或类型，从实践上来说却是不可取的。这是因为，要素投入的增加和要素生产率的提高总是相伴发生的；在现实生活中，二者总是不可分割地联系在一起的。……一方面要生产率提高，另一

---

① 马克思：《资本论》第 2 卷，《马克思恩格斯全集》第 24 卷，人民出版社 1972 年版，第 356 页。
② 马克思：《资本论》第 2 卷，《马克思恩格斯全集》第 24 卷，人民出版社 1972 年版，第 192 页。
③ 吴敬琏：《怎样才能实现增长方式的转变》，《经济研究》1995 年第 11 期。

方面又要不增加任何要素投入，这样的'集约'增长是不可能实现的。正因为这样，以'要素投入增加'和'要素生产率提高'来界定'粗放增长'和'集约增长'的内涵是没有实际意义的。"他们根据马克思在《资本论》第二卷中的一些论述，主张用扩大原有企业和另建新企业来分别表示集约增长和粗放增长的含义。[①]这种观点首先包含着一种误解。主张用扩大要素投入量和提高要素生产率来界定粗放增长和集约增长的人，并不认为要素数量的扩大和要素使用效率的提高是可以截然分开的。一般说来，生产的扩大和经济的增长总是同时涉及这两个源泉。所谓粗放增长和集约增长的区别，不过是指前者以扩大要素投入量为主而后者以提高要素生产率为主。这种区别不仅是现实存在的，而且具有重大意义。粗放增长的结果是生产资源消耗不断扩大，而生产资源特别是其中的自然资源通常是不可再生的，过度消耗生产资源可能威胁到经济增长的持续健康发展；集约增长的结果则是生产要素利用效率的提高，这不仅更有利于社会福利增长，同时也是保证经济持续健康发展的重要条件。这样重要的区别怎么能说是"没有实际意义呢"？相反，如果用"扩大原企业"和"另建新企业"作为区分"集约增长"和"粗放增长"的标准，那么，这或许在分析扩大再生产的某些特定问题上有作用，但作为不同增长方式的基本分类却没有太大的实际意义。因为在原有企业中扩建一个车间和另外新建一个与此车间相当的新企业，从社会生产能力的增加来看，并无本质区别。而且，扩大原企业也好或另建新企业也好，都可以有两种不同的增长方式：或者立足于扩大要素投入数量，或者立足于提高要素使用效率（在建新厂的条件下，这表现为采用比现有同类工厂更先进的设备和技术）。由此可见，把增长方式的本质区别界定为扩大原有企业和建立新企业，这种观点不论在理论上还是在实践上都是不可取的。

（三）

研究西方国家经济增长方式演变的过程和规律，需要明确衡量增长方式变化的客观标准。根据前面有关经济增长方式概念的讨论可知，这一客观标准应是要素投入量与要素生产率在经济增长中的相对重要性的变化，即：以

---

① 奚兆永：《论经济增长方式的内涵》，《经济研究》1996 年第 5 期。

要素投入量扩大为主的经济增长是粗放型的，以要素生产率提高为主的经济增长是集约型的。对这一经济增长方式演变过程的实证检验，则主要依靠西方经济学家有关增长因素核算的研究资料，以各不同时期的经济增长率中要素投入量的增长率和要素生产率的增长率的相对贡献程度的不同为依据。换句话说，如果全要素生产率的增长率对经济增长率的贡献度（即要素生产率的增长率占经济增长率的比重）在50%以下，则基本上属于粗放型的经济增长；达到和超过50%，则属于集约型的经济增长。根据这样一个数量标准，可以大体上判断出各个时期增长方式的主导类型以及不同增长方式的演变状况。

但是，在谈到增长方式演变的实证检验中的这一数量标准时，有两个限定条件必须强调：第一，在经济增长过程中，全要素生产率对增长的贡献率并不是逐年上升的。这是因为，在经济的周期波动和长期波动中，全要素生产率及其对经济增长的贡献程度会受到各种复杂因素的影响，其中一个重要因素就是资本积累的速度。由于全要素生产率是余值与全部要素投入量的比率，是劳动生产率和资本生产率的综合结果，因此，在资本高速积累的年份或时期，由于资本投入量剧增，资本生产率必然下降甚至出现负增长，由此而使全要素生产率及其对经济增长的贡献率降低。由此可见，在检验要素生产率对经济增长的贡献程度的变化时，应着眼于较长时期的基本趋势，而不是个别年份或较短时期的数据。同时，在数据检验的时期选择上也应谨慎。第二，在经济增长过程中，全要素生产率对增长的贡献率也不是无止境上升的。这不仅是因为要素生产率的任何提高总需要一定数量要素投入量的增加，而且是因为经济中要素生产率的提高和贡献还要受到产业部门结构的影响。在国民经济的三大产业部门中，包括第一产业和第二产业在内的实物生产部门的生产率水平较高且提高较快，而以第三产业为主的非实物生产部门的生产率水平较低且提高较慢。这样，三大产业部门的结构变化必然会影响到全部经济中要素生产率的水平及其对经济增长的贡献程度。资本主义长期经济增长中的产业结构变化趋势是：开始时工业部门在国民经济中的份额长期稳步上升，而当这一份额达到40%—50%时开始趋于稳定并转为下降，服务业部门则逐步迅速上升到超过实物生产部门的总和，从而进入人们所谓的"后工业社会"。这时由于低生产率的服务部门在国民经济中占据了优势，整个经济的要素生产率的增长速度及其对经济增长的贡献度就会降下来。这正是20世纪70年代以后在西方主要发达国家所出现的情况，也就是麦迪森所说的"在某些经济中出现了严重的结构拖累"[①]。由于这个原因，我们对西方国家经济增长方式演变的分析，也将限于从现代经济增长开始到进入"后工业社会"前的这一历史时期，即从农业经济转变为高度发达的工业经济这一长达一二百年的经济增长时期。至于进入所谓"后工业社会"的发达资本主义国家，其已经高度集约化的经济增长方式进一步演变的具体表现形式，则是一个需要进行更长期更深入的观察和研究的问题。

钱纳里等在对工业化和经济增长的比较研究中，强调了工业化过程中的结构转变特征。他们认为：在工业化过程中，"结构转变最值得注意的特征，是国民生产总值中制造业 Pm 所占份额的上升，以及农业 Pa 所占份额的相应下降"。"工业化的程度一般可以由国内生产总值中制造业份额的增加来度量，表 3.7 表明，制造业的份额自 15% 增加到 36%。但是，从一般均衡的观点来看，工业化是整个经济系统的一个特征，在此系统中，初级产品生产份额的下降——由 38% 降至 9%——由社会基础设施份额以及制造业份额的上升所弥补。以不变价格计算，服务业的份额几乎不变。"[②]从该书表 3.7 可以看出，在制造业份额上升的同时，社会基础设施的份额也由 11% 提高到 16%。两者相加，工业的份额从 26% 上升到 52%。这大约相当于发达工业化的鼎盛时期。钱纳里等把一国从不发达状态到发达状态的经济增长划分为三个大阶段：初级产品生产阶段、工业化阶段、发达经济阶段。丹尼尔·贝尔也把人类社会的发展分为三大阶段：前工业社会、工业社会、后工业社会。贝尔还引用了赫尔曼·卡恩等对不同社会类型的更细的划分，即：前工业社会、局部工业化社会、工业社会、先进工业社会和后工业社会。卡恩认为，到 1965 年，只有美国和西欧（可能还有日本）可称为先进工业社会。[③]这样，贝尔的工业社会又细分为局部工业社会、工业社会和先进工业社会三个小阶段。而钱纳里的工业化阶段，作为从初级产品生产到发达经济的转变时期，大体相当于从前工业社会到后工业社会之间的整个时期，也可相应地细分为早期工业化、工业化和发达工业化三个小阶段。[④]因此，可以这样说，贝尔所讲的从前工业社会到后工业社会的整个转变时期，或如钱纳里等所界定的

---

① A. 麦迪森：《世界经济二百年回顾》，改革出版社 1997 年版，第 20 页。

② H. 钱纳里，S. 鲁宾逊，M. 赛尔奎因：《工业化和经济增长的比较研究》，上海三联书店 1989 年版，第 59、73 页。

③ D. 贝尔：《后工业社会的来临》，新华出版社 1997 年版，第 505 页。

④ 黄少军：《服务业与经济增长》，经济科学出版社 2000 年版，第 214 页。

工业化阶段，正是我们考察经济增长方式转变所限定的历史时期。从世界范围的角度看，这个历史时期起始于 18 世纪后期开始的英国工业革命，到主要发达资本主义国家达到工业化鼎盛阶段的 20 世纪 60 年代。

进入所谓"后工业社会"的资本主义经济的增长，当然不会逆转其已经高度集约化的发展方向。不论在国民经济中所占的比重如何，以工业为主体的实物生产总是一国经济发展的基础，而其中的制造业也总是经济增长的发动机：工业部门技术水平不断提高和生产集约化程度不断发展，仍然是整个国民经济持续增长的前提条件。与此同时，作为非实物生产部门的服务业也会在整个社会技术水平迅速发展的基础上，不断提高自身的经济效率和集约化程度。由此可见，进入所谓"后工业社会"以后，虽然在一段时期内由于服务部门迅速扩大而使整个经济的要素生产率的增长率及其贡献度降低，从而"表现为"社会经济增长的集约化程度下降，但这主要是产业结构变化的影响，并不意味着各部门经济集约化水平的实际降低。进一步考虑，非实物生产部门相对扩大和实物生产部门相对缩小也不可能是无限的，一旦社会的产业结构趋于稳定，社会经济增长方式的进一步演变就可能恢复工业化时期的固有趋势。总之，由于"后工业社会"的经济增长受到多种复杂因素（有些现在还难以预测）的影响，上述分析仅具有推测的性质；而为了对"后工业社会"的经济增长方式进行研究，也还需要等待更长时期经验资料的积累。因此，本书对发达资本主义国家经济增长方式演变的研究，也将主要限于在进入所谓"后工业社会"以前的历史阶段。

本书的任务不是要对发达资本主义国家的经济增长因素进行独立核算（这是我们力不能及的），而是要根据国外学者已经进行的增长因素核算研究所提供的经验数据，对发达国家增长方式演变的历史过程和内在规律（侧重于经济增长内在结构的变化及其相互关系）进行探讨。但由于国外学者在进行增长因素核算时所采用的经济模型和数据处理方法有很大区别，所得出的数据也不相同，这就提出一个问题，究竟应该以哪一套经验数据作为我们分析的基础或主要依据？选择用于进行分析的数据，当然要服从于研究分析的目的。我们的目的并非要比较各种增长因素核算方法的科学性和精确性，而主要是应用经验数据来分析增长方式的演变，观察粗放型增长方式如何逐渐演变为集约型增长方式，因此，作为分析基础的增长因素核算数据应该能够较好地体现要素投入量和要素生产率的区别及其在经济增长中的作用。我们知道，在增长因素的核算分析中，除了在资本投入度量的技术方法上存在分歧外，不同学者主要在两个方面有所区别：一是在要素投入量的估算中是否考虑要素质量的改进；二是对余值如何进一步分解。按照新古典的经济增长理论对增长源泉的分解，要素生产率应体现除要素投入量以外的各种因素的影响，其中最重要的因素是技术进步（即丹尼森所说的知识进展）。技术进步包括体现的技术进步和非体现的技术进步，体现的技术进步则表现为物质资本要素和人力资源要素的质量改进。库兹涅茨曾指出："资源投入的数量不能与其质量相混淆，因为质量在很大程度上是知识增加的反映。"[1]因此，在增长因素的核算中对要素投入量的质量改进进行调整，虽然有助于细化增长源泉的分析，但对于增长方式演变的研究来说，由于把一部分技术进步的影响从余值转移到要素投入量上，必然低估要素生产率及其对经济增长的贡献，从而不能充分反映要素投入量和要素生产率对经济增长贡献程度的相对变化。比较肯德里克、丹尼森和乔根森三位学者的增长因素核算研究，可以看出，肯德里克的早期分析对要素投入的质量调整最少，丹尼森则对劳动投入的质量进行了详细估算，乔根森更进一步对资本投入的质量进行了详细估算。丹尼森、乔根森以及肯德里克后来进一步的工作都是有意义的和应该肯定的；但从研究增长方式演变的目的出发，可能肯德里克早期在《美国的生产率趋势》中所提供的经验资料更适合作为分析的基础。此外，该书附录中包含了美国长时期的较详细的逐年数据，这也有助于我们做更深入的研究分析。至于肯德里克的资料没有包括对余值的分解，这对我们的分析目的来说并没有什么影响。因此，本书对发达国家增长方式演变的研究，将以《美国的生产率趋势》附录中的系统数据作为分析的基础。与此同时，其他学者的研究成果和相关数据，我们也会将其作为进一步的实证资料而适当采用。

本书的逻辑结构是：导言，简要阐明本书的任务和方法；第一至六章，从不同侧面研究发达国家经济增长方式演变过程中的结构变化；第七章，讨论所谓"后工业化"时期生产率增长率下降的问题；第八章，阐述发达国家经济增长方式演变对中国的启示。各章的基本内容如标题所示。第一章，研究经济增长过程中经济增长的源泉结构的演变，分析这一过程中要素投入量和要素生产率的相对重要性的变动趋势，探讨要素生产率的重要性趋于上升的基本原因。第二章，讨论增长方式演变过程中要素投入量的结构变动，分析劳动投入量下降和资本投入量上升的基本趋势，研究这一变动趋势的原因

---

[1] S.库兹涅茨：《现代经济增长》，北京经济学院出版社1989年版，第73页。

及其与经济增长方式演变的关联。第三章，讨论增长方式演变过程中资本投入量的结构变动，主要分析固定资本投入相对于存货投入的重要性上升和固定资本中设备投入相对于建筑物投入的重要性上升的趋势，研究这一变动趋势的原因及其与经济增长方式演变的关联。第四章，讨论增长方式演变过程中要素生产率的结构变动，主要分析劳动生产率的提高趋势和资本生产率的波动，研究这一变动的原因及其与经济增长方式演变的关联。第五章，讨论增长方式演变过程中国民经济产业结构的变动，分析产业结构变动的基本原因以及产业结构变动对增长方式演变的影响。第六章，讨论知识对经济增长的作用，分析知识的积累对经济增长方式演变的决定性影响。第七章，研究所谓"后工业化"时期生产率增长率下降的原因，试图对这一现象作出科学解释。第八章，总结性地讨论发达国家经济增长方式演变规律对我国转变增长方式的借鉴意义；探讨我国作为后起的社会主义发展中国家，加速经济增长方式转变的对策。

（原载《发达资本主义国家经济增长方式的演变》，经济科学出版社2006年版，本文为该书的"导言"）

我国转变经济增长方式的紧迫性质和二元路径

内容摘要： 中国的经济增长存在着若干约束条件。这些约束条件既决定了我国转变经济增长方式的紧迫性，也决定了增长方式转变的特点。中国转变经济增长方式应遵循一条二元路径，即发展技术密集型产业与发展劳动密集型产业并举，提高劳动生产率与提高资本生产率并举。

关键词： 转变经济增长方式　要素生产率　二元路径

世界各国在工业化过程中，经济增长方式的演变具有若干共同的规律性。但是，绝不可因此而忽视中国实现这一过程时的特殊国情，特别是我国存在的对经济增长的若干约束条件。正是特殊的国情决定了中国经济增长方式转变的主要特点。

（一）中国经济增长的若干约束条件

1. 人口约束

中国原是一个人口众多的积贫积弱的国家。旧中国作为一个落后的农业国，现代工业寥寥无几。1952 年，在国内总产值中，以农业为主的第一产业仍占 50％以上，以工业为主的第二产业仅占 17.6％；在两亿多的就业人口中，第一产业占了 83.5％，第二产业仅占 7.4％。[①]由于农村的生育率和赡养人口大于城市，农村人口的比例肯定更高。甚至到改革开放前的 1978 年，在九亿多中国人口中，农村人口还占到 82％。[②]反观发达国家的工业化初期，农业

---

① 《中国统计年鉴》（2002 年），中国统计出版社 2002 年版，第 52、118 页。

② 《中国统计摘要》（2003 年），中国统计出版社 2003 年版，第 9 页。

经济和农村人口的比例要小得多。1831 年，英国有大约 50％的家庭生活在可以列入农村型的条件之下。[①]到 1870 年，在已开始或刚开始工业化的西方国家中，农业就业量占总就业量的比重如下：英国为 22.7％，荷兰为 37.0％，法国为 49.2％，德国为 49.5％，美国为 50.0％，日本为 67.5％。平均数只有 46.0％。[②]

中国的人口约束不是表现为劳动力供给不足，而是表现为劳动力供给过剩。这种过多的劳动人口，固然为中国的工业化提供了廉价的劳动力，也使中国劳动密集型产品的出口具有成本优势，成为中国开展国际贸易的比较优势之一，从这个方面看，它是有利于通过出口带动促进工业化的；但是，从另一个方面看，对于以提高要素生产率为中心的增长方式转变来说，它却是一个起阻碍作用的因素。在中国农村中，低下的生产率和庞大的劳动力，意味着巨大的潜在失业人口。就工业化需要的农民向工业的转移来说，确实存在着如刘易斯所说的"无限供给"的劳动力，农民的边际生产率或农民转移到工业部门的机会成本几近于零。大批农村人口向工业和城市的转移是不可阻挡的趋势。每年由于人口自然增长而新增加的劳动力的数量也是巨大的。而提高劳动生产率通常要以机器代替活劳动，降低资本对劳动力的需求，这在中国的人口情况下就会使失业问题变得特别严重。这种情况，对于经济增长方式的迅速转变显然是起约束作用的。这也是中国随工业化而转变经济增长方式过程中必须认真考虑和正确处理的重大问题。

2. 资源约束

中国的国土面积较大，自然资源总的来说比较丰富，所以中国一向有"地大物博"之称。但考虑到中国是世界上人口最多的国家，如果按人均来计算，中国实际上却是一个资源比较贫乏的国家。就一些主要的资源来说，中国的人均水平大都低于甚至大大低于世界的平均水平。不仅如此，随着国民经济的发展，我国一些已知资源的总量和人均占有量还在不断下降。如由于工业用地的扩大、住宅建筑的发展、铁路和公路的大规模建设等，我国耕地面积正在迅速减少，并由此构成对我国粮食及其他经济作物充分供应的严重威胁。

我国不仅人均自然资源贫乏，而且利用效率低下。由于机器设备陈旧、

① J. H. 克拉潘：《现代英国经济史》上卷第一分册，商务印书馆 1986 年版，第 96-97 页。

② A. Maddison. Growth and Slowdown in Advanced Capitalist Economies: Techniques of Quantitative Assessment, Journal of Economic Literature, 1987, 25(2), P.689. TableA-13.

技术水平落后和经营管理不善，我国单位产出的能耗和资源消耗水平明显高
于国际先进水平。例如，火电供电煤耗高 22.5%，大中型钢铁企业吨钢可比
能耗高 21%，水泥综合能耗高 45%，乙烯综合能耗高 31%。我国农业灌溉
用水系数是国外先进水平的一半左右，工业万元产值用水量是国外先进水平
的 10 倍。矿产资源的消耗强度也比世界平均水平高出许多，每吨标准煤的产
出效率只相当于美国的 28.6%、欧盟的 16.8%、日本的 10.3%。[①]

　　由此可见，我国的经济发展的确是资源约束型的。这种约束与人口约束
不同。人口约束主要体现为劳动力过剩可能造成的失业威胁对生产率增长的
阻碍；而资源约束则主要表现为资源短缺所形成的经济发展的瓶颈。这在客
观上又要求我国加紧经济增长方式的转变。如不逐步实行集约化的生产和经
营，我国的高速经济增长就可能是无法持续的。近几年来，某些资源对经济
增长的约束已有突出的表现。如粮食的短缺造成粮价上涨；石油的进口正连
年大幅度增长，保证石油供应已成为我国经济发展的重大战略问题；电力不
足问题这几年也日趋严重，在电力使用高峰季节，许多地区已不得不拉闸限
电，使部分工厂间断停工等。从资源短缺对我国经济增长所形成的障碍来看，
转变经济增长方式以提高资源投入的利用效率，的确是刻不容缓的。

　　3. 技术约束

　　改革开放以后，中国经济开始了一个新的发展时期，保持了超过四分之
一个世纪的高速经济增长，创造了世界经济的奇迹。从 1979 年到 2004 年，
中国经济的年均增长率达到 9.4%，国内生产总值（GDP）增长了 33 倍，人
均 GDP 从 1979 年的 271 美元上升到 2004 年的 1214 美元。[②]目前的经济总
量已在世界各国中排第六位。但从人均收入的绝对值来看，我国在世界上的
排位还很靠后，仍属于中低收入的发展中国家。特别就技术水平来说，我国
还只能算是二流国家。中国已成为世界上的经济大国，但在技术上仍算不上
是经济强国。

　　中国现有的技术水平不高表现在许多方面。从产品的技术含量来看：我
国虽然在很多工业产品的产量上已居世界首位，制成品已代替初级产品成为
主要的出口产品，但工业产品的质量多数不高，产品的附加值也比较低；我
国生产的电视机、电冰箱、空调、洗衣机等家电产品，以及计算机和配件、

　　① 马凯：《科学发展观与经济增长方式的根本转变》，《求是》2004 年 8 月。

　　② 国务院发展研究中心信息网：http://www.drcnet.com.cn，2004-5-31。

数字多功能光盘（DVD）、电话、手机、程控交换设备等信息技术产品在世界上已名列前茅，在国内市场已占主导地位，并有大量出口，但基本上仍属于组装型，核心部件和核心技术大都掌握在外国公司手中，真正具有自主知识产权的高新技术产品很少，许多高端产品的国内外市场仍被外国公司垄断。从机器设备的技术水平来看：虽然二十多年的改革开放吸引了几千亿美元的海外资本，发达国家的大跨国公司纷纷到中国投资，随之引进了大量较先进的技术设备，但绝大多数仍属于发达国家二流的、或正被淘汰甚至已被淘汰的东西，核心的技术、设备和标准仍是外国大公司的专利。从劳动者的技术素质来看：我国人口的文化水平较低，虽然 1949 年后大力发展教育事业，但直到 1990 年，我国 15 岁以上人口的平均受教育年限仅为 5.38 年[①]，大大低于美国的 18.04 年、日本的 14.87 年、德国的 12.17 年等[②]；我国高等教育更为落后，大学入学率远远低于世界平均水平，直到近几年才有较快提高；目前中国的工程师和科学家的绝对人数已居世界首位，但在总人口中所占比例仍然很低，真正具有创新精神的高级科技和管理人才更为稀缺；工人的平均技术水平也不高，当前技术熟练的蓝领工人的极端短缺已成为制造业进一步发展的一个瓶颈，这是进口零部件组装的产品在质量上低于同类进口产品的重要原因。从自主技术创新的能力来看：我国的研究与开发（R&D）投入严重不足，R&D 经费占 GDP 的比重在 2002 年虽然达到 1.23%，在发展中国家居于前列，但仍低于 1996 年 1.60% 的世界平均水平，更远低于 1996 年 2.20% 的发达国家平均水平。2000 年我国 R&D 经费约合 108 亿美元，虽居世界第 9 位，但也只相当于美国的 1/25、日本的 1/13，落后于加拿大、韩国和意大利。在 2000 年世界 R&D 经费总量中，美国占 41.7%，欧盟占 25.3%，日本占 22.3%，而中国只占 1.7%。[③]由于我国自主科研开发能力不强，外国也不把一流技术转让给中国，因而除个别领域外，我国绝大多数生产部门的技术水平普遍不高。

正是这种科学技术水平的落后，成为我国经济中生产和经营效率低下的主要原因，也是从粗放式经济增长向集约式经济增长转变的基本制约因素。

---

① 据李坤望计算，参见李坤望：《经济增长理论与经济增长的差异性》，山西经济出版社 1998 年版，第 174 页。

② A. 麦迪森：《世界经济二百年回顾》，改革出版社 1997 年版，第 15 页。1992 年数字，15—64 岁年龄组。

③《中国科学技术指标》（2002 年），科学技术文献出版社 2003 年版，第 32、33 页。

提高科学技术水平和国民受教育水平，发展自主的科技创新能力，建立国家创新体系，已成为我国转变经济增长方式的核心问题。

4. 制度约束

中国开始工业化时的制度背景与西方发达国家存在着根本差异。中国是一个社会主义国家，在1949年后的前三十年时间里实行计划经济。在公有制占绝对主体地位和计划经济体制下，工业化是在国家的绝对控制和强力干预下进行的。由于资源的基础配置方式不当，企业未成为真正自主经营的经济主体，普遍缺乏成本收益核算意识，再加上国家单纯追求经济增长速度和产品数量扩张的政策失误，从而在工业化过程中形成了一种比资本主义国家工业化初期严重得多的粗放经营方式。主要体现为用高投入支持高产出，结果是资源浪费极其严重，要素和资源的利用效率十分低下。这就决定了中国工业化过程中经济增长方式的转变必定要和经济体制的转型结合在一起，这一转变过程也更加艰难。

中国经济体制的转型是从1978年实行改革开放政策开始的。与此同时，人们也开始关注经济增长方式的转变。四分之一个世纪已经过去，中国也从一个实行计划经济体制的社会主义国家基本转变为实行市场经济体制的社会主义国家。市场经济体制的基本建立促进了经济的快速发展。但是，一方面，计划经济体制的残余和遗风仍然存在，初步形成的市场经济体制又极不完善，这都会对经济增长方式的转变产生消极影响。宏观上，国家对某些关键领域的控制和干预还很强，市场调节机制在这些行业基本不起作用。微观上，国有企业的改革也还没有完成，现代企业的治理结构在许多公司尚未建立，企业内部的民主决策和科学管理制度也未能真正形成。再加上某些行政管理部门和企业的腐败之风，许多经济单位并没有把提高经济效益作为自己的首要职责。另一方面，在现行的政治体制下，随着地方权力的扩大和地方财力的增长，地方政府有日趋严重的经济扩张欲望，好大喜功，不顾条件地建开发区，盲目扩大投资，建大企业，建城市广场，搞所谓"形象工程"和"政绩工程"，浮夸之风和攀比之风愈演愈烈。其结果是，大量的重复建设、人为的经济过热、严重的资源浪费，不但未能抑制反而助长了粗放的增长方式。这已成为我国目前阻碍经济增长方式转变的一个严重问题。

由此可见，中国经济增长方式转变中的制度障碍，不仅是计划经济体制及其残余的影响，也有市场经济体制不完善带来的新问题。这种情况已被有的学者概括为转型过程中形成的"残缺的计划经济体制与不成熟的市场经济体制的'二元体制'",认为"在由计划经济体制向市场经济体制转型的'二元体制'并存时期,传统体制内生的粗放型增长方式不但依然顽强地存在,而由于'市场'范围扩大,又使得以数量扩张为特征的粗放型经济增长方式更为突出,这一现象又属中国的一大'特色'"。[①]可见,不通过深化经济政治改革和加强宏观调控以克服上述体制弊端,粗放型经济增长方式就难以彻底改变。这种制度约束的存在,大大增加了中国经济增长方式转变的难度。

(二)中国转变经济增长方式的紧迫性

改革开放以来我国的经济发展虽然十分迅速,但却是建立在粗放的增长方式基础之上的。这种粗放的经济增长方式在工业化的一定阶段尽管不可避免,付出的代价却很沉重,也带来了许多严重困难。1949年以后,我国在经济建设上一直存在着"高投入、高消耗、高排放、不协调、难循环、低效率"[②]的问题。增长方式上的这种粗放性在改革开放后不但未能扭转,反而随着经济的快速增长,在一定程度上表现得更为突出,由此而对我国社会经济的运转带来了日益严重的压力。

1. 资源和环境方面的问题

我国本来是一个资源相对贫乏的国家,以高投入高消耗为特征的生产方式使我国资源短缺的压力日益加剧。随着经济的迅速发展,能源的短缺已经显示出来,我国已成为石油净进口国,且进口数量不断增长。由于国际油价近年来节节攀升,大大加重了我国的能源成本,保证石油供应已成为我国经济发展的重大战略问题。电力不足这几年也日趋严重,在电力使用高峰季节,许多地区已不得不拉闸限电,使部分工厂间断停工。许多生产资料价格的大幅度上涨,煤炭、电力、石油、运输等的全面紧张,已在一定程度上影响到生产的正常运行和人民的正常生活。环境方面也越来越不堪重负,空气、水源、土地的污染随着经济的发展日益加重。中央虽早已提出保护环境的方针,但大多数地区的污染并未得到有效治理,国家的生态总体上还在趋于恶化。

---

① 李贺军:《中国经济增长方式选择》,社会科学文献出版社1999年版,第88—89页。
② 马凯:《科学发展观与经济增长方式的根本转变》,《求是》2004年8月。

这已在很大程度上影响到人民群众的身体健康和经济的良性运转。试想一想，改革开放二十多年中国的经济总量在一个较小基数上翻了两番、人均收入刚超过 1000 美元时，资源问题和环境问题就已经如此尖锐，那么，如果粗放的增长方式仍不改变，我们的资源和环境能够承受得起我国 GDP 在 2020 年前再翻两番、人均收入超过 3000 美元这一宏伟的增长目标吗？更不要说到 21 世纪中期达到中等发达国家的经济社会发展水平了。我国明确提出转变经济增长方式已有 20 年，虽然取得了一定进步，但总的说来成效并不显著。现在的确已到非狠抓这个问题不可的时候了。

2. 国际经济关系方面的问题

我国近二十多年经济的快速发展，与实行对外开放政策和出口导向的发展战略是分不开的。我国进出口贸易实现了多年的高速增长，现已成为世界第三贸易大国，获得了"世界工厂"的称号，其产品已畅销全球。但是，我国工业产品的国际竞争力，除了具有较完备的基础设施和供应链，具有专业化分工和规模优势以外，主要还是建立在廉价劳动力的基础之上，以劳动密集型产品为主，如纺织、服装、玩具，以及某些家用电器和信息技术（IT）产品零部件等。高科技产品的出口虽在不断增加，但比重仍然较低，且多为外资企业和合资企业生产。出口产品的生产方式主要还是粗放型的。这类产品的出口，不但在发达国家中带来了一定的社会冲击，引起一部分行业企业的抵制；而且与许多发展中国家的同类产品形成竞争，造成了某些国家的恐慌。因而，在中国出口产品国外市场不断扩大的同时，也带来了越来越多的国际贸易摩擦。近几年来，国际上的贸易保护主义盛行，针对中国产品的反倾销案件大幅度上升，抵制中国货的政府和民间行动层出不穷，甚至出现焚烧中国产品的恶性事件。我国建立在粗放型生产方式基础上的出口增长的弊端已日益昭显，依靠出口带动经济增长的方针遇到日益严重的困难与障碍。因此，必须逐步改变以廉价劳动力为基础的粗放型经济增长方式，发展资本密集型和技术密集型产品出口，提高劳动密集型出口产品的技术含量，逐步使我国的出口向高端产品和国际稀缺产品领域转移。可见，改变粗放的经济增长方式，也已成为我国进一步发展外向型经济的当务之急。

3. 我国经济在世界经济体系中的地位问题

在经济国际化和经济全球化的当今时代，任何一个国家或地区的经济都不可能孤立存在，而是与其他国家密切联系在一起，形成一个全球性的经济体系。在这个体系中，每个国家的经济地位是由其历史条件和现实经济实力决定的。1949 年以前，中国是半殖民地半封建社会，处于国际经济体系中的外围和边缘地位，在经济上依附于作为中心的发达资本主义国家，成为它们的原料供应地和商品销售市场。1949 年以后，我国在帝国主义封锁的国际环境下，自力更生发展经济，经过了近 30 年的艰苦努力，初步建立了自己的民族工业。当时的中国经济看似摆脱了对发达国家的依附，但并未改变贫穷落后状态，国家的经济实力依旧十分赢弱。改革开放以后，我国经济得到了长期的稳定高速发展，已崛起为世界经济大国。但从整个国民经济的质量来看，还远不能算是一个世界经济强国。特别是在融入世界经济的同时，我国又在一定程度上具有了对发达国家的经济依附特征。大量引进外资和出口贸易固然推动了国家的经济增长，但也使我国成为发达国家的廉价工业品供应地和获取高额利润的投资场所。我国具有国际竞争力的出口产品主要还是劳动密集型的工业产品，而且大部分属于"两头在外"的来料加工出口和进料加工组装出口，中国仅赚取少量的加工费；由于大量出口产品又是由外商企业生产的，这少量的加工费也要与外商分享。我国从出口贸易中获取的利润是十分有限的。反之，我国从发达国家进口的产品主要是科技含量高和附加值高的技术密集型产品，许多高端工业品市场被发达国家垄断，通过垄断价格攫取了我国的大量剩余。这仍然是新形式下的不等价交换。由此可见，以粗放的经济增长方式为基础，我国不可能形成真正具有国际竞争力的高新技术产业和高端工业产业，无法在国际经济体系中建立优势地位，也不能彻底摆脱对发达国家经济和市场的依赖。因此，我们除了要大力扩展国内市场，减少对国外市场的过度依赖之外；还必须改变经济增长方式，把经济增长从主要依靠人力、资源等生产要素的投入为基础，转移到主要依靠知识、技术和提高要素生产率的基础上来。通过工业化和信息化使中国成长为一个世界经济强国并进入发达国家的行列，不可能一蹴而就，需要经过几十年的长期努力，但其基础必须是经济增长方式的彻底转变。对此我们应有紧迫感。

通过以上三方面的分析可以看到，转变经济增长方式已是关系到能否使我国保持可持续发展并真正建设成为世界经济强国的根本性问题，必须从这样的高度来认识我国转变经济增长方式的紧迫性质。

（三）中国转变经济增长方式的二元路径

实际的经济条件，也决定了我国增长方式转变必须遵循一条二元发展的路径。这条二元路径就是：发展技术密集型产业与发展劳动密集型产业并举，提高劳动生产率与提高资本生产率并举。

1. 发展技术密集型产业与发展劳动密集型产业并举

一方面，我们要大力发展技术密集型产业。这里说的技术密集型产业，主要指的是高新技术产业，如计算机硬件和软件、信息设备、生物工程、航空航天、药品和医疗设备等部门。这些产业代表着现代科学技术发展的方向，是建立最现代化的工业体系所不可或缺的，对于实现工业化和信息化、提高要素生产率起着决定性的作用。这些高新技术产业原本主要掌握在发达国家手里，而发展中国家要加快经济增长，迅速提高本国的经济实力和国际竞争力，追赶发达国家，不发展这些产业部门是绝对不行的。但是，这些部门的特点是科技含量高，研究与开发的资金投入大，也需要尖端的科学技术人才。对于发展中国家来说，由于各种条件的制约，要在短期内使高新技术产业全面发展起来还有困难。但即便如此，我们也应该积极创造条件，抓住现代科技前沿，有重点、有步骤地来发展技术密集型产业部门。这既是增强综合国力的需要，也是提高要素生产率和转变经济增长方式的需要。

大力发展我国的技术密集型产业，与发展我国的科技事业是密切联系的，二者也都必须实行引进吸收和自主创新相结合的方针。在世界科学技术水平和高新科技产业高度发达的当今时代，有大量先进而成熟的生产技术可以从国外（主要是发达国家）引进，而无须自己一切从头摸索。这是一条简捷快速和成本较低的发展路径，同时也为后进国家发挥后发优势赶超先进国家提供了可能。我国大量引进外资，购买国外专利，进口外国的先进设备，就是为了吸取国外的先进技术，发展我国的高新技术产业。这样做当然也要付出代价，要向外国人的知识产权付费，要让外资获取利润；但相比我们自身从头摸索而言，不仅获取新技术和建立新产业的时间较快，成本也可能低得多。中国获取国外技术还有特殊的有利条件，就是我们的劳动力价格低廉，国内13亿人口的市场极为广阔，因而可能用低劳动成本吸引外资，并以国内市场换取国外技术。但是，也必须看到，发达国家为保持它们自身在科学技术和高新技术产业上的垄断地位，维护其大公司在世界经济中的控制份额和高额利润，并不会把最先进最尖端的新技术转移到发展中国家。它们在维护国家利益、保护知识产权等借口下，用各种方法阻碍最新科技成果、尖端设备、核心零部件制造技术和材料等输出到国外，特别是流向中国这样有可能挑战它们国际竞争力的社会主义大国。因此，我们在大力引进国外先进技术的同时，还必须坚持自力更生原则，走自主创新的道路。在某些涉及基础科学知识、国际科技前沿、尖端军事技术等领域，我们必须有重点地集中人力物力财力，进行创新性的研究与开发，建立我们民族的高技术企业和产业。目前在我国经济学界和科技界，在发展科技事业的根本方针上，存在着两种不同观点：或认为应主要依靠引进国外先进技术，或认为应主要依靠我们的自主创新。其实这两种观点各有其合理因素，但单纯强调某一方面则有片面性。正确的方针是要把两者结合起来。这两个方面不仅需要同时并重，而且也是互相渗透的。我们在自主创新时，应尽可能运用已引进的先进技术和方法；而在引进国外的先进技术时，则应着力于消化吸收，并在其基础上有所发展和创新，真正形成我国自己的高新技术企业和高新技术产业。技术密集型产业不仅自身可以实现集约型的经济增长，它们也是促进整个国家转变经济增长方式的基础产业和基本技术力量。

另一方面，在发展技术密集型产业的同时，还必须积极扩大劳动密集型产业。这首先有利于发挥我国廉价劳动力的比较优势，合理地利用资源。像发达国家在工业化早期主要依靠要素投入量的增加来推动经济增长一样，我国在工业化的相当长阶段也将如此，并且在加强资本投入的同时，比发达国家当年更多地依靠廉价劳动力的投入。这是中国在工业化过程中得以保持较高的经济增长率的一个秘密。试想一下，即使投资率很高，如没有大量廉价劳动力的投入，我国的基础设施等基本建设怎么可能实现如此大规模的迅速发展，例如在短短13年中建成近两万五千公里的高速公路？同样，如没有大量廉价劳动力的投入，不借助劳动密集型加工工业的发展，我国的工业品出口贸易怎么可能增长得如此迅速？这个事实也说明，不同增长方式的采用会受到资源相对稀缺性的制约。只要存在大量过剩而廉价的劳动力，我们就应发展劳动密集型产业来推动经济增长，而不应顾虑是否会影响经济增长方式转变的速度。其次，发展劳动密集型产业也是减轻我国的失业压力，逐步实现农业劳动力转移的必要条件。对于拥有13亿人口的世界第一人口大国来说，就业问题是我国实现机械化工业化过程中必须面对的重大问题。解决这个问题涉及两个方面：一是要降低人口的增长率，实行计划生育的基本国策；二是要保持较快的经济增长速度，并大力发展劳动密集型产业。从我国农业人口转移较慢和城市人口失业压力逐渐增大的事实来看，我国劳动密集型产业的规模不是太大，而是远远不够，还须大力发展。这也应是我国经济增长过程中的一个长期的方针。

劳动密集型产业的概念很宽，既包括劳动密集型工业，也包括劳动密集型服务业；既包括简单或熟练劳动密集型产业，也包括知识劳动密集型产业。而熟练劳动密集型产业和知识劳动密集型产业既可存在于劳动密集型工业中（前者如建筑业、一般加工业或组装工业部门等，后者如软件制造业等），也可存在于劳动密集型服务业中（前者如家政服务业、餐饮业、零售贸易业等，后者如金融咨询业、教育和文化艺术业、科研和综合技术服务业等）。有些学者把劳动密集型部门与知识密集型部门完全并列或对立起来，我以为是不妥当的。从我国的实际情况看，上述几种劳动密集型产业的现有规模，都远不能适应我国经济发展和居民收入水平提高的需要，也不能适应农业人口转移的需要。为了大力发展劳动密集型产业以适应经济增长的需要，我们应在以下几个方面进一步努力。

首先，要继续扩大工业生产中的劳动密集型部门和劳动密集型生产环节。有人认为，为了提高我国工业生产的技术水平和出口竞争能力，必须着重发展技术密集型工业而逐步缩小劳动密集型工业。这种观点是似是而非的。我们不应把劳动密集型工业与提高工业生产的技术水平和工业产品的附加值完全对立起来。劳动密集型工业部门中也有许多技术密集和知识密集的生产环节，如研究与开发、核心技术的掌握和关键零部件的制造等。在这些方面下功夫，我国劳动密集型工业的技术水平就会不断提高，其产品的质量、附加值和技术含量也会逐渐上升，产品的国际竞争力必然不断加强。同样，技术密集型产业中也可能有一些劳动密集的生产环节，这些环节就应该充分利用廉价劳动力来扩大生产。

其次，要大力发展服务业。服务业中多数部门是劳动密集型的。发达国家的经历表明，虽然服务业的生产率增长通常落后于工业，但却是吸收农业过剩人口和工业中因生产率较快增长而相对减少或绝对减少的工业人口的主要产业。中国服务业的情况与发达国家基本相似：服务业的劳动生产率增长滞后于工业；但也有不同之处：我国服务业劳动生产率的绝对水平低于发达国家，而且服务业中简单或熟练劳动密集型部门占主导地位，知识劳动密集型部门所占比重偏低。[①]在这种情况下，我国显然要着力扩大知识劳动密集型服务产业，提高其比重，为此就需要发展文化教育卫生部门、科研和技术服务部门、各类咨询服务部门等。这些部门的扩大对于提高我国的科技、管理水平和居民的生活质量有重大影响。随着我国高等教育的迅速发展和居民平均受教育水平的不断提高，知识劳动力的供给也日益增长，知识劳动密集型服务业将成为吸收这类劳动力的主要产业。但与此同时，我们也决不可忽视简单劳动或熟练劳动密集型服务部门的发展问题。中国现在大量的过剩劳动力主要是农民和城市下岗工人，他们的知识文化水平普遍不高，大多是简单劳动力和熟练劳动力。这类劳动力将主要由简单劳动或熟练劳动密集型服务部门吸收。而且，这类服务产业的规模目前也远不能满足居民的需要。除商业和餐饮业的增长较快以外，其他如社会服务业等的发展则严重滞后，在整个服务业中的就业份额也很低。像家政服务、社会养老服务等部门都存在着大量的社会需求而得不到满足。可见，发展简单劳动或熟练劳动密集型服务业，既是社会的需要，也是解决大量过剩劳动力的主要途径。

再次，要积极推进城市化进程。在我国的工业化过程中，直到 20 世纪 90 年代中期，城市化进程是严重滞后的，90 年代后期开始有所加快。尽管农村人口与城市人口相比，其相对规模总的看来趋于下降，但绝对规模却长期趋于上升，在 1995 年达到最高值。而后逐渐减少，但到 2002 年，仍有 7.8 亿人，占总人口数的 60.9%。[②]城市化水平不高是我国服务业发展缓慢的一个重要原因。由于大部分人口在农村，而农民的生活需求和家务劳动的社会化程度很低，服务业也就难以发展。城市化的过程同时就是居民家庭劳动和家庭生活的社会化过程，它不但会提高居民对城市基础设施、家庭日用工业品和耐用消费品的需求，而且会逐步扩大居民对各种劳务的需求，包括商业、餐饮、金融、文教、卫生、娱乐、旅游以及各类社会服务。我国过去长期强

---

① 程大中：《中国服务业增长的特点、原因及影响》，《中国社会科学》2004 年第 2 期。关于最后一点，作者的原话是："与目前发达市场经济国家的服务业就业结构相比，中国服务业是劳动密集型部门占据主导地位，而资本密集型与知识密集型服务部门所占比重偏低。"按我理解，他说的资本密集型服务部门可能主要指交通运输、仓储及邮电通信业，我倾向于将此类部门划归第二产业；而他说的劳动密集型部门主要指批发和零售贸易业、餐饮业等，我将之看作简单或熟练劳动密集型服务部门；他说的知识密集型部门主要指金融保险业、教育文化艺术及广播电影电视业、科研和综合技术服务业等，这些在我看来属于知识劳动密集型服务部门。

②《中国统计年鉴》（2003 年），中国统计出版社 2003 年版，第 97 页表 4-1。

调发展小城镇,但小城镇难以充分发挥城市的产业聚集效应和空间聚集效应。因此,加快城市化进程,走以城市为主体的城市化道路,大力发展城市经济,既是实现工业化的需要,也是推动服务业发展和产业结构转型的需要。

2. 提高劳动生产率和提高资本生产率并举

发达国家的历史表明,提高劳动生产率的增长率,是工业化过程中提高全要素生产率增长率和推动经济增长方式集约化的首要条件。我国在工业化过程中,特别是在改革开放以后,劳动生产率的增长是比较迅速的。根据钟学义的计算,在 1978—1998 年间,我国劳动生产率的年平均增长率达到 7.17%。[①]再根据世界银行提供的统计数据:按人均创造美元计算的全员劳动生产率,2001 年与 1990 年相比,世界平均增长了 18.6%;而中国增长了 187.7%,大大高于世界平均增长水平,也高于美国的 49.9%、日本的 27.7%、印度的 17.9%。[②]然而,这是在劳动生产率绝对水平很低的基础上的迅速增长。直到 2001 年,中国劳动生产率的绝对值仍在世界最低水平之列,为 1519 美元,不仅低于世界平均值 10432 美元,甚至低于一些发展中国家(如巴西为 6229 美元,菲律宾为 2148 美元),与发达国家的差距就更大了(如美国为 68606 美元,日本为 60766 美元)。[③]这说明,我国的劳动生产率应该有长期迅速的增长,也有巨大的增长空间。

因此,为了加快工业化过程中经济增长方式的转变,我们首先要大力提高劳动生产率。这涉及三个主要方面:一是加快技术进步,采用更先进的生产设备,不断进行工艺过程的技术创新;二是加强管理,提高生产过程的组织和管理水平;三是提高劳动者的生产积极性。第三点值得特别强调,因为它在经济改革中被许多人忽视了。改革中人们关注的重点是经济的市场化和建立现代企业制度,而对企业内部管理层与劳动者和谐关系的形成重视不够。后者直接关系到劳动者的积极性问题,如果没有劳动者的积极性,便削弱了劳动生产率增长的群众基础和主观能动因素。美国左派经济学家鲍尔斯等在研究 20 世纪 70 年代前后美国劳动生产率增长率下降之"谜"时,就批

---

① 钟学义等:《增长方式转变 增长质量提高》,经济管理出版社 2001 年版,第 121 页。

② 计算根据:转引自《国际统计年鉴》(2003 年),中国统计出版社 2003 年版,第 149 页表 6-8。由于《年鉴》只提供了这两年的数据,故只能根据这两年的数据计算其增长倍数。但因为生产率各年有所波动,以这两年分别作基期和报告期的计算结果可能不够准确。

③ 《国际统计年鉴》(2003 年),中国统计出版社 2003 年版,第 149 页表 6-8。

评了主流经济学家仅仅从供求关系和技术层面去讨论生产率变化的方法，而引进了资本主义劳资关系对工人生产积极性的影响这个制度因素。他们进而把各种影响劳动生产率变动的因素加以量化，然后发现：在充分考虑了资本密集度和能力利用率这两个技术变量的影响后，工人工作强度的减弱解释了（与 1948—1966 年繁荣时期相比）1966—1973 年劳动生产率下降的 84％和1973—1979 年劳动生产率下降的 30％。①国外左派学者的这种分析方法，继承了马克思主义的传统，值得我们借鉴。在我国社会主义市场经济条件下，不仅私有企业依然存在劳资关系的矛盾，国有企业内部同样存在着管理层与工人之间的关系问题。这种关系如果处理不好，工人的积极性就会被压制，进而影响劳动生产率的增长。这是我们要认真对待的。

在大力提高劳动生产率的同时，我们还应特别重视提高资本生产率的问题。②不论是发达国家还是发展中国家，在工业化的一定阶段，资本生产率增长的缓慢甚至下降是难以避免的。但这一点并不能作为我们不关心资本生产率增长的理由；相反，在这个阶段我们应特别关注提高资本生产率的问题，以尽可能避免由于资本生产率增长缓慢或下降而过分拉了全要素生产率增长的后腿。从我国的实际情况看，由于工业化过程具有资源约束的不利条件，因而促进资本生产率的增长以提高物质资源的利用效率，就有着特别重要的意义。同时，我国资本生产率低下，除工业化一定历史阶段的客观制约外，还有众多的主观原因，因而也存在着提高资本生产率的巨大潜力。

我国资本生产率增长缓慢，与我国资本形成中存在的问题密切相关。投资总量增长过快造成的商品生产过剩和能力利用率低下，以及投资结构不合理所形成的设备投资比重过低，是资本生产率增长缓慢的两个重要原因。如果通过有效的宏观调控和适当的产业政策，将这两个问题加以解决，或者哪怕是一定程度的改进，我国经济中的资本生产率自然就会有大幅度的提升。这是从宏观方面说的。从微观方面看，我国企业对提高劳动生产率即节约劳动的技术改进及其应用比较重视，而对提高资本生产率即节约资本的技术进步及其应用则关注不够。但经济增长的分析告诉我们，前者固然重要，后者也绝不可忽视。在一定的劳动生产率增长条件下，资本生产率的增长越快，全要素生产率的增长率则越高；而全要素生产率的增长率才是总劳动时间节约的综合指标。按照马克思经济学的概念，提高劳动生产率主要是节约活劳

---

① S. Bowles, D. M. Gordon, T. E. Weisskopf. After the Wasteland, M. E. Sharpe, lnc., 1990, Chapter7.

② 资本生产率是西方经济学的一个概念，它实际反映的是生产过程中生产资料的利用效率。

动或节约可变资本,提高资本生产率则主要是节约物化劳动或节约不变资本。应该看到,节约资本的技术进步与节约劳动的技术进步有一个重要区别:后者由于劳动生产率的提高而必然相对或绝对地降低对劳动的需求;前者则主要是提高物质资本的利用效率,其劳动节约效应要低得多。这种技术进步由于不会增加就业压力,因而不但资源密集型或资本密集型企业应着重开展,即使劳动密集型企业也应大力推行。提高资本生产率的技术进步既涉及工艺创新也涉及产品创新。在工艺创新方面,一切提高机器设备使用效率的技术进步都会节约固定不变资本。在机器设备已经代替手工劳动的前提下,通过动力的更新、仪表的安装、新工艺的采用、劳动组织或管理方法的改进等,都可以大大提高现有设备的使用效率,使机器设备物质存量的增长慢于劳动生产率(即单位时间生产的产品量)的增长,降低资本系数。美国在1913—1973年间,正是通过这些途径,大大提高了不变资本使用上的节约。[①]在产品创新方面,使产品小型化或提高产品使用效能的技术进步,则有助于节约原材料等流动不变资本。此外,采用新技术加强各种废料的再利用,大力发展循环经济,使企业生产的排泄物被重新加工而转化为有价值的副产品,也会大大提高原材料的利用率。

上述我国经济增长中的两重二元路径,既互相渗透,又互相促进。技术密集型产业和劳动密集型产业并举,虽着眼于宏观,但在微观上也相互交错。如前所述,劳动密集型产业中应大力加强技术密集性的生产环节;技术密集型产业中的劳动密集性生产环节则应充分利用廉价劳动力的比较优势。把增强技术能力与利用比较优势结合起来,就可既提高生产质量又降低生产成本,大大促进这两类产业和企业的经济发展与市场竞争力。同时,发展技术密集型产业又将增强整个国家的技术实力,为提高要素生产率打下坚实的技术基础,并推动整个经济的迅速增长。与此同时,无论是发展技术密集型产业还是劳动密集型产业,也都必须贯彻提高劳动生产率和提高资本生产率并举的方针。企业在微观方面对此两者并重,在宏观方面才能有整个经济的迅速发展,以及要素生产率的较快增长和经济增长方式的真正转变。由此可见,上述两种并举的方针,是我国加快实现工业化和实现经济增长方式转变的必由之路。

---

① 详细分析请参阅高峰:《资本积累理论与现代资本主义》,南开大学出版社 1991 年版,第 131-137 页。

关于当前全球金融—经济危机的几点看法

内容摘要：本文认为，在新的社会经济条件下，资本主义国家经济危机的形成的确有变化，独立的金融危机更为频繁，经济危机也可能具有更强烈的金融色彩；但不同意下述观点：资本主义经济的虚拟化已使经济危机日益转变为金融危机形式，工商业危机已很少发生或不再发生。本文还认为，当前发生的资本主义经济危机不论从美国看还是从全球看，都是一场生产过剩的经济危机，尽管金融危机在其中起了重要的先导性作用。

关键词：金融—经济危机　先导性　生产过剩　经济虚拟化

2007 年发端于美国的金融危机早已发展为一场战后空前的全球性经济危机，对于此次危机，学术界已发表了不少论著，但也存在分歧与争论。本文想就其中的几个问题提出一些不成熟的看法。

此次全球性金融—经济危机的特殊性

大多数论文主要分析此次危机的具体表现和原因，也有少数学者试图对危机的特殊性进行思考与概括。例如，有学者把这次危机称为"特殊的世界金融—经济危机"，认为其特殊性主要在于金融危机独立发展的时间较长，经过一年多才扩展到实体经济领域引起经济危机，所以既不同于以往独立的金融危机，又不同于以往发生的经济危机。这里说的特殊性，强调的主要是金融危机引起经济危机经过了较长的间隔时间。

对此次危机特殊性的探讨是很有意义的，而如何概括这种特殊性还可以讨论。学术界多数人把美国次贷危机开始的时间确定在 2007 年夏秋期间。次贷危机尽管发生在金融领域，但它当时还是一个局部危机，还算不上一场全面的金融危机。全面金融危机的爆发被认为是在 2008 年 9 月，即所谓华尔街的"金融风暴"，其标志是美国最大投资银行的轰然倒塌（雷曼兄弟破产、美林被收购、高盛和摩根士丹利被改组）和全球性股市暴跌。在未发展成全面金融危机之前，它对实体经济的严重影响通常不会立即显现，不会立即引起实体经济危机。所以，问题不在于金融危机没有及时引起经济危机，而是金融危机本身从局部危机到全面危机的发展过程较长。

美国这次金融危机的形成过程较长，从次贷危机开始到金融危机爆发历时一年多。这确实是此次金融危机的一个特点。其原因可能有两个方面：第一，由于以证券化和金融衍生品创新为特征的金融业的过度发展，形成了多层次的极长的金融链条。次贷经营机构把大量次级房屋抵押贷款卖给"房地美"和"房利美"；"两房"作为次贷的最大收购方，再打包发行抵押贷款证券卖给国内外金融机构和个人；华尔街大投资银行在大量买进"两房"的债券时也发行自己的各种金融衍生产品，卖给国内外的金融买家等。这样，美国和全球的金融市场被一层层的金融链条与"次级贷款"拴在一起，因而从次贷危机向全面金融危机的波及与扩散必然需要较长时间。第二，在次贷危机出现端倪和逐渐扩散过程中，美联储和美国政府不断采取干预救助措施，如多次降息、向金融系统注资、提出巨额美元的刺激经济方案等，从而在一定程度上延缓了次贷危机向全面金融危机扩散的进程。

而当全面金融危机发生在 2008 年 9 月时，它与实际经济危机的爆发并没有间隔多长时间，或者说是大体同步的。我们可以看 2007—2009 年美国 GDP 的季度增长率（见表 1）。

表 1　美国实际 GDP 的季度增长率（2007—2009 年）（%）

2007 年 1 季度	2007 年 2 季度	2007 年 3 季度	2007 年 4 季度	2008 年 1 季度	2008 年 2 季度	2008 年 3 季度	2008 年 4 季度	2009 年 1 季度	2009 年 2 季度	2009 年 3 季度
1.2	3.2	3.6	2.1	−0.7	1.5	−2.7	−5.4	−6.4	−0.7	2.8

资料来源：美国商务部经济分析局 2009 年 11 月 24 日公布的统计数据，《国民收入与生产账户表格》，表 1.1.1 实际 GDP 对前一时期的百分比变动，http://www.bea.gov/national/nipaweb。

美国经济危机从 2008 年第三季度开始，这和金融危机的爆发大体同时。其实，早在全面金融危机爆发前，在次贷危机发酵和扩散过程中，它已经开始对实体经济产生影响。2008 年第一季度美国 GDP 已出现负增长；第二季度日本和德国的 GDP 也开始下降。这都与从美国发端的金融状况逐渐恶化密切相关。从美国的失业率来看，似乎 2008 年的平均失业率水平还不是很高，但实际上，失业率从 2007 年 6 月便已开始了逐步爬升的过程（见表 2）。

表 2　美国的失业率（2006—2009）（%）

年份	1 月	2 月	3 月	4 月	5 月	6 月	7 月	8 月	9 月	10 月	11 月	12 月
2006	4.7	4.8	4.7	4.7	4.7	4.6	4.7	4.7	4.5	4.4	4.5	4.4
2007	4.6	4.5	4.4	4.5	4.5	4.6	4.7	4.7	4.7	4.8	4.7	4.9
2008	4.9	4.8	5.1	5.0	5.5	5.6	5.8	6.2	6.2	6.6	6.8	7.2
2009	7.6	8.1	8.5	8.9	9.4	9.5	9.4	9.7	9.8	10.2		

资料来源：美国劳工统计局 2009 年 11 月 12 日公布的统计数据，http://data.bls.gov/cgi-bin/surveymost。

尽管起点较低，但从 2007 年夏天开始的失业率不断上升的趋势已很明显。这种就业状况的逐渐恶化，也反映了金融状况恶化对实体经济的负面影响，虽然还没有达到立即引起危机的程度。

总之，过于强调这场危机的特殊性在于金融危机独立发展一年多才引发经济危机，金融危机引发经济危机的间隔时间较长，我觉得是不合适的。如果说有特殊性的话，也只是金融危机从局部危机（次贷危机）发展为全面金融危机的时间较长罢了。

那么，这场世界性金融—经济危机的特殊性究竟在哪里？应该如何概括？我倾向于以下观点：这场发端于美国的世界经济危机不同于传统的工业主导型经济危机，而是一场金融主导型经济危机。这或许可以看作资本主义经济虚拟化全球化条件下经济危机的新的表现形式。

一直到 20 世纪 70 年代，资本主义的经济周期和危机基本上是工业主导型的，是由工业部门特别是制造业部门中的投资波动所直接支配的。在工业主导型的经济周期和经济危机发展过程中，金融因素也起着非常重要的作用。周期上升阶段较低的利率、充裕的货币供给、急剧的信用扩张和渐趋狂热的证券市场，适应并大大促进了由利润上升预期所驱动的工业投资高涨；而危机时期的高利率、货币紧缺、信用断裂和股市暴跌，则成为引致和大大加剧工业生产及投资下降的推动力量。然而尽管如此，在工业主导型的经济周期和危机过程中，货币信用关系的剧烈波动和金融危机的发生仍是派生的现象，原动力还是来自工业部门。

此次经济危机则有所不同。美、英等资本主义国家从 20 世纪 80 年代开始的经济虚拟化和经济全球化趋势，使大资本日益依靠金融业的过度发展和"创新"来驱动实体经济的投资和消费。如果说 90 年代美国 IT 金融狂热与泡沫对推动当时的超长周期起了巨大作用，但在相当程度上还有实体经济中信息技术设备投资的实际支撑；那么在世纪交替时期IT泡沫崩溃以后，美国大资本就更加依靠金融因素来刺激消费与投资，以保持经济的表面繁荣，攫取大量金融利润与实际利润。其中，住房抵押贷款特别是次级住房抵押贷款起了关键作用，这反映了居民住房的金融化，美联储从2000年到2004年连续多次降息（联邦基金利率从年均6.24％一直降到1.35％）[①]，也配合并推动了房屋抵押贷款的扩张。结果，房地产金融的狂热不仅刺激了住宅投资和固定资本投资的迅速增长，日益上涨的房价股价也借助财富效应扩大了居民以债务为基础的个人消费，并带动了来自全球的巨大的商品进口与供给。可见，这一轮周期的驱动力显然不是植根于工业部门，而是首先来自金融领域。而以房地产泡沫破灭和次贷危机为基础的金融危机的爆发，也必然导致美国和全球性的经济危机。正是从这个意义上，我觉得用"金融主导型经济危机"来概括这场全球性危机的总的特征或特殊性是合适的。

由此还可进一步探讨此次引发经济危机的金融危机的类型。关于金融危机的一般性界定，金德尔伯格曾引用戈德史密斯的定义："所有金融指标或某一组金融指标——包括短期利率、资产（股票、不动产和土地）价格、商业清偿能力等指标都产生了不同寻常的、短暂的急剧恶化，以及金融机构倒闭。"[②]由此可以把金融资产价格急剧下降和金融机构大规模破产看作金融危机的基本表现。但金融危机的具体类型可能有所不同，就其与实际经济危机的关系，学术界通常将其区分为独立（于经济危机）的金融危机和（与经济危机）共生的金融危机两种基本类型。这种区分对于认识金融危机的具体性质无疑很重要。但我认为，共生性金融危机似乎还可以进一步分为两类：派生性金融危机和先导性金融危机。派生性金融危机主要与工业主导型经济危机相适应，它们是由工业危机支配和派生出来的；先导性金融危机主要与金融主导型经济危机相适应，它们虽然离不开实体经济中的矛盾这个基础，但对实体经济中矛盾的加剧和危机的爆发起着更为先导性的作用。这里的"先导性"，主要不是从时间序列的意义上说的，而是从逻辑关系的意义上说的。如果这个观点能够成立，那么这场开始于2007年的美国金融危机似乎就可以界定为先导性金融危机。

学术界有一种观点，认为在资本主义经济虚拟化条件下，经济危机已经日益转变为金融危机形式，工商业危机很少或不再发生了。我一向不同意这

---

① 《美国总统经济报告》，美国联邦政府印制局2009年，统计附录，第370页。

② 查理斯·P.金德尔伯格：《经济过热、经济恐慌及经济崩溃》，北京大学出版社2000年版，第4-5页。

种看法。但在新的条件下，危机的形式的确有变化，独立的金融危机确实更为频繁，经济危机也可能具有更强烈的金融色彩。

此次经济危机的根本性质

此次全球性经济危机是不是一次生产过剩的经济危机？这个问题非常重要，在学术界也存在着不同看法。有些学者认为，这次危机爆发前，美国的制造业规模一直在相对缩小，生产并未超过需求，而个人消费却极其兴旺，并不存在生产过剩问题。所以这次危机的直接原因与往常不同，它不在实体经济领域而在金融系统。

对这种相当流行的观点我也不太认同。我的基本认识是，尽管这场世界经济危机中金融因素起了主导性或先导性的作用，但它的深刻基础仍在实体经济领域，根本原因仍在于实体经济中的生产过剩和需求不足。这可以从三个层面来分析，即经济全球化虚拟化的经济背景、经济全球化虚拟化条件下美国特殊的资本积累模式，以及美国实体经济中供给与需求的深刻矛盾。

1. 经济虚拟化全球化的大背景

第二次世界大战后，发达资本主义国家经历了一个经济上的"黄金时代"，在20多年时间里实现了资本主义历史上空前的高速积累和经济增长，使资本主义国家的生产能力迅速扩大，数量空前的制造业产品被提供到世界市场。其结果便是生产成本的急剧上升和市场容量的相对不足，导致全球性生产能力过剩与资本过剩，最终不能不使资本利润被挤压。这种现象从1965年开始显现，到70年代更为加剧。面对以制造业为主体的实体经济的严重生产能力过剩和利润率下降，资本开始寻求两条出路：一条出路是，把劳动密集型制造业投资转向劳动成本低廉的发展中国家，主要是亚洲和拉丁美洲某些具有一定基础并实行外向型经济的国家或地区。这促进了一批新兴工业化国家和地区的资本积累和逐渐兴起。但这种发展只会使全球制造业生产能力进一步扩大，全球性积累过剩与生产过剩的基本形势在总体上并未缓和。资本选择的第二条出路，就是向金融部门转移。当制造业和实体经济的利润率低下时，资本会自然涌向金融部门，通过对虚拟资产的全球性经营来获取高额利润。资本向金融部门转移并进行全球性经营的强烈冲动，得到了以美国为主导的发达国家强大的政治响应和政策支持。美、英等国的宏观政策开始发生巨大转变，从凯恩斯式的国家对经济的干预和调节，转向经济自由主义，实行私有化、自由化和放松管制，并以此来拯救深陷"滞胀"困境的国内经济。这正是资本主义经济虚拟化全球化的深刻的经济根源。早在 1987 年，斯威齐和马格多夫就已经敏锐地指出经济金融化与生产能力过剩之间的基本联系。[①]法国左派学者沙奈也指出："金融全球化是 15 年来私人资本（产业资本和银行资本）加强自身地位的运动与政府原有的越来越行不通的政策之间矛盾冲突的结果，这一切发生在'黄金时代'结束的大背景之下。虽然金融全球化早在 60 年代末就已经开始，但是脱离……马克思主义者所描述的世界资本主义生产方式的经典矛盾（这一矛盾从 1950 年到 1974 年衰退以前长期受到抑制）在特定历史条件下的重新出现，就不能理解金融全球化这一现象。逐渐积累起来的大量资本，作为借贷资本力图以金融的方式增值，也只能从投资于生产的资本日益增长的增值困难（统计数字清楚地说明了这种情况）中得到解释。"[②]这种观点，已成为西方多数左派学者的共识。

2. 当今以金融化全球化为特征的美国资本积累模式

在上述大背景下，美国力推金融化全球化趋势以试图建立一种新的资本积累模式。其特征是：第一，在将一般制造业转移到新兴发展中国家的同时，通过金融资本的积累和经营来刺激消费需求，以拉动投资和大规模商品进口，维持美国和世界经济一定程度的增长，并从中获取高额金融利润与工业利润。第二，一般制造业向国外转移，不仅在国外特别是新兴发展中国家获得高额投资回报，在国内也加剧了对工人阶级的压力而有利于压低实际工资，同时通过大量进口廉价工业品而保持了国内较低的通货膨胀率。第三，对于国内制造业萎缩和大量进口工业品所造成的巨额国际收支逆差和财政赤字，借助美元不受黄金约束的准国际储备货币的特殊霸权地位，通过发行美元纸币来支付，再依靠大量出售国库券向国外借入美元来平衡收支。长期的美元贬值趋势使美国可以在实际上赖掉一部分债务。这就在美国"形成了新自由主义时期一种新型的经济结构，一方面是实业生产大规模地向新兴市场国家转移，造成国内生产疲软，居民消费充当了拉动经济的主要动力；另一边是美

---

① H. Magdoff, P. Sweezy. The Stock Market Crash and its Aftermath, Irreversible Crisis, Monthly Review Press, 1988.

② 弗朗索瓦·沙奈等：《金融全球化》，中央编译出版社 2001 年版，第 6-7 页。

元的世界货币地位和宽松的金融政策环境吸引着国际资本的流入，助长了金融市场的膨胀"①。美国借助这种新型积累模式，实际上占有和利用了全球廉价的劳动力资源、原材料资源乃至资本资源，从中攫取高额金融利润和工业利润。不可否认，经济金融化全球化的发展，确实帮助美国走出了"滞胀"困境，在 80 年代中期开始了利润率回升，并在 90 年代实现了所谓"新经济"繁荣，进入 21 世纪后也维持了一定的经济增长。然而问题在于，美国的新型积累模式并不能从根本上解决生产与消费的深层矛盾，反而加剧了全球性的生产过剩和积累过剩。这种生产过剩从 2008 年开始的经济危机中美国、欧洲和日本工业生产与实体经济的全面下降中反映出来。美国左派学者布伦纳是主张这种论点的突出代表。他特别批评了那种认为此次危机是一场典型的"明斯基危机"、金融投机泡沫破裂在危机中起了核心作用的观点，强调指出"这是一场马克思式的危机"，虽然为了理解当下的危机"你还必须证明实体经济的虚弱和金融崩溃之间的联系"。②

3. 美国实体经济中供给与需求的深刻矛盾

实际上，近几十年来美国国内供给与需求的矛盾是很深的。通过美国实际 GDP 增长与雇员实际工资增长的对比，一目了然。1972 年到 1995 年，美国实际 GDP 增长了 96%；雇员的平均小时实际收入却下降了 16%，平均每周实际收入下降了 22%。1995 年至 2007 年，美国实际 GDP 增长了 43%；雇员的平均小时实际收入仅提高了 10%，平均每周实际收入仅提高了 9%。事实上，2007 年美国雇员实际小时平均收入仍比 1972 年低 7%，实际每周平均收入仍比 1972 年低 15%；尽管同期美国实际 GDP 已增长到 280%，将近两倍。③这还仅仅是官方的平均数据，如果考虑到近几十年收入不平等的迅速加剧，消费倾向更高的普通雇员其收入下降程度必然更大，实际的有效需求不足会严重得多。

在这种情况下，为什么美国从 20 世纪 80 年代后能保持经济正常增长，1991 年和 2001 年的两次衰退似乎也不严重，甚至出现个人消费十分兴旺的现象呢？这除了工人家庭不得不提高劳动力参加率（主要是妇女）和延长劳

---

① 王旭琰：《新自由主义全球资本积累结构与美国金融危机》，《海派经济学》第 24 辑，第 112 页。

② 蒋宏达，张露丹：《布伦纳认为生产能力过剩才是世界金融危机的根本原因》，《国外理论动态》2009 年第 5 期，第 5-12 页。

③ 计算根据：《美国总统经济报告》，美国联邦政府印制局 2009 年，统计附录，第 284、340 页。

动时间（如做兼职工作）以增加收入外，原因正在于美国经济的金融化和全球化。其中，通过金融运作扩展债务经济，对于推动消费需求的表面繁荣起了关键性的作用。随着金融化的发展，大企业日益依靠资本市场筹措资本，商业银行作为企业信用中介的功能下降，便转而将个人收入作为利润源泉，大力推行个人收入的金融化，首先是住房的金融化，包括对那些工人阶级中较贫穷的一部分人发放次级房屋抵押贷款。[①]政府的低利率政策和金融业的证券化发展则大大助长了个人收入的金融化趋势，形成日趋膨胀的房地产泡沫。这种金融膨胀不但刺激了居民的住房消费，还通过房屋价格的不断上涨，使居民可以依靠房屋市场价格超过房屋按揭金额的净值申请贷款用于消费或投资。房地产价格上升与证券市场价格上升一样，它所形成的财富效应使居民敢于大规模举债以扩大个人消费。所以与金融化相伴而行的，必然是居民储蓄率的下降和债务的急剧增长。这种现象早在 20 世纪 90 年代美国所谓的"新经济"繁荣时期就已经出现，在当时股市异常飙升的刺激下，储蓄率从 1992 年的 8.7％狂落到 2000 年第一季度的 0.3％；同时家庭借贷急剧上升，在 1993—1999 年间家庭债务占个人可支配收入的比例高达 94.2％。[②]2001 年信息技术泡沫破灭以后，房地产泡沫开始膨胀，债务消费的狂热再起。美国个人储蓄占可支配收入的百分比，从 2002 年的 2.4％下降到 2007 年的 0.4％。[③]在 2000—2007 年的短短八年，非农业不动产抵押贷款债务余额猛增 116％，其中 1 到 4 口之家的房屋抵押贷款债务占到 3/4 以上；同时期，消费信贷债务余额也增长了 47％。而这八年间，实际 GDP 的增长不过区区 17％；雇员平均每周实际收入的增长更是微不足道的 2.1％。[④]

所以实际情况是，美国通过金融化全球化所推动的债务扩张，刺激了表面旺盛的个人消费支出，进而带动了商品进口和国内供给的增长。由于美国的经济规模和进口规模十分巨大，结果必然加剧美国乃至全球性的生产过剩，使供给与需求的矛盾更趋尖锐化。由金融债务驱动的过度消费掩盖着实际的

---

① 考斯达斯·拉帕维查斯：《金融化了的资本主义：危机和金融掠夺》，《政治经济学评论》2009 卷第 1 辑。

② R. Brenner. The Boom and the Bubble, New Left Review, 2000, P.26; R.Pollin. Anatomy of Clintonomics, New Left Review, May-Jun. 2000, P.33.

③ 考斯达斯·拉帕维查斯：《金融化了的资本主义：危机和金融掠夺》，《政治经济学评论》2009 卷第 1 辑，第 33 页。

④ 计算根据：《美国总统经济报告》，美国联邦政府印制局 2009 年，统计附录，第 374、376、284、340 页。

生产过剩和需求不足。在金融化全球化条件下，看美国的生产过剩不能仅看其国内的工业产出，还应该包括巨额的产品进口；同样，看美国的需求不足也不能仅看由债务支撑的个人消费支出。这种缺乏实际收入增长作后盾而单纯由金融泡沫刺激起来的债务消费是极端虚弱的，一旦金融泡沫破灭，债务消费锐减，供给与需求的尖锐矛盾就会立即显现，生产过剩经济危机的爆发便成为不可避免的了。

总之我的基本观点是，这次危机不论从美国看还是从全球看，都是一场生产过剩的经济危机，尽管金融危机在其中起了重要的先导性作用。

美国此次发生经济危机的条件是否已经成熟

有学者认为，2008 年美国爆发的经济衰退是一次提前到来的经济危机，因为实体经济周期中设备投资调整的因素尚未成熟，经济衰退的提前到来主要是因为 2007 年开始的金融危机冲击所导致的。设备投资调整尚未成熟的证据是，"设备投资率"（即非住宅固定资本投资与 GDP 的比率）的变动当时还没有达到向下的拐点。据计算，上一次设备投资周期的谷底在 2003 年（比 2001 年的衰退滞后 2 年），因而 2003 年之后的下一个设备投资周期谷底应该是在 10 年之后的 2012—2014 年，与其相应的经济周期的衰退期也应该在 2011—2013 年。实际数据表明，2007 年的设备投资率还在向上发展，为 10.89%。2008 年 1—3 季度分别为 10.97%、10.99%、10.97%，较之 2007 年也还在继续增加。由此说明美国经济衰退的投资条件在 2008 年并未成熟。

经济的周期波动主要由投资特别是固定资本投资的波动直接带动，这已是大多数经济学者的共识，因此用与固定资本投资相关的指标来检验周期波动的轨迹是合理的。问题在于，用哪一种指标更符合实际情况？对于传统的工业主导型周期和危机，非住宅固定资本投资与 GDP 比率的波动或许是一个可用的指标。但就此次周期和危机来说，由于房屋抵押信贷及相关住宅建筑业起了相当关键的作用，在检验周期波动轨迹时仅用非住宅固定资本投资的相关指标就值得考虑了。如果用总固定资本投资（包括非住宅固定资本投资和住宅固定资本投资）与 GDP 比率的变动来观察周期波动的轨迹，情况就会有所不同。请看表 3。

表 3 美国的固定资本投资率（1999—2008 年）（%）

指标	1999	2000	2001	2002	2003	2004	2005	2006	2007	2008（1）	2008（2）	2008（3）
非住宅固定资本投资与 GDP 的比率	12.23	12.55	11.62	10.18	9.83	9.88	10.25	10.73	10.89	10.97	10.99	10.97
总固定资本投资与 GDP 的比率	16.82	17.10	16.25	15.00	15.05	15.66	16.45	16.47	15.46	14.71	14.53	14.30

计算根据：《美国总统经济报告》，美国联邦政府印制局 2009 年，统计附录，第 282 页。

表 3 数据显示：非住宅固定资本投资与 GDP 的比率，从 2001 年开始下降，2003 年达到谷底，次年开始回升，到 2007 年和 2008 年还在继续；但总固定资本投资与 GDP 的比率，在 2001 年下降，次年到达谷底，2003 年回升，而到 2007 年已开始下降，到 2008 年第 3 季度还在延续下降趋势。在当前美国工业相对萎缩的情况下，影响整个经济波动的显然不仅仅是非住宅固定资本投资，既然总固定资本投资与 GDP 的比率在 2007 年已经开始下降，带动美国经济在 2008 年进入衰退就是不可避免的，不能说固定资本投资的调整尚未成熟。至于说，这次总固定资本投资率的下降距离上次的下降只间隔 5 年，距离上次下降的谷底只间隔 4 年，那也不值得奇怪。由于 2001 年的衰退并不充分（年度 GDP 甚至没有下降），美国政府即通过大幅度连续降息来刺激住房抵押贷款和住宅建筑投资，掀起一场房地产泡沫以维持经济增长，结果泡沫较快地破灭而造成固定资本投资下降，进而带动经济重新进入衰退，也就是顺理成章的事情了。一场危机没有充分展开，矛盾未能彻底清算，新的危机就会更快到来。由于影响周期运行的经济因素非常复杂，每个周期和危机都有自己的特点，周期长度也会不同，似乎不能用过去一段时间周期的平均长度来断定这次周期也应该是多长。

其实，如果直接观察各项投资指标的年度变动率，可以更清楚地看出它们的周期波动轨迹。[①]见表 4。

---

① 投资绝对量的变动率比之上述设备投资率（投资与 GDP 比率）的变动率，在显示投资周期变动轨迹上不但更清晰，而且更可靠。在衰退年份，如果投资的下降和 GDP 的下降程度相同，投资率可以不变；如果投资的下降程度小于 GDP 的下降程度，投资率甚至可以上升。在这两种场合，投资率的变动都不能准确反映投资下降的真实情况。

表4 美国的实际 GDP 和私人投资的年度变动率（1999—2008 年）（%）

项目	1999	2000	2001	2002	2003	2004	2005	2006	2007	2008
GDP	4.8	4.1	1.1	1.8	2.5	3.6	3.1	2.7	2.1	0.4
总私人国内投资	8.8	6.8	−7.0	−1.4	3.6	10.0	5.5	2.7	−3.6	−7.3
总固定资本投资	9.3	7.4	−1.9	−4.2	3.2	7.3	6.5	2.3	−2.1	−5.1
非住宅固定资本投资	10.4	9.8	−2.8	−7.9	0.9	6.0	6.7	7.9	6.2	1.6
非住宅建筑物投资	0.1	7.8	−1.5	−17.7	−3.8	1.1	1.4	9.2	14.9	10.3
设备及软件投资	14.1	10.5	−3.2	−4.2	2.5	7.7	8.5	7.4	2.6	−2.6
住宅投资	6.3	1.0	0.6	5.2	8.2	9.8	6.2	−7.3	−18.5	−22.9

资料来源：美国商务部经济分析局 2009 年 10 月 29 日公布的统计数据，《国民收入与生产账户表格》，表 1.1.1 实际 GDP 对前一时期的百分比变动，http:www.bea.gov/national/nipweb。

表 4 的数据表明，在美国最近的两次经济衰退年份，如 2001 年和 2008 年（由于 2001 年的衰退发生在第一、三季度，2008 年的衰退开始于第三季度，故全年的 GDP 变动未显示出负增长），总固定资本投资都是下降的。事实上，观察 1930 年以来的实际 GDP 及其组成部分的年度变动资料（因篇幅过大没有列出）可以看出，所有衰退年份的总固定资本投资也都是下降的（尽管个别衰退年份出现过非住宅固定资本投资未下降或住宅固定资本投资未下降的情况）。这说明，总固定资本投资的下降是直接引发危机的决定性因素。在工业主导型周期中，非住宅固定资本投资下降是导致总固定资本投资下降的主要因素，两者通常是一致的。但这次的周期和危机确有新的特点。在 2001 年由于 IT 泡沫破灭而引发衰退时，美国及时通过房地产金融刺激住房消费，推动住宅建设，所以 2001 年住宅投资未下降，在 2002—2005 年间更出现了住宅投资的高速增长，结果只能加剧居民住宅的生产过剩。随着 2004 年美联储开始调高利率，房贷利率上扬，还贷违约率逐渐上升，房价趋于下跌，房地产泡沫终于走向破灭，住宅生产的严重过剩也暴露无遗。可以看到，住宅投资在 2006 年已开始下降；接着固定资本投资由民用住宅转向商用建筑物，在 2006—2008 年间又出现非住宅建筑物投资的快速扩张。2007—2008 年非住宅固定资本投资之所以没有下降，很大程度上是因为非住宅建筑物投资的高增长，而设备与软件等固定资本投资从 2007 年已经放慢，到 2008 年已是负增长。这一切在表 4 的数据中反映得很清晰。不过，非住宅建筑物投资

的高增长，仍然抵消不了住宅投资的大幅度跌落，结果是总固定资本投资的下降，导致危机爆发。由此可见，这里并不存在设备投资调整未成熟的问题，实体经济危机的发生是有现实基础的。

（原载《经济学动态》2010 年第 2 期）

论财富

经济学是研究关于财富的生产、交换、分配和消费的科学。古典经济学的杰出代表亚当·斯密就把他的代表作取名为《国民财富的性质和原因的研究》，无数经济学名著也在其书名中涉及财富这个范畴。然而，究竟什么是财富？经济学家并没有统一的看法。在虚拟经济空前发展的今天，有学者重新提出如何认识财富的本质属性的问题，刘骏民教授的论文《财富本质属性与虚拟经济》是很有代表性的一篇。[①]论文发表了许多经过深入思考和具有启发性的观点，正确地论述了马克思关于财富具有物质内容与社会形式的二重性的思想，分析了马克思主义经济学与西方主流经济学不同的财富观，论证了价值增殖是资本主义生产过程的本质，强调了虚拟财富在现代市场经济运行中的重要经济作用等。按我理解，刘骏民教授的本意，在于揭示现代市场经济制度所产生的经济行为的特异表现，探讨虚拟经济运转自身的特征和规律，这正是论文的理论贡献和深刻之处，的确具有很强的现实意义。但论文在许多正确而深刻的理论分析中，也掺杂着一些在我看来值得商榷的论点，如：认为马克思的财富观是社会的而西方主流经济学的财富观是物质的；单纯以价值形式存在的财富更能体现市场经济中财富的真正属性；现代市场经济中价值没有使用价值也能存在，价值创造不一定依赖于物质生产过程；虚拟经济创造的财富并不是"不存在"的，虚拟财富也是真实的财富等。这些观点涉及一些根本性的理论问题，窃以为有进一步讨论的必要。

---

① 刘骏民：《财富本质属性与虚拟经济》，《南开经济研究》2002 年第 5 期。

一

早在资本主义发展初期，在政治经济学形成的时代，经济学家对财富这一范畴就有不同的理解和争论。重商主义和重农主义是古典政治经济学产生之前的两大主要经济学派。重商主义者把财富等同于货币或金银，认为只有金银等贵金属货币才代表真正的财富。一个国家是穷是富，决定于它握有金银的多少，尽可能多地积累金银便是一国致富的唯一途径。为此他们主张，应加强出口、限制进口，通过贸易顺差来输入金银，以使国家变得富裕。这正是当时不产金银的欧洲国家主要采取的经济政策。

重农主义者与重商主义者的观点完全不同。在他们看来，不但货币不是财富，甚至工业和商业活动也不创造财富；只有农业中的土地产品才是财富的源泉，而且只有"纯产品"（即农业总产品扣除生产过程中所耗费的生产费用后的剩余部分）的增加才意味着一国财富的增长。由此他们认为，只有农业活动是生产性的，只有土地所有者和土地耕作者是生产阶级；而其他经济活动都是非生产性的，商人、制造业者和制造业工人都是非生产阶级。这样，重农主义把财富从产品的价值形态还原为产品的物质形态，尽管它是在一个非常狭隘的观点下的还原，并且从经济学的观点看包含着许多明显的谬误。

由威廉·配第为发端的古典政治经济学，在批评重商主义和重农主义的基础上，继续了对财富概念的这种还原。配第并没有前后一贯的财富定义，但当他说"土地为财富之母，而劳动则为财富之父和能动要素"[1]这句曾被马克思所引用和肯定的话时，他实际上把财富还原为由劳动和自然物质相结合而生产的一切物质产品。亚当·斯密继承了这一思想，在《国富论》中，他采用了坎蒂隆给财富所下的定义："一个人是富还是穷，依他所能享受的生产必需品、便利品和娱乐品的程度而定。"又说："劳动是为购买一切东西支付的首次价格，是最初的购买货币。用来最初购得世界上的全部财富的，不是金或银，而是劳动。"[2]在这里，斯密同样把一切物质产品都看作财富；但在后一句话中，他显然忽略了自然因素也是物质财富的一个源泉。李嘉图肯定了斯密所引用的坎蒂隆关于财富的定义，进一步指出："一个人的贫富取决

---

[1] 威廉·配第：《赋税论 献给英明人士 货币略论》，商务印书馆1963年版，第71页。

[2] 亚当·斯密：《国富论》，陕西人民出版社2001年版，第41、42页。

于其所能支配的必需品和奢侈品的多寡。""如果两个国家所具有的生活必需品和享受品数量上恰好相等，我们就可以说它们同样富有。"①

以上的简单叙述表明，在政治经济学的形成时期，经济学家对财富这个基本范畴的认识，是从产品的价值形式转向产品自身，并从某种特殊的物质产品转向产品一般；从而对创造财富的劳动的认识，也从某种特殊的劳动形式转向一般的具体劳动。马克思把这种理论认识的演变看作巨大的进步。他总结道："货币主义把财富看成还是完全客观的东西，看成外在于自身、存在于货币中的物。同这个观点相比，重工主义或重商主义把财富的源泉从对象转到主体的活动——商业劳动和工业劳动，已经是很大的进步，但是，他们仍然只是把这种活动本身理解为限于取得货币的活动。同这个主义相对立的重农主义把劳动的一定形式——农业——看作创造财富的劳动"，"亚当·斯密大大地前进了一步，他抛开了创造财富的活动的一切规定性，——干脆就是劳动，既不是工业劳动、又不是商业劳动、也不是农业劳动，而既是这种劳动，又是那种劳动。有了创造财富的活动的抽象一般性，也就有了被规定为财富的对象的一般性，这就是产品一般，或者说又是劳动一般，然而是作为过去的、物化的劳动。这一步跨得多么艰难，多么巨大，只要看看连亚当·斯密本人还时时要回到重农主义，就可想见了"。②

马克思主义是在批判地继承古典政治经济学的基础上产生的。马克思从历史唯物主义出发，形成了他对财富的基本观点。在马克思看来，人类的生产活动总是在一定的生产关系下所进行的社会生产活动，因而作为维系人类生存与发展的财富也必然具有物质的和社会的二重属性。一方面，马克思认为财富由物质产品构成，多次提到"物质财富""实际财富"和"财富实体"等概念，指出："商品作为使用价值满足一种特殊的需要，构成物质财富的一种特殊的要素。"③"不管一种产品是不是作为商品生产的，它总是财富的物

---

① 李嘉图：《政治经济学及赋税原理》，商务印书馆 1962 年版，第 234、235 页。

② 马克思：《经济学手稿（1857—1858 年）》，《马克思恩格斯全集》第 46 卷上，人民出版社 1979 年版，第 41 页。可能有学者提出疑问：何以认定马克思的这句话指的是物质产品和具体劳动一般，而不是产品价值和抽象劳动？这可以用马克思在《政治经济学批判》中的另一段话作为佐证："在农业、工场手工业、航海业、商业等等实在劳动的特殊形式轮流地被看作是财富的真正源泉之后，**亚当·斯密**宣布劳动一般，而且是它的社会的总体形式即**作为分工**的劳动，是物质财富或使用价值的唯一源泉。在这里他完全没有看到自然因素……。"《马克思恩格斯全集》第 13 卷，人民出版社 1962 年版，第 49 页。

③ 马克思：《资本论》第 1 卷，《马克思恩格斯全集》第 23 卷，人民出版社 1972 年版，第 153 页。

质形式，是要进入个人消费或生产消费的使用价值。"①另一方面，马克思又认为财富具有社会性质。这种社会性不仅包括与自然界相对立的人类劳动和人类社会的意义②，不仅包括与私人性相对立的为满足他人需要而生产的社会性的意义；而且包括与生产力相对立的社会生产关系的意义，即财富必然具有其特定的社会形式。在商品生产社会中，商品是财富的基本社会形式，作为商品本质属性的价值则体现了商品社会中最基本层次的生产关系，形成财富的社会本质。③由于商品经济中价值必然在货币（金银货币）上取得自身的独立存在形态，于是财富的物质性质与社会性质的对立，便外化为普通商品与货币商品的对立。"交换价值构成货币实体，交换价值就是财富。因此，另一方面，货币又是物体化的财富形式，而与构成财富的一切特殊实体相对立。……与其他一切商品相反，货币是同它们相对立的一般财富形式，而这些特殊性的总体则构成财富实体。"④

上面的分析只是想说明，把财富看作由使用价值构成的物质财富概念，在政治经济学形成过程中体现了一种经济思想的进步，也并非为西方主流经济学所特有。马克思的财富观并不只是社会的，他首先肯定了财富的物质性质，同时也指出了财富必然有其特定的社会形式。

<h2 style="text-align:center">二</h2>

到目前为止，本文有关财富问题的论述，经济学者可能不会有很大分歧，大概没有人否认马克思关于财富二重性的论点。现在问题来了：既然财富具有二重性质，那么哪重属性是财富的本质属性？这正是本文要着重分析的。不过在讨论这个问题之前，有必要明确关于财富性质的两组概念：一是物质

---

① 马克思：《资本论》第 2 卷，《马克思恩格斯全集》第 24 卷，人民出版社 1972 年版，第 153 页。

② 马克思说："财富不过表现为人的活动。凡不是人的活动的结果，不是劳动的结果的东西，都是自然，而作为自然，就不是社会的财富。"马克思：《剩余价值理论》，《马克思恩格斯全集》第 26 卷 III，人民出版社 1974 年版，第 473 页。

③ 在资本主义社会中，由于资本是资本主义经济关系的集中体现，马克思有时也认为，资本主义"社会的财富即执行职能的资本"。马克思：《资本论》第 1 卷，《马克思恩格斯全集》第 23 卷，人民出版社 1972 年版，第 707 页。

④ 马克思：《经济学手稿（1857—1858 年）》，《马克思恩格斯全集》第 46 卷上，人民出版社 1979 年版，第 170 页。

财富与社会财富的区别，二是实际财富与抽象财富的区别。这两组概念所要说明的问题显然是不同的。

就财富的物质性质和社会性质来说，马克思强调了财富的社会形式代表着财富的本质，并认为这对理解财富的运动具有决定性的意义。他在财富观上对斯密的肯定和对李嘉图的批评，就鲜明地表明了这种观点。斯密并不像有的学者所说，仅仅把财富看作物质的。实际上，他在采用了坎蒂隆关于物质财富的定义后，便着重探讨了作为资产阶级财富形式的价值概念，并详细论述了如何通过扩大劳动（生产劳动）来增加资产阶级社会的财富，尽管他的劳动价值论包含着错误与混乱。马克思曾以肯定的语气评论斯密对财富的认识："斯密同重农学派相反，重新提出产品的价值是构成资产阶级财富的实质的东西；但是另一方面，又使价值摆脱了纯粹幻想的形式——金银的形式，即在重商学派看来价值借以表现的形式。"①而李嘉图，当他在《政治经济学及赋税原理》中正确地批评萨伊对价值与使用价值的混淆，以及斯密关于"一个人的贫富必然取决于其所能购买的劳动量"的说法时，却把财富单纯等同于使用价值而舍掉了它的社会形式。正是这一点招致了马克思的多处批评："在他那里，也是把雇佣劳动和资本理解为生产作为使用价值的财富的自然形式，而不是历史上一定的社会形式；……因而没有从这种形式同财富形式的一定联系上去理解，正如财富本身在其交换价值形式上，在李嘉图那里表现为财富物质存在的单纯形式上的媒介一样。因此，李嘉图不理解资产阶级财富的特定性质，这正是由于这种性质在他看来是一般财富的最适当形式。"②"李嘉图在这里是说，财富只是由使用价值构成。他把资产阶级生产变成单纯为使用价值而进行的生产，这对于交换价值占统治地位的生产方式是一种非常美妙的见解。他把资产阶级财富的特有形式只看成一种不触及这种财富内容的表面的东西。"③

马克思在上述评论中强调财富的社会性质，正是反映了他的一贯思想，认为一定社会的生产关系即经济制度是决定社会性质的东西，对财富的生产方式和分配方式具有决定性作用。他在批评罗西对经济现象的社会形式的忽视时指出："罗西以为'交换形式'是无关紧要的，……当问题是要了解某一

---

① 马克思：《剩余价值理论》，《马克思恩格斯全集》第 26 卷 I，人民出版社 1972 年版，第 116 页。

② 马克思：《经济学手稿（1857—1858 年）》，《马克思恩格斯全集》第 46 卷上，人民出版社 1979 年版，第 294 页。

③ 马克思：《剩余价值理论》，《马克思恩格斯全集》第 26 卷 III，人民出版社 1974 年版，第 53 页。

社会生产方式的特殊性质时，恰好只有这些形式才是重要的。……这些形式对于物质财富本身是有决定作用的。"①他甚至强调："政治经济学所研究的是财富的特殊社会形式，或者不如说是财富生产的特殊社会形式。财富的材料……最初表现为单纯的前提。这种前提完全处在政治经济学的考察范围之外，而只有当这种材料为形式关系所改变或表现为改变这种形式关系的东西时，才列入考察的范围。"②

马克思的观点很明确：财富的本质属性是社会的；在商品社会中，价值是财富的本质属性。但这是就财富的物质性与社会性的关系而言的。而当马克思谈到财富的现实性与抽象性时，他则认为，只有物质财富才是实际的财富。

在商品社会中，如前所述，价值体现了财富的本质，并在货币（金银）上取得了自身的独立表现形式。那么，马克思是怎样看待社会的物质财富与金银货币的关系呢？他说："这些执行货币职能的商品，既不进入个人消费，也不进入生产消费。这是固定在充当单纯的流通机器的形式上的社会劳动。除了社会财富的一部分被束缚于这种非生产的形式之外，货币的磨损，要求不断得到补偿，……它是社会财富中必须为流通过程牺牲的部分。"③这种观点和斯密显然一脉相承。马克思把货币称为"流通机器"，斯密则把货币称为"流通巨轮"。他说："一定数量的非常有价值的原料，黄金和白银，一定数量的非常精巧的劳动，不是用来增加留做直接消费之用的资财，即个人的生活资料、便利品和娱乐品，而是用来维持这种伟大而昂贵的商业工具。""虽然要通过货币来使社会全部收入在社会所有成员间进行经常的分配，但货币本身却不是这种收入的一部分。这个流通的巨轮与通过它来流通的货物是不同的。社会的收入完全是由这些货物组成的，而不是由使它们流通的轮子组成的。"④马克思和斯密的这些话表明：能够进入生产消费和个人消费的物质产品才是现实的财富，货币（甚至本身具有价值的金属货币）不构成社会的现实财富，但它要占用社会财富的一部分，其磨损则意味着现实财富的扣除。由此可以理解，为什么斯密在《国富论》中把批判的锋芒主要对准重商主义，

① 马克思：《剩余价值理论》，《马克思恩格斯全集》第 26 卷 I，人民出版社 1972 年版，第 308-309 页。

② 马克思：《经济学手稿（1857—1858 年）》，《马克思恩格斯全集》第 46 卷下，人民出版社 1980 年版，383 页。

③ 马克思：《资本论》第 2 卷，《马克思恩格斯全集》第 24 卷，人民出版社 1972 年版，第 153-154 页。

④ 亚当·斯密：《国富论》，陕西人民出版社 2001 年版，第 328 页。

嘲讽他们想通过把不必要的金银数量引进或保留在国内来增加国家财富的企图，就像迫使私人家庭保留不必要数目的厨房用具以增加其快乐的企图一样可笑；而在批评了重农主义者的观念过于狭隘和偏窄后，却称赞他们下述思想的公正性："国民财富不是由不能消费的货币财富组成的，而是由社会劳动每年生产的可消费的货物组成的。"①

从什么意义上说，只有物质财富才是真实的财富呢？马克思讲得很清楚：只有物质财富才能进入个人消费和生产消费。常识告诉我们，只有由使用价值构成的物质财富，才能满足人类社会的各种需要，从而构成人类社会生存与发展的现实基础。货币作为价值的物质代表和财富的社会化身，尽管在商品社会特别是资本主义社会中成为最具有财富象征的东西，成为人们和企业追逐的最高经济目标；但归根到底，货币仍不过是虚幻的财富。说它是虚幻的，不是说货币不是一种实际的存在，也不是说货币不能随时转化为各种物质产品，而是说货币自身在直接形态上不能进入人类的个人消费和生产消费，它只有转化为物质产品，才变成现实的财富。所以马克思说："同作为'财富的一般形式'的货币，即独立化的交换价值相对立的是整个实际财富界。货币是实际财富的纯粹抽象，因此，保留在这种抽象上的货币只是一种想象的量。在财富显得是以完全物质的，可感觉的形式本身存在的地方，财富仅仅存在于我的头脑里，是一种纯粹的幻想。货币作为一般财富的物质代表，只有当它重新投入流通，和特殊形式的财富相交换而消失的时候，才能够实现。……如果我把货币保留下来，它就会在我的手里蒸发为财富的纯粹的幻影。"②

说到这里，我们可以明了，谈论财富的社会性与谈论财富的真实性并不是同一个命题。强调财富的社会性，是为了说明由生产关系决定的财富的社会形式对财富的运动具有决定性的作用；而强调财富的真实性，是要说明只有物质财富才是维系人类社会生存与发展的现实基础。因此，试图从马克思关于财富的本质属性是其社会性、价值在商品社会中是财富的本质属性的论断，推导出价值及其体化物或各种价值符号（如货币或其他价值凭证）也是甚至在更大的程度上是真实的财富，在逻辑上是不能成立的。

---

① 亚当·斯密：《国富论》，陕西人民出版社 2001 年版，第 487、744 页。
② 马克思：《经济学手稿（1857—1858 年）》，《马克思恩格斯全集》第 46 卷下，人民出版社 1980 年版，第 482-483 页。

三

马克思的上述论点，对于认识当今时代市场经济中虚拟资产的性质，显然具有现实意义。

当马克思把还没有转化为实际财富的金银货币看作只不过是抽象或虚幻的财富时，严格说来，金银本身还是一种具有使用价值和价值的物质产品。金银如果不是作为货币，而是作为金银饰品或其他使用价值被提供到市场上，它也会成为满足社会需求的实际财富的一部分。但金银一旦成为货币，它就不再进入生产消费或个人消费，不再构成现实财富的一部分；而金银货币的磨损还意味着社会已生产出来的一部分物质财富的扣除。金银货币尚且被马克思看作虚幻的财富，更何况那些自身没有价值的纸币、被马克思称为"虚拟资本"的有价证券以及现代市场经济中衍生出来的各种虚拟资产呢？纸币也好，股票和债券也好，其他各种虚拟资产也好，它们本身并没有价值和使用价值，也不能进入生产消费或个人消费；它们不过是一种价值"凭证"，执行着一定的社会功能，作为社会财富的代表而存在。它们可能转化为各种物质财富，但其自身却不构成社会物质财富的本体，当然也不能成为社会的实际财富。因此，说虚拟财富也是真实的财富，显然是不正确的。

虚拟资产大体上包括三个主要部分：一部分是马克思称为"虚拟资本"的东西，如股票、债券、国债等生息的有价证券；另一部分是虚拟化了的货币，如国家发行的纸币等；再一部分是与商业信用和银行信用相关的各种票据，它们也常常作为货币来流通。马克思之所以把股票、债券等称为"虚拟资本"，是因为它们不过是"现实资本的纸制复本"，是"资本的所有权证书"，这种证券的资本价值"纯粹是幻想的"。对于发行股票的股份公司来说，它的"资本不能有双重存在：一次是作为所有权证书即股票的资本价值，另一次是作为在这些企业中实际已经投入或将要投入的资本。它只存在于后一种形式，股票只是对这个资本所实现的剩余价值的相应部分的所有权证书"①。可见，虚拟资本显然不能构成社会的实际财富。虚拟化的货币与虚拟资本有所不同，它们首先是执行交易媒介即流通手段的功能，但它们在资本主义生产中

---

① 马克思：《资本论》第3卷，《马克思恩格斯全集》第25卷，人民出版社1974年版，第540、529页。

也会执行货币资本的功能。货币作为货币资本起作用，与货币作为流通手段起作用时一样，并不会改变货币本身仍然只是抽象财富的性质。货币资本如果不能转化为生产要素或转化为商品，在它的所有者手中也同样会蒸发为财富的纯粹的幻影。在金银货币作为货币资本时是如此，在纸币作为货币资本时当然更是如此。

从上面的分析可以看出，这几种虚拟资产虽然有所不同，但却有着共同的性质：都不过是对实际财富具有索取权的"法律证书"。马克思曾经把货币看作"实际财富或生产力的转让**凭证**"。①在论述资本为扩大再生产而必须进行货币资本的积累时，马克思指出："这种潜在的货币资本还可能只是价值符号，……或者只是由法定证件确认的资本家对第三者的索取权（法律证书）。不管这种追加货币资本以什么样的形式存在，在所有这些场合，只要它是未来的资本，它就是资本家对社会未来的追加的年生产所持有的追加的和备用的法律证书。"②在这句话下面，马克思在肯定的意义上引用了汤普逊在《财富分配原理的研究》一书中的两大段文字。其中指出："在所谓的积累的财富中，有很大一部分只是名义上的财富，它不是实物，如船舶、房屋、棉制品、土壤改良设施，而只是法律证书，对社会未来的年生产力的索取权，即在不安全的措施或制度下产生并且永久化的法律证书。"③马克思的这些话和引文，明白无误地告诉我们，这些虚拟的资产只是对实际财富具有索取权的法定的凭证，它们只是名义上的财富，与实际财富是有本质区别的。

虚拟资产作为名义财富与实际财富的区别，还表现在它与实际财富相对独立的运动上。虚拟资产特别是其中的各种证券，与实物资产的定价完全不同。实物资产的价格是其价值的货币表现，因而是由资产的内在价值决定的，当然也受到供求关系的影响；而各种证券作为虚拟资本，没有内在的价值，它们的价格不过是证券收入（如股票的股息）的资本化，用现代经济学的术语来说，就是各种证券预期收入的贴现值。因此，它们的价格不仅会由于预期收入的变动而变动，而且还会受到利息率的变动，以及一切影响有价证券供求关系变动的经济活动（特别是投机活动或巨大的经济波动）、心理预期和其他事件的影响。由此造成的结果是，虚拟资本从而虚拟资产的"价值"波

---

① 马克思：《经济学手稿（1857—1858 年）》，《马克思恩格斯全集》第 46 卷下，人民出版社 1980 年版，第 101 页。

② 马克思：《资本论》第 2 卷，《马克思恩格斯全集》第 24 卷，人民出版社 1972 年版，第 358 页。

③ 马克思：《资本论》第 2 卷，《马克思恩格斯全集》第 24 卷，人民出版社 1972 年版，第 358 页。

动极为剧烈，并且可能完全脱离它们所代表的实际资产的价值。马克思明确指出："作为纸制复本，这些证券只是幻想的，它们的价值额的涨落，和它们有权代表的现实资本的价值变动完全无关，……单是由于这个原因，这个**想象的财富**，按照它的原来具有一定的名义价值的每个组成部分的价值表现来说，也会在资本主义生产发展的进程中扩大起来。"而且，"只要这种证券的贬值或增值同它们所代表的现实资本的价值变动无关，一国的财富在这种贬值或增值以后，和在此以前是一样的"。①虚拟资产的"价值"无论增加多少或减少多少，都绝不直接意味着实际财富和实际财富内在价值的增加或减少。

在现代市场经济国家特别是资本主义国家中，由于经济的虚拟化发展，虚拟资产已在社会总资产中占有绝大部分的比例，在社会经济中也起着越来越大的作用。但虚拟资产不管占有多大的比重和具有多大的经济作用，也不能改变虚拟资产作为虚拟财富或抽象财富的性质。一物的数量多少与它的性质无关。马克思曾经说过："在资本主义生产发达的国家，……银行家资本的最大部分纯粹是虚拟的，是由债权（汇票）、国家证券（它代表过去的资本）和股票（对未来收益的支取凭证）构成的。在这里，不要忘记，银行家保险箱内的这些证券，……它们所代表的资本的货币价值也完全是虚拟的，是不以它们至少部分地代表的现实资本的价值为转移的。"②如果说在马克思的时代，虚拟资本已在银行资本中占有绝大部分比重的事实并不能改变虚拟资本作为虚拟财富的性质，那么在现代资本主义国家中虚拟资产急剧膨胀的事实，当然也不会改变虚拟资产作为虚拟财富的性质。在今天，随着虚拟资产的规模空前扩大，虚拟资产的种类越来越多，许多虚拟资产（如由货币、票据、债券、股票等原生金融资产派生出来的衍生金融资产，像各种金融资产的期货、期权合约，甚至各种指数的期货、期权合约等）的虚拟性更为显著，只能说虚拟资产作为虚拟财富或抽象财富的性质更加突出，虚拟财富的"价值"变动和交易量与实际财富的内在价值变动和交易量的脱节程度更为剧烈。看看美国在20世纪90年代后半期股票市值的飞涨和随后在21世纪初发生的急剧下降吧。从1994年到2000年第一季度，美国家庭握有股票的市值从4.1万亿美元飞速上涨到12.7万亿美元；到2001年第一季度，则反过来剧跌到8.8万亿美元。同时期，美国非金融公司按股票市值计算的资产价值从4.8万

---

① 马克思：《资本论》第3卷，《马克思恩格斯全集》第25卷，人民出版社1974年版，第540-541、531页。黑体字为引者所加。

② 马克思：《资本论》第3卷，《马克思恩格斯全集》第25卷，人民出版社1974年版，第532页。

亿美元迅速上升为 15.7 万亿美元；随后则急剧下降为 10.5 万亿美元。[1]美国这种虚拟财富名义价值的大涨大落真的意味着美国社会实际财富及其价值的急剧增大和急剧缩小吗？这当然是不可能的。因为美国的实际国内生产总值，作为美国社会实际财富的近似的衡量，不过从 1994 年的 7.3 万亿美元稳定增长到 2000 年第一季度的 9.2 万亿美元。[2]虚拟财富的"价值"及其剧烈变动与实际财富的脱节程度，在这里显示得再清楚不过了。我们怎么能够把虚拟财富看作真实的财富呢？

四

当我们强调虚拟资产或虚拟财富是与实际财富本质不同的名义财富时，有几个问题是必须着重说明和澄清的。

第一点，阐明虚拟资产作为名义财富的性质，绝不意味着否定或低估虚拟资产的经济功能，相反，在现代市场经济中，虚拟资产的经济作用是非常巨大的。无论是货币，还是与信用相关的金融凭证和金融资产，或是各种有价证券以及由其派生出来的虚拟资产，都是现代市场经济正常运转不可或缺的经济工具。这些虚拟资产作为名义财富，虽然要占用和耗费一部分实际财富，但其作用绝不是消极的，它们不仅作为实际经济过程的必要条件而存在，并且会促进实际财富生产的扩大。货币的交换媒介职能使它成为商品流通的"巨轮"，它作为货币资本则是资本主义生产的基本前提条件，货币的虚拟化更有助于实际财富生产的扩大。马克思在谈到与实际生产要素并存的货币资本的作用时曾说："不能把这种货币价值看成是限制这些东西的。通过它转化为生产要素，通过它和外国进行交换，生产规模就能扩大。"他指出："每年耗费在金银这种流通工具的生产上的劳动力和社会生产资料的总量，对于资本主义生产方式，对于以商品生产为基础的任何生产方式来说，是一项巨大的非生产费用。这种非生产费用，使一定量可能的追加生产资料和消费资料，即一定量实际财富，不能供社会利用。在生产规模不变或者生产扩大程度不

---

① R. Brenner. The Boom and the Bubble, Verso Books, 2002, P.251-252.

②《美国总统经济报告》，美国联邦政府印制局 2001 年，第 276 页。需要说明的是，按固定美元计算，GDP 作为一个实物量指标，只能看作一国实际物质财富的近似的衡量，因为它仍然要在一定程度上受到价格变动和货币币值的影响，并且会包括虚拟经济交易中所"创造"的一部分收入。

变时，只要这个昂贵的流通机器的费用减少，社会劳动的生产力就会提高。所以，只要那些和信用制度一起发展的辅助工具发生这种作用，它们就会直接增加资本主义的财富。"他甚至说："资本主义生产按它现在的规模，没有信用制度……显然，不能存在。"①商业信用、银行信用及各种信用工具在扩大再生产中的职能是人所共知的。至于股票、债券等有价证券和相关资本市场，不仅是企业的重要融资渠道，而且有利于社会资本的优化配置。现代市场经济是高度货币化和信用化的经济，与货币和信用工具等虚拟资产紧密相关的金融业已经成为集中反映和调节整个经济运行的神经中枢，并在推动国民经济运转、提高资源配置效率和分散社会经济风险等方面起着关键性的作用。或许正是在这个意义上，邓小平说金融是现代经济的核心。

不过，一种经济事物的性质和它的作用是两回事。虚拟资产的经济作用无论多么巨大，也不能改变它作为虚拟财富的性质。反过来说，从理论上阐明虚拟资产作为虚拟财富或名义财富的性质，并不必然会"误导"人们忽视或低估虚拟资产在现代市场经济中极其重要的经济作用和经济意义。

第二点，虚拟资产作为名义财富的性质，也绝不否定虚拟资产所具有的占有实际财富的社会权利。货币作为价值的代表和体化物，自然具有随时转化为货币所有者所需要的物质财富的能力，虽然其数量要受到所持有的货币量的限制。而各种虚拟资本和虚拟资产，它们既然是法律凭证，便可随时按照行情转化为货币，再转化为虚拟资产持有者所需要的物质财富。可见，虚拟资产虽然就其本身的性质来说是虚拟财富或名义财富，但它转化为实际财富的能力却是完全真实的。对这一点不应有任何误解。但须指出的是，虚拟财富转化为实际财富的能力虽然是真实的，但这种转化能力却是不稳定的。货币的币值可能波动，各种虚拟资本的价格更是会发生剧烈的变动，从而使一定量虚拟资产转化为实际财富的能力出现巨大的变化，这又反过来对实际经济产生重大影响。虚拟资产在社会资产中所占比重越大，这种变化及其造成的影响也越大。这就是为什么在经济日趋虚拟化的现代资本主义经济中，经济的不稳定性日趋加强的一个重要原因。比如说，有价证券价格的大幅度涨落对居民消费支出的影响被现代经济学称为财富效应。20世纪90年代后半期美国股票价格飞涨时居民消费的空前旺盛反映了股市的正的财富效应，而随之而来的股市暴跌对居民消费的制约则反映了股市的负的财富效应。当

① 马克思：《资本论》第2卷，《马克思恩格斯全集》第24卷，人民出版社1972年版，第396、384页。

然，这种负的财富效应对富人和穷人生活的影响是完全不同的。比尔·盖茨的私人财富从 2002 年的 528 亿美元下降为 2003 年的 407 亿美元，不会对他的家庭生活产生丝毫影响；但一个普通工人的个人财富如果从 8 万美元下降为 2 万美元，必将使其家庭陷入绝对的贫困。

还应看到，虚拟资产作为法律证书所具有的转化为实际财富的社会权力，为大资本掠夺社会财富开辟了新的途径。产业资本家为了获取剩余价值，还需要投资于实际经济部门，从事物质产品或劳务的生产；而大金融资本家通过操纵资本市场进行金融投机，即可在虚拟资产形式上获取暴利而占有大量的社会财富。马克思在 19 世纪时已经看到这一点。他指出："由这种所有权证书的价格变动而造成的盈亏，以及这种证书在铁路大王等人手里的集中，就其本质来说，越来越成为赌博的结果。赌博已经代替劳动，并且也代替了直接的暴力，而表现为夺取资本财产的原始方法。"①在当今虚拟经济空前发展的资本主义国家中，大金融资本家的经济实力、他们从事金融投机的手法和规模，以及资本在国家间流动的速度，都是 19 世纪根本无法比拟的。经济的虚拟化和经济的全球化结合在一起，为大资本攫取剩余价值和社会财富提供了前所未有的便利条件。大资本不仅在发达国家内部操纵金融市场获取暴利，而且伺机攻击某些发展中国家薄弱的金融市场来掠夺它们的财富，把它们当作自己的取款机。如果说，传统的资本家为获取剩余价值必须首先创造剩余价值，为占有社会财富必须首先创造社会财富；那么，现代的金融巨头已对物质生产和创造财富不感兴趣，他们专注于通过金融炒作和金融投机，去占有社会已创造出来的现成的剩余价值和物质财富。当然，金融巨头像任何资本家一样也有失手和亏损的时候，但总的说来，他们掠夺社会财富和集中社会财富的能力是前所未有的。这构成了现代资本主义新阶段在剩余占有方式上的一个新特点：资本通过实体经济创造剩余相对于资本通过非实体经济再分配剩余的重要性在下降，大量金融资本在虚拟经济领域的活动实际上是再分配和占有实体经济中已创造出来的物质财富，这构成了过剩资本积累的新形式。

第三点，作为维系人类社会生存与发展的基础的物质财富这个范畴，对其内涵与外延也应有新的认识。斯密把物质财富限定为必需品、便利品和娱乐品等有形产品，把创造价值的生产劳动限定为生产有形产品的劳动，显然

---

① 马克思：《资本论》第 3 卷，《马克思恩格斯全集》第 25 卷，人民出版社 1974 年版，第 541 页。

是不对的。马克思说:"使劳动成为'生产的'或'非生产的'劳动的,既不一定是劳动的这种或那种特殊形式,也不是劳动产品的这种或那种表现形式。……不管这个使用价值是随着劳动能力本身活动的停止而消失,还是物化、固定在某个物中。"①对于使用价值,马克思明确指出它有产品和服务两种形式。"服务这个名词,一般地说,不过是指这种劳动所提供的特殊使用价值,就像其他一切商品也提供自己的特殊使用价值一样;但是,这种劳动的特殊使用价值在这里取得了'服务'这个特殊名称,是因为劳动不是作为**物**,而是作为**活动**提供服务的,可是,这一点并不使它例如同某种机器(如钟表)有什么区别。"②既然马克思把物质财富界定为能够进入生产消费和生活消费的使用价值,而使用价值具有产品和服务两种形式,因此,一切能够进入生产消费和生活消费的产品与服务显然都属于物质财富的范围。而人类社会发展的一般趋势是,社会分工不断深化,生产过程中有越来越多的服务劳动环节分离出来成为独立的服务部门;与此同时,人类的生活需求也日益多样化和趋向更高层次,有越来越多的服务作为使用价值代替产品进入个人消费。这都使得服务相对于产品在社会生产的实际使用价值或物质财富中所占的比重日趋扩大。例如,美国的国民收入账户即把个人消费分为三个类别:非耐用消费品、耐用消费品和服务。早在 1982 年,服务已在全部消费支出中占到49%,而耐用消费品占 12%,非耐用消费品占 39%。③因此,在当今的资本主义时代和发达的市场经济中,物质财富的内涵与外延,以及相应的生产劳动的概念,已经大大地扩展了。在广大的第三产业中,不仅商业部门中有相当大一部分具有生产性质,而且那些生产性服务部门和消费性服务部门,包括教育、卫生、旅游、文化娱乐部门等,都应属于生产实际财富的生产性部门。那种把物质财富仅限于实物产品的观点,显然是狭隘的,尤其不符合现代社会发展的实际。

第四点,把物质财富看作维系社会生存与发展的实际财富,是就其与虚拟财富相比较的整体性质而言的,并不意味着社会生产的每宗产品与服务都必然成为社会所需要的使用价值,而进入生产消费和个人消费。必须懂得的是,在商品经济和市场经济中,物质财富通常是作为商品而生产的,是为他

---

① 马克思:《剩余价值理论》,《马克思恩格斯全集》第 26 卷 I,人民出版社 1972 年版,第 156-157 页。

② 马克思:《剩余价值理论》,《马克思恩格斯全集》第 26 卷 I,人民出版社 1972 年版,第 435 页。

③ H. J. Sherman. The Business Cycle, Growth and Crisis under Capitalism, Princeton University Press, 1991, P.83.

人、为社会生产的物质产品，它们只有经过交换才会转到需要它们的人的手里。因此，作为商品生产的一切产品（和服务），都要首先实现其价值，转化为货币，才能最终（或同时）实现其使用价值。在这里，货币作为价值体化物或价值符号在商品经济条件下物质财富生产中的作用凸显出来了，同时也体现了作为使用价值的物质财富和作为价值的社会财富之间的辩证关系。在商品社会中，实际价值的创造必须以使用价值的创造为前提，价值的实现必须以所创造的使用价值符合社会需要为前提；但反过来，使用价值的实现又必须以价值的实现为前提，商品只有转化为体现价值的货币之后（或同时），才真正表现出它作为社会财富的性质，其使用价值才能实现。不过，商品与货币的这种相互纠缠的关系，并不会改变物质财富与虚拟财富的本质区别。

既然物质产品只有实现其价值才能转化为社会财富，既然商品的价值在市场经济中具有首要性，那么能否由此推论，价值没有使用价值也能存在，价值的创造不一定依赖物质生产过程，价值既存在于实体经济中也存在于虚拟经济中呢？我觉得这种推论难以成立。不错，虚拟经济中的投资或投机，的确可能创造出收入或利润甚至是巨额利润，这些收入或利润当然是市场经济所承认的价值，一旦实现为货币，便可购买任何物质产品或服务。这在市场经济中绝对是真实的。然而，这种真实只对单个资本或单个投资者才存在。从社会总资本的观点看，只要虚拟经济中的交易没有促进实体经济的扩大，物质财富及其所包含的价值总量就不会有任何增加。虚拟经济中所创造的收入和利润，与其说是社会价值或财富，不如说是社会价值和真实财富的占有权。虚拟经济中所产生的巨额利润，并不直接意味着社会的物质财富及其价值的创造，而可能只是重新分配和占有社会现有物质财富及其价值的手段。

五

也许有学者认为，既然市场经济中价值体现了物质财富的社会性质，货币又是价值的独立表现形式，商品只有实现其价值才转化为社会财富，因此，区别实际财富和虚拟财富，似乎不过是纯粹的概念之争，并没有什么实际意义。其实不然。这种区别不仅是客观存在的，因而在理论上需要说明；同时，承不承认这种区别，会在实际经济分析和经济实践中产生重大的差异。

第一，只有认识实际财富与虚拟财富的本质区别，才能真正承认实体经济与虚拟经济的本质区别。①在市场经济条件下，虚拟财富及其交易虽然是实际财富再生产过程所必不可少的，并且会促进实际财富再生产的扩大，但是，由于虚拟财富只是一种名义财富，它的运动本身不可能创造出实际财富及其价值，因而以虚拟财富的运动为主体的虚拟经济，终究不能代替以实际财富运动为主体的实体经济，而成为市场经济社会生存与发展的基础。相反，如果认为价值可以脱离使用价值而存在，价值的创造不必依赖物质生产过程，虚拟经济和实体经济一样可以创造价值和社会财富，那么，就有可能导致否认实体经济与虚拟经济的本质区别，即使承认实体经济和虚拟经济的概念，或许也只是着眼于它们的形式差异和运行特征的差异。这可能导致忽视虚拟经济过度膨胀的危害。

只有正确理解实际财富和虚拟财富的本质区别和相互作用，也才能正确认识实体经济与虚拟经济的相互关系。既然实际财富和实体经济是人类社会生存和发展的基础，市场经济中虚拟资产及其交易的产生从根本上说是源于实体经济运转的需要，并服务于促进实体经济，因此，虚拟经济的扩大应以在总体上有利于实体经济的发展为原则。由于虚拟经济不直接创造财富和价值，虚拟经济的畸形膨胀便可能因过多占用社会资源而削弱实体经济的发展，并由于虚拟经济领域易于滋生投机狂热与泡沫而大大加剧整个经济系统的不稳定性，一旦发生金融危机则会更严重地损害实体经济。同时，虚拟财富的运动不论有多大的相对独立性，不论扩张到多么巨大的规模，也不论它自身具有如何特异的规律，归根到底，它仍旧是由实际财富的再生产过程派生出来的，并最终要受到实体经济运动的一定程度的制约。20世纪80年代日本的虚拟经济泡沫及其破灭后的深远后果，90年代美国空前的虚拟经济泡沫以及随后发生的泡沫崩溃，还有不少发展中国家由于虚拟经济泡沫破灭而导致的金融危机等，或许可以看作上述分析的生动的注解。

第二，从微观角度看，企业只有认识实际资产与虚拟资产、实体经济与虚拟经济的本质区别和相互作用，才可能制定正确的经营目标和经营方针。市场经济中的大企业大都采取股份公司形式，这些企业的价值二元化为企业的实际资产价值和股票等虚拟资产价值。公司不仅通过产品和服务的生产经营追求尽可能高的利润和尽可能大的规模，还力图使公司股票的市值尽可能

---

① 实际财富和虚拟财富，以及实体经济和虚拟经济，并不是两对完全对应的范畴。一部分现代货币和信用工具虽然属于虚拟资产，但却是市场经济条件下实际财富再生产过程所不可或缺的，被包含在实体经济的运动之中。

上升。公司价值的二元化导致公司经营目标的二元化。[①]由于企业的虚拟价值是从企业的实体价值中衍生出来的，它在反作用于实体价值的同时，也可能脱离企业实体价值而过度膨胀，但最终不得不收敛于企业的实体价值。因此，企业必须把基点放在实际资产的经营上，努力提高效率和降低成本，使产品符合市场需求，以增加企业利润和扩大企业规模。在此基础上，再通过有效的资本经营，才可能使企业的股票价格在长期内稳定上升，进而利用后者来促进企业生产的扩大。

相反，如果企业以为虚拟资产的经营能够直接创造价值，并能够脱离实际生产而使利润无限增长，以至于把主要精力不是放在生产经营上而是放在所谓的资本经营上，甚至企图通过股票炒作和金融投机来赚快钱，其结果不但不能达到增加利润和提高企业市值的目的，反而会大大地增加公司的经营风险，弄不好还会导致公司的衰落和破产。近十年来我国不少上市公司就是由于这种错误的经营方针而走向衰败的。发达资本主义国家中这种情况也屡见不鲜。美国安然公司的破产就是一个突出的例子。安然是在 1987 年由两个天然气管道公司合并而成的，在 20 世纪 90 年代美国政府对天然气和电力价格放松管制的条件下，安然公司从一个动力生产商转变为其经营扩展到四大洲的能源经纪人。到 90 年代末，安然已在能源的现货和期货市场上占据支配地位，同时经营着 3000 多种其他产品的期货与衍生物合约，2001 年 7 月被《财富》杂志按前一年的交易额排名为美国第七大公司。然而，即使这样一个庞然大物，也终究由于金融投机和财务丑闻而崩溃。这种教训是发人深省的。

第三，从宏观角度看，只有正确理解实体经济与虚拟经济的区别和联系，才能引导国民经济健康发展。一个国家和它的人民的富裕，其基础主要在于实体经济的增长，在于物质财富生产的扩大和积累，在于推动实体经济持续发展的科学技术、生产效率、管理水平、人力资源和环境条件，以及与其相适应并为其服务的金融结构。因此，经济关系的调整、经济体制的改革、经济政策的实施、宏观经济的调控，都应首先着眼于促进实体经济的发展。对于较多涉及虚拟经济的金融制度和金融交易，则应力图使其服务于实体经济的增长。在大力发展金融业的同时，必须加强对金融的监管，防范金融风险，尽可能抑制金融领域中易于滋生的投机和欺诈，力求在金融效率和金融安全之间取得平衡。

① 王凤荣：《金融制度变迁中的企业成长》，经济科学出版社 2002 年版。

坚持上述认识对于发展中国家尤其重要。在虚拟经济空前发展的当今世界，发达资本主义国家中的大金融资本已经处于支配地位，并利用金融全球化趋势积极加强对发展中国家财富的掠夺。发展中国家如果不能正确认识实体经济与虚拟经济的关系，以为通过金融领域的全面开放和虚拟经济的迅速发展，即可引入大量资本加快财富的生产和经济的增长，而不着力解决实体经济中的许多根本问题以促进实际经济的增长，并注意防范金融风险，其结果，不但不能达到富国富民的目的，反而会导致经济的衰退，并使国家的财富大量被掠夺而陷入倒退与贫困。近十年来亚洲和拉丁美洲一些国家频繁发生的金融危机，已经提供了惨痛的教训，我们绝不能重蹈覆辙。

总之，从理论上澄清真实财富与虚拟财富、实体经济与虚拟经济的关系，是具有重大的实践意义的。

（原载《政治经济学评论》2003 卷第 2 辑）

论 "生产方式"

内容摘要："生产方式"一词在马克思经济学著作中出现的频率极高，但表达的含义并不完全相同。其基本用法我认为有两种：第一，指社会生产的类型或形式；第二，指社会生产的劳动方式。《资本论》第一版序言开宗明义地指出："我要在本书研究的，是资本主义生产方式以及和它相适应的生产关系和交换关系。"在讨论《资本论》研究对象时，对这句话中"生产方式"一词的理解争论极大。根据马克思"生产力—生产方式—生产关系"的一贯分析原理并结合《资本论》第一卷的实际内容，我认为这里的"资本主义生产方式"应理解为"资本主义劳动方式"。"劳动方式"是生产力与生产关系矛盾运动的中介体。特定的劳动方式以一定的生产力为基础，同时受到特定生产关系的制约，具有显著的社会历史特征。马克思在《资本论》研究对象中首先强调"资本主义生产方式"，意味着他在研究资本主义经济时将直接生产过程中经济关系的考察放在了基础位置，把对资本主义生产方式的批判置于首位。我们应以《资本论》为范例，把劳动过程和劳动方式纳入政治经济学的研究对象。

关键词：生产方式　劳动方式　资本主义生产方式　《资本论》研究对象

一

　　"生产方式"一词，是马克思经济学著作中出现频率最高的词汇之一，也是对其含义争论最多的范畴之一。《资本论》第一卷第一版"序言"中，马克思开宗明义地指出："我要在本书研究的，是资本主义生产方式以及和它相适应的生产关系和交换关系。"①在关于《资本论》研究对象的讨论中，对这句

———————————

　　① 马克思：《资本论》第 1 卷，《马克思恩格斯全集》第 23 卷，人民出版社 1972 年版，第 8 页。

话的理解争论极大，至今没有定论，关键就在如何理解其中"生产方式"这个范畴。一些学者认为此地的"生产方式"指的是"生产力和生产关系的统一"，进而强调政治经济学的研究对象应该把生产力包括在内。另一些学者认为这个"生产方式"指的是"经济制度"或"生产关系"，从而断言政治经济学的研究对象不应包括生产力。这两种观点似乎都值得商榷。前者是在用斯大林对"生产方式"的界定来理解马克思①；后者则使这句话在表述上不合逻辑。吴易风教授在《论政治经济学或经济学的研究对象》一文中对上述不同观点进行了梳理和批评，指出应从"生产力—生产方式—生产关系"的原理来看待生产方式的含义。这是最符合马克思逻辑思路的分析。马克思从早在 1846 年致安年柯夫的信、1847 年《哲学的贫困》，直到《资本论》第三卷，的确都坚持了"生产力—生产方式—生产关系"的分析原理。这个原理表明，在生产力和生产关系之间，"生产方式即在特定方式下进行的生产活动是必不可少的中介"②。但吴易风教授对这个"生产方式"具体含义的解释我觉得仍然可以讨论。他认为"马克思所说的'资本主义生产方式'，是指生产的资本主义的社会形式，即资本主义条件下劳动者和生产资料相结合以生产人们所需要的物质资料的特殊形式，也就是雇佣劳动和资本相结合以生产人们所需要的物质资料的特殊形式"③。如果这样理解，资本主义生产方式和资本主义生产关系就基本上是同义的了，因为资本主义生产关系就是"生产的资本主义的社会形式"，工人和资本家的生产关系就是"雇佣劳动和资本相结合生产物质资料的特殊形式"。结果，这句话中具有中介性质的"资本主义生产方式"的特定内涵仍然是不明确的。④

查阅《资本论》四卷和 1857—1858 年与 1861—1863 年的《经济学手稿》，

① 斯大林说："生产，生产方式是把社会底生产力和人们底生产关系两者都包含在内，而体现着两者在物质资料生产过程中的统一。"《苏联共产党（布）历史简明教程》，人民出版社 1954 年版，第 158 页。

② 孟捷：《马克思主义经济学的创造性转化》，经济科学出版社 2001 年版，第 56 页。

③ 吴易风：《马克思主义经济学和西方经济学》，经济科学出版社 2001 年版，第 10 页。

④ 吴易风教授在论文中列出了《资本论》关于资本主义生产方式研究的独立内容，如"考察了资本主义生产方式的起点、前提和基础，分析了资本主义生产方式的特征，剖视了资本主义生产方式的直接目的和决定动机，揭示了资本主义生产方式的矛盾和对抗"。但我认为，《资本论》中关于这些问题的研究主要是通过对资本主义生产关系的分析来揭示的。此外，吴易风教授和孟捷教授的论文，都试图从"生产方式"这个范畴来论证马克思对资源配置的研究，认为"资源配置方式从属于生产方式"，批评西方主流经济学离开具体的经济制度来研究资源配置的错误方法。这种批评是完全正确的。但这也说明了，马克思正是从特定的资本主义生产关系的运动规律（如价值规律、利润率平均化规律等）来揭示资本主义条件下社会资源配置的内在机制，而并非借助于对作为生产力和生产关系中间环节的"生产方式"这个特殊范畴的具体分析来说明资本主义社会资源的宏观配置。

发现马克思多次提到"生产方式"这个范畴，表达的含义并不完全相同。其中最主要的用法我认为有两种：第一，指生产的社会类型或形式，如资本主义生产方式，即指资本主义的生产类型，以区别于其他类型的社会生产。这可称为广义的生产方式概念。它可以指社会多种生产类型中的一种，也可以指社会经济中占主导地位的生产类型。例如他说："产业资本不论作为货币资本还是作为商品资本的循环，是和各种不同的社会生产方式的商品流通交错在一起的，只要这些生产方式同时是商品生产。不论商品是建立在奴隶制基础上的生产的产品，还是农民的产品（中国人，印度的农奴），还是公社的产品（荷属东印度），还是国家生产的产品（如从前在俄罗斯历史上出现的以农奴制为基础的国家生产），还是半开化的狩猎民族的产品等等。"①又如："我们称为**资本主义生产**的是这样一种社会生产方式，在这种生产方式下，生产过程从属于资本，或者说，这种生产方式以资本和雇佣劳动的关系为基础，而且这种关系是起决定作用的、占支配地位的生产方式。"②再如："大体说来，亚细亚的、古代的、封建的和现代资产阶级的生产方式可以看做是社会经济形态演进的几个时代。"③在上述几段引文的意义上，"生产方式"是一个总体性概念。所谓"资本主义生产方式"，大体上和"资本主义生产""资本主义经济""资本主义社会经济形态"的概念相当。这种广义的"生产方式"虽然同时包含生产要素的技术结合方式和社会结合方式，但与生产关系的概念更为接近。因为各种生产方式或生产类型之所以不同，主要在于它们生产要素的社会结合方式不同，从而体现各不相同的生产关系，或代表各不相同的经济时代。④第二，指生产的劳动方式。这可看作狭义的生产方式概念。⑤马克思说："在一定的**生产方式**本身中具有其活生生的现实性，这种生产方式既表现为个人之间的相互关系，又表现为他们对无机自然界的一定的实际的关系，表现为一定的劳动方式。"⑥这种用法在《资本论》第一卷中最为常见。

---

① 马克思：《资本论》第 2 卷，《马克思恩格斯全集》第 24 卷，人民出版社 1972 年版，第 126-127 页。

② 马克思：《经济学手稿（1861—1863 年）》，《马克思恩格斯全集》第 47 卷，人民出版社 1979 年版，第 151 页。

③ 马克思：《〈政治经济学批判〉序言》，《马克思恩格斯选集》第 2 卷，人民出版社 1972 年版，第 83 页。

④ 马克思：《资本论》第 2 卷，《马克思恩格斯全集》第 24 卷，人民出版社 1972 年版，第 44 页。

⑤ 就直接生产过程来说，舍象掉少数产业中自然力独立作用于劳动对象的时间，生产过程与劳动过程本是同一过程。生产过程是从结果和产品的角度来看的劳动过程。劳动过程是从能动主体的角度来看的生产过程。所以，生产方式和劳动方式也可以是同义的。

⑥ 马克思：《经济学手稿（1857—1858 年）》，《马克思恩格斯全集》第 46 卷上，人民出版社 1979 年版，第 495 页。

这一卷提到"生产方式"概念最多，而且大多集中在涉及相对剩余价值生产并以研究资本主义劳动过程演变为主要内容的第十一章到第十四章。其中的"生产方式"通常用来指协作、工场手工业分工和机器大工业等资本主义"劳动方式"。如第十一章第一段中就说："就生产方式本身来说，例如初期的工场手工业，除了同一资本同时雇用的工人较多而外，和行会手工业几乎没有什么区别。"该章末尾三段中说："协作本身表现为同单个的独立劳动者或小业主的生产过程相对立的资本主义生产过程的特有形式"，"协作仍然是资本主义生产方式的基本形式"。① （马克思亲自修订的《资本论》法文版第一卷则改为更简明的表述："协作表现为资本主义生产的特殊方式"，"协作是资本主义生产的**基本方式**"。）② 再如，第十二章指出："整个社会内的分工，不论是否以商品交换为媒介，是各种社会经济形态所共有的，而工场手工业分工却完全是资本主义生产方式的独特创造。"③ 他还在一个小注中说：在《哲学的贫困》"那里我第一次提到工场手工业分工是资本主义生产方式的特殊形式"④。第十三章指出："一个工业部门生产方式的变革，必定引起其他部门生产方式的变革。……因此，有了机器纺纱，就必须有机器织布，而这二者又使漂白业、印花业和染色业必须进行力学和化学革命。"⑤ 这里的"生产方式"一词明显指的是机器生产这种劳动方式。上面这些引证说明，马克思在《资本论》第一卷特别是论述劳动过程的几章中所使用的"生产方式"或"资本主义生产方式"概念，其含义主要是指劳动方式或资本主义劳动方式。马克思对资本主义劳动过程演变的研究，就是要探讨资本主义劳动方式的演变及其逐渐发展到在全社会起支配作用的过程。⑥ 他的着眼点不在劳动过程的技术方面而在劳动过程的社会组织，力图揭示雇佣劳动者的劳动方式如何在资本的控制下不断演变，使劳动从对资本的形式上的从属逐渐发展到对资本的实际上的从属。

现在回到《资本论》的研究对象。马克思在《资本论》第一卷第一版"序言"中所说的，他在该书要研究的"是资本主义生产方式以及和它相适应的

---

① 马克思：《资本论》第 1 卷，《马克思恩格斯全集》第 23 卷，人民出版社 1972 年版，第 358、372 页。

② 马克思：《资本论》（法文版）第 1 卷，中国社会科学出版社 1983 年版，第 336—337 页。

③ 马克思：《资本论》第 1 卷，《马克思恩格斯全集》第 23 卷，人民出版社 1972 年版，第 397—398 页。

④ 马克思：《资本论》第 1 卷，《马克思恩格斯全集》第 23 卷，人民出版社 1972 年版，第 401 页。

⑤ 马克思：《资本论》第 1 卷，《马克思恩格斯全集》第 23 卷，人民出版社 1972 年版，第 421 页。

⑥ "政治经济学意义上的生产方式，指的是在资本主义社会中，占主导地位的资本主义劳动过程。"谢富胜：《资本主义劳动过程与马克思主义经济学》，《教学与研究》2007 年第 5 期，第 18 页。

生产关系和交换关系"，其中的"生产方式"是哪一种含义呢？我认为应该理解为资本主义的劳动方式。从理论上说，根据马克思"生产力—生产方式—生产关系"的一贯原理，这个作为生产力和生产关系中间环节的"生产方式"，如果理解为"资本主义生产"或"资本主义生产类型"这种广义的概念，并没有具有中介性质的独立的特殊内容。而如果理解为"资本主义劳动方式"，就完全合乎逻辑了。因为"劳动方式"恰恰是生产力和生产关系的中间媒介，它一方面与生产力和生产的技术条件密切相关，随着生产工具和生产技术的发展而变化，直接体现生产力的发展水平和性质；另一方面又与生产关系密切相关，受到生产的社会条件和经济关系的制约。①"物质生产力的变动必然与作为其社会形式的生产关系发生矛盾运动，这种矛盾运动具体体现在作为二者结合的中介——劳动过程之中。"②"资本主义劳动方式"就是社会化生产力与资本主义经济关系矛盾运动的中间承载体，同时体现劳动的技术方式和社会方式，它以生产力的社会化发展为基础，又被资本主义生产关系所规定、所塑造，具有明显的社会历史特征。按这种意义来理解，马克思在《资本论》第一版"序言"中所说的与资本主义生产方式"相适应的生产关系和交换关系"就合乎逻辑了。首先，这个"相适应"可解释为"相一致"的意思，因为资本主义生产关系和资本主义劳动方式的确是一致的。其次，这个"相适应"还可解释为，只有典型的资本主义劳动方式即大规模机器生产形成后，资本主义生产关系才得以普遍发展，最后确立其社会支配地位。这两种理解在理论上都是合乎逻辑的，并与资本主义经济发展的实际相吻合。③

再从《资本论》第一卷的内容看，也印证了马克思对《资本论》研究对象的界定。他在对资本主义经济关系进行一般的抽象理论研究之后，花了巨

---

① 张彤玉：《社会资本论》，山东人民出版社 1990 年版，第 80-87 页。

② 谢富胜：《资本主义劳动过程与马克思主义经济学》，《教学与研究》2007 年第 5 期，第 18 页。

③ 在上述《资本论》第 1 卷第一版"序言"的引文后面，马克思紧接着写道："到目前为止，这种生产方式的典型地点是英国。"这句话在《资本论》第 1 卷法文版中改为："英国是这种生产的典型地点。"有学者根据这一改动认为：马克思这里使用的"生产方式"与"生产"有着同等的意义，资本主义生产方式指的就是资本主义生产，是从生产的社会结合方式意义上理解生产方式的（顾海良：《把握真谛 着力创新》，《政治经济学评论》2010 年第 1 期，第 58 页；赵学清：《〈资本论〉第 1 卷法文版和德文版第 4 版'生产方式'概念比较研究》，《马克思主义与现实》2011 年第 6 期，第 21 页）。但我认为，如果这里使用的两个概念具有同等意义，前后紧密相关的两句话中"生产方式"一词就应都改为"生产"才对，为什么马克思只改了后一句话？这或许恰好证明，前一句话中的"生产方式"是在"劳动方式"这种意义上使用的，接着在指出英国作为一种典型时，就不应限于这种狭义的理解，而应看作资本主义生产类型即广义"生产方式"的典型地点。为了区别，将"这种生产方式"改为"这种生产"（即资本主义生产）就更为明确和准确了。

大的篇幅来分析资本主义劳动过程的演变，考察资本主义下的雇佣劳动如何从它最初的简单协作方式逐渐发展到典型的机器大工业的劳动方式。在《资本论》第一卷正文 843 页中，主要分析资本主义劳动过程演变的第十一至十四章共计 209 页，占了近 25％的篇幅，这还不包括涉及工人劳动状况的论述"工作日"的第八章。可见，《资本论》第一卷的实际内容也表明，马克思在"序言"中所说的"资本主义生产方式"应该指的是"资本主义劳动方式"。对资本主义劳动过程的研究是如此重要，以至于格林在概括马克思主义经济学的主要内容时，把"劳动过程"列为三大理论部分之首（其他两个部分是"价值、利润与剥削"和"资本积累与危机"）。格林的概括是否恰当虽然可以讨论，但至少说明了对劳动过程和劳动方式的研究在马克思经济学中所具有的重要地位。①

马克思在《资本论》的研究对象中首先强调资本主义"生产方式"或"劳动方式"，说明他在研究资本主义经济时，把对直接生产过程中经济关系的考察放在了基础位置，而不是首先关注分配领域中的经济关系，也不满足于对生产关系的一般抽象的理论分析。在马克思看来，资本主义剥削制度的弊端不仅仅在于资本家无偿占有雇佣工人的剩余劳动，使工人生活相对地甚至有时是绝对地贫困；而且首先在于资本主义的劳动方式使雇佣工人的劳动发生异化，从劳动者的主动行为蜕变为资本控制下的机器的附庸，成为工人的沉重负担和痛苦的一种源泉。马克思的这种思想甚至可以追溯到他的早期著作中。②因此，马克思在《资本论》第一卷中把对资本主义生产方式的研究和批判置于首位。非常遗憾的是，马克思政治经济学的这一传统，在后来的马克思主义经济理论研究中基本上被忽视和丢弃了。造成这种不正常现象的原因和历史背景，布雷弗曼做了深刻论述。他认为：一方面，在资本主义国家，20 世纪的许多重大事件吸引了马克思主义者的注意力，两次世界大战、法西斯主义、30 年代大萧条、无产阶级革命和民族解放运动等支配着马克思主义

---

① 安德鲁·格林：《马克思主义经济学》，《新帕尔格雷夫经济学大辞典》第 3 卷，经济科学出版社 1992 年版，第 420-424 页。

② 在《1844 年经济学哲学手稿》中，马克思就从两个方面考察了资本主义条件下"劳动的异化行为。第一，工人同**劳动产品**这个异己的、统治着他的对象的关系。……第二，在劳动过程中劳动同**生产行为**的关系"。他指出："劳动为富人生产了奇迹般的东西，但是为工人生产了赤贫。劳动创造了宫殿，但是给工人创造了贫民窟。劳动创造了美，但是使工人变成畸形。劳动用机器代替了手工劳动，但是使一部分工人回到野蛮的劳动，并使另一部分工人变成机器。劳动生产了智慧，但是给工人生产了愚钝和痴呆。"《马克思恩格斯全集》第 42 卷，人民出版社 1979 年版，第 94、93 页。

的分析工作。而科学技术发展、生产率增长和工人阶级消费水平的提高也影响了工会运动的走向，工人把更多注意力转到对劳动产品占有份额的讨价还价上。"对生产方式的批判已让位于对作为一种分配方式的资本主义的批判。"另一方面，在社会主义国家，如苏联，由于生产技术和经济水平落后，农民散漫的劳动传统根深蒂固，共产党人更加羡慕发达资本主义的科学技术、生产制度和有组织的劳动过程，并以敬畏的心情把资本主义生产方式"看作是它必须去学习和借鉴的榜样，而且如果苏联要赶上资本主义并为社会主义打下基础的话，它就得模仿这一榜样"。实际上，"苏联的工业化是模仿资本主义模式的，……采用一种仅仅在细节方面不同于资本主义国家的劳动组织"。总之，"全世界的马克思主义者都感到这种意识形态的影响：马克思以谨慎的保留态度论述的资本主义技术，和他以激烈的敌对态度论述的劳动组织和劳动管理，现在都成为相当可以接受的东西了"。①布雷弗曼的研究终于打破了这种倾向。这位美国马克思主义学者继承《资本论》的传统，对现代资本主义的生产方式进行了后续性的深入研究和批判。他于 1974 年出版的《劳动与垄断资本》，应看作第二次世界大战后最重要的马克思主义经济学著作之一。

二

资本主义社会的劳动方式作为特殊的资本主义生产方式，具有若干基本特征。这些特征根源于资本主义劳动过程的特殊性质。资本主义劳动过程不仅生产商品和劳务，同时创造价值和剩余价值，这构成资本生产和资本积累的现实基础。资本家和工人首先在市场上发生契约关系，资本家以提供一定工资报酬为代价，购买工人一定时间的劳动力使用权。这是法律形式上的平等交换，而后便在资本家的工厂中开始了生产商品的劳动过程。既然工人的劳动力使用权在此期间已让渡给资本家，工人的劳动当然只能在资本家的管理下进行，他们支出的劳动以及所生产的产品也只能归资本家所有。由于工人在整个劳动过程中创造的产品价值超过了资本家支付给工人的工资品价值，其剩余部分便被资本家无偿占有，形成了资本家对工人剩余劳动的剥削

---

① 哈里·布雷弗曼：《劳动与垄断资本》，商务印书馆 1979 年版，第 11-15 页。

关系。假设剩余价值中资本家个人消费部分和积累部分的比例已定，则劳动过程中创造的剩余价值量越大，能够进行积累的资本量也越多。因此，在追求利润最大化和积累最大化的无穷欲望驱使下，资本家的本能就是要让工人在劳动过程中创造尽可能多的剩余价值和利润。

在这种社会关系下所进行的劳动过程，必然包含着资本家和工人不同的利益目标。资本家的愿望是让工人生产出尽可能多的产品价值与剩余价值，是利润最大化，所以希望工资尽可能低，劳动时间尽可能长，劳动强度尽可能大，劳动效率尽可能高，以达到成本最低和利润最大的目的。工人的想法则不同，因为付出更多劳动所生产的产品并不归他们所有，工人自然没有工作积极性，而是希望工资越高越好、劳动时间越短越好、劳动强度越小越好。这种不同利益目标产生的矛盾，由于下面这个事实而变得更加尖锐：工人出卖给资本家的只是一定时间的劳动力使用权，是潜在的劳动力而不是现实的劳动量。在一定的劳动时间内，比如说一天 8 小时，工人工作努力与否，所提供的实际劳动量会有很大差别。因此对资本家来说，管理劳动过程经常面临的一个关键问题就是，如何把工人的潜在劳动力转化为最大限度的现实劳动量。

资本主义劳动过程既是一种社会过程，也是一种技术过程。在劳动过程中，工人要在特定技术条件下与生产资料相结合，通过分工与协作进行集体劳动。任何集体劳动都需要管理，以协调劳动者与生产资料的技术配置以及各个劳动者之间的生产步调,这就如同一个乐队需要有一个指挥来协调一样。由劳动过程的技术关系所产生的管理要求，作为起协调作用的管理职能，是任何大规模生产和集体劳动都不可或缺的。但是，对于资本主义劳动过程的管理来说，仅有协调功能是远远不够的。协调能使资本主义生产有条不紊地进行，但不一定能保证生产出最大限度的剩余价值，而后面这一点才是资本主义生产的核心要求。"资本家的管理不仅是一种由社会劳动过程的性质产生并属于社会劳动过程的特殊职能，它同时也是剥削社会劳动过程的职能，因而也是由剥削者和他所剥削的原料之间不可避免的对抗决定的。"[①]为了达到这个目的，资本就需要控制劳动过程。协调是技术上的需要；控制则是社会关系的需要，正是它构成资本主义生产管理的本质特征。布雷弗曼非常形象地指出："像使用缰绳、马笼头、踢马刺、胡萝卜和马鞭子的骑士一样，资本

---

① 马克思：《资本论》第 1 卷，《马克思恩格斯全集》第 23 卷，人民出版社 1972 年版，第 368 页。

家从小受到的训练就是将自己的意志强加于人，竭力通过管理进行控制。控制的确是一切管理制度的中心思想，这已为一切管理理论家所承认，或是默认，或是直言不讳。"如一个叫莱劳韦尔的人就说："有效的管理就是控制。这两个词在某种意义上是可以互相替换的，因为没有控制的管理是不可想象的。"①近来有一则信息可与这种高论相呼应。一位电子工业的巨头（他在中国大陆的企业被批评为"血汗工厂"，或被称为"压力锅"）私下对人说："management 这个词翻译成'管理'不好，应该译成'管控'。"②

由资本家组织、指挥和管理的劳动过程，是资本主义关系下的一种社会组织。"这样的社会组织可以被认作为一个**控制体系**。这是雇主管理劳动场所的手段。一个资本主义的劳动场所几乎从来就不是民主地组织起来的，它自上而下地运行。既然雇主组织劳动的原因是生产商品以获得利润，控制体系就被设计用来增强雇主榨取工人劳动的能力。"③企业中的控制体系体现了资本对工人的直接控制，包括大体同时存在但在不同场所不同时期有所侧重的几种主要控制方式：第一，强力监督。在小企业中，老板往往直接监督生产。在大企业中，雇主则建立科层式的等级制度，由管理者对雇员进行层层监督，车间和工段都有工头或领班监管工人劳动。其监管方式可能是温和的劝诱也可能是粗暴的强制，对不努力或不称职的工人采取呵斥、处罚甚至开除的办法，迫使工人紧张工作。这是最原始也最普遍的控制制度，从资本主义企业开始出现直到资本主义经济高度发达的当今世界，始终不同程度地存在。第二，机器驱使。当资本主义的工场手工业过渡到机器大工业后，机器的应用开辟了监督工人劳动的新手段，并使这种监督变得更为容易。机器作为工人劳动的工具，反过来成为控制工人的异己力量。资本家通过提高机器的运转速度，就能驱使工人更迅速更紧张地工作。从早期的单个机器加速运转，到后来广泛推行的生产装配线，再到现在的计算机和互联网的运程监控，无不体现了资本运用机器控制雇员劳动的巨大力量和广泛的可能性。第三，利益激励。资本的控制从来就是大棒加胡萝卜。利益激励通常比强制监督更为有效，也更容易激发工人的自愿配合与合作。资本设计出许多激励制度，如计件工资、超额奖励、任务包干，甚至给雇员少量股票等。在激励制度下，工人越努力就越能在一定时间内拿到更多工资或得到额外收益，他们自然就会

① 哈里·布雷弗曼：《劳动与垄断资本》，商务印书馆 1979 年版，第 63 页。
②《环球时报》（2010 年 6 月 3 日）第 10 版。
③ 塞缪尔·鲍尔斯等：《理解资本主义：竞争、统制与变革》，中国人民大学出版社 2010 年版，第 278 页。

努力干活。此外，在科层制企业中，雇主可能实行一种按照资历逐渐提高雇员工资（有时与逐渐提高劳动等级或工作职位相结合）的制度，来激励雇员忠诚于企业，为保全企业职位而积极工作。[①]从长期发展趋势来看，资本对第一种控制方式的使用在相对减少，而更多依赖于第二种和第三种控制方式的运用。

资本在企业中对工人的直接控制，通常由于资本借助劳动市场施加的间接控制而加强。资本主义劳动市场存在激烈的竞争关系。工人不占有生产资料，必须依靠出卖劳动力为生；而资本主义经济的常态是劳动力供过于求，大量失业工人对在业工人形成巨大压力，使他们不得不臣服于资本的支配。从这个意义上说，资本凭借劳动市场上的竞争，也形成了一种对劳动的控制力量。这不是单个资本家对其工人的直接控制，而是整个资产阶级对工人阶级的客观控制力，但它无疑对每个资本主义企业都有影响。在经济繁荣时期，可能出现失业率下降甚至劳动力不足的局面；但资本主义经济运行的内在机制最终会使这种形势根本扭转，导致失业队伍重新扩大。资本主义雇佣劳动的经济条件决定了工人之间的市场竞争，在工人力量分散和工会力量薄弱的情况下，这种竞争尤为激烈。当工人因对工资、劳动强度或工作条件不满而试图挑战雇主的监督和控制时，资本可以用解雇、关闭工厂或搬迁企业等手段对单个或全体工人进行威慑。资本的流动性远胜于劳动力的流动性，在经济全球化和信息化的当今世界，资本的流动早已超出国界。资本所有者可以把工厂迁往发展中国家，甚至在不迁厂的情况下把部分生产任务外包出去。这不仅在国内制造出更多失业者，而且把不计其数的国外劳动力纳入到劳动市场的竞争当中，大大强化了资本对工人的客观控制力量。

很多学者认为，劳动组织、劳动方式或劳动过程决定于生产的技术条件特别是劳动工具的性质，属于生产的技术结合方式。技术是劳动过程的物质基础，制约着各种生产要素之间以及要素投入与产出之间的关系，因此不可否认，技术条件对劳动过程具有一定约束，例如用纺织机器织布时就不能用操纵手工织布机的劳动方法。但是，技术对劳动过程的制约又并非想象的那样严格：同样是手工工具，可以采用家庭手工业的劳动方式，也可以采用工场手工业的劳动方式。这里的关键在于理解，劳动过程并不是单纯由技术条件决定的，它还受到生产关系的制约。在资本主义社会，资本总是要按照它

---

① 以上分析参考了塞缪尔·鲍尔斯等：《理解资本主义：竞争、统制与变革》，中国人民大学出版社2010年版，第十三章。但在基本控制方式的分类上，我与他们不尽相同。

自身的目的，即最大限度地生产利润和进行积累，去组织由它支配的劳动过程。它不仅要对劳动过程进行控制，而且要对劳动过程施加改造，使之符合资本的利益。正如布雷弗曼一针见血地指出的："我们在我们周围看到的'生产方式'，即组织和进行劳动过程的方式，是我们称为资本主义的那种社会关系的'产物'。"[①]

可见，以一定技术为基础的劳动过程同时受到特定生产关系的制约。正是这种以特定技术为基础并具有特定社会特征的劳动过程，包括劳动组织和劳动方式，作为生产力与生产关系矛盾运动的中介，可以称之为特定的社会生产方式。这种意义上的资本主义生产方式就是指资本主义劳动方式，即资本家组织工人进行劳动的方式。劳动方式绝不是一个单纯的技术范畴或生产力范畴，它同时也是一个社会范畴。马克思在《资本论》中深刻揭示了作为劳动方式的资本主义生产方式所具有的社会历史特征。

资本主义劳动过程的基础是劳动过程的社会化。微观方面，以企业中的大规模集体劳动为特征；宏观方面，以社会各部门劳动的相互依存为特征。这是资本主义劳动过程与前资本主义劳动过程的一个根本区别。劳动过程的社会化，随着资本主义生产发展具有逐渐提高的基本趋势。在这个基础上，从工人自身的劳动行为来观察，其劳动方式有以下若干基本特征。

资本主义劳动方式的第一个特征，是工人之间不断细化的劳动分工。这种工人之间的分工早在资本主义工场手工业时期就已经相当发展了。它属于企业内部的分工或个别分工，而与社会分工相区别。马克思指出："社会内部的分工和工场内部的分工，尽管有许多相似点和联系，但二者不仅有程度上的差别，而且有本质的区别。"它们的本质区别在于：社会分工是所有社会经济的共同特征，个别分工则是资本主义经济的特殊产物；社会分工是社会自发形成的，个别分工却由资本主义管理强加于工人；社会分工的前提是生产的分散化，个别分工的前提依赖于生产的集中；社会分工以不同部门的商品交换为媒介，个别分工则以资本家把工人作为结合劳动力来使用为媒介。[②]生产过程中工人的分工在现代工厂中已经发展到极高的程度。

生产中的分工首先是从劳动过程的分解开始的。把劳动过程分解为若干不同阶段并不是资本主义的发明。资本主义生产的特征在于，它不仅分解劳

---

① 哈里·布雷弗曼：《劳动与垄断资本》，商务印书馆 1979 年版，第 24 页。
② 马克思：《资本论》第 1 卷，《马克思恩格斯全集》第 23 卷，人民出版社 1972 年版，第 392、393—394 页。

动过程，而且进一步分解工人，即让不同工人从事不同的劳动操作。这是两个步骤。①亚当·斯密在谈到工场手工业分工的优越性时说，它可以减少频繁从一种工作转换到另一种工作所浪费的时间。节约劳动时间的确是分工的一个巨大优越性，但它主要发生在企业内分工的第一个步骤即劳动过程分解这一步。以斯密所举的制造扣针为例，即使没有工场手工业的分工和专业化，一个个体手工业者也不会在制成一根完整的扣针后再做第二根扣针。他可能已经把劳动过程进行了分解，通常和他的家人一起从一段时间集中于一项劳动任务到另一段时间集中于另一项劳动任务，如首先抽出制造成百上千根扣针所需要的针条，然后将它们集中拉直，再然后集中截断，最后集中削尖针条的一端等，这同样可以节约劳动时间。所以马格林说："节约时间至多只需要每个工人在一个单独的活动中每次持续数日，而不是一生都花在上面。节约时间意味着任务的**分割**和活动的**持续**，而不是**专业化**。"②资本主义工场手工业的分工则是尽可能地分解工人，使不同工人只从事不同的局部操作。例如，制针手工工场的针条就要经过72个甚至92个专门从事局部操作的工人之手。③

资本主义劳动方式的另一个特征，是工人劳动的片面化、畸形化，成为局部工人。这是资本主义分工的必然结果。马克思指出：在资本主义发展的初始阶段，简单协作大体上还没有改变个人的劳动方式，而工场手工业却使它彻底地发生了革命，从根本上侵袭了个人的劳动力。"工场手工业把工人变成畸形物，它压抑工人的多种多样的生产志趣和生产才能，人为地培植工人片面的技巧"。"工场手工业使工人畸形发展，变成局部工人"。"独立的农民或手工业者所发挥（虽然是小规模地）的知识、判断力和意志，……现在只是对整个工场说来才是必要的。生产上的智力在一个方面扩大了它的规模，正是因为它在许多方面消失了。局部工人所失去的东西，都集中在和他们对立的资本上面了"。④

资本家之所以要在工场中发展专业化分工，关键在于资本榨取剩余价值的需要。专业化分工不仅提高了生产效率，增加了价值和剩余价值的创造，

---

① 哈里·布雷弗曼：《劳动与垄断资本》，商务印书馆1979年版，第69-71页。

② S.马格林：《老板们在做什么？——资本主义生产中等级制度的起源和功能》，《政治经济学评论》2009卷第1辑，第174页。

③ 马克思：《资本论》第1卷，《马克思恩格斯全集》第23卷，人民出版社1972年版，第381页。

④ 马克思：《资本论》第1卷，《马克思恩格斯全集》第23卷，人民出版社1972年版，第399-400页。

同时也加强了工人对资本的依附。"工场手工业工人按其自然的性质没有能力做一件独立的工作，他只能作为资本家工场的附属物进行生产活动"。"起初，工人因为没有生产商品的物质资料，把劳动力卖给资本，现在，他个人的劳动力不卖给资本，就得不到利用。……分工在工场手工业工人的身上打上了他们是资本的财产的烙印。"①

资本主义劳动方式的最重要特征，是在大规模机器生产中工人劳动成为机器的附庸。机器生产是典型的资本主义劳动方式，现代大工厂成为资本主义工业的典型生产单位。在工厂中，工场手工业的分工原则继续存在，"但这种分工首先就是把工人分配到各种专门机器上去，以及把大群没有形成有组织的小组的工人分配到工厂的各个部门，在那里，他们在并列着的同种工作机上劳动"。结果是，工场手工业中旧的分工制度，"在更令人厌恶的形式上得到了系统的恢复和巩固。过去是终身专门使用一种局部工具，现在是终身专门服侍一台局部机器。……这样，不仅工人自身再生产所必需的费用大大减少，而且工人终于毫无办法，只有依赖整个工厂，从而依赖资本家"。②

资本主义机器大工业中的劳动方式，彻底改变了人和生产工具的关系。"在工场手工业和手工业中，是工人利用工具，在工厂中，是工人服侍机器。在前一种场合，劳动资料的运动从工人出发，在后一种场合，则是工人跟随劳动资料的运动。在工场手工业中，工人是一个活机构的肢体。在工厂中，死机构独立于工人而存在，工人被当作活的附属物并入死机构。"这种劳动方式对工人造成的伤害是全面的。"机器劳动极度地损害了神经系统，同时它又压抑肌肉的多方面运动，侵吞身体和精神上的一切自由活动。甚至减轻劳动也成了折磨人的手段，因为机器不是使人摆脱劳动，而是使工人的劳动毫无内容。一切资本主义生产既然不仅是劳动过程，而且同时是资本的增殖过程，因此都有一个共同点，即不是工人使用劳动条件，相反地，而是劳动条件使用工人，不过这种颠倒只是随着机器的采用才取得了在技术上很明显的现实性。"③

以上就是马克思在《资本论》中对资本主义劳动方式基本特征的主要描述。概括地说，资本主义劳动方式或生产方式的基本特征，就是以社会化的

①　马克思：《资本论》第1卷，《马克思恩格斯全集》第23卷，人民出版社1972年版，第399页。

②　马克思：《资本论》第1卷，《马克思恩格斯全集》第23卷，人民出版社1972年版，第460、462-463页。

③　马克思：《资本论》第1卷，《马克思恩格斯全集》第23卷，人民出版社1972年版，第463-464页。

机器生产为基础，细密的分工，工人劳动的片面化、简单化和畸形化，日益成为机器的附庸。①这些基本特征的具体表现和严重程度，在不同工人之间会有很大差别，在不同历史时期也会有显著变化，但作为基本特征，则在多数工人身上不同程度地存在着。资本主义劳动方式的这种基本特征，根源于剩余价值生产和资本控制工人劳动的需要，反映了资本主义生产关系对劳动过程的决定性影响。

马克思不仅揭示了资本主义经济关系对劳动方式的影响与塑造，同时也阐明了特殊的资本主义劳动方式的形成对资本主义经济关系最终确立的基础性作用。在他看来，资本主义生产方式与资本主义经济关系是一种相互决定的辩证过程。对这一点，马克思《经济学手稿（1861—1863年）》第一篇第六章开头的一段话讲得最为清晰："我们不仅看到了资本是怎样进行生产的，而且看到了资本本身是怎样被生产出来的，资本作为一种发生了本质变化的关系，是怎样从生产过程中产生并在生产过程中发展起来的。一方面，资本改变着生产方式的形态，另一方面，生产方式的这种被改变了的形态和物质

---

① 对于马克思的这些描述，拉佐尼克提出了批评。他认为马克思过多地受到19世纪上半叶英国激烈的阶级斗争和恩格斯对40年代早期英国工人阶级状况描述的影响。恩格斯的这些描述连同当时政府大多在19世纪中期以前进行的对工人工作环境调查的陈述，让马克思坚信英国资本家已把工人剥削到了"身上只剩下锁链"的地步。拉佐尼克以英国19世纪棉纺织业的详细研究资料为主要依据，强调车间的技术工人不仅掌握有关生产的知识，而且控制着生产的组织形式，他们已不能仅仅被称作机器的附属品了。对此有必要澄清两点：第一，马克思在《资本论》第1卷（主要在第八章和第十三章）中引用的英国工人阶级状况的大量实证资料，除了有关工作日立法的历史论述外，绝大部分都是19世纪50年代和60年代的实际情况。以致恩格斯在《英国工人阶级状况》1892年德文第二版"序言"中还指出：他不打算把该书的叙述延续到当前，原因之一是"马克思的《资本论》第1卷已经极为详细地描述了1865年左右，即英国的工业繁荣达到了顶点时英国工人阶级的状况"。可见，说马克思主要根据19世纪中期以前的资料得出结论的说法是不符合实际的。第二，拉佐尼克也承认那些掌握车间控制权的男性技术工人依靠强有力的工会组织成为"工人贵族"，但其人数在19世纪后期只占到英国劳工的10%—20%。既然如此，当时80%—90%的普通工人又如何呢？他们能彻底逃脱马克思所描述的悲惨命运吗？恩格斯在上述"序言"中实际上已谈到这一点。他指出：19世纪下半期有两种受到保护的工人的状况得到了长期的改善。第一种是工厂工人；第二种是巨大的工联，这是那些绝大部分或者全部使用成年男子劳动的生产部门的组织。"他们形成了工人阶级中的贵族，他们为自己争到了比较舒适的地位"；"但是，谈到广大工人群众，他们的贫困和生活无保障的情况，现在至少和过去一样严重"。当然，在澄清上述两点后也应该说明，我们无意否定拉佐尼克著作的学术价值。他强调权力关系在塑造劳动过程中的重要作用的观点是正确的，他对英国、美国和日本工厂中劳动组织不同特征的比较分析也具有理论意义。但他把英国的衰落、美国的崛起以及战后一个时期日本的竞争力暂时超过美国的事实，主要归因于企业劳动组织和车间竞争优势这种微观层次的差异和变化，似乎也过于简单化了。离开更宏观的经济背景以及制度和政策因素，这些问题不可能得到全面科学的解释。参见威廉·拉佐尼克：《车间的竞争优势》，中国人民大学出版社2007年版，第70—71页。恩格斯的引文见《马克思恩格斯选集》第4卷，人民出版社1972年版，第276、280—281页。

生产力的这种特殊发展阶段，是资本本身的基础和条件，是资本本身形成的前提。"①这段话，是对前三章（第三章至第五章）内容的简要概括。而这三章手稿构成了《资本论》第一卷第十章到第十四章的基本素材。正是在这几章中，马克思在分析资本主义生产方式演变过程的同时，也揭示了资本关系与生产方式的辩证关系。在最初的资本主义简单协作条件下，只是资本同时雇用较多工人，和行会手工业几乎没有什么区别。由于劳动方式并未发生根本变化，资本对工人的剥削主要采用绝对剩余价值方法，工人只是在形式上隶属于资本，只是由于资本与雇佣劳动的交换形式使工人处在资本的剥削之下。但这时劳动已开始从属于资本，工人已必须在资本的监督和管理下进行劳动，因此，"生产过程中的**统治**和**从属**关系代替了生产过程中的从前的**独立性**"，"这是实际的劳动过程由于隶属于资本而经受的第一个变化"。随着简单协作条件下生产规模扩大和工人人数增多，资本出于增加剩余价值和加强控制的需要，开始在工人中实行分工，典型的工场手工业发展起来。工场手工业分工使工人的劳动方式发生了重大变化。"简单协作大体上没有改变个人的劳动方式，而工场手工业却使它彻底地发生了革命，从根本上侵袭了个人的劳动力。"分工大大地提高了劳动生产率，提高了生产的社会化程度，为资本主义生产的扩大创造了条件；同时，由于工人劳动的片面化和畸形化，也强化了劳动对资本的从属，但还没有发展到对资本的实际从属的程度。"由于手工业的熟练仍然是工场手工业的基础，同时在工场手工业中执行职能的总机构没有任何不依赖工人本身的客观骨骼，所以资本不得不经常同工人的不服从行为作斗争。"但是，工场手工业的发展最终为机器大工业的产生创造了前提。"工场手工业时期通过劳动工具适合于局部工人的专门的特殊职能，使劳动工具简化、改进和多样化。这样，工场手工业时期也就同时创造了机器的物质条件之一，因为机器就是由许多简单工具结合而成的。"随着机器大工业的形成和发展，工人的劳动方式发生了根本性变化，相对剩余价值生产成为资本榨取剩余价值的主要方法（但不排斥在增加相对剩余价值的同时可能增加绝对剩余价值），劳动生产率大幅度提高，社会化生产力发展到新的高度，特殊的资本主义生产方式终于形成，为资本主义生产关系的普遍建立和最后巩固奠定了坚实的物质基础。与此同时，由于工人已成为机器的附庸，才真

---

① 马克思：《经济学手稿（1861—1863 年）》，《马克思恩格斯全集》第 48 卷，人民出版社 1985 年版，第 36 页。着重号为引者所加。

正实现了劳动对资本的实际的从属。"在这里不仅是形式方面发生了变化，而且劳动过程本身也发生了变化。一方面，只是现在才表现为特殊生产方式的资本主义生产方式，改变了物质生产的形态。另一方面，物质形态的这种变化构成资本主义关系发展的基础。"①由此可以看到：在资本主义社会形成过程中，"一定水平的生产力在以一定方式进行的生产活动中得以应用和发展，也正是这种以一定方式进行的生产活动再生产出人与人之间的生产关系。生产力和生产关系都应立足于劳动范畴加以规定"②。

弄清马克思关于资本与生产方式的相互作用，是理解他的"生产力—生产方式—生产关系"原理的关键。否则，我们就会产生疑问：既说资本主义特有的生产方式是在生产力发展基础上由资本主义关系决定的，又说资本主义生产关系要与资本主义生产方式相适应，这岂不是相互矛盾？其实它们之间的关系本来就是辩证的。由此才能真正理解马克思在《资本论》第三卷第五十一章那个总结性的论断："资本主义生产方式是一种特殊的、具有独特历史规定性的生产方式；它和任何其他一定的生产方式一样，把社会生产力及其发展形式的一定阶段作为自己的历史条件……；同这种独特的、历史规定的生产方式相适应的生产关系，……具有独特的、历史的和暂时的性质；最后，分配关系本质上和生产关系是同一的，是生产关系的反面，所以二者都具有同样的历史的暂时的性质。"③这样，再回过头来看马克思在《资本论》第一版序言中所说的书中研究的是"资本主义生产方式以及和它相适应的生产关系和交换关系"，就不会引起什么误解或者觉得有什么难以理解的了。

三

马克思的《资本论》写于19世纪中后期，书中对资本主义生产方式的分析完全符合当时资本主义国家的实际情况。但是，进入20世纪以后，资本主义的生产技术和经济条件已经发生了巨大变化，资本主义劳动过程是否仍然

---

① 马克思：《资本论》第1卷，《马克思恩格斯全集》第23卷，人民出版社1972年版，第372、399、406、379页；《经济学手稿（1861—1863年）》，《马克思恩格斯全集》第48卷，人民出版社1985年版，第7、18页。

② 孟捷：《马克思主义经济学的创造性转化》，经济科学出版社2001年版，第56页。

③ 马克思：《资本论》第3卷，《马克思恩格斯全集》第25卷，人民出版社1974年版，第993页。

具有《资本论》中所描述的基本特征呢？马克思的劳动过程理论是否还具有现实意义呢？这正是布雷弗曼在《劳动与垄断资本》中要回答的问题。尽管20世纪的资本主义已经大大不同于19世纪，工人阶级的劳动条件和生活水平已经大为改善，19世纪大多数工人那种悲惨的劳动和生活状况已不复存在，但布雷弗曼还是从理论和实证两方面说明，资本主义劳动过程在很大程度上仍保持着马克思所揭示的基本特征。

首先是分工和专业化的继续发展。工人分工的日益细化不但可以强化资本对劳动的控制，而且有利于降低劳动成本。布雷弗曼强调了后一因素对于推动资本主义分工的重要性。他指出：在亚当·斯密以后的半个世纪里，这一原因从未得到明确的论述和强调，直到查尔斯·巴贝奇的著作问世。巴贝奇通过分析揭示出：在以买卖劳动力为基础的社会里，划分工艺会降低其各个部分的工价。换句话说，为了用廉价劳动力代替较昂贵的劳动力，一个重要办法就是尽可能地细分劳动工艺，将较复杂的技术性劳动分解为各种简单的重复性操作，从而把从事简单操作的工人的工资大大降低。"巴贝奇的原理是资本主义社会分工发展的基本原理。它所反映的不是分工的技术方面，而是分工的社会方面。……用市场术语来说，这就是：能够完成全过程的劳动力，作为各种分离的成分来购买时，要比作为一个工人的全部能力来购买时便宜。巴贝奇的原理最早应用于手工业，后来又应用于各种使用机器的行业，终于成为支配资本主义社会各种劳动的基本力量，不论这种劳动的背景是什么，也不论是处于什么等级。"[1]

随着机器大工业的发展，进入20世纪后，资本主义企业内部继续了分工细化的趋势。20世纪10年代美国福特公司开始实行汽车组装的装配线生产。在汽车装配线上，工人被安排到各个不同的劳动岗位，各自分别从事整个装配工作中的一个不断重复的局部环节，成为进行某种简单操作的熟练工。在福特公司的较早年代，劳动过程主要是由技术工人控制的，他们通常能决定劳动的强度和生产效率。但在1913年10月标准的装配线开始运转并经过仔细的动作研究后，汽车底盘的装配工作在140个装配工人间进行了分工，他们沿着150英尺长的装配线一字排开，在一天9小时劳动中要完成435个底盘配件的安装。[2]福特公司的装配线是一个首创，而后装配线在其他汽车公

---

① 哈里·布雷弗曼：《劳动与垄断资本》，商务印书馆1979年版，第75—76页。

② D.Gartman. Origins of the Assembly Line and Capitalist Control of Work at Ford, Case Studies on the Labor Process, Monthly Review Press, 1979, P.193-205.

司和许多制造业部门广泛推行，并且逐渐推广到其他资本主义国家，使劳动
过程中的分工得以进一步强化。装配线成为战后资本主义装配制造企业生产
的突出特征。

其次是资本主义劳动过程中仍然存在使普通工人日益成为单纯操作者的
趋势。布雷弗曼用"概念与执行相分离"来概括这种趋势。"概念与执行相分
离"是泰罗所开创的科学管理的核心原则，而泰罗制尽管声誉不好，实际上
已成为现代资本主义企业管理的基石。布雷弗曼把泰罗制的科学管理概括为
三条原则：第一条是"使劳动过程和工人的技术分离开来"。其方法是搜集工
人过去所有的一切传统技术知识，加以分类、列表使之变成规则和公式，将
其简化为具体的操作规则。这就为劳动过程与工人传统的知识和手艺相脱离
提供了可能。第二条是"使概念和执行分离"。即把一切脑力工作从车间转移
出去集中到计划或设计部门，而让工人成为单纯的操作者和执行者。工人的
劳动不再在自己的概念指导下进行，他们便失去了劳动的自主性，只能按照
资本所规定的要求和速度工作。第三条是经理部门"利用这种对知识的垄断
来控制劳动过程的每一个步骤及其执行方式"。管理部门事先定出计划，向工
人详细说明他们应该完成的任务以及工作时所用的方法。这表明劳动过程的
一切因素已进行有系统的预先计划和计算，完全由管理部门控制。上述泰罗
制的三项原则中最核心的是第二条，布雷弗曼将其概括为"概念与执行分离"
而不是"脑力劳动和体力劳动分离"，是因为即使主要从事脑力劳动的办公室
工作，也要服从这一概念与执行分离的原则。[①] 当资本把"科学管理"原则
应用到办公室工作，使办公室也受到所谓"合理化"过程的影响时，思考和
计划等职责就日益集中到办公室内越来越少的一些人身上，而对于大多数雇
员来说，办公室就像工场一样也成了体力劳动的场所。

再次是多数工人的劳动技能趋于简单化和程式化的现象也继续存在。这
被称为工人的"去技能化"（Deskilling）。由于在工人中不断进行细密的分工
使之成为局部工人，由于把劳动中的概念和知识尽可能转移到管理部门，这
些工人必然丧失（或者从未掌握过）其生产知识和技能，退化成只会进行局
部简单重复性操作的熟练工。在现代资本主义社会，大多数熟练工是机械操
作工，并因为他们在使用机器，被认为是具有一定技术或技能的。这是一种
误解。熟练不等于技能，虽然技能包含着熟练。"技能这一概念在传统上是和

---

① 哈里·布雷弗曼：《劳动与垄断资本》，商务印书馆 1979 年版，第 103-110 页。

精通一种工艺密切相关的——这就是说，既要懂得进行某一种生产工作时所需用的材料和过程，在实际操作时又要做得纯熟灵巧。"掌握技能意味着具有一定的知识基础，并通常需要几年的学习训练，再经过若干年的实际经验的积累。西方传统的学徒工学徒年限很少低于四年，甚至有的长达七年之久。相比而言，简单的操作工或熟练工通常只需要几天或几个星期的训练，就能掌握一种操作，几个月的培训期已被认为是非常高的要求了。[①]

工人劳动的去技能化在资本主义工业化过程中表现得最为突出，这种现象被"社会积累结构"学派称为劳动的"均质化"（Homogenization of Labor）。他们指出：美国的劳动均质化主要发生在 1873 年左右到第二次世界大战前这个时期。劳动均质化的技术基础，是工业发展过程中的生产机械化和资本/劳动比率的迅速提高。美国制造业的实际资本/劳动比率指数在 1870 年为 18.4，到 1930 年已大幅上升到 100.0，1970 年进一步提高到 136.0。劳动均质化意味着多数工人的劳动技能下降，技能差别趋于缩小和接近。其具体表现是熟练工（即统计上所说的半技能工人）和粗工的比重迅速扩大。在美国制造业全部男性雇员中，男性操作工和粗工所占的比重，从 1870 年的 38.6％，提高到 1900 年的 42.0％，再到 1930 年的 55.0％。[②]这种劳动均质化所形成的关系也被称为"驱赶制度"（Drive System），它涉及三个主要层面：由机械化和职业调整所促进的工作重组导致生产工人的就业日趋均质化；规模迅速扩张的工厂中工资劳动者更加失去个性化特征（Impersonality）；工头作用的不断扩大使新的控制制度具有更强烈的监督功能。[③]

第二次世界大战后，资本主义国家开始了新的科学技术革命，伴随电子技术、计算机技术等新兴科技的兴起，生产过程逐渐向半自动化和自动化方向发展。这个新科技革命对劳动者的影响比较复杂。一方面，由于研究与开发活动激增、更复杂机械系统的应用等，对科技专业人才和高端技术工人的需求增加了；但另一方面，多数普通工人仍然摆不脱分工细化和劳动去技能化的命运。就美国来说，发轫于战前而形成于战后的这种趋势，被"社会积

---

① 哈里·布雷弗曼：《劳动与垄断资本》，商务印书馆 1979 年版，第 397-398 页。

② D.M.Gordon, R.Edwards, M.Reich. Segmented Work, Divided Workers, Cambridge University Press, 1982, P.230. Table 6.1.

③ D.M.Gordon, R.Edwards, M.Reich. Segmented Work, Divided Workers, Cambridge University Press, 1982, P.128.

累结构"学派概括为劳动市场的"二元化"。[①]他们指出：资本主义生产已分化为一级劳动部门和二级劳动部门：前者指核心大企业的劳动市场和劳动过程，以生产技术先进、白领雇员较多、平均收入较高和就业相对稳定为特征；后者指边缘企业的劳动市场和劳动过程，以生产技术水平较差、普通工人特别是熟练工人比重较大、平均收入水平较低和就业相对不稳定为特征。一级劳动市场通过资本与工会的合作建立起劳资议价谈判的新的控制制度，以雇员工资随劳动生产率增长而适当提高为条件，换取资本对调整劳动组织的决定权和控制权；二级劳动市场则仍保持着较早期的控制方式即"驱赶制度"，主要利用生产机械化和提高劳动强度实现机器控制，广泛实行监工制，减少对技术工人的依赖。一级劳动市场又可分为独立的一级劳动市场和从属的一级劳动市场：前者主要指核心企业中的专业工作、管理工作和技术工作，这些雇员多通过正规教育获得知识，劳动中的技能含量较高，其劳动报酬也较高，工作更稳定；后者主要指核心企业中半技术的蓝领工人和白领雇员，他们的受教育程度较低，大多是在企业工作过程中获得的技能，主要从事比较常规性的和相对重复性的工作任务，因而他们的劳动报酬较低，工作稳定性也较差。在这种劳动市场二元化的情况下，就工人的劳动方式而言，独立一级劳动市场的雇员其劳动技能是趋于提高的；而从属的一级劳动市场和二级劳动市场的工人，多数仍经历着分工细化和去技能化的趋势。从统计分析来看，在美国全部非农业就业人员中，独立一级劳动市场雇员所占比重从 1950 年的 27.8％上升到 1970 年的 32.8％；从属一级劳动市场雇员从 37.2％下降到 31.0％；二级劳动市场雇员从 35.0％提高到 36.2％。[②]

生产自动化对工人的影响可以机器车间为例来说明。数字控制和其他许多控制系统在工业上的广泛应用是从 20 世纪五六十年代美国的电子革命开始的。[③]电子革命为控制仪表提供了廉价而可靠的电路系统。它从晶体管开始，而后有了集成电路，再发展到可组合大型集成电路的集成电路块。其批量生产使成本和价格大幅下降而效能迅速提升，构成了控制工艺发生变更的基础。1968 年成为转折点，当时数控机床只占 1％，而该年装运的新机床中配备了

---

① D. M. Gordon, R. Edwards, M. Reich. Segmented Work, Divided Workers, Cambridge University Press, 1982, Chapter 5.

② D. M. Gordon, R. Edwards, M. Reich. Segmented Work, Divided Workers, Cambridge University Press, 1982, P. 211. Table 5-7, Graph 5-8.

③ 哈里·布雷弗曼：《劳动与垄断资本》，商务印书馆 1979 年版，第 176-182 页。

数控附件的占到 20%。数控机床提高了效率和精度，使金属切削过程自动化，本可以将其使用过程统一到熟练机工手中，因为他们已经掌握了程序设计所需要的实际知识；但实际上，由于数字控制下的机械过程提供了分解劳动的机会，结果是工人进一步被细分，掌握技术的熟练机工被三种工人所代替。第一种是"程序设计员"，他们把工程图转化为设计图，要求看清工程图上的各项规格并记录到设计图纸上，这只需要具备手艺学徒在头几个月所学到的能看懂蓝图的知识，加上基本的加减法演算知识和使用机器性能的标准数据知识。第二种是"程序带穿孔员"，任务是把设计图表变成机器可读的形式，通常用简单的编码机制成穿孔纸带。这种工作用少女即可，几天就能学会，几个星期或几个月即可达到最佳效率。第三种是"机床操作工"，只需拥有简单的技能就可以胜任，并不需要具备熟练机工的技能，尽管他们需要了解所使用的设备、接受应有的训练、懂得几种已规定好的简单的例行工作。结果是，工人的细分使每个部分的劳动都简化了，其工价也必然降低。程序设计员和穿孔员的工资要大大低于原来的熟练机工自不待说，现在机工的工资也会比原来的熟练机工低，因为"培养和训练一个用常规方法和常规机器来制造部件的工人所需成本，与培养和训练一个用数字控制的机器系统来制造同样部件的工人所需成本，二者大约是十二与一之比"。自动化对工人的影响及其控制方式并不限于金属切削机器，它也发生在多种生产工艺和生产部门中。关于生产自动化对工人技艺的一般影响，布雷弗曼引用了布赖特的研究结论："技艺条件与自动化程度之比，越来越往下降，而不是往上升，这一点并未得到普遍的承认，有人甚至没有加以考虑。"布赖特把工业的机械化程度由低到高分为 17 级，指出：机械化处于 1 至 4 级时，工具完全由工人控制，技艺水平是上升的；5 至 8 级时，虽采用机器控制但仍要靠工人，所以有些技艺水平上升但许多技艺水平下降；9 至 11 级时，机器处于外部控制，大多数技艺水平下降；12 至 17 级即最后的六个级别中，完全自动化，机器自动更改动作，这时从知识和经验直到做出决定等每一个技艺指标，都急剧下降。[①]

生产的机械化和自动化不仅影响到车间的蓝领工人，也影响到办公室的白领雇员。早期的办公室，职员的数量很少，且都是全能型的工作人员，要处理业务流程的所有环节，包括工作的组织和实施、执行各种不同任务，并通常要承担广泛的行政责任。当时办公室的工作组织让职员的技能得到发展，

① 哈里·布雷弗曼：《劳动与垄断资本》，商务印书馆 1979 年版，第 193-196 页。

他们被视为某种专家或经营者的一部分，地位和收入都较高。现代大型企业办公室的情况已经完全不同。20 世纪特别是第二次世界大战后，由于大公司的发展和科学技术进步，办公室工作的规模急剧扩大，主要从事生产的研发、设计、安排和控制，价值转移的记录、计算和审计，投入品的购买和产品的销售等。办公室工作已转化为大规模的独立劳动过程，资本便开始把生产车间使用的"科学管理"方法推行于办公室工作，使办公室雇员的分工不断细化。大量职员被组织到不同的下属职能部门，各部门的职员又按照任务进一步细分。因而在大型组织中，"书面工作"最突出的特征，就是对任务的精心细密的分工和职员工作的极端专业化。例如，在美国一个大型保险公司里，2000 名职员分别具有超过 350 个不同的职位名称。[①]当一些办公室机械特别是计算机系统陆续引入企业后，大多数办公室工作便逐渐实现了机械化和自动化。计算机首先用于大规模例行的重复性工作，如关于工资单、账单、收付款、抵押账目、存货控制、保险统计和红利计算等工作。然后，很快又应用于新的复杂任务，如推销报告、成本会计、市场研究、佣金计算直到一般会计工作。办公室会计程序的计算机化把整个体系的那些熟练人员特别是簿记员的地位削弱了。例如在银行业办公室里，由于电子簿记机的使用，簿记员几乎完全变成机器操作员。出纳员曾经是银行中的重要职位，但由于附属于机械电子设备，他们已变成类似超级市场货币柜台上的结账员。此外，如管卷宗的办事员、打字员、拣信员、电话接线员、存货管理员、接待员、编制工资单和计时办事员、装运和收货办事员等，也都得从事或多或少机械化了的例行工作。大多数办公室人员实际上成为操纵各种办公机械的工人，他们的劳动趋于简单化、程式化，劳动紧张程度不断提高。由于各种办公机械和计算机的应用，办公室的管理部门也可以像工厂一样把办公机器作为一种控制武器。[②]不断扩大的办公室工作也日益成为女性的主要劳动领域。美国在 1900 年时办公室雇员主要是男性，但从 1900 年到 1977 年：美国办公室职员从 77 万增长到 1610.6 万，由占全部雇员的 2.6% 提高到 17.8%；其中女性职员从 20.4 万上升到 1271.5 万，由占全部职员的 26.5% 提高到 78.9%。[③]以

① E. N. Glenn, R. L. Feldberg. The Proletarianization of Clerical Work: Organizational Control in Technology and Office, Case Studies on the Labor Process, Monthly Review Press, 1979, P.53-54.

② 哈里·布雷弗曼：《劳动与垄断资本》，商务印书馆 1979 年版，第十五章。

③ E. N. Glenn, R. L. Feldberg. The Proletarianization of Clerical work: Organizational Control in Technology and Office, Case Studies on the Labor Process, Monthly Review Press, 1979, P.55.

女性为主体的办公室职员，由于工作的片面化、机械化和简单化，其社会地位和经济地位明显下降。1900 年时，美国铁路和制造业办公室雇员的年平均薪金，约为生产和运输工人年平均工资的两倍；而到 70 年代初，美国办公室专职工作者通常每周中等工资，已低于各种所谓蓝领工作者的工资。①

在办公室职员以外，另一个似乎和生产车间工人不同的劳动群体是服务业工人。20 世纪以来，服务部门的劳工在全部雇佣劳动中的比重不断扩大。美国从 1900 年到 1970 年，整个就业人数的增长不到三倍，而服务行业职工的增长则超过九倍，达到 900 多万人。如再加上零售业中的大约 300 万人，服务人员和零售人员就构成 1200 多万人的劳动大军。当时在服务业职工中，大多数工作集中在清洁服务和看管房屋以及厨房和食品服务两大领域。清洁服务、饮食服务加上个人服务三大类人员共计超过 600 万人，占到服务业劳工总数的 67%。其中，女性超过男性。服务业中，除警察警官、消防队员、高级厨师、高级美发师、航空乘务员、实习护士等几个特殊类别外，大部分人所从事的是比较简单的和重复性的劳动。他们所需要的训练是最低限度的，向上提升的阶梯几乎不存在，而失业率却高出一般水平。就零售业来说，商业形态的变革和新技术的应用，已使许多零售工作人员大体上成为类似工厂里的机械操作工。例如在零售食品业，以前需要全能的食品杂货店员、水果蔬菜商人、乳制品商人、屠夫等，而现在，这种需要已为超级市场中的一种劳动结构所取代，即卡车卸货员、货物上架员、结账员、包装员和切肉员。他们中只有切肉员还保留一点类似技能的东西，其他人全都不需要关于零售业的一般知识。商品均附有条形码，结账员运用扫描器迅速结账，现金收入记录系统已为计算机化的自动结账系统所代替，结账柜台已把形式最完整的装配线或工厂速度采为己用。多数服务劳动和零售劳动已经简单化、程式化和部分机械化，从他们的平均工资等级也可得到证实。在服务性职业中，挣工资或薪金的工作人员通常每周收入的中间数比农场工人以外的任何职业类别都低。1971 年 5 月，这个中间数是每周 96 美元（不包括 50 万人的私人家庭仆役，加上他们是 91 美元）；而办公室人员为每周 115 美元，非农场劳工每周 117 美元，机械操作工每周 120 美元。在同一月内，专职零售人员工资的中间数是 95 美元，表明这一类别更接近于服务性职业，而不接近于其他任

---

① 哈里·布雷弗曼：《劳动与垄断资本》，商务印书馆 1979 年版，第 393、260-261 页。

何重要职业类别。[①]

四

布雷弗曼的著作问世后，为马克思主义学术界带来了对资本主义劳动过程研究的复兴。他在赢得高度评价和众多赞誉的同时，也受到大量的甚至是严厉的批评，并引起了马克思主义学者（包括经济学家、社会学家等）有关劳动过程问题的长期争论。

第一类批评涉及工人阶级的反抗和阶级斗争问题。一些批评者指责布雷弗曼忽视和低估了阶级斗争在劳动过程形成中的作用，认为在他的描述下，资本似乎可以不受抵抗地单方面对劳动过程实行控制，泰罗制和技术似乎可以随意被引进作为统治工人的强制性制度。在这些批评者看来，泰罗的著作不过只是泰罗的想法和理论，布雷弗曼却将其解读为仿佛是真实的过程。[②]批评者还引用实例说明工人对泰罗制的顽强抵抗，以及泰罗制往往并不能成为实际的控制方法等。应该说，这类批评在很大程度上是对布雷弗曼著作的一种误读。《劳动与垄断资本》一书的目的，是探讨资本主义劳动过程演进的客观趋势，揭示当代资本主义社会工人劳动的基本状况。论述的出发点当然是资本主义对抗性的阶级关系，但重点却不是工人阶级反抗资本的斗争。他在"导言"中明确指出了这一点："我已经把研究的范围扩大了，现在让我赶快给它定个轮廓分明的界限。我不打算讨论现代工人阶级的觉悟、组织或活动的水平。这是一本关于作为一个**自在**阶级而不是作为一个**自为**阶级的工人阶级的书。我明白，在许多读者看来，似乎我已把这一主题中最紧要的部分略去了。……首先需要的是，按照资本积累过程给劳动人民造成的形象，如实地描绘工人阶级。"[③]即使布雷弗曼做了这种限定，他在著作中还不时提醒读者，资本对劳动过程的控制程度仍要受到工人阶级反抗的影响。例如，他在第八章论述管理部门设想把工人当作机器来操纵时特别加上一个小注说明："这里是从管理部门的观点来描述一种'理论上完美的'系统，并不是试图描

---

① 哈里·布雷弗曼：《劳动与垄断资本》，商务印书馆 1979 年版，第十六章。百分比根据第 328-329 页统计表格的数字计算。

② C. R. Littler. The Development of the Labor Process in Capitalist Societies, Heinemann Press, 1982, P.28, 30.

③ 哈里·布雷弗曼：《劳动与垄断资本》，商务印书馆 1979 年版，第 29 页。

述事态发展的实际情况。这里我们姑且略而不提工人是难于驾驭的，也不提生产的平均速度多半要经过一番——不论有组织的还是没有组织的——斗争才能规定出来。因此，管理部门操纵的机器有其内部的摩擦，不论以机械为机器还是以人为机器，都是这样。"①齐波里斯特在为布雷弗曼辩护时也指出：布雷弗曼完全了解工厂工人的反抗和泰罗制的各种变体，以及一般说来资本主义控制劳动过程企图的局限性。他并没有十分注重泰罗制的细节，而是关注于泰罗制作为资本主义管理意识的表现，以及作为一种新的劳动分工和工作场所基本重组的反映。他对管理部门的时间、动作研究感兴趣，不是因为实际上可能对每个工人的动作进行详细控制，而是因为它反映了资本把工人看作机械部件的这种占支配地位的意识形态。②

但也需要指出的是，如果引入阶级斗争的影响，特别是不同国家不同部门阶级力量对比的实际状况，企业劳动过程的组织和方式可能会有重大差别。如英国由于工联主义的强大，棉纺织工业部门的技术工人保持了对技术选择的较大影响和对车间劳动过程的一定控制权。这形成英国棉纺织业与美国同类部门（以管理层控制为特征）在劳动过程上的差异。③虽然英国资本家选择技术工人控制而不是管理层控制，当时符合资本的利益，并且技术工人（机器看护工）控制意味着非技术工人（大小结线工）承受更沉重的劳动负担与剥削；但它终究对技术工人有利，并且体现了技术工人有组织力量的作用。因此，拉佐尼克强调生产关系中的具体权力结构对劳动过程的影响是有道理的。

第二类批评涉及工人阶级的主观性问题。批评者认为，布雷弗曼把劳动过程研究限定在客观主义框架内而不考虑阶级的主观层面的方法是错误的。由于布雷弗曼将阶级的主观内容等同于阶级自身的觉悟、组织与活动，他就完全忽略了在科学技术革命中所展现出来的工人的主观性因素。④布若威断言："如果说工业社会学从问题就提错了，而马克思主义则是提出了正确的问题却给出了错误的答案。马克思主义者——从马克思到布雷弗曼——坚持认为强制是从劳动力中榨取劳动的手段。……布雷弗曼聚焦于工作'去技术化'的历史变迁，却忽视了工作层面的主观性。"布若威根据他于1974—1975

① 哈里·布雷弗曼：《劳动与垄断资本》，商务印书馆 1979 年版，第 161 页。
② A. Zippolist. Case Studies of the Labor Process, Monthly Review Press, 1979, Introduction, P.xiii.
③ 威廉·拉佐尼克：《车间的竞争优势》，中国人民大学出版社 2007 年版，第三章。
④ D. Knights, H. Willmott. Labour Process Theory, Palgrave Macmillan UK Press, 1990, P.15.

年间在美国联合公司（前身为吉尔公司）机械车间做工人的实际体验和调查，研究了从 1944 年到 1974 年企业劳动过程中生产政体（Regime of Production）的变迁，强调吉尔公司和联合公司代表了资本主义劳动过程的两种不同类型：前一种是专制的工作组织，威压明显地胜过了同意；第二种是霸权的工作组织，基于同意压倒了威压。他认为工人的这种"同意"就是在生产场所"制造"出来的，因为"资本主义劳动过程的确定本质是同时掩饰和赢得剩余价值"。他论述了"生产"同意的三种机制：劳动过程被组织成一种（在计件工资基础上）争取超额的游戏；（企业）内部劳动市场通过按资历调配有利工作岗位培育了工人对企业的承诺；（企业）内部国家则通过联合使用申诉制度和集体议价制度具体调整了工会与资方的利益。"所有这些促成了个体主义的成长、等级冲突的散布以及资本家与劳动者、经理与工人之间利益的具体协调，从而也就促成了掩饰并赢得剩余劳动。"①对于布若威的上述批评应当有所分析。事实上，布雷弗曼在书中强调的资本主义管理的本质特征是控制，而控制并不等于强制。他在论述"管理的起源"的第二章中，特别谈到资本主义早期的管理需要运用强制方法，采取了种种苛刻而专横的方式，包括工厂内部法律上的强制做法和超法律的惩罚结构。而在现代条件下，他引用历史学家厄威克的著作说："整个控制过程经历了一场深刻的变革。这时，工厂的所有者或经理，也就是人们说的'雇主'，必须从'雇工'身上得到某种程度的服从，或者能够使他实行控制的合作。"②这里所说要从工人那里得到某种程度的服从与合作，就意味着工人对劳动过程的"认可"，和布若威所说"同意"的含义是基本一致的。可见，布雷弗曼并没有把现代资本主义对劳动过程的控制等同于单纯的强制，也完全了解工人主观上一定程度的服从与合作在形成现代劳动过程中的意义（尽管他没有展开论述这一点）。当然，布若威也指出："虽然始终既有一些强制又有一些同意，但它们的相对比例以及它们的清晰度随着时间的流逝而变化了。"意味深长的是，距他在联合公司工作的 30 年后，布若威也坦率地承认："1944 年与 1974 年之间生产组织令人惊异的稳定是一个方法论上的便利。但却引导我关注解释细小变化，忽视了资本主义大规模和显著的变化。……由于我僵化了产生它的外部力量，我把生产的霸权政体变为了一个自然的永恒的形式。……敌视劳工的一对双胞胎——首先

---

① 迈克尔·布若威：《制造同意——垄断资本主义劳动过程的变迁》，商务印书馆 2008 年版。

② 哈里·布雷弗曼：《劳动与垄断资本》，商务印书馆 1979 年版，第 61-64 页。

是市场，其次是国家——使霸权政体从一个固若金汤的支配形式（在我的想象中！）变成了美国劳动关系史中转瞬即逝的片刻。……所以，我未能预料到美国制造业的衰亡、工会运动的衰亡（至少在私有部门），当然还有生产的霸权政体的衰亡。"[①]

第三类批评涉及资本主义管理的策略。安德鲁·弗里德曼对马克思和布雷弗曼提出一种理论上的修正，认为资本对劳动的管理策略有两种基本和对立的类型："直接控制"（如泰罗制）和"责任自治权（Responsible Autonomy）"（如团队生产或具有更多自主决定权的小组等）。在他看来，企业购买的工人劳动能力是一种特异商品，其特异性有两个原因：第一，工人是分别可锻塑的（malleable），一旦被雇用可使其从事超越雇佣合同所规定的许多其他工作；第二，工人最终怀有独立的并通常是（对企业）敌对的意愿。"劳动能力的这两种特异性便引出了两种类型的策略，它们被高层经理用来维护对工人的管理权威。"采用第一种策略意味着，管理层着眼于劳动能力可锻塑性的这个积极方面，赋予工人一定的责任、地位，进行温和的监管，激发他们对企业的忠诚等。采用第二种策略意味着，管理层力图实行紧密的监督，事先详细规定每个工人必须执行的具体任务，以减少单个工人所承担的职责。[②]对于弗里德曼的观点，可以做出以下评论。首先，他作为引出策略二分法根据的对劳动力商品特性的分析并没有抓住要害。绝大多数马克思主义学者都把资本主义条件下劳动力商品的特殊性作为分析劳动过程的出发点，并认为这个特殊性主要在于劳动力与劳动的区分以及劳动力转化为实际劳动量的不确定性。如里特勒指出：由于存在这种劳动潜力的不确定性，必须用其他的办法来解决。"为了把（对劳动力的）法定所有权转变为（对劳动的）实际占有，雇主必须建立对劳动的控制结构。"[③]汤普森也认为：劳动过程理论的"核心始于认识到作为商品的劳动具有独特的不确定性，因而资本积累就要求把劳动力转化为实际创造利润的劳动"。由此引出的原则之一是，"仅靠市场机制

① 迈克尔·布若威：《又一个30年》，《制造同意——垄断资本主义劳动过程的变迁》，商务印书馆2008年版，第2-5页。

② A. Friedman. Managerial Strategies, Activities, Techniques and Technology: Towards a Complex Theory of the Labour Process, In D.Knights, H.Willmott. Labour Process Theory, Palgrave Macmillan UK Press, 1990, P.178.

③ C. R. Littler. The Development of the Labor Process in Capitalist Societies, Heinemann Press, 1982, P.31.

无法调节劳动过程，而必须通过管理系统进行控制，以减少这种不确定性"。①
其次，弗里德曼批评布雷弗曼"把资本主义劳动过程中行使管理权威的一种
特殊策略错当作管理权威本身。……泰罗的科学管理并不是行使管理权威的
唯一可用的策略，考虑到工人的实际反抗，它通常也不是最合适的策略"②。
其实，不是布雷弗曼混淆了管理权威和运用管理权威的策略；而是弗里德曼
把控制意图和管理策略割裂开了，以为有的管理策略可以不体现控制意图。
控制是资本主义管理的基本特性，而管理部门的控制策略则可能是多种多样
的。所谓维持对工人的管理权威，不外就是维护管理部门对劳动过程的决定
权和对工人的控制权。因此，他提出的两种管理策略只是实行控制的不同方
法，并非实行控制和不实行控制这样两种不同的管理策略。再次，布雷弗曼
非常清楚在泰罗的所谓科学管理之外还有其他各种管理理论、管理策略和组
织劳动过程的方法。他指出：在工人对劳动的不满情绪显著增长、旷工率和
离职率不断提高的情况下，企业"已经提出了各种补救办法和改革措施，有
些已由有特别迫切问题的公司在一些工人小组中加以试验。其中包括扩大工
作范围，丰富工作内容，或实行工作轮换制，组织工作组，协商或工人'参
加管理'，集体奖金和分红，放弃装配线技术，取消生产计时钟，以及'自己
的工作由自己处理'计划等"。尽管这些改革措施很多是在"使工作人性化"
的旗号下进行的，但在公司的管理部门看来，"这是一个成本和管理的问题，
而不是'使工作人性化'的问题。这些问题迫使他们注意，因为它以旷工、
人员流动和不符合他们的打算和期望的生产率水平的形式表现出来"。但是，
"虽然大公司接受了一些微小的改进措施，但资本主义的结构和运行方式都成
千倍更加迅速、更加大规模、更加广泛地再造成目前的劳动过程"。③从以上
论述可以看出布雷弗曼和弗里德曼观点上的区别：他们对于所谓"人性化工
作"策略的相对重要性有不同的诠释，布雷弗曼把"工作人性化"包括在基
本的控制策略之内，弗里德曼则把它具体化为一种完全不同的劳动过程组织
方法与管理策略。最后，应该承认，提出管理策略多样性问题对于分析劳动
过程具有一定意义。资本主义管理的控制意图和本质通常不会改变，但管理
部门的控制策略则受到多种因素的影响，包括生产技术和产品特性、社会文

---

① P. Thompson. The Capitalist Labour Process: Concepts and Connections, Capital & Class, 2010, 34 (1),
P.10.

② 转引自 D. Knights, H. Willmott. Labour Process Theory, Palgrave Macmillan UK Press, 1990, P.12.

③ 哈里·布雷弗曼：《劳动与垄断资本》，商务印书馆 1979 年版，第 37-40 页。

化意识传统、不同政治思潮和力量的影响、企业的市场盈利状况，乃至（前已提到的）工人阶级斗争力量的消长等。因此不能否认，不同国家、不同部门或企业的管理层从最终有利于资本利益出发，可能采用不同的控制策略和劳动组织方法。

第四类批评涉及工人的去技能化问题，即布雷弗曼所说的"劳动的退化"。根据克耐茨和威尔默特的概括，这些批评主要有：布雷弗曼把手艺和手艺劳动在工业中的地位过于浪漫化了，他得出的去技能化过程主要是从有利于这种发展方向的特定条件中归纳出来的，他低估了过分依赖劳动退化策略所带来的严重矛盾，他没有认识到这种矛盾会影响资本去选择和寻求其他替代的积累策略，他忽视了劳动的实际隶属也要依赖于技能的保留与创造，他未能看到"默会"技能的存在和主观重要性，他也没有注意到内部和外部劳动市场的功能等。①在罗列了各种批评后，作者写道："尽管有这些纷乱的批评，但值得注意的是，许多批评都处于关注琐碎细节的水平上，它们已超出布雷弗曼的分析范围。应当记住，《劳动与垄断资本》是要提供一个关于趋势的概述，以推动和复兴有关劳动与阶级的批判性研究，而不是要对资本主义劳动过程各种形式的组织和控制做出精确的详细说明。记住这一点，至少一位有影响的评论者的论述是值得引用的，他在审视了各种批评后得出结论，仍表示同意布雷弗曼的核心命题：工人的技能'通常成为资本充分利用生产资料的一种障碍'，因而去技能化'仍然是资本主义劳动过程发展中主要的趋势性现象'。由于生产的持续革新，新的技能不断出现，而一旦它们得到发展，在同样的生产革新过程面前，这些技能又将变得脆弱和易受伤害，因为就资本积累来说，如没有更具吸引力的机会，生产的革新过程就会大力降低与再生产相关的成本和（对技能的）依赖。"②从汤普森最近的一篇论文可以看出，西方学者在这个问题上仍然存在巨大的争论。"布莱顿劳动过程小组"（Brighton Labour Process Group, BLPG）认为，体力劳动与脑力劳动分隔、等级制度和层级控制、劳动的碎片化和去技能化，是资本主义劳动过程的"内在规律"，应确定为资本主义劳动组织"固有的"和"基本的结构性特征"。汤普森则原则上反对把这些现象看作规律，认为"社会科学家只能对趋势做出断言"。他指出不能把这些现象当作内在规律是因为，它们在经验上靠不

---

① D. Knights, H. Willmott. Labour Process Theory, Palgrave Macmillan UK Press, 1990, P.11.

② D. Knights, H. Willmott. Labour Process Theory, Palgrave Macmillan UK Press, 1990, P.11-12.其中引语出自 Paul Thompson. The Nature of Work: An Introduction to Debates on the Labour Process, Macmillan, 1983.

住，在概念上会引起混淆。资本主义劳动过程中确实存在体力劳动与脑力劳动的分隔，但其边界会随着外在压力和内部的政治斗争而变动，将其看作"固有的"对我们解释这些变动的能力毫无帮助；等级制度并不是资本主义劳动过程所专有的结构特征，层级控制虽然是所有权关系一般水平上的特点，但并非必然要进行细节上或操作上的控制，例如资本可以利用向团队授权或者规范性的自我约束（特别是对高层次雇员）；可测量、可标准化的常规性工作虽然是资本主义劳动过程中经常看到的一种特征，但也不是对所有的劳动形式都适用，甚至去技能化也不一定是标准化的必然路径。他还说："过去 25 年实际劳动过程研究向我们展示的是，资本一直在大力推动对雇员默会知识和技能的利用并使其增值，还有劳动力尚未被开发的其他方面，如情感和身体特质。这些已在各种实践中有所展现，包括团队作业、知识管理、情感化和美学化的劳动。坦率地说，用概念与执行分离和去技能化的所谓内在规律是不可能充分理解这些变化的。"①从上面的引文可以看出，汤普森的观点好像有些变化，但他仍然承认资本主义劳动过程中存在体脑分工、层级控制和去技能化等现象，认为它们是经常可以看到的特征，似乎也隐约承认它们是某种"趋势"。他反对将其看作内在的或固有的"规律"，是因为它们并非适用于所有的劳动形式，难以解释资本主义劳动过程中各种复杂的新现象。

对于上述争论，我们的基本看法是：不应否认分工细化和去技能化仍然是资本主义劳动过程的一种基本特征和趋势；但同时也要看到，随着科学技术的发展，也存在着对高技能人才需求增长的另一种趋势。布雷弗曼并非没有看到这一点，但他对这种趋势的估计可能是不足的。资本主义条件下工人（包括白领雇员）的分工细化和去技能化，在第二次世界大战前的工业化时期表现得最为明显。战后随着新技术革命的兴起，某些高新技术部门和高新技术职业对高知识高技能雇员和管理人才的需求在增长，但就多数蓝领和白领工人来说，仍存在着技能退化的一定特征。这种劳动结构的分化现象在社会积累结构学派的"二元劳动市场"理论中已经有所反映。从 20 世纪 70 年代开始，由于信息技术革命的深化和经济全球化的勃兴，情况又有了进一步的变化。我们可以美国为例，来观察不同时期雇佣人员职业结构的演变趋势（见表 1）。

---

① P. Thompson. The Capitalist Labour Process: Concepts and Connections, Capital & Class, 2010, 34 (1), P.9.

表 1 美国雇员中职业结构的变化（1900、1970、2000 年）（万人，%）

类别	1900			1970			2000		
总计	2903	（100）	—	7973	（100）	—	13521	（100）	—
白领雇员	512	（17.6）	（100）	3786	（47.5）	（100）	8033	（59.4）	（100）
管理人员	170	（5.8）	293	646	（8.1）	1802	1977	（14.6）	4527
专业技术人员	123	（4.3）	（57.2）	1156	（14.5）	（47.6）	2550	（18.9）	（56.4）
销售人员	131	（4.5）	219	563	（7.1）	1984	1634	（12.1）	3506
普通职员	88	（3.0）	（42.8）	1421	（17.8）	（52.4）	1872	（13.8）	（43.6）
蓝领雇员	1040	（35.8）	（100）	2917	（36.6）	（100）	3320	（24.5）	（100）
技工维修工	306	（10.5）	（29.4）	1108	（13.9）	（38.0）	1488	（11.0）	（44.8）
操作工	372	（12.8）	734	1434	（18.0）	1809	1288	（9.5）	1832
粗工	362	（12.5）	（70.6）	375	（4.7）	（62.0）	544	（4.0）	（55.2）
服务人员	263	（9.0）	—	1025	（12.9）	—	1828	（13.5）	—
农业人员	1089	（37.5）	—	245	（3.1）	—	340	（2.4）	—

资料来源：《美国历史统计：从殖民时代到 1970 年》，系列 D 182—232，美国商务部普查局 1970 年，第 139 页；美国劳工统计局：《美国劳动力报告（2001 年）》表 10。

说明：百分比是作者算的。由于美国统计部门在长时期内数次调整统计口径与统计分类，数字没有精确的可比性，只能反映大体的变动趋势。此外，由于职业统计和部门统计不同，此表中的服务人员并不代表服务部门的人员；在 20 世纪下半期，服务部门的就业实际上已占到全部社会就业的大部分。

通过上表的统计数据，可以看到 1900—1970 年间职业变动的几个主要特点：第一，农业就业人员急剧下降，他们大幅度地向非农业部门转移。第二，非农业部门中，白领雇员相对于蓝领雇员在绝对量和相对量上都显著增长，但增长最大的是普通职员，他们和大多数销售人员一起基本上属于低技能的白领工人，两者合计占全部白领雇员的比重从 42.8% 上升到 52.4%；同时专业技术人员也有较大幅度增长。第三，蓝领工人的绝对量迅速扩大，但相对量只有微弱增长，其中人数增加最多的是操作机械的熟练工，他们在整个就业中的比重显著上升；只是由于粗工的增长缓慢，所以作为低技能的操作工和粗工合计在蓝领雇员中的比例有所下降。总的来看，整个雇员中技能退化的趋势仍是明显的，但已经出现了新的现象，表明战后的新技术革命开始增加了对专业人才和技术人才的需求。

但是，1970—2000 年间结构变化的新特征就非常突出了。可以看到：第一，白领雇员的绝对量和相对量继续大幅度提高；而蓝领雇员的绝对量增长接近于停滞，相对量则迅速下降。第二，在白领雇员中，高知识高技术的管理人员和专业技术人员迅速增长，特别是其中的专业人员和技术人员增长幅度最大，成为白领雇员增长的主要原因，他们在白领雇员中的比重也显著上升；相反，低技能的普通职员则增加缓慢，尽管销售人员增长较快，但他们合在一起，在白领雇员中的比重还是明显地下降了。第三，在蓝领雇员中，技术工人继续增长，但低技能的操作工数量却减少了；操作工和粗工在蓝领雇员中的比重也在继续下降。上述 20 世纪 70 年代后的雇员职业结构变化，从赖特的经验研究中也可得到佐证。根据赖特的数据，在 1960—1990 年的 30 年间，美国工人（普通雇员）在全部就业中的份额从 58.08% 降低到 54.15%，其中低技能工人从 44.59% 下降到 41.38%；而经理、专家和监督者的比重则从 28.56% 上升到 35.96%。如果在就业人员中减掉所有者的人数（包括雇主和小资产者，他们在 1960 年占 13.4%，在 1990 年占 9.9%），仅看在全部雇员中的比重：美国工人的份额从 1960 年的 67.0% 下降到 1990 年的 60.1%；经理、专家和监督者的份额从 33.0% 上升到 39.9%。[①]

20 世纪 70 年代后美国的职业结构变化向马克思主义的传统理论提出了疑问：是否信息技术革命和高新技术发展改变了工人阶级劳动技能退化的趋势？不可否认的是，随着企业规模的扩大、经营环境的复杂和科学技术的新发展，确实增加了对高层管理人员、科学技术专家、金融和法律专家等高级人才的需要。这不仅发生在日益缩小的物质生产部门，也发生在日益扩大的服务业部门（主要是其中的社会、政治服务部门，科学技术服务部门和金融服务部门）。这些高级人才数量的更迅速增长降了普通雇员（包括白领雇员和蓝领工人）的构成比例。至于普通雇员中技术性雇员和低技能雇员的相对消长，是信息技术革命发展的一种新趋势，还是一种暂时现象，仍有待于观察。赖特指出："正如各类'后工业'社会理论家所认为的那样，发达资本主义社会的引人注目的新生产力可能从根本上改变了资本主义阶级关系的发展趋势。在这点上，各类专家和管理者的阶级位置的信息技术的含义尤其重要。可能出现的情况是，对于资本主义的主要生产来讲，人口比例的减少是必要的，而且在仍受雇于资本主义经济的人们中，一个相当高的比例人口将占据负责、专业和自主的位置。……当然，这可能只是一个短时期而不是资本主义阶级结构的永久重构。一旦这些新技术在一段时间内处于适合地位，那么一个系统的降低技能水平和无产阶级化过程可能再度支配阶级分布中的变化。但这些新的生产力也可能稳定地产生出一个区别于早期工业技术的阶级

---

① 埃里克·奥林·赖特：《后工业社会中的阶级》，辽宁教育出版社 2004 年版，第 101 页表 3.2。

结构。"①

如果考虑到 20 世纪最后 30 年的经济全球化趋势，对于上述现象也可能有另一种解释。此次经济全球化固然以金融的全球化为突出特征，但同时也包含着实体经济的全球化发展。美欧等发达国家的跨国公司通过跨国投资，把大量制造业转移到成本低廉的发展中国家，再通过商品进口满足国内需要。这就是所谓的"去工业化"或"产业空心化"趋势。由此导致了两个重要结果：第一，由于大规模生产转移到国外，随生产增长而增加的工人就表现为发展中国家工人阶级的扩大，发达国家内部的工人数量因而相对缩减（有些部门甚至绝对缩减）。这样看来，美国等发达国家普通雇员的相对减少可能并不表明无产阶级化的趋势已经改变，只不过被国别统计的现象掩盖了。赖特就对这种可能性给予了足够的重视。他说："人们很久就已认识到资本主义是一个全球生产体系。这表明理解资本主义阶级结构转变的适当分析单位应是世界而不是具体公司、国家甚至区域。例如，可能的情况是，美国的世界范围的公司中的工人阶级雇员的比例可能增加了，但工人阶级的雇佣已经转移到美国边界之外。这样，尽管发达资本主义没有加速无产阶级化的特点，但全球资本主义可能会有这种特点。"②第二，发达国家转移到国外的制造业主要是劳动密集型的产业部门和生产环节，通常需要数量众多的低技能操作工；它们甚至把一部分低技能的服务劳动也转包到国外。这样一来，就把本应在国内大量增长的低技能的蓝领工人和白领雇员转移到了发展中国家。而在发达国家内部，在工人阶级相对缩小的同时，低技能工人和雇员也必然有更大比例的缩减。因此，发达国家工人的去技能化现象看似发生了逆转，但很可能也是一种国别统计造成的错觉，它掩盖了低技能工人和职员大量增长（只不过转移到了发展中国家）的实际趋势。

五

把生产方式纳入政治经济学的研究对象，具有重要的理论和实践意义。

长期以来，由于没有弄清《资本论》第一卷第一版"序言"所说"生产方式"这个范畴的确切含义，劳动方式问题一直不在马克思主义经济学者的

---

① 埃里克·奥林·赖特：《后工业社会中的阶级》，辽宁教育出版社 2004 年版，第 537-538 页。

② 埃里克·奥林·赖特：《后工业社会中的阶级》，辽宁教育出版社 2004 年版，第 537 页。

研究视野之内。劳动方式作为联系生产力和生产关系的中间环节，既包含人与物的物质技术关系，又包含人与人、阶级与阶级的经济利益关系。但因为把劳动过程和劳动方式通常看作单纯的物质技术问题，很自然地就把它排除在政治经济学的研究对象之外。马克思的确说过："正如考察商品的**使用价值**本身是**商品学**的任务一样，研究实际的劳动过程是**工艺学**的任务。"①马克思在研究资本主义生产过程时，一开始也是把劳动过程和价值增殖过程分开和并列地进行分析的，似乎劳动过程与社会关系无关，只有价值增殖过程才体现资本主义生产关系。这当然是一种误解。上述引文中马克思所说的"实际的劳动"，是指单纯从生产使用价值的角度来考察的劳动一般，"它不依赖于人类生活的所有的一定的社会形式"②，这样的实际劳动过程当然只能是工艺学的对象。但马克思还指出："就劳动过程只是人和自然之间的单纯过程来说，劳动过程的简单要素对于这个过程的一切社会发展形式来说都是共同的。但劳动过程的每个一定的历史形式，都会进一步发展这个过程的物质基础和社会形式。"③因此，一旦从抽象的一般的劳动过程转到具体的特殊的资本主义劳动过程分析时，经济关系对劳动过程的影响就不但不能舍象掉，而且成为重要的考察内容了。

劳动过程、劳动方式和其中所包含的生产关系，在西方由于布雷弗曼著作的推动，已成为马克思主义经济学家和社会学家的一个重要研究领域。布若威还特别把人与人在劳动过程中的复杂关系称为"生产中关系"（Relations in Production），而与直接以财产权为基础的"生产关系"（Relations of Production）相区别。④在布若威对资本主义企业的考察中，"生产中关系"不仅包含工人和资本家（管理层）之间的对抗、斗争与合作，还包括工人之间的分工、协作、矛盾与竞争。他根据亲身体验与观察，生动描述了机床操作工与车间计划员、库房值班员、叉车司机、设定工、检验员和工头等之间的协作和摩擦，以及在组织超额游戏和内部劳动市场中不同熟练工人、不同资历工人、新老工人之间的矛盾与竞争。他强调资本主义劳动组织的特征之一就是要尽可能地模糊和掩盖工人与资本之间的根本利害冲突，而激发工人之

① 马克思：《经济学手稿（1861—1863年）》，《马克思恩格斯全集》第47卷，人民出版社1979年版，第56页。

② 马克思：《经济学手稿（1861—1863年）》，《马克思恩格斯全集》第47卷，人民出版社1979年版，第65页。

③ 马克思：《资本论》第3卷，《马克思恩格斯全集》第25卷，人民出版社1974年版，第999页。

④ 迈克尔·布若威：《制造同意——垄断资本主义劳动过程的变迁》，商务印书馆2008年版，第14页。

间的竞争和矛盾。这样，"资本—工人的冲突被转变成了工作组织所导致的竞争和团体内部的斗争"，从而"将等级的支配转变为横向的对抗"。①这是促使工人形成对资本主义劳动过程一定程度"同意"与"合作"的重要条件。布若威的研究丰富了对劳动过程中生产关系的考察。

关于劳动过程中的经济关系这个领域，在我国学术界虽然没有像西方那样深入的研究论著，但也早被某些卓越的理论家所关注。平心先生早在 20世纪 50 年代末期就在《学术月刊》上发表了多篇论生产力性质的论文，提出"生产力二重性"的命题，认为"每一个社会的生产力体系的组成，一方面必须依靠许多必要的物质技术条件，这就使它带有适合当时生产需要的物质技术属性；另一方面必须依靠许多必要的社会条件，这就使它带有体现当时劳动特点和生产社会结合的社会属性"。他所说的"社会属性"涵盖的意思很广，但明确包括"生产力结构内部"的"社会经济关系"，并认为"生产力必须具有一定的社会关系，才能构成体系，实现运动"。②1979 年《经济研究》发表了张闻天同志的遗作（撰写于 1963 年）《关于生产关系的两重性问题》，又提出了"生产关系二重性"的命题，认为生产关系"包含有两个对立的方面。……直接表现生产力的生产关系方面和所有关系方面"。"直接表现生产力的生产关系，是指人们为了进行生产，依照生产技术（即生产资料，特别是生产工具）情况和需要而形成的劳动的分工和协作的关系"，可称之为"生产关系一般"；而通常所说的生产关系则是"包括有生产、分配、交换和消费的四个方面的特殊生产关系，即所有关系"。"生产力和生产关系的矛盾，具体表现在生产关系的一个方面同生产关系的另一个方面的矛盾，也只能在生产关系的内部矛盾中表现出来"。③表面看来，平心和张闻天的观点正好相反，但实际上他们都强调了通常被人们忽视的一个重要方面，即劳动过程中生产者的社会关系，这反映了他们深刻的理论洞察力。但由于他们没有着重考察企业内部的劳动过程，并且都把这类社会关系（如分工协作）实际上归于生产力范畴（张闻天虽将其划入生产关系，但仍把它看作生产力的一种表现），因而他们都没有对企业劳动方式及其关系的特殊社会性质进行深入研究。

就我看到的文献，在我国首先按照马克思的原意诠释"生产方式"概念

---

① 迈克尔·布若威：《制造同意——垄断资本主义劳动过程的变迁》，商务印书馆 2008 年版，第 80 页。

② 平心：《再论生产力性质》，《学术月刊》1959 年第 9 期，第 53 页；《关于生产力性质几个问题的发言》，《学术月刊》1960 年第 4 期，第 24、25 页。

③ 张闻天：《关于生产关系的两重性问题》，《经济研究》1979 年第 10 期，第 34、36 页。

的，是马家驹和蔺子荣两位教授。他们说："马克思所讲的生产方式并不是作为生产力和生产关系的统一把这两者包括在自身之内，而是介于这两者之间从而把它们联系起来的一个范畴。""马克思所讲的生产方式本身也有两个不同的含义。第一，它是指劳动的方式；第二，它又是指生产的社会形式。"他们还进一步指出：马克思"非常重视对于作为劳动方式的生产方式的分析，把它作为分析生产的社会形式的基础。这一点突出地表现在'相对剩余价值生产'这一篇中专门对协作、分工和机器大工业所作的详尽而周密的考察当中，他总是首先分析劳动方式的某种变化如何提高了劳动生产力，进而再去分析它又如何成为资本加强对雇佣劳动的剥削，增加剩余价值生产的方法。……劳动方式的变化和劳动生产力的提高又在不断促进生产关系在资本主义范围之内的种种变化"[①]。可惜的是，他们在正确诠释"生产方式"概念时，主要进行的是一般性的理论探讨，加之他们认为劳动方式体现的社会关系不同于通常理解的"作为所有制关系的生产关系"[②]，因而未能深入分析特定生产关系对劳动方式的制约，以及劳动方式本身所具有的社会历史特征，但他们的论文已经非常接近甚至已经触及这个重要问题了。

在我国经济学界，对资本主义劳动过程进行研究的学者极少，[③]至于对中国企业劳动过程及其社会关系的研究则近于空白。现代西方马克思主义学者关于资本主义劳动过程已有大量学术论著，我们应该借鉴，并结合中国的实践，大力开展这个领域的实际考察和理论研究。关于资本主义劳动过程研究的成果对于我国是有现实意义的。中国虽然是社会主义国家，但在很长历史阶段将存在多种生产资料所有制。不但私有企业、资本主义企业中的劳动方式和西方的资本主义企业基本无异，很多企业甚至更接近早期资本主义劳动过程的残酷状态；而且国有企业、国家控股企业和集体企业等，也基本上沿袭了资本主义企业的劳动方式。资本主义劳动过程的许多弊端，如层级控制、细化分工、工人劳动的碎片化和去技能化等，在我国企业中已普遍存在，人们早已习以为常，见怪不怪。我们应该通过调查研究，努力探索劳动组织和劳动方式的变革，逐步克服资本主义生产方式的各种弊端，建立更人性化的有利于劳动者全面发展的社会主义生产方式。

---

① 马家驹，蔺子荣：《生产方式和政治经济学的研究对象》，《经济研究》1980年第6期，第65、71页。

② 马家驹，蔺子荣：《生产方式和政治经济学的研究对象》，《经济研究》1980年第6期，第66页。

③ 就笔者所知，只有中国人民大学的谢富胜副教授，他已有专著和一批论文发表。

也许有人认为，现代大机器工业中的等级控制、专业化分工、生产方法简化和常规化等，都是技术进步和大规模生产的内在要求和提高生产效率的基本途径，属于现代企业的必然状态和正常现象，根本不可能改变。这种看法反映了资本主义意识形态的深刻影响，也彰显出资本主义生产方式根深蒂固的支配地位。马格林在探讨资本主义等级制度的起源时，有说服力地证明了，工厂等级制度和专业化分工并非技术变革的必然要求，而是产生于资本控制劳动以保证利润的需要。马格林说："剥夺工人对产品和过程的控制权的两个决定性步骤——（1）精细劳动分工的发展，……和（2）集中化了的组织的发展，这是工厂体系的特征——都不是主要因为技术上的优越性而发生的。……等级制工作组织的功能不是在于技术上的效率，而是在于积累。"① 诺布尔以自控机床这种新设备为案例，深入讨论了一种新技术的选择和应用如何受到社会因素的决定性影响。他用大量事实说明：对于自动控制的不同技术设计，大公司之所以选择"数字控制"（Numerical Control）系统而不是"记录—回放"（Record-Playback）系统，以及在采用数字控制系统的劳动安排上，由技术人员控制程序设计而让工人单纯从事机器操作，其原因除了技术上和经济上的因素外，都充满了管理层加强控制工人和减少对工人技能依赖的考虑，反映了资本主义生产方式中的社会关系。② 这个案例表明，现实中某些创新可能有多种技术选择，推行某种技术也可能有多种劳动安排，而究竟选择什么样的技术和什么样的劳动组织，在相当程度上决定于特定的社会经济关系。布雷弗曼在论述机器发展对工人影响的一章中有一段深刻的论述："实际上，机器可能做到的事非常之多，其中不少可能性都被资本故意地挫伤了，而不是发展了。一个自动机器体系使人数较少的工人队伍有可能真正控制一家生产力很强的工厂，只要这些工人的工程技术知识达到能够掌握机器的水平，并且自己能分担从技术上最先进的直到最平凡的例行业务。使劳动社会化，并把劳动看作技术成就很高的一种工程技术事业，这种趋势，抽象地看，是充分发达的机器的一个特点，远比其他任何特点都引人注目。自从工业革命以来，技术上每进一步，这个发展前途就重复展现一次，但受资本家的阻挠，始终未能成为现实，因为资本家力求从分工的一切最坏的方

---

① S. 马格林：《老板们在做什么？——资本主义生产中等级制度的起源和功能》，《政治经济学评论》2009 卷第 1 辑，第 170 页。

② D. Noble. Social Choice in Machine Design: The Case of Automatically Controlled Machine Tools, Case Studies on The labor Process, Monthly Review Press, 1979, P.18-50.

面去重新组织，甚至加深分工，尽管这种分工已经日益过时了。"①

　　还可能有人提出，即使马克思和布雷弗曼的分析是正确的，克服资本主义生产方式弊端的意见和尝试目前在我国也许过于超前，因为中国现在劳动关系中的主要问题还不是劳动方式是否人性化，而是大批劳动力找不到工作，很多企业缺乏基本安全和健康的劳动条件（如频发矿难，大量职业病，恶劣的工作环境等），相当数量工人的工资收入不合理，许多法定的工人基本权利得不到保障和落实（如不遵守最低工资标准，不严格执行 8 小时工作日和 5 天工作周制度，不按规定给工人上保险，职工加班不付或不按规定付给加班费，不认真落实国家规定的带薪休假制度等），甚至还有血汗工厂和黑砖窑、黑煤窑等非法企业。因此，解决这些更基本的问题是更为迫切的任务。这种看法可以理解。确实，上述不合理不合法现象在我国不仅大量存在于私人企业，而且在相当程度上存在于国有企业和集体企业。这些问题必须首先解决，要促使企业严格执行国家有关劳动的法律法规，国有企业尤其应该发挥制度示范作用。其次还应加强工会组织的独立性和维护工人权益的职能，建立工人与管理层的议价谈判制度；加强各级政府对企业的主动监管，对于不遵守国家劳动法规的企业给予惩罚；加强职工和舆论的社会监督。但是，在争取工人这些最基本的劳动权益的同时，关于探索社会主义生产方式这个更根本更长远的任务也应提上日程。千里之行始于足下。社会主义生产方式的探索是社会主义国家企业发展的应有之义，是体现"以人为本"和建立"和谐社会"的重要内容。以人为本首先就要以劳动者为本。使全体人民成为全面发展的劳动者，是社会主义社会的最终目标。这一马克思主义学说的精髓很多人并未理解。这里要特别指出的是，现在很多政府官员包括国有企业官员，他们头脑中并没有"以劳动者为本"的思想，他们有的是"以利润为本""以速度为本""以 GDP 为本""以政绩为本"等思想。在经济建设中单纯追求增长速度，已成为某种痼疾，这不仅导致粗放的不可持续的增长方式，导致产品质量低劣和豆腐渣工程，也导致对工人基本权益甚至基本安全的漠视。在我国经济发展的现阶段，没有一定的速度虽然不行，但前提是保证产品质量，保证经济效益，保证职工的安全、健康和权利。因此，不论是在推动我国劳动关系的健康发展上，还是在探索社会主义生产方式的改革中，关键都是要首先解决思想认识问题和加强相关的制度建设。

---

　　① 哈里·布雷弗曼：《劳动与垄断资本》，商务印书馆 1979 年版，第 207-208 页。

可能还有一种观点，认为资本主义生产关系决定了资本主义劳动过程的内在规律与特征，它的弊端在资本主义条件下是不可能改变的，除非废除资本主义经济制度。在还看不到这种前景的情况下，改革现有劳动过程的努力不会有什么结果。这种观点似乎完全忽略了工人阶级的力量和斗争所具有的社会功能。不论是马克思还是布雷弗曼，在揭示资本主义劳动过程的特征和弊端时，并不是在宣扬宿命论，他们从未排除工人阶级的抗争和力量对具体劳动方式形成可能产生的影响。诺布尔指出：生产技术和社会关系的"因果联系从来就不是自动的——不论原因是技术，还是它背后的社会选择——而总是要经过一个复杂的过程，其结果说到底仍要取决于参与双方的相对力量。……因此，生产技术会先后两次被生产的社会关系所决定：首先，它要按照决策者的思想方式和社会权力来进行设计与部署；其次，它在生产中的实际应用还要受到车间阶级斗争现实情况的制约"[①]。为了说明第二层意思，诺布尔举了计算机数字控制系统（Computer Numerical Control Systems，即CNC）的例子。在美国马萨诸塞州通用电气公司的工厂中引进这种最新的CNC系统时，机器操作工是不允许编辑程序的，只有监督雇员和程序设计员才能编辑程序，因为管理者唯恐失去对车间的控制。而挪威康斯伯格的一个国有武器工厂，虽然基本情况与美国通用电气的工厂大体相似，但在引进同样类型的CNC设备时，机器操作工却可以按照他们自己的安全、效率、质量和便利标准，常规性地从事所有程序编辑工作，他们可以改变操作顺序、增加或减少操作，有时还可以改变整个程序的结构以适合自己的意愿。当他们对程序感到满意并完成一组部件的制造后，按下按钮生成一个订正了的磁带，在经过程序设计员的认可后便可入库永久储存。他们接受数字控制编程的训练，但仍然是机器操作工，他们与专职程序设计员的冲突也减少了。这样做的结果不但提高了工人的技能，也提高了生产效率。为什么同样是引进一种新技术设备，挪威的工厂对劳动过程的影响会与美国的工厂完全不同呢？这有若干原因。挪威的钢铁和金属工人工会是国家最强大的产业工会，在康斯伯格当地社会生活中具有重要影响。挪威的社会民主立法鼓励工人参与涉及劳动条件的相关事务，给予工会获取技术情报的权利，当地工会早已加入到一项"工会参与计划"中。面对以计算机为基础的信息和控制系统应用所带来的前所未有的挑战，工会已经采取步骤学习如何应对。在实践中，工会创

---

① D. F. Noble. Social Choice in Machine Design: The Case of Automatically Controlled Machine Tools. Case Studies on the Labor Process, Monthly Review Press, 1979, P.19.

设了由工人担任的"车间数据管理员"职位，负责严格审查新的技术系统，另有一工人则被指派对他进行监督，以确保其不至于违背车间工人利益；同时在单个公司和地方工会之间以及全国工会和雇主联合会之间，建立正式的《数据协议》，以界定工会参与技术决定的权利。正是在上述条件下，在康斯伯格，工会经过长期斗争，成功确保了所有车间人员利用以计算机为基础的生产和存货系统的权利。[①]实际上在挪威，90％的有组织工人都被涵盖在《数据（处理）协议》之下。它规定，在引进一种与计算机相关的新技术之前，管理层必须事先向工人通报其意图，用工人能理解的语言说明这种新技术和它对工作的影响，并要有工人代表参加新技术规划小组。[②]上述情况表明，即使在资本主义条件下，只要工人阶级和工会的力量足够强大，国家通过立法和监督对企业劳动关系施行有力的干预，企业在采用新技术时，也可能形成更人性化的劳动组织和劳动方式，在管理层（或资方）与工人之间建立相对协调的劳动关系。这种劳动方式不但有利于促进工人的全面发展，而且有利于提高生产效率和经济效益，增强企业的竞争力。

（原载《政治经济学评论》2012 年第 2 期）

---

① D. F. Noble. Social Choice in Machine Design: The Case of Automatically Controlled Machine Tools. Case Studies on the Labor Process, Monthly Review Press, 1979, P.48-49.

② A. Zippolist. Case Studies of the Labor Process, Monthly Review Press, 1979, Introduction, P.XV.

论经济长波

内容摘要：资本积累过程存在着长期波动。经济长波是西方非主流经济学研究的一个重要课题。对长波内在机制的不同解释形成了三种影响较大的长波理论。但如果把积累率的波动置于长波分析的中心地位，则长波并非决定于单一因素，而是取决于技术、制度、市场等多种因素的共同作用。第二次世界大战后资本主义世界经历了第四次扩张长波，并于20世纪70年代转入长波下降阶段。对于80年代是否出现了新的扩张长波，左派学者有不同看法。本文认为，从20世纪80年代到2007年，在信息技术革命、新自由主义制度调整和经济全球化的共同推动下，以美国为主的发达国家确实经历了一次新的扩张长波。而2008—2009年的金融—经济危机则开启了萧条长波的新阶段。对于当前世界资本主义经济在长期波动中所处的历史阶段及其特征，我们应有恰当的认识和积极的应对。

关键词：资本主义经济　长期波动　金融—经济危机　长期萧条

一、资本积累过程中的波动性

资本积累从来就不是一个均衡平稳的发展过程。积累过程的一个重要特征是它的波动性，即在不同时段资本的积累是或正或负、时快时慢的，并由此引起经济增长过程上下起伏、快慢不均的波动。经济增长的这种波动变化在历史上往往作为相隔一段时间反复发生的现象，因而也被一些学者称为周期。在经济学研究中，有四种周期性波动最为引人注目，它们分别以其初始主要发现者的名字命名，即基钦周期（Kitchin Cycle），长度通常为3—5年；尤格拉周期（Juglar Cycle），长度通常为7—11年；库兹涅茨周期（Kuznets Cycle），长度通常为15—25年；康德拉捷耶夫周期（Kondratieff Cycle），长度通常为 45—60 年。基钦周期反映的是生产中存货投资的变动，也称为存货周期。尤格拉周期的基础是固定资本更新，因而也被称为固定资产投资周期。尤格拉周期就是人们通常所说的商业周期，它是经济学中关注度最高和研究最多的一种经济波动。库兹涅茨周期是由建筑活动的兴衰引起的，因而称为建筑周期。康德拉捷耶夫周期作为时间最长的经济波动，通常被认为与重大科技革命和大规模基础设施建设投资紧密相关。由此可见，四种周期波动都反映了投资的波动即资本积累的波动，或者说是由积累的波动所引起的。所以范·杜因说："投资波动常常被看作经济周期的引擎。……不同长度的经济周期分别与某种特定的投资类型有关：基钦周期与存货投资、尤格拉周期与机器设备投资、库兹涅茨周期与建筑物投资，以及康德拉捷耶夫周期与所谓基本的资本货物如大型工厂、铁路、运河、土地改良工程等投资相联系。"[1]

　　资本积累和经济增长过程中这四种周期波动的重要性是不同的。基钦周期通常波动幅度较小，对经济活动的影响相对说来也较弱。库兹涅茨周期只是在美国比较显著，并且只存在于一定历史时期，因而并不具有普遍性。商业周期是重要的，但并非本文的主题。本文将主要关注康德拉捷耶夫周期，即世界资本主义经济的长期波动问题。

　　康德拉捷耶夫周期是西方非主流经济学家长期研究的课题，但也存在较多不同观点与争论。由于在这种长期波动的时间轮回和原因上至今缺乏严密的论证，更多学者宁愿将其称为长期波动或长波，而不是长周期。

　　让我们回顾历史，看看主要资本主义国家在其发展过程中是否存在经济上的长期波动。经验观察涉及反映经济波动的经济指标的选择。早期的长波学者较多注意价格的波动，后来的学者则更重视工业生产乃至整个国民产出的波动。从工业生产或国民产出增长率的变动来观察经济的长期波动显然更符合经济活动的实体和本质。下面就来看看从 19 世纪中期到 20 世纪 70 年代这个长时期内主要资本主义国家工业生产增长率、总产出增长率、GDP 总量增长率以及世界工业生产增长率的长期波动情况。

---

① 范·杜因：《经济长波与创新》，上海译文出版社 1993 年版，第 7 页。

表1 主要资本主义国家工业生产增长率的长期波动
（19世纪中期到20世纪70年代）（%）

	英国		美国		德国 a		法国		意大利	
第二次长波										
上升时期	1845—1873	3.0	1864—1873	6.2	1850—1872	4.3	1847—1872	1.7		
下降时期	1873—1890	1.7	1873—1895	4.7	1872—1890	2.9	1872—1890	1.3	1873—1890	0.9
第三次长波										
上升时期	1890—1913	2.0	1895—1913	5.3	1895—1913	4.1	1890—1913	2.5	1890—1913	3.0
	1920—1929	2.8	1920—1929	4.8	1920—1929		1920—1929	8.1	1920—1929	4.8
下降时期	1929—1948	2.1	1929—1948	3.1	1929—1948		1929—1948	-0.9	1929—1948	0.5
第四次长波										
上升时期	1948—1973	3.2	1948—1973	4.7	1948—1973	9.1	1948—1973	6.1	1948—1973	7.9

资料来源：范·杜因：《经济长波与创新》，上海译文出版社1993年版，第182页表9.7。

a：1948—1973年：西德。

表2 主要资本主义国家总产出增长率的长期波动
（19世纪中期到20世纪70年代）（%）

	英国		美国		德国 b		法国		意大利	
第二次长波										
上升时期										
下降时期	1870s—1890sa	1.9	1870s—1890sa	4.2	1870s—1890sa	2.3	1870s—1890sa	0.8	1870s—1890sa	0.7
第三次长波										
上升时期	1890s—1913	1.8	1890s—1913	4.0	1890s—1913	3.2	1890s—1913	1.8	1890s—1913	2.2
	1920—1929	1.9	1920—1929	4.0	1920—1929	4.9	1920—1929	4.9	1920—1929	3.0
下降时期	1929—1948	1.6	1929—1948	2.3	1929—1948	0.0	1929—1948	0.0	1929—1948	0.6
第四次长波										
上升时期	1948—1973	2.9	1948—1973	3.8	1948—1973	6.8	1948—1973	5.3	1948—1973	5.6

资料来源：范·杜因：《经济长波与创新》，上海译文出版社1993年版，第183页表9.8。

a：英国为1873—1890年，美国为1873—1895年，德国为1872—1890年，法国为1872—1890年，意大利为1873—1890年。

b：1948—1973年：西德。

表3 世界工业生产和16个资本主义国家GDP总量增长率的长期波动
（19世纪中期到20世纪70年代）（%）

		尤格拉周期	世界工业生产的增长率	16个资本主义国家GDP总量的增长率
第二次长波	上升时期	（1850—1856）	（7.6）	
		1856—1866	2.8	
		1866—1872	4.5	
	下降时期	1872—1883	2.7	2.4
		1883—1892	3.4	2.7
第三次长波	上升时期	1892—1903	4.3	2.9
		1903—1913	4.1	3.0
		1913—1920	-1.0	0.3
		1920—1929	5.1	3.8

续表

		尤格拉周期	世界工业生产的增长率	16 个资本主义国家 GDP 总量的增长率
第三次长波	下降时期	1929—1937	1.6	1.3
		1937—1948	1.8	1.8
第四次长波	上升时期	1948—1957	5.9	4.8
		1957—1966	5.9	4.8
		1966—1973	5.1	4.8

资料来源：范·杜因：《经济长波与创新》，上海译文出版社 1993 年版，第 177 页表 9.5。

从上述三个表格中增长率变动的数据来看，资本主义经济活动中的长期波动是显著存在的。每次长波都包含一个资本较快积累的上升时期和一个积累相对缓慢的下降时期。表中没有涉及第一次长波，是因为学术界有争论。个别国家个别时期的增长率变动也可能有例外，但总体看，长波的存在应该是肯定无疑的。

根据历史发展中经济变动的实际情况，长波学者一般认为主要资本主义国家经历了四次或五次长期波动。对于每次长波的起止年份和转折年份，由于着眼点的差异，长波学者的观点并非完全一致，但除罗斯托外，他们在关键年份的选择上差别并不是很大。按照多数学者的意见，可将资本主义发展历史上的长波大致描述如下：第一次长波从 1790 年到 1848 年，其中，1790—1815 年为上升时期，1815—1848 年为下降时期；第二次长波从 1848 年到 1896 年，其中，1848—1873 年为上升时期，1873—1896 年为下降时期；第三次长波从 1896 年到 1948 年，其中，1896—1929 年为上升时期，1929—1948 年为下降时期；第四次长波从 1948 年开始，1948—1973 年为上升时期。

对于上述长波年表，有三点需要说明：第一，第一次长波的主导国家是英国，其经济波动只是从价格变动率上看是存在的，而实体经济的增长率变动并不显著。英国工业生产的增长率 1782—1825 年为 3.2%，1825—1845 年为 3.5%。[1]究其原因，英国这个时期处于经济起飞和工业革命阶段，在两个主导工业部门纺织业和炼铁业的扩张之后，是 1830 到 1950 年间大规模的铁路建设，从而延续了工业生产的迅速增长。这就是范·杜因在列表时忽略第一次长波的原因。第二，第三次长波的上升时期为 1896—1929 年，但中间曾被第一次世界大战所打断，故 1913—1920 年这段时间应属特例。第三，20世纪 70 年代以后的情况在年表中没有涉及，是因为学术界有不同意见。许多

---

① 范·杜因：《经济长波与创新》，上海译文出版社 1993 年版，第 174 页。

左派学者认为 1973 年后资本主义进入了长期衰退，也有人认为资本主义经济从 80 年代又开始了一次新的扩张长波。由于这个问题在长波研究中具有更现实的意义，也正是本文的重点，故此处忽略，留在后面重点讨论。

为说明历次资本主义长波的主要特征，有必要简要回顾一下关于长波的几种主要理论。

对长波内在机制的不同解释形成了三种影响较大的长波理论。[①]一是熊彼特开创的技术创新的长波理论，断言一定时期重大技术创新群集出现所带动的投资高潮，以及技术革命潜力用尽后所导致的投资衰落，是推动经济长期波动的基本原因。[②]二是曼德尔构造的马克思主义的长波理论，认为由若干基本经济变量所制约的利润率的上升和下降，是导致经济长期波动的主要力量。他同时强调促使经济转入长波下降阶段的经济因素是内生的，但经济转入长波上升阶段必须依赖外生因素的推动。[③]三是戴维·戈登等提出的"社会积累结构"的长波理论，强调有利于资本积累的特定制度环境（即社会积累结构）的形成和衰败在经济长期波动中起决定作用，而特定社会积累结构的形成和衰败则是内生的经济过程，与不同社会积累结构的更替相伴随的是相继的长波，并形成资本主义发展的不同阶段。

这个学派也受到马克思主义传统的深刻影响。[④]

三种长波理论所着眼的重点显然不同。技术创新理论主要强调技术变量，曼德尔的理论主要强调以利润率为中心的经济变量，"社会积累结构"学派主要强调制度变量。但在我们看来，这三种理论与其说是互相对立的，不如说是互相补充的。经济增长的直接推动力是投资，投资率和积累率的高低通常是制约经济增长率高低的决定性因素。长波上升阶段迅速的经济增长一般总

---

① Ismael Hossein-zadeh, Anthony Gabb. Making Sense of the Current Expansion of the U.S. Economy: A Long Wave Approach and a Critique, Review of Radical Political Economics, Vol.32.3 (2000); 高峰：《"新经济"，还是新的"经济长波"？》第四部分，见张宇等主编：《高级政治经济学》，经济科学出版社 2002 年版；孟捷：《资本主义经济长期波动的理论：一个评判性评述》第一部分，《开放时代》2011 年第 10 期。

② 约瑟夫·熊彼特：《经济发展理论》，商务印书馆 2000 年版；G. O. Mensch. Stalemate in Technology, Ballinger Publishing Company, 1979；范·杜因：《经济长波与创新》，上海译文出版社 1993 年版。

③ E.曼德尔：《晚期资本主义》，黑龙江人民出版社 1983 年版；《资本主义发展的长波》，北京师范大学出版社 1993 年版。

④ D. M. Gordon. Stages of Accumulation and Long Economic Cycles, Economics and Social Justice, Edward Elgar, 1998; D. M. Gordon, R. Edwards, M. Reich. Segmented Work, Divided Workers, Cambridge University Press, 1982. 与"社会积累结构"学派相近的还有法国的"调节学派"。但这个学派对资本主义长波的研究，在理论概念上不够清晰，造成理解上的过多歧义；对于资本主义发展某些阶段的刻画，也存在一些较明显的问题。因此，我们仅以"社会积累结构"学派为代表。

是和较高的投资水平相联系，长波下降时期缓慢的经济增长则通常是投资水平低下的直接结果。这一点已被无数经验资料所证明。因此，应把投资或资本积累增长速度的变化置于长波分析的中心地位。而一旦强调投资率变动的核心地位，则不难看出，决定投资率长期变化的并非单一因素而是多种因素。长波上升时期形成较高的投资率和资本积累率至少涉及以下几个条件：第一，投资的动力。这来自上升的利润率趋势和由此产生的乐观利润预期。资本的目的是追求利润，没有利润率日趋增长的刺激，资本家不会把大量资本投入生产和经营。而利润率的上升趋势，需要与之相关的主要经济变量的单独或共同作用，如剩余价值率提高、资本价值构成相对停滞或下降、资本周转速度加快、产品实现条件改善等。这正是曼德尔所着力分析的问题。第二，投资的物质基础。这来自技术革命和创新群集所形成的新兴生产部门，以及技术革命推动的传统生产部门的技术改造。大规模基础设施和先进生产设备的生产与建设，是大规模投资的物质载体。没有这种物质基础，巨额资本将无处可投，当然也难以维持多年较高的投资增长率。第三，投资的制度环境。这意味着制度结构的某些重大变化要推动若干基本经济变量朝着促进利润率上升的方向发展，以保证投资者良好而稳定的利润预期和投资积极性，这是任何较长时期投资高涨所不可或缺的。在重大技术革命浪潮来临时，有利于资本积累的制度结构可能起到决定作用。制度调整对长波的推动和影响，说明长波这种资本主义经济现象基本上是内生的。第四，投资的市场需求。资本积累过程的基本矛盾之一是资本主义生产与资本主义市场的矛盾，实质是剩余价值生产与剩余价值实现的矛盾。这个矛盾也制约着积累过程。较高的积累率要求国内外市场扩大，以满足巨额投资所生产的大量产品的实现条件。这些产品如果不能被市场消化而实现其价值，资本家就不能获得利润并维持较高的投资率。我们加上这一条件，是因为上述三种理论对这一点虽有涉及但并未突出强调。以上是扩张长波必须具备的四个基本条件。反过来看，长波下降阶段较低的投资率和资本积累率，则是由于投资动力、投资的物质基础、有利的投资环境以及投资的市场需求这四个基本条件的缺乏。由此可见，经济长波的内在机制并非取决于上述三种理论所分别强调的某种单一因素，而是由社会经济生活中与投资直接相关的多种基本因素共同决定的。按照上述长波机制的分析，我们将以利润率和积累率为中心，从技术、制度和市场三个主要方面来观察长波的基本特征。为了突出本文的重点，我们将从第四次长波开始讨论。

二、战后扩张长波的主要特征

经过以20世纪30年代大萧条和第二次世界大战为特征的长波下降时期，从40年代末期开始，一个新的长波上升时期逐渐形成。这次扩张长波的主导国家是美国、德国和日本。关于此次长波的技术基础，学者的意见不太一致。曼德尔把这次扩张长波的技术革命特征归之为自动化和半自动化，[1]这个论断是值得讨论的。实现生产过程自动化的关键技术革命是电子技术和计算机技术，而电子技术和计算机技术在战后50年代虽已开始应用，但还远未普及到在生产过程中起主导作用。计算机的初始商业应用在1960年前后。第一个工业机器人是通用汽车公司在1961年引入的。1960年电话公司开始用穿孔卡片制作账单，银行单据和保险单很快也由计算机打印。电话接线员在60年代开始被计算机代替。[2]尽管如此，以计算机数字控制为特征的自动化当时还局限于大公司的办公室工作，并未普及到一般企业，更没有扩展到生产车间的劳动过程。直到1968年，美国工业使用的机床中数字控制机床仅占百分之一。[3]1969年出现的莫林斯系统24（MOLINS System 24）被认为是第一个"灵活制造系统"。[4]个人电脑则到80年代初期才问世。综上所述，把自动化、半自动化界定为战后五六十年代扩张长波的技术基础，显然是不妥的。

战后五六十年代扩张长波的主要技术基础，应看作19世纪末20世纪初以电力和内燃机为标志的科技革命的延续与扩展。这次科技革命曾是1896年至1929年扩张长波的技术基础，其间曾一度因第一次世界大战而间断。但当时的扩张长波并未使这次科技革命的潜力完全发挥，就又被1929年开始的大萧条和随之而来的第二次世界大战所打断。因此，此次科技革命在战后继续展开，并在欧洲和日本与战后的经济重建相结合，在制度结构演进的推动下，形成了一个经济繁荣的黄金时期和新的长波上升阶段。战后推动发达国家经济迅速发展的主导经济部门有：汽车、卡车、拖拉机、战车、机械化战

---

① 参见 E. 曼德尔：《晚期资本主义》，黑龙江人民出版社1983年版，第六章。

② Robert J. Gordon. Is US Economic Growth Over? Faltering Innovation Confronts the Six Headwinds, NBER Working Paper (August 2012), P.11.

③ 哈里·布雷弗曼：《劳动与垄断资本》，商务印书馆1979年版，第176-177页。

④ 克里斯·弗里曼，弗朗西斯科·卢桑：《光阴似箭——从工业革命到信息革命》，中国人民大学出版社2007年版，第326-327页。

争装备、飞机、耐用消费品、加工设备、合成材料、石油、石油化工等部门。相应的基础设施有高速公路、飞机场、空中航线等。它们或者是 20 世纪初期科技革命时的主导工业部门,或者是那次科技革命所衍生出的重要工业部门。正如弗里曼和苏特所说:"二战后的 25 年可以说是人类历史上社会经济发展最快的一个阶段。这一飞速发展很大程度上是建立在石油、汽车、飞机、石化制品、塑料和耐用消费品的基础之上。"①弗里曼和卢桑在另一本书中也指出:"汽车工业、柴油机和拖拉机工业、飞机工业和航空公司及其零部件供应商、石油、石化和合成材料工业、公路和机场基础设施、辅助性的维修、保养和销售服务、基于机动化的各种大众服务,一起构成了 60 年代领先国家国民总产出的很大比重,可能高达 1/3。"②罗伯特·戈登则强调:第二次工业革命的伟大发明,在 1870 年后的半个世纪里,彻底改变了美国人的生活和工作条件,而这些发明的全部影响,甚至要到 1970 年才得以真正实现。③

战后上升长波的制度基础问题,可简单概括为以下几个方面。第一,发达国家的主要经济部门被垄断大公司所控制。它们基本上形成以默契勾结为特征的寡头垄断市场结构,少数行业则由支配性企业占统治地位。混合联合大公司成为垄断企业的主要形式,它们在一些高度集中的部门中起主导作用,并与由其控制的中小企业形成整个经济的二元结构。第二,在主要经济部门中形成了以劳资议价谈判为标志的相对协调的劳资制度。这种劳资关系的演进缓和了资本主义的主要阶级冲突,有利于提高以工人为主体的居民消费需求,促进新技术革命和劳动生产率增长,提高资本的利润率。第三,银行业进一步集中和金融机构多样化。更为集中的银行业形成巨型银行的垄断地位。同时,各种非银行金融机构大规模快速兴起。非银行金融机构和大商业银行一起;极大地强化了集中闲置货币资金的能力,促进了发达国家的资本积累和居民消费。第四,国家对经济的干预制度在凯恩斯主义影响下得到空前加强。国家的经济职能不断扩大,开始对包括生产、流通、分配和消费的整个再生产过程进行全面和经常的经济干预。在对社会再生产进行干预的同时,还直接影响社会的总有效需求,力图通过"反周期"操作来"熨平"危机。

---

① 克里斯·弗里曼,罗克·苏特:《工业创新经济学》,北京大学出版社 2004 年版,第 178 页。

② 克里斯·弗里曼,弗朗西斯科·卢桑:《光阴似箭——从工业革命到信息革命》,中国人民大学出版社 2007 年版,第 309 页。

③ Robert J. Gordon. Is US Economic Growth Over? Faltering Innovation Confronts the Six Headwinds, NBER Working Paper (August 2012), P.8.

这些干预措施对于"黄金时期"经济的相对稳定增长确实起到了一定作用。第五，形成以美国为主导的相对稳定的国际经济关系。美国通过二战取得政治、军事和经济上的绝对优势。1944年布雷顿森林会议所确立的国际货币制度，使美元获得作为世界货币和储备货币的特权，形成较为稳定的国际货币关系。这种"美国统治下的世界和平"，有利于国际资本的流动，扩大了国际贸易与世界市场，使发达国家能够获取廉价的原材料和能源，从而为美国和资本主义世界的经济增长提供了良好的国际经济环境。

国际贸易的发展和世界市场的扩大也为20世纪50年代到60年代资本主义经济的快速增长提供了不可或缺的市场条件。在发达国家内部，迅速的资本积累创造了旺盛的投资需求，政府的宏观调控政策和福利制度大大提升了居民的收入水平，大萧条和二战期间被压抑的个人需求得以释放，这些都使发达国家的有效需求大幅度提高，扩大了内部市场和国家间贸易。在发达国家外部，战前的殖民地半殖民地纷纷独立后，发达国家用贸易、投资和援助等经济手段继续剥削和控制这些不发达国家，将其作为廉价的能源和原材料供应地与制成品销售市场。世界市场扩大表现为发达国家贸易出口增长率迅速提高，并大大超过经济增长率。

战后"黄金时期"形成扩张长波的上述技术、制度和市场条件，推动了发达国家经济强劲增长。在1950—1973年，16个发达国家平均计算的年均复合增长率：GDP增长4.9%，人均GDP增长3.8%，非住宅固定资本存量增长5.5%，出口增长8.6%。[①]然而，长期波动的规律是资本主义经济无法消除的，各种潜在的问题随着扩张长波的推进而逐渐累积并暴露出来。从供给方面看，经过较长时期强劲的经济增长，劳动市场日趋紧张和实际工资不断提高，而实际工资增长一旦超过劳动生产率增长就必然挤压资本利润。事实上，从60年代中后期开始，发达国家的企业利润已经开始下降，到1973年时利润份额已降到了只相当于60年代高峰水平的75%。[②]与此同时，原材料价格也随着经济的长期增长而逐渐上涨，到1968—1973年间，上涨程度已超过制成品，进一步侵蚀了企业利润。70年代的两次"石油危机"，更是加剧了初级产品价格的飞涨。这就从成本方面削弱了利润和积累。从需求方面看，群众有支付能力的需求终究落后于全球生产的急剧扩张，长波上升时期强劲的经济增长把大量商品提供到世界市场上，生产与消费的矛盾逐渐尖锐起来，

---

① A. Maddison. Phases of Capitalist Development, Oxford University Press, 1982, P.91. Table 4.9.

② P. 阿姆斯特朗等：《战后资本主义大繁荣的形成和破产》，中国社会科学出版社1991年版，第216页。

发达国家的国际竞争日益加剧。加上原有科技革命的影响力逐渐减弱，整个社会的资本积累受到技术变革推力不足和消费需求拉力不足的双重遏制，投资增长率必然放慢。社会的总有效需求终于变得相对不足，形成全球性的产品过剩和生产能力过剩，生产能力利用率因此必然下降，而竞争加剧又遏制了资本家的提价能力，使制成品的价格上涨不能充分弥补日益上升的生产成本。由此，对利润的侵蚀是不言自明的。

上述日趋严重的经济问题，反映了资本主义经济内在矛盾的重新尖锐化，使资本主义经济陷入前所未有的双重危机之中。一方面，利润被侵蚀，利润率下降，使资本积累速度放慢，经济增长率趋于下降，失业率迅速上升；另一方面，在实际工资提高、初级产品价格上涨和长期宽松的宏观政策推动下，通货膨胀率又不断攀升。资本主义经济进入一种"停滞膨胀"（"滞胀"）状态，陷入低积累、低增长、高失业、高通胀的两难困境。从美国看：资本积累的年均增长率从 60 年代的 7.2％下降到 70 年代的 5.6％，国内总产值年均增长率从 4.4％下降到 3.3％，失业率从 4.8％上升到 6.2％，通货膨胀率从 2.4％上升到 7.1％。[①]其他发达国家的宏观经济指标也大都表现为类似的变动趋势。70 年代标志着战后资本主义"黄金时代"终结，开始进入危机和萧条时期，由此开启了战后经济长波的下降阶段。

三、20 世纪 70 年代以后的长期波动

对于战后 50 年代到 60 年代资本主义国家经历的第四次长波上升阶段，绝大多数长波学者似乎没有争议，但对此后的发展就持有不同观点了。许多左派学者认为，从 70 年代开始资本主义经济进入了长期持续的长波下降阶段，直到 20 世纪末，并延续到 2008 年的全球性金融—经济危机。如奥哈拉（O'Hara）所说："长波的调节学派认为，1950 年代和 1960 年代是美国和世界经济的长波上升时期，而 1970 年代到 1990 年代则是一个长波的下降时期。

---

① 《美国总统经济报告》，美国联邦政府印制局 2009 年，第 287 页表 B-4、334 页表 B-42、357 页表 B-63。资本积累以非住宅固定资本投资增长率代表；通货膨胀率以消费物价指数变动率代表。年均数根据各年数字算出。

这种调节方式的分析得到美国实际 GDP 增长周期数据的支持。"①奥哈拉采用实际 GDP 的 10 年平均增长率作为论据。这类资料似乎可以证明上述论断是正确的。

表 4　美国战后实际 GDP 按 10 年计算的年均增长率的长期变动（%）

时　期	GDP 年均复合增长率
1950—1959	4.2
1960—1969	4.5
1970—1979	3.2
1980—1989	3.1
1990—1999	3.2
2000—2009	1.8

计算根据:美国商务部经济分析局,表 1.1.1. Percent Change From Preceding Period in Real Gross Domestic Product，Bureau of Economic Analysis（Last Revised on: August 28, 2014）。

自 20 世纪 60 年代以来，美国按每 10 年平均计算的实际 GDP 年均增长率确有下降趋势，这在按 20 年平均计算的实际 GDP 年均增长率的变动上表现得更为突出。但是，如果我们按照另外一种时期划分来观察美国的实际 GDP 及其他主要经济指标的长期变动，就会看到不同的变动轨迹。请看表 5。

表 5　美国战后不同时期实际 GDP 及其他若干主要经济指标的变动（%）

时　期	实际 GDP（年均复合增长率）	私人国内总投资（年均复合增长率）	劳动生产率（年均复合增长率）	失业率（年平均失业率）
1950—1973	4.2	5.7	2.8	4.8
1974—1982	2.0	0.5	0.9	7.2
1983—2007	3.4	4.7	2.3	5.8
2008—2016	1.3	0.7	1.1	7.3

计算根据:美国 GDP 变动率:美国商务部经济分析局(2017 年 5 月 26 日,Gross Domestic Product Percent Change from Preceding Period);投资率变动率:经济分析局(2017 年 6 月 29 日,表 1.1.1. Percent Change From Preceding Period in Real Gross Domestic Product);劳动生产率变动率:美国劳工部劳工统计局(2017 年 6 月 5 日,Major Sector Productivity and Costs: Labor Productivity[Nonfarm Business]);失业率:劳工统计局(2017 年 5 月,Employment Status of the Civilian Noninstitutional Population, 1946 to date)。

---

① P. A. O'hara. Deep Recession and Financial Instability or New Long Wave of Economic Growth for U.S. Capitalism? A Regulation School Approach, Review of Radical Political Economics, Winter 2003, P.22.

表 5 反映的美国经济战后变动形态与表 4 全然不同。在 50—60 年代的经济繁荣以后，美国经济增长并非处于持续的下降趋势，而是经历了一个新的长期波动。经过 1974 到 1982 年近 10 年的增长率减速，从 80 年代早期开始了新的增长加速时期，直到 2007 年次贷危机爆发。从 20 世纪 80 年代开始的经济增长重新加速，能否看作进入一次新的长波上升阶段呢？我倾向于肯定的回答。因为在这 20 多年中，与 1974—1982 年的萧条时期相比，美国经济的几个主要指标都表现出了显著的改善。在实际 GDP 增长率加快的同时，投资增长率大幅度提高，劳动生产率增长率提高了一倍多，失业率则下降了 1.4 个百分点。

战后美国经济长期波动的决定性因素是什么？是资本积累率的波动。表 5 的数据表明，以私人国内总投资为代表的资本积累的波动最为剧烈。正是积累率的迅速增长带动整个美国经济进入新的长波上升时期。金融危机爆发后积累率的急剧下降，则标志着此次扩张长波结束，美国经济再次转入长期萧条阶段。

以下我们将围绕积累率的波动来分析 20 世纪 80 年代开始新的扩张长波的主要条件和原因。[①]

四、20 世纪 80 年代开始新的扩张长波的主要推动力量

80 年代早期开始美国资本积累的重新加速不是偶然的，而是一系列技术、经济和制度演变的结果。以下几个方面的因素起了主要作用。

1. 信息技术革命。信息技术以集成电路、计算机、软件、电信、互联网、移动通信等技术和产业为主要特征。它们与战后五六十年代以汽车、石油、飞机、农业机械、家用电器、合成材料等为主导的技术变革是非常不同的。信息技术虽然在 60—70 年代已经逐渐兴起，但正是在 80—90 年代得到迅速发展，促成了一批迅速扩张的新兴工业部门，如芯片生产、计算机制造、软件制作、电信设备制造和电信运营部门等，需要进行大规模与信息技术相关的基础设施建设，如光纤网络、无线通信基站等的建设；还推动了整个工业

---

① 笔者在 2002 年的论文《"新经济"，还是新的"经济长波"？》中，虽然已经提出美国进入了新的扩张长波，但当时认为此次长波始于 20 世纪 90 年代，从而得出一个误判，以为扩张长波还会有一个较长时期的发展。事实证明这个判断是错误的。

企业的信息技术升级，直至影响到服务业、办公室和家庭。这次信息技术革命的影响非常深刻，它改变了企业生产的组织方式和经营方式，改变了人们的社会经济生活，形成了佩蕾丝和弗里曼等所谓的新的"技术—经济范式"。[1]

信息技术革命作为新的扩张长波的物质技术基础，从几个方面推动了资本积累和经济增长。第一，形成旺盛的投资需求，为大规模投资和资本积累提供了物质载体。信息技术革命推动了一系列信息产业部门兴起，以及传统工业部门和整个社会经济生活的信息技术改造。这从欧林勒和斯切尔对当时美国非农部门经济增长的核算数据中得到部分证明：在 1991—1995 年和 1996—1999 年两个时期的经济增长中，资本投入增长的贡献率接近四成；而在总资本投入中，信息技术资本投入增长的占比又接近六成。由此可见信息技术革命在加速资本积累和经济增长中的重要作用。[2]第二，促进劳动生产率加速增长。信息技术革命下计算机的广泛应用和互联网的迅速发展，大大提高了劳动生产率，进而推动经济产出加速增长。欧林勒和斯切尔的核算数据也部分地证明了这一点：在1991—1995年和1996—1999年这两个时段中，投资加速增长导致的资本/劳动比率提高解释了劳动生产率快速增长的40％，而信息技术资本/劳动比率提高则解释了整个资本深化的80％以上。可以说，整个资本深化主要是由信息技术资本投资的高速增长带来的。[3]第三，提高了资本生产率。信息技术革命的一个重要特点，是计算机核心设备（芯片）制造的生产率增长率极高，导致成本和价格急剧下降，从而在信息技术投资推动资本/劳动比率不断提高的同时，使资本生产率和全要素生产率能够较快上升。这在欧林勒和斯切尔的核算数据中同样部分地得到证明。[4]全要素生产率迅速提高，必然推动经济加速增长。

2. 利润率回升。利润率的变动趋势在资本主义经济的长期波动中具有决定作用。国内外左派学者的实证研究都已证明，美国经济中的利润率从 20

---

[1] 参看卡萝塔·佩蕾丝：《技术革命与金融资本》，中国人民大学出版社 2007 年版；克里斯·弗里曼，弗朗西斯科·卢桑：《光阴似箭——从工业革命到信息革命》，中国人民大学出版社 2007 年版。

[2] S. D. Oliner, D. E. Sichel. The Resurgence of Growth in the Late 1990': Is Information Technology the Story? Journal of Economic Perspectives, Fall 2000, P.10. Table 1. 他们核算的三个时期分别为 1974—1990 年、1991—1995 年和 1996—1999 年。由于 1974—1990 年没有区分 1974—1982 年和 1983—1990 年两个阶段，所以仅观察 90 年代的核算。

[3] S. D. Oliner, D. E. Sichel. The Resurgence of Growth in the Late 1990': Is Information Technology the Story? Journal of Economic Perspectives, Fall 2000, P.13. Table 2.

[4] 参看 S. D. Oliner, D. E. Sichel. The Resurgence of Growth in the Late 1990': Is Information Technology the Story? Journal of Economic Perspectives, Fall 2000, P.13. Table 2.

世纪 80 年代早期开始了回升的势头。无论是多梅尼尔和列维的长期数据，还是布伦纳的长期数据，或是谢富胜等的长期数据（虽然他们的具体数值不同），美国制造业和私人经济中的利润率都表现出共同的变动形态：1948 年到 60 年代中期处于高位波动，60 年代中期转为下降趋势，到 1973 年危机时期开始大幅度下降，但从 1980—1982 年危机后重新转为上升趋势，而后在波动中直到 2007 年次贷危机爆发。[①]从具体数值来看，按照多梅尼尔和列维的数据：1950—1973 年间，美国经济中的利润率年均为 20.2％；而后从 1973 年的 19.4％大幅下降到 1982 年的 12.3％；1983—2007 年，利润率又逐渐提高到 18.2％。[②]

美国经济中的利润率从 1983 年开始回升，有两个直接决定因素：一个因素是，国民收入中利润份额扩大。收入分配中利润份额的大小，取决于劳动生产率增长和雇员实际工资增长的对比关系。美国劳动生产率增长从 80 年代初期的经济衰退后开始趋于提高，但美国雇员的实际工资水平却长期处于停滞甚至下降趋势。美国私人非农经济中生产和非监督雇员平均小时实际收入（按 1982 年美元计算），从 1959 年的 6.69 美元上升到 1973 年的 8.55 美元；而后则趋于下降，到 1995 年降低到 7.39 美元；90 年代后半期略有回升，但到 1999 年也只达到 7.86 美元，仍未恢复到 1973 年的水平。[③]劳动生产率增长长期快于实际工资增长，必然推高资本的利润份额。美国公司收入中的利润份额从 1973 年的 18.0％，上升到 1997 年的 21.6％。[④]利润份额提高意味着工资份额降低，反映为劳动成本下降和资本利润上升。另一个因素是，日益提高的资本生产率。资本生产率也是决定利润率的一个重要因素。资本生产率提高意味着单位产品的资本耗费和资本成本下降，必然有利于推高企业利润率。

上述决定利润率回升的两个直接因素，涉及马克思主义经济学的两个基本范畴：剩余价值率和资本有机构成。利润份额不过是剩余价值率的另一种近似的衡量方式；资本生产率则通常与资本技术构成成反向变动，因为资本

① 罗伯特·布伦纳：《繁荣与泡沫》，经济科学出版社 2003 年版，第 67 页图 2-10；G. Dumenil, D. Levy. The Profit Rate: Where and How did it Fall? Did it Recover? (USA 1948-2000), Review of Radical Political Economics 34 (2002)；谢富胜，李安，朱安东：《马克思主义危机理论和 1975—2008 年美国经济的利润率》，《中国社会科学》2010 年第 5 期。

② G. Dumenil, D. Levy. United States Long Term Version, Data Base (1896-2011), January 2013.

③《美国总统经济报告》，美国联邦政府印制局 2001 年，统计附录，第 330 页表 B-47。

④ R.Pollin. Anatomy of Clintonomics, New Left Review, May-Jun 2000, P.42.

生产率的倒数即资本/产量比率的变动（在劳动生产率不变条件下）与资本/劳动比率的变动成正比。[1]马克思把剩余价值率和资本有机构成这两个范畴看作决定利润率的基本变量。在利润率低下的经济萧条时期，推动利润率回升以刺激投资和经济增长的基本手段，就是设法提高剩余价值率并同时抑制资本有机构成的过快增长，这恰恰是美国经济在 20 世纪 80—90 年代所经历的事情。根本改变第二次世界大战后美国工人实际工资不断上涨的趋势，同时大力恢复 70 年代日趋缓慢的生产率增长，是当时美国资产阶级在国家帮助下力图完成的主要任务，结果便是利润份额上升或剥削率提高。而以信息技术资本为主导的资本积累，又抑制了资本有机构成的增长。两者共同导致美国利润率的逐渐恢复和上升。按照罗伯茨的计算，在 1982—2002 年间，美国经济中的剩余价值率提高了 22.5%，资本有机构成下降了 5.2%，利润率提高了 29.9%。[2]我们则根据多梅尼尔和列维的原始数据也计算了这三个变量在两个不同时期的平均值：1974—1982 年时期与 1983—2007 年时期相比，剩余价值率从年均 37.7%上升到 39.3%，提高了 4.2%；资本有机构成从年均 2.41 降低到 2.22，下降了 7.9%；利润率则从年均 15.7%上升到 17.8%，提高了 13.4%。[3]由于具体计算方法不同，数据变动幅度的差别较大，但基本趋势是清晰和一致的。

美国经济从 1984 年开始的利润率回升具有深刻的制度背景。从 70 年代开始，在利润率下降和增长率放慢等经济困境的推动下，美国的经济关系和经济结构经历了深刻的调整过程，为重新提高利润率和投资率创造了有利的经济环境和制度基础。其中特别重要的有以下三个方面。

关于劳资关系。70 年代后发达国家劳资制度的最大变化，是从战后相对协调互利的劳资关系逐渐演变为相对紧张和对工人不利的劳资关系。战后黄金时期美国的劳资关系相对协调，但从 70 年代美国经济步入困境以后，大公司管理层开始对工人采取强势进攻策略。经济全球化以及美国政府新自由主义经济政策的得势，助长了资本策略的这种转变，由此所引起的制度性变化是造成 70 年代后工资挤压的重要原因。首先，公司经营的政治环境发生变化。联邦最低工资法定水平几次长期冻结，导致最低工资实际价值因通货膨胀而长期下降，必然影响到平均实际工资下降。其次，劳动密集型生产大规模转

① 高峰：《资本积累理论与现代资本主义》（第 2 版），社会科学文献出版社 2014 年版，第 51-53 页。

② M. Roberts. The Long Depression, Haymarket Books, 2016, P.62. Figure 4.2.

③ 计算根据：G. Dumenil, D. Levy. United States Long Term Version, Data Base (1896-2011), January 2013.

移到国外彻底逆转了劳动市场的供求形势。再加上新技术革命加速机器对劳动的替代，大大减少了资本对国内劳动力的需求。资本迁移的现实压力和潜在威胁，使工人基本丧失与资方讨价还价的能力。第三，"工会密度"（工会会员占工人的比例）不断下降。工会在资方攻势下日益转为守势，不得不在工资和福利等方面做出让步。第四，广泛采用"弹性"工作制度。这种被主流舆论吹嘘为促进经济效率的雇佣制度，不过是扩大使用可任意支配的雇佣工人（Disposable Worker），包括非自愿的非全日制工人、临时工、日工和各种没有劳动合同保障的做暂时工作的工人。他们工资明显低于正式的全日制工人，缺乏工作保障，福利低下，没有职业安全感。

关于金融制度。从80年代开始，美国的金融制度逐步向自由化方向演变。在历史上，美国实行与德、日等国不同的单一和分业经营的银行制度。《1933年银行法》建立的"格拉斯—斯蒂格尔墙"把商业银行和投资银行的业务严格分开。但从80年代开始金融管制逐渐放松，"格拉斯—斯蒂格尔墙"出现明显松动，并于1999年最终被废除，商业银行和投资银行趋于混业经营，各种金融机构的业务交叉越来越多。金融制度的这种变革，扩大了银行规模，加剧了金融业的竞争，在一定程度上提高了金融资源的配置效率，有利于资本积累和投资增长。与此同时，在美国金融自由化推动下，金融创新层出不穷，特别是风险资本（即创业资本）的迅速发展具有重要意义。风险资本与创业板市场相结合，帮助创立了大批小型高新技术公司，使它们从资本市场上筹集到资本。这种制度创新对信息技术迅速发展的推动作用不容忽视。此外，1980年后美国的金融政策方向发生转变，开始把控制通货膨胀放在优先地位。随着通货膨胀率不断下降，利率也逐渐降低。低通胀和低利率的金融环境，也有力地刺激了投资增长。

关于市场结构。20世纪最后30年，美国的市场结构有了新的变化。新自由主义思潮重新占上风后，反托拉斯政策趋向缓和，政府对市场的管制日益放松；信息技术的采用则降低了企业的平均规模，增强了小企业的竞争能力；经济全球化和国际贸易也得到了空前发展。这一切都提高了一般行业的市场竞争性。但是在普通行业趋向竞争性市场结构的同时，高新技术部门却存在国际化的垄断性趋势。20世纪最后20年兴起的巨型并购和跨国并购，使这一趋势得以加强。美国制造业加权平均的四大企业集中率，从1982年的37.7%提高到1992年的39.9%，又从1992年的39.4%（就制造业中的可比行业计算）上升到 1997 年的 42.0％。[①]普赖尔指出：世界规模的产业集中已经发生，而跨国并购和策略联盟这两种跨国公司的全球化活动形式正在变得日益普通。[②]美国市场结构这种二重化的演变趋势，体现了 70 年代后美国经济深刻的结构调整：高新技术部门日益壮大，低技术和劳动密集型生产与劳务大量向外转移，服务业得到迅速发展。这种市场结构对美国经济的有利方面在于：垄断性的高科技企业可以依靠技术垄断、规模经济、控制小科技公司以及全球化的资源配置，获取高额利润，在世界经济的关键部门保持技术优势和支配地位；而一般部门市场结构日趋竞争性则可以暂时促进经济繁荣，创造较多就业机会，并通过大量进口廉价商品压低商品价格，从而有利于保持相对较低的失业率和通胀率。

3. 世界市场扩大。每一次扩张长波都必须具备有利的市场条件，20 世纪 80 年代开始的长波当然也不例外。此次世界市场的扩大集中表现为经济的全球化。经济全球化虽然从资本主义形成早期就已开始，但 20 世纪 70 年代以后这一过程在量上和质上都发生了重要变化。从商品（劳务）和生产要素的国际流动来看，美国出口和进口占 GDP 的比率，自 70 年代开始显著增长。对外贸易的主体也发生了变化，到 20 世纪末大部分对外贸易是由跨国公司主导的。90 年代中期美国跨国公司进行了大约三分之二的出口和大约 40％的进口。再如资本的国际流动，美国资本流出和资本流入占 GDP 的比例，从 70 年代后也迅速提高。货币流动的全球化发展更为迅猛：美国每日外汇交易额占年度 GDP 的百分比，从 1977 的 0.2％上升到 1995 年的 3.4％。[③]从世界范围看，跨国的银行贷款存量占世界 GDP 的比重，已从 1972 年的 6％上升到 1991 年的 37％。债券和股票的跨国交易量占各国 GDP 的百分比，美、日、德三国在 1980 年都不到 10％，到 1997 年已分别提高到 160％、80％和 200％。[④]金融全球化已成为 70 年代后新的经济全球化最突出的特征。

---

① F.L.Pryor. New Trends in U.S. Industrial Concentration, Review of Industrial Organization, May 2001, P.309; News from the Monopoly Front: Changes in Industrial Concentration, 1992-1997, Review of Industrial Organization, March 2002, P. 184. 由于 1997 年的集中率普查资料采用了与 1992 年不同的产业分类系统，普赖尔只能从两个系统中选出那些定义没有改变的部门做比较。

② F. L. Pryor. Internationalization and Globalization of the American Economy, T. L. Brewer & G. Boyd eds.: Globalizing America: The USA in World Integration, (2000), P. 20.

③ F. L. Pryor. Internationalization and Globalization of the American Economy,T. L. Brewer & G · Boyd eds.: Globalizing America: The USA in World Integration, (2000), P. 3-5, 8-9, 12-14.

④ B. Sutcliffe & A. Glyn. Still Underwhelmed: Indicators of Globalization and Their Misinterpretation, Review of Radical Political Economics, 1999, 31 (1), P. 127.

　　这个时期经济全球化的迅猛发展，反映了国际经济关系的重大制度变革。首先是企业跨国经营制度空前发展，实现了生产资源的全球性配置。发达国家大企业的国际化经营早已有之，但从 70 年代开始，对发展中国家的投资迅速增长，大量劳动密集型生产企业和生产环节向工资低廉的国家或地区转移，一些劳务项目也被进行"外包"。80 年代后期开始，这类投资出现前所未有的高涨，1987—1995 年平均年递增 25%，从 150 亿美元猛增到 900 亿美元，其中东亚占了 52%，拉美占了 28%。①其次是国际金融制度的变化。在新自由主义政策推动下，政府放松了对资本项目和金融业的监管，撤除了货币资本国际流动的制度障碍。70 年代初布雷顿森林体系崩溃，开启了浮动汇率制时代，进一步促进了货币的国际流动，外汇交易开始了爆发式增长。布雷顿森林体系崩塌导致金汇兑本位制最终退出历史舞台。美元从此摆脱了黄金的制约，但并未改变其世界货币和储备货币地位。这使美国能够更方便地运用货币工具服务于它的经济利益，更加强了美元的国际霸权地位。

　　经济全球化所导致的世界市场扩大，对此次美国经济的扩张性长波至关重要。第一，经济全球化为美国在信息技术革命中兴起的大公司和其他高新技术公司提供了有利的生产条件和广阔的国外市场。一方面，经济全球化导致美国的进出口急剧扩大，远超国民生产总值的增长速度。在 1983 至 2007 年间，美国 GDP 年均增长 3.4%，而出口的年均增长率高达 6.5%，进口的年均增长率高达 7.8%。②世界市场扩大为信息技术产品提供了巨大需求，推动美国信息技术大公司迅速成长。1996 年全球最大 20 家信息技术公司中就有 13 家是美国公司。一大批美国高新技术公司在全球市场上占有统治地位，如 IBM（国际商用机器公司）、微软、苹果、谷歌、通用电气、通用汽车、波音飞机、埃克森石油等。另一方面，世界市场扩大，也为美国的高新技术产业进行全球资源配置，以降低成本、提高利润创造了条件。高技术产业的国际分工从产业间分工、产业内分工发展到产品内分工，形成全球性的产业链。以上两方面都为美国此轮信息技术革命的兴起提供了不可或缺的市场条件。第二，经济全球化有利于美国国内维持较低的通货膨胀率。经济全球化在扩大商品市场的同时也扩大了投资市场。美国以跨国公司为主体的对外投资在此期间迅速增长，一大批劳动密集型低端制造业被转移到发展中国家，其产

---

　　① 雅克·阿达：《经济全球化》，中央编译出版社 2000 年版，第 100-101 页。

　　② 计算根据：美国商务部经济分析局（2017 年 6 月 29 日，表 1.1.1. Percent Change from Preceding Period in Real Gross Domestic Product）。

品再以较低价格出口回流到美国。美国由此获得多重利益，既可加强国内工人的就业压力以压低工人工资、降低企业劳动成本来提高利润，又可大量进口价格低廉的一般工业品来满足居民的需求，使工人在工资长期停滞情况下生活水平不至于过度降低。发达国家出口工业品进口初级产品的传统交易模式，已演变为美国等发达国家出口高新技术产品、发展中国家出口一般工业制品和初级产品的交易模式。第三，经济全球化还强化了美元的金融霸权。在经济全球化浪潮下，尽管美国在高新技术领域取得国际统治地位，但大批中低端制造业向发展中国家转移并大量进口工业品，使美国的国际贸易逆差不断扩大，国际收支长期处于失衡状态。而美国维持这种失衡所依靠的正是美元的霸权地位。美国通过不受黄金约束的美元发行大量进口所需产品，再借助发达的国际金融市场吸收流到国外的美元，以平衡因大量进口而导致的国际收支逆差。这种国际交易模式使美国能够用美元换取他国大量的廉价商品，又可从国外获得巨额的低成本融资。美国还根据经济形势的变化周期性地调整美元汇率：在经济不振时，实行宽松的货币政策使美元贬值，以刺激经济、加强出口，这往往使其他国家陷入经济困境，或形成经济泡沫；而在经济状况改善时，则实行紧缩的货币政策使美元升值，又可能导致其他国家资本外逃、泡沫破灭，甚至诱发金融和经济危机，美国大资本则通过兼并、投机等金融手段获取巨额利润。

五、此次扩张长波转化为萧条长波的必然性

2008 年发生的金融—经济危机形成此次长波的转折点，开始了长波的下降阶段。这种转折的必然性在于，有利于扩张长波的各种因素逐渐向不利于积累的方向转化。

第一，信息技术革命对投资的推动作用逐渐趋于减弱。信息技术革命对投资的带动作用，在 80 年代特别是 90 年代最为强劲。但经过一段迅速的资本积累，随着计算机相关设备的普及与更新，以及互联网基础设施的建成，信息技术的带动效应和相关的投资需求必然趋于下降。这从美国经济投资率的变动趋势中可以反映出来。

表6　美国经济中非住宅固定资本投资的平均变动率（%）

年份	非住宅固定资本投资	设备投资
1974—1983	3.4	3.3
1984—1989	5.4	6.4
1990—1999	6.6	8.3
2000—2007	3.4	4.0
2008—2016	1.6	2.3

计算根据：美国商务部经济分析局（2017 年 6 月 29 日，表 Table 1.1.1. Percent Change from Preceding Period in Real Gross Domestic Product）。

　　数据表明，在信息技术革命的带动下，美国的非住宅固定资本投资从 80 年代中期开始加快增长，到 90 年代达到高潮。特别是设备投资，90 年代的年均增长率高达 8% 以上。但在进入 21 世纪后，投资率开始迅速下降，在 2000—2007 年间，非住宅固定资本投资年均增长率降低了将近一半，设备投资年均增长率则降低了一半多。投资率的大幅度下降在很大程度上反映了信息技术革命积累效应的递减。

　　特别要指出的是，信息技术革命对投资和经济增长的带动作用，远不如 19 世纪末 20 世纪初以电力和内燃机为基础的技术革命强大。罗伯特·戈登强调：第二次工业革命的伟大发明，在 1870 年后的半个世纪里，彻底改变了美国人的生活和工作条件，而这些发明的全部影响，甚至要到 1970 年才能得以完全实现。[①]为什么信息技术革命对资本积累的带动作用，没有 19 世纪末 20 世纪初第二次工业革命的作用强大呢？这是因为，第二次工业革命不仅使工业生产发生了革命性变革，而且使社会生活实现了现代化，从而带动了整个社会生产和社会生活的庞大规模的基础设施建设，推动了更长时期和更大规模的投资需求。信息革命在这方面显然无法与第二次工业革命相比拟。

　　第二，利润率变动趋势的逆转。从 20 世纪 80 年代早期开始，美国经济中的利润率逐渐趋于上升，开启了新的扩张长波阶段。按照多梅尼尔和列维的计算数据：美国利润率从 1983 年的 14.5% 提高到 1997 年的 20.0%；而后开始趋于下降，虽然经过 2003—2005 年的短暂回升，到 2007 年已降低到 18.2%；2008 年金融—经济危机爆发，利润率则骤降到 16.3%。[②]英国学

---

　　① Robert J. Gordon. Is US Economic Growth Over? Faltering Innovation Confronts the Six Headwinds, NBER Working Paper (August 2012), P.8.

　　② G. Dumenil, D. Levy. United States Long Term Version, Data Base (1896-2011), January 2013.

者罗伯茨也计算了美国经济中的利润率，数据表明了大体相同的变动趋势：从 1982 到 1997 年，利润率提高了 15％；从 1997 到 2008 年，利润率下降了 12％。[①]利润率变动趋势的逆转，必然导致资本积累和经济增长逐渐放慢，使经济中的内在矛盾趋于尖锐化，为经济危机的最终爆发和经济长波的向下转折准备了条件。现在要问，为什么美国经济中的利润率变动趋势在 20 世纪 90 年代后期会逐渐发生逆转呢？让我们分别观察影响利润率的几个关键因素，从中探讨其内在原因。

首先来看利润份额。前面讲到，1984 年开始的利润率回升，是带动投资率增长从而引致扩张长波的主要力量。推动利润率回升的首要因素就是利润份额的扩大，而这又是由于工人实际工资长期趋于下降和劳动生产率增长逐渐趋于提高共同作用的结果。前面已经指出，美国工人实际工资的下降趋势，从 1973 年一直延续到 1995 年。在这长达 20 多年的长时期中，私人经济中生产工人和非监督雇员的平均小时实际收入下降了 16％，平均每周实际收入下降了 22％。1974—1983 年萧条长波时期中的下降幅度最大。如果专门观察 1984 年开始的扩张长波时期，从 1984 到 1995 年，平均小时实际收入仍下降了 5.4％，平均每周实际收入下降了 7.5％；但同时期，美国私人非农部门的劳动生产率却提高了 19％。这必然提高利润份额和剩余价值率，推高利润率。但是到 90 年代中期，由于经济持续增长导致失业率下降，雇员实际工资从 1996 年开始扭转下降趋势而转为缓慢上升，在 1995 到 2007 年间，小时实际工资上涨了 10.4％，每周实际工资上涨了 8.8％。然而，这段时间实际工资的上涨并未能挤压利润份额，因为生产率增长显著地加快了。信息技术革命引致的生产率增长主要发生在 1996 到 2003 年，该期间非农部门的生产率增长率年均达到 3.1％，大大高于 1984 到 1995 年的年均增长率 1.6％。从 1995 到 2007 年，劳动生产率增长了 38％。[②]

由此可见，20 世纪 90 年代末期美国利润率开始转入下降趋势，主要不是由于利润份额缩小和剩余价值率降低。事实上，整个扩张长波时期工人受剥削的程度并没有减轻。2007 年与 1984 年相比，美国的实际 GDP 增长了 101％，非农部门的劳动生产率提高了 64％；而工人的实际工资却基本上处于停滞状态，平均小时实际收入只提高了 4.5％，比 1973 年仍低 7％，平均每

---

① M. Roberts. The Long Depression, Haymarket Books, 2016, P. 23.

② 计算根据：《美国总统经济报告》，美国联邦政府印制局 2015 年，统计附录，第 402 页表 B-15，第 403 页表 B-16。

周实际收入仅上升了 0.7%，比 1973 年仍低 15%，都未恢复到 1973 年的水平。①这种情况的结果，必然是社会不平等程度扩大，经济增长和生产率增长的利益主要被少数最富裕的人群所获取。斯蒂格利茨 2011 年就指出：当今身居美国财富金字塔顶端的 1% 人口，其收入占全国总收入的近 25%，拥有财富占全国总财富的 40%；而在 25 年前，这两个数字分别为 12% 和 33%。过去 10 年来，上层 1% 人群的收入激增 18%，中产阶层的收入却在下降，只有高中文化程度的群体的收入下降最严重，仅过去 25 年里就降低了 12%。②

日益严重的社会经济不平等和普通民众实际收入的停滞或下降，必然带来有效需求不足，加剧生产与消费的矛盾。生产过剩会最实时地反映在生产设备的利用不足上。统计数据表明，美国工业中的能力利用率正是在 1997 年达到高点，而后转入下降趋势。全部工业的能力利用率从 1982 年的 73.6% 上升到 1997 年的 84.2%；而后逐年下降到 2002 年的 74.9%；到 2007 年虽然回升到 80.4%，但仍显著低于 1997 年的水平；危机爆发后，则骤降到 2009 年的 68.6%。③从较长时期看能力利用率的年平均值：1984—1997 年为 82.0%，1998—2007 年降低到 79.1%。由此可以推断，社会需求不足和能力利用率下降，构成 1997 年后利润率转入下降趋势的一个重要原因。

其次来看资本构成。以信息技术革命为基础的扩张长波，由于带动了信息设备投资的迅速增长，必然推高资本的技术构成。但正如前面所说，信息技术革命的一个重要特点是，在信息技术设备性能急速提升的同时，成本与价格的下降速度极快。信息技术不变，资本迅速贬值，抵消了信息技术设备物质数量的扩大，使资本的价值构成提高缓慢，甚至下降。但这一有利于利润率的技术条件随着信息技术革命作用的减弱而改变。一系列经济指标说明，21 世纪以来特别是到 2005 年前后，信息技术革命对美国经济的积极影响逐渐趋于消退。从投资的增长率来看：私人国内总投资年均增长率 1990—1999 年为 5.9%，2000—2007 年降低到 2.3%；非住宅固定资本投资年均增长率从 6.6% 下降到 3.4%；设备投资年均增长率从 8.3% 下降到 4.0%。④从劳动生产率增长率来看：1977—1994 年年均增长率为 1.44%，1995—2004 年上

---

① 计算根据：《美国总统经济报告》，美国联邦政府印制局 2013 年，统计附录，第 324 页表 B-2；《美国总统经济报告》，美国联邦政府印制局 2015 年，统计附录，第 402 页表 B-15，第 403 页表 B-16。

② 约瑟夫·斯蒂格利茨：《1% 的人所有、1% 的人治理、1% 的人享用》（中译文），《西方危机之争》，中国社会科学出版社 2013 年版，第 186 页。

③《美国总统经济报告》，美国联邦政府印制局 2013 年，统计附录，第 387 页表 B-54。

④ 参见表 6。

升为 2.05%，2005—2014 年下降到 1.30%。从全要素生产率增长率来看：1970—1994 年年均增长率为 0.57%，1994—2004 年上升为 1.03%，2004—2014 年下降到 0.40%。从信息技术设备价格—效能比的变动率来看：1996—2000 年见证了信息和通信技术设备价格指数最迅速的下降，年下降速率在 1999 年达到-14% 的最高点；而后逐渐放慢，2005 年约为-5%；到 2010—2014 年则只有-1%。从"摩尔定律"的时间变迁来看：尽管 1999—2003 年芯片效能翻倍所需时间缩短至不到 18 个月，但从 2006 年以来，"摩尔定律"已经脱离轨道，芯片效能翻倍的时间急剧上升，2009 年飙升到 8 年，然后至 2014 年又回落到 4 年。而"摩尔定律"的变迁与计算机价格—效能比的变迁是紧密相关的。[1]以上这些经济指标的变动充分说明，信息技术革命高潮时期有利于阻遏资本有机构成上升的各种因素，到 2005 年前后已开始逐渐消失，结果必然是降低资本生产率和提高资本有机构成。按照罗伯茨的计算，美国经济中的资本有机构成在 1982—2002 年虽然下降了 5.2%，但在 2002—2011 年间则提高了 41.3%。[2]

影响资本有机构成的另外一个因素是生产能力利用率。前面已经指出，此次扩张长波时期美国普通雇员实际工资长期处于停滞状态，社会收入和财富占有不平等日益扩大，加之美国工业的国际竞争力有所削弱，这一切必然带来有效需求不足，加剧生产与消费的矛盾。生产过剩实时反映为生产设备的利用不足。而设备利用率下降的直接经济影响，就是降低资本生产率和提高资本有机构成。在能力利用率降低时，闲置的固定资本数量相对增大，但仍要被计算在总的资本存量之中，所以即使生产技术状况未变，资本构成的水平也会相应提高。前面也指出，美国工业的能力利用率从 1982 年开始逐渐上升，但在 1997 年后已转入下降趋势，进而成为推高资本有机构成和压低利润率的一个重要因素。这正是有效需求不足和实现问题加剧导致利润率下降的作用机制。

再次来看经济金融化中迅速膨胀的债务经济。美国经济中的利息率，在经过 1979—1981 年的急剧上涨之后，即转入长期下降趋势。谢克根据美国三月期国债利息的变动轨迹，指出战后美国利息率变动趋势的两个阶段：1947—1981 年为第一阶段，利息率从 1947 年的 0.59% 上升到 1981 年的 14.03%，

---

① Robert J. Gordon. The Rise and Fall of American Growth，Princeton University Press, 2016, P.328, 575, 587-588.

② M. Roberts. The Long Depression, Haymarket Books, 2016, P.62.

提高了近 23 倍；1981 年开始的第二阶段，以同样剧烈的程度从 14.03％下降到 2009 年的 0.16％。[①]从几个时期来看：1974—1983 年，利率（三月期国债利息率）年平均值为 8.6％；1984—1990 年为 7.3％；1991—2000 年为 4.7％；2001—2008 年为 2.7％。[②]低利率直接助推了借贷扩张和股市繁荣，并在 20 世纪 90 年代后期和 21 世纪的前 7 年中两次形成严重的金融泡沫。金融泡沫和债务膨胀相互推动，既在此次扩张长波的一定时期扩大了总需求，保证了利润率上升的市场条件；又反映了此次经济扩张基础的脆弱性，使经济中的固有矛盾逐渐激化，最终导致利润率下降和结构性危机爆发。第一次股市泡沫发生在 90 年代后半期，是在个人电脑和互联网等 IT 技术革命基础上形成的金融泡沫，表现为美国历史上罕见的股市繁荣。美国公司的股票价值从 1994 年的 6.3 万亿美元飙升到 2000 年第一季度的 19.6 万亿美元。[③]股票价格的飙升完全偏离了实际利润水平。在此过程中，宽松的金融环境鼓励了非金融公司的肆无忌惮的金融操纵活动。它们从银行大量借款回购公司股票，助推股价上扬，这种投机行为虽然有利于扩大金融利润，但也造成企业债务的空前膨胀。非金融公司债务与 GDP 之比在 70 年代初不到 50％，20 世纪末已达到 90％左右，不仅高于第二次世界大战后的任何时期，甚至大大高于 1929 年的水平。[④]与此同时，家庭债务也急剧上升。股市异常繁荣刺激了居民的个人消费支出。资产升值的财富效应使储蓄率大幅度下降，家庭借贷则迅速扩大。消费信贷平均占个人年收入的比例，在 1970—1975 年时为 64％，到 2001 年已达到大约 100％。[⑤]通过金融化发展债务经济，成为美国在工人工资停滞条件下提高居民消费以扩大国内市场的主要手段。靠债务支撑的消费高涨在推动 90 年代的经济繁荣中虽然起了一定作用，但狂热的债务经济和信贷泡沫也暗藏着引发危机的祸端。一旦货币当局因担心金融泡沫过度膨胀而转向货币紧缩，股市泡沫面临破灭，就可能诱发金融危机和经济危机。企业可能因金融亏损导致信贷链条断裂，家庭则可能因债务违约导致消费需求下降，被债务膨胀所掩盖的企业实际利润低下和居民实际消费不足立即暴露出来。20 世纪 90 年代末期 IT 泡沫破灭是上述过程在这个时期的第一次表

① 安瓦尔·谢克：《21 世纪的第一次大萧条》（中译文），《当代经济研究》2014 年第 1 期，第 27-28 页。

② 计算根据：《美国总统经济报告》，美国联邦政府印制局 2015 年，统计附录，第 404 页表 B-17。

③ R. Brenner. The Boon and the Bubble, New Left Review, 2000 November-December，P.24.

④ M. Roberts. The Long Depression, Haymarket Books, 2016, P.98-100.

⑤ H. J. Sherman. The Roller Coaster Economy, M. E. Sharpe, Inc., 2010, P.94.

现。2000 年利率提高到 1991 年以来的最高水平，立即引起 2001 年第一季度爆发的周期性危机。

这次危机相对温和，美国也并未从中汲取教训。2001 年信息技术泡沫破灭以后，房地产泡沫开始膨胀，债务消费的狂热再起。金融机构加强推行个人收入特别是住房的金融化，包括对工人阶级中较贫穷的一部分人发放次级房屋抵押贷款。①政府的低利率政策和金融业的证券化发展则大大助长了这种金融化趋势，2002 到 2004 年的三月期国债利息率都降低到百分之一点几，结果迅速形成日趋膨胀的房地产泡沫。这不但刺激了居民的住房消费；还由于房屋价格不断上涨，类似股票价格上升的财富效应使居民敢于举债以扩大个人消费，导致储蓄率下降和债务急剧增长。在 2000—2007 年的短短 8 年，非农业不动产抵押贷款债务余额猛增 116%，其中 1 到 4 口之家的房屋抵押贷款债务占到 3/4 以上；同时期消费信贷债务余额也增长了 47%。而这 8 年间，实际 GDP 的增长不过区区的 17%；雇员平均每周实际收入的增长更是微不足道的 2.1%。②结果是，世纪之交时泡沫破灭的一幕终于得以重演。2006 年和 2007 年货币当局的信贷紧缩立即引爆"次贷"危机，进而引起 2007 年固定资本投资率下降，导致 2008—2009 年的大危机爆发。但此次危机已不再是类似于世纪之交时的那种温和的周期性危机，而是周期性危机与结构性危机叠加，是整个扩张长波时期所积累的深层矛盾的大爆发，并成为由扩张长波到萧条长波的转折点。

第三，经济全球化所影响的世界市场也在发生变化。经济全球化开始确实为美国带来多重利益，为加速资本积累和经济增长提供了有利的生产和市场条件。但资本主义经济的利润逻辑始终包含着无法解脱的内在矛盾，其暂时的有利条件会随着时间的推移而走向反面，逐渐显示出各种不利后果。其中最重要的是，造成美国制造业的空心化，削弱了美国工业的国际竞争力。发达国家部分产业转移促进了一批新兴市场经济体兴起，使世界市场上的竞争变得更加激烈。其实早在 70 年代初，美国的进出口格局就已经开始发生变化。作为战后"黄金时期"最强大的制造业国家和贸易顺差国，美国在 1971 年第一次出现商品贸易逆差并迅速扩大。但 80 年代中期后，随着信息技术革

① 考斯达斯·拉帕维查斯：《金融化了的资本主义：危机和金融掠夺》，《政治经济学评论》2009 卷第 1 辑。

② 计算根据：《美国总统经济报告》，美国联邦政府印制局 2009 年，统计附录，第 374、376、284、340 页。

命、经济全球化和新的扩张长波，美国的高新科技制造业重新强大起来；与此同时，1985 年的《广场协议》迫使日元和（德国）马克升值，也加强了美国商品的国际竞争力。在 1985 到 1995 年期间，美国商品出口的年均增长率从 1974—1985 年的 7.4％提高到 1985—1995 年的 10.3％；进口的年均增长率则从 11.3％下降到 8.3％。①这在一定程度上为美国的扩张长波保证了国际市场条件。

　　然而，制造业的空心化终究会逐渐侵蚀美国工业生产的实力。经济全球化和产业转移虽然使美国从对发展中国家的投资和贸易中获得高额利润，但同时也在日、德等老竞争对手之外培植了一批新的竞争对手，特别是中国等新兴市场经济体。它们通过技术引进和逐渐提升产品质量与附加值，不仅在国内挤压美国等发达国家的进口产品，而且也不断扩大在美国的市场份额。美国产业空心化带来的另一个问题是，尽管 1985 到 1995 年间出口增长率快于进口增长率，但美国仍然累积了巨额的国际贸易逆差，需要靠日本等顺差国大量购买美国国债来平衡国际收支。而《广场协议》后由于日元大幅度升值，日本的出口型经济承受了空前的压力，经过 80 年代后期的金融泡沫和 90 年代初期的泡沫经济破灭，日本在 90 年代中期因货币过度升值而面临严重经济衰退的风险，一旦作为当时美国国债最大买主的日本陷入衰退，将极大地威胁美国货币市场的稳定性。出于对自身经济利益的权衡，美国在 1995 年出人意料地与日德签订了所谓的《反广场协定》，促使日元及马克贬值和美元升值。这一汇率变动趋势的反转，对美国来说虽然有利于大量廉价商品的进口，以及巨额海外投资涌入美国助推经济繁荣，却又削弱了美国制造业的国际竞争力。②因此，虽然 90 年代后半期美国的经济表现十分强劲，但仍无法改变美国工业国际竞争力下降和世界市场份额相对缩小的大趋势，潜在的市场问题重新趋于尖锐化，并通过实现困难而侵蚀利润率。这也反映在美国产品进出口格局的变化上。例如 1998 年与 1997 年相比，美国商品进口增长了 4.8％，而出口却下降了 1.2％。这在非衰退年份中是极不寻常的，并很可能是促使 1998 年美国工业能力利用率下降的因素之一。从较长时期看，在 1995—2007 年间，美国商品进口的年均增长率为 8.4％，与 1985—1995 年的 8.3％基本持平；但出口的年均增长率却从前一时期的 10.3％急剧降低到

---

① 《美国总统经济报告》，美国联邦政府印制局 2009 年，统计附录，第 402 页表 B-103。
② 参阅 R. 布伦纳：《繁荣与泡沫》，经济科学出版社 2003 年版，第四章。

5.9％。①国外市场相对缩小必然恶化美国经济的实现条件，成为2008年大危机爆发并开始转向萧条长波的一个重要原因。

六、对此次扩张长波的进一步讨论

对于发达国家是否存在此次扩张长波问题，学术界有不同意见。有些左派学者否认存在此次扩张长波，认为从20世纪70年代开始的长期萧条一直延续至今，其间经历的一段时间生产率较快增长，特别是90年代的经济繁荣，主要是一种短周期的扩张现象，并未根本改变萧条长波的基本态势。②这类观点是可以讨论的，特别是以下两点否定扩张长波的"论据"值得商榷。

第一，有学者不认为20世纪80年代后具备出现扩张长波的制度环境。他们把经济全球化自由化与形成新的社会积累结构对立起来，断言经济全球化加剧国际竞争，削弱了民族国家自主干预和调节经济的能力，而没有一个实行调节主义的国家，就难以形成新的社会积累结构，也不可能出现新的扩张长波。③这种观点我认为过于绝对化了。在经济全球化条件下，日趋激烈的国际竞争对民族国家自主调节能力的某些制约，以及80年代后美英等国新自由主义思潮的兴起，都是客观事实。但同时也应看到，在生产社会化和资本主义内在矛盾已发展到很高程度的今天，国家对经济的调节是必不可少的，只是根据大资本的需要和客观经济形势的变化在程度上有所不同而已。美国政府在战后黄金时期实行凯恩斯主义的干预政策，对当时社会积累结构的建立固然起了重要作用，但没有理由认为实行调节主义的政府是任何新社会积累结构形成的基本前提。经济全球化和经济自由化不仅没有阻碍新的社会积累结构的建立，而且它本身就体现了国内国际经济制度的调整，成为新的社会积累结构的基本组成要素。毋庸讳言，新自由主义的制度结构包含着深刻的矛盾和脆弱性（这点后面将要谈到），但不能因此否认它在一定时期对提高利润率和投资率从而加速经济增长的实际作用。因此，对于20世纪最后二三

---

① 《美国总统经济报告》，美国联邦政府印制局2009年，统计附录，第402页表B-103。

② P. A. O'hara. Deep Recession and Financial Instability or a New Long Wave of Economic Growth for U.S. Capitalism? A Regulation School Approach, Review of Radical Political Economics, (Winter 2003), P. 28.

③ 大卫·科茨：《国家、全球化和资本主义的发展阶段》，见罗伯特·阿尔布里坦等主编：《资本主义的发展阶段》，经济科学出版社2003年版，第119页。

十年美国国内外制度环境的一系列重大变化，采取漠视态度或进行简单化的分析都是不恰当的，应该充分估计到它们对长期资本积累和经济增长的复杂影响。

还有学者认为新自由主义的调节方式包含深刻的矛盾，导致积累体制充满实际冲突和不稳定性，从而否认有利于扩张长波的新的制度结构的形成。[1]其实，资本的本质决定了任何资本积累的制度结构都包含着矛盾，只是矛盾的深度和表现形式不同而已。战后"黄金时代"扩张长波的制度结构也包含着矛盾。例如，相对协调的劳资关系和议价制度虽然促进了工人实际工资增长而扩大了消费市场，但同时也导致劳动成本上升挤压利润，成为 60 年代中期后利润率转向下降的原因之一。在有些左派看来，如果一种制度关系导致工人实际工资下降、社会不平等程度扩大和一般社会福利被削减等，似乎它就不可能实际推动经济增长和形成扩张性长波。对此有学者指出，这种态度可被称为判断经济扩张的一种"资本主义道义性"标准，似乎把生产率、效率和经济增长同公平、收入分配、富裕等问题混为一谈了。[2]如果我们分析80 年代开始的这次扩张长波，就可以看出，造成普通雇员实际工资停滞或下降的制度调整，恰恰是推动利润份额扩大从而利润率回升的重要条件，而金融化、股市繁荣、财富效应和债务膨胀等也在一定时期促进了投资、消费和经济扩张，尽管它们本身包含着深刻的矛盾和不稳定性，并最终为转向萧条长波准备了条件。因此，对新自由主义的制度调整应该进行实际而辩证的分析，不能因为其内在矛盾和脆弱性，而否定它们可能在一定时期成为新的扩张长波的制度条件。

第二，还有左派学者认为，20 世纪 80 年代后仅仅由于美国经济相对繁荣并不能断言出现了世界性的扩张长波，因为有些发达国家如日本同时陷入长期停滞。对此我们认为，从历史上看，长波首先是主导性资本主义国家的一种经济现象。第一次扩张长波和第二次扩张长波主导性国家是英国，第三次扩张长波主导性国家是美国和德国，第四次扩张长波主导性国家是美国、德国和日本，第五次扩张长波主导性国家是美国。长波作为资本主义经济的一种国际现象，在主导性国家中表现得最为显著。至于其他国家，由于各种

---

[1] P. A. O'hara. Deep Recession and Financial Instability or a New Long Wave of Economic Growth for U.S. Capitalism? A Regulation School Approach, Review of Radical Political Economics, (Winter 2003), P.40.

[2] Ismael Hossein-zadeh, Anthony Gabb. Making Sense of the Current Expansion of the U.S. Economy: A Long Wave Approach and a Critique, Review of Radical Political Economics, Vol.32.3 (2000), P.394.

历史原因和现实原因，可能在经济总量的波动上与主导性国家不一致。例如：在 19 世纪 70 年代到 90 年代的第二次长波下降时期，作为主导性国家英国的经济增长率的下降非常明显，但美国并不显著；而在 19 世纪 90 年代到 20 世纪 20 年代的第三次长波上升时期，作为主导性国家美国的经济增长率显著提高，但英国却没有增长率上升的迹象。[①]20 世纪 80 年代开始出现的第五次扩张长波也是如此。表 7 是战后几个时期七国集团各国和 OECD（经济合作与发展组织）国家的年均增长率。

表 7　七国集团各国和 OECD 国家几个不同时期 GDP 的年均复合增长率（%）

年份	美国	英国	加拿大	法国	德国	意大利	日本	OECD 国家
1961—1973	4.4	3.4	4.9	5.7	—	5.3	9.4	5.2
1974—1982	2.0	0.9	2.7	2.6	—	2.9	3.5	2.4
1983—2007	3.4	2.9	2.9	2.2	1.5a	1.9	2.4	3.0
2008—2016	1.3	1.0	1.5	0.5	1.0	-0.8	0.4	1.2

计算根据：OECD Economic Outlook: Statistics and Projections, Data table for: Real GDP forecast, Total, Annual growth rate (%), (1961-2018), https://data.oecd.org/gdp/real-gdp-forecast.htm#indicator-chart.

说明：a 为 1992—2007 年的年均复合增长率，因德国的数据起始于东西德合并后的 1992 年。

可以看出，1983—2007 年的扩张长波，美国和英国的增长率上升最为显著，日本、法国和意大利等几个国家却反而有所放慢。但这并不能作为否定此次扩张长波的理由。且不说美国和英国的 GDP 在七国集团中占了 50% 以上的份额，整个 OECD 国家的增长率也提高了。更重要的是，所有发达资本主义国家的技术基础、制度基础和市场基础在此次扩张长波中都经历了重大的结构性变化，这正是判断经济长波是否出现的根本依据。正如弗里曼和卢桑所指出的："一些经济学家把 1861—1865 年美国内战以后美国经济若干年的迅速增长，作为第二次康德拉季耶夫长波在结束时没有下降、1895—1913 年间也没有任何上升的证据。这种建立在国内生产总值总趋势基础上的观点忽视了美国在 19 世纪 70、80 和 90 年代早期经历的调整的结构性危机，同期的几个西欧国家也出现了类似危机。"又说："甚至在经历了 19 世纪 70—80 年代的萧条以后，英国经济也未能赶上德国和美国。这一点常被用来作为'证伪'世界经济长波假设的证据。从国民经济统计意义上看，在英国，几乎没有出现第三次康德拉季耶夫长波的上升运动。"但是，"'英国的情况'与

---

① 参阅本文表 2。

'我们的模型'不一致有力地证明了我们在第一部分结论中提出的模型是有效的。在那里，我们强调必须全面考虑政治、文化、科学和经济子系统的'准独立'发展"[①]。

其实，其他主要资本主义国家和美国一样，在20世纪70年代都出现了结构性危机，并在80到90年代经历了重大的结构调整。70年代结构性危机最集中的表现，就是利润率急剧下降。按照阿姆斯特朗等提供的数据计算：1974—1981年时期与1952—1973年时期相比，美国以外发达资本主义国家制造业的年均纯利润率从19.5%下降到10.4%，西德从24.5%下降到12.0%，日本从34.7%下降到14.1%。正是利润率的崩溃，导致资本积累率和经济增长率大幅度下降。这两个时期相比，美国以外发达资本主义国家制造业固定资本总存量的年均增长率从6.3%跌落到3.5%，西德从7.5%下降到2.1%，日本从11.9%下降到5.5%。[②]

20世纪70年代出现的利润率下降和积累率下降，是发达资本主义国家严重结构失衡的集中表现，包括技术基础、制度环境和市场条件。而80年代到90年代，则是巨大的结构调整时代。在技术基础方面，所有发达资本主义国家都经历了肇始于美国的信息技术革命。计算机、个人电脑、互联网等渗透到几乎一切生产部门和社会生活中，主导工业部门显著转换，企业的管理模式和经营范式也实现了巨大的转变。在制度环境方面，几乎所有发达国家都不同程度地从凯恩斯主义转向新自由主义，实施有利于大资本的制度与政策，推行私有化和自由化，压低工人工资与福利。同时放松金融监管，推动经济趋于金融化，在布雷顿森林体系崩溃基础上促进了资本与货币的自由流动和汇率的浮动，加剧了金融套利与投机行为。在市场条件方面，所有发达国家都卷入了新的经济全球化浪潮，将劳动密集型制造业和部分服务业转移或外包到新兴发展中国家，跨国公司实行全球资源配置，国际贸易迅速扩大，为新兴信息技术部门提供了必要的市场。正是所有这些深刻的结构性调整，构成了从20世纪80年代到21世纪初新的长波上升时期的经济、技术和制度基础。至于有几个发达国家在扩张长波时期没有出现增长率的加速，涉及此次扩张长波的历史背景和各个国家的特殊原因，并不能作为否定此次资本主

[①] 克里斯·弗里曼，弗朗西斯科·卢桑：《光阴似箭——从工业革命到信息革命》，中国人民大学出版社2007年版，第217、260、262页。

[②] P. 阿姆斯特朗等：《战后资本主义大繁荣的形成和破产》，中国社会科学出版社1991年版，第434页表A1、第435页表A2、第438页表A5、第439页表A6。

义扩张长波的理由或根据。

七、此次萧条长波的主要特征

2008—2009 年的全球性金融—经济危机，是第五次扩张长波的转折点，发达资本主义国家由此步入缓慢积累的萧条长波阶段。

判断和观察此次萧条长波，应该对此次扩张长波的特殊性有所了解。20世纪 80 年代开启的第五次扩张长波，和前几次扩张长波特别是战后"黄金时期"的扩张长波相比，最显著的不同点在于，它是在一个全球资本过剩和生产能力过剩的经济背景下发生的。20 世纪初期（1894—1929 年）的扩张长波也造成了严重的生产过剩，但经过 30 年代大萧条和第二次世界大战，大量过剩资本或废弃、或贬值、或直接被摧毁。所以战后五六十年代扩张长波出现时，并不存在严重的生产过剩。相反，被世界大战推迟了的社会消费需求、大规模的战后经济重建、凯恩斯主义指引下的扩张性经济政策以及工人实际工资的长期增长等，都为"黄金时期"资本主义国家强劲的经济增长提供了市场保证。80 年代开始的新的扩张长波就不同了。"黄金时期"扩张长波阶段空前迅速的经济发展，终究会超过社会需求的增长而造成严重的生产过剩，这种苗头早在 60 年代后期就已经显现。随着西德和日本的高速增长，发达资本主义国家之间的贸易竞争逐渐加剧。有效需求不足和长期过度积累所推动的劳动成本和资本成本上升相结合，必然造成利润挤压。七国集团的平均盈利率在 1965—1973 年间已下降了 25％。[1]70 年代的石油危机只是进一步加剧了资本主义的经济危机，并使战后的扩张长波最终转入萧条阶段。但 70年代的萧条长波时间很短，并未像 30 年代大萧条和第二次世界大战那样充分实现对过剩资本的摧毁，在 80 年代早期就开始了新的扩张长波。所以，这次扩张长波是在全球仍然存在生产能力过剩的经济背景下发生的。

乍一看，这里似乎存在一个悖论。在生产能力过剩的全球背景下怎么能够出现新的扩张长波呢？其实，市场问题固然是资本主义发展的根本问题，资本过剩从理论上说通常导致危机和停滞，但在重大技术革命和制度变革条件下并非不能在一定时期部分被克服，从而使一次新的扩张长波出现成为可

---

① 罗伯特·布伦纳：《繁荣与泡沫》，经济科学出版社 2003 年版，第 114 页。

能。每次扩张长波都是由于资本主义结构性危机的推动，在科技革命和制度调整相结合基础上出现重大结构转换的结果。正是80年代开始的信息技术革命、新自由主义倾向的制度调整和经济全球化，推动了资本主义国家的这次重大结构转换，使之进入新的长波上升阶段。但与此同时，也不得不看到，上述特殊的经济背景使此次扩张长波具有了弱势化的特征，主要表现在两个方面：第一，这次扩张长波远不如战后"黄金时代"的扩张长波那样强劲。经济的较快增长主要体现在此次扩张长波的主导性国家美国，但即使在美国，其GDP增长、资本积累增长、劳动生产率增长和失业率等主要经济指标，都不如五六十年代上一次扩张长波时期（参见表5）。同时，德国和日本这两个依靠出口而迅速扩张的重要发达国家，由于生产能力过剩条件下的国际竞争加剧，特别是1985年屈从于美国压力签订《广场协议》后日元和马克大幅升值，其经济增长在八九十年代表现不佳。1990年东西德合并也对德国的财政金融政策产生不利影响，削弱了德国商品的国际竞争力，导致经济增长乏力。[①]可见，此次扩张长波阶段日本和德国没有表现出增长加速的上升运动，并非偶然，而正是此次长波所处特殊经济背景的产物。第二，此次扩张长波中推动美、英等主要国家经济加速增长的重大结构调整，也包含着深层次的矛盾和脆弱性。首先，在一个全球资本过剩和生产能力过剩的经济背景下，信息技术革命无疑是推动资本加速积累和经济较快增长的重要技术基础；但与促进世纪转折时期的第三次扩张长波和战后"黄金时期"第四次扩张长波的技术革命基础相比，信息技术革命在扩大新兴工业部门、提高劳动生产率、促进城市和工业基础设施建设等方面，要弱得多，从而在推动资本加速积累的强度上也难以匹敌。其次，在生产能力过剩的经济背景下，为恢复利润率增长以促进资本加速积累，大资本在国家帮助下实行了新自由主义导向的制度调整。其特征有两点须特别强调：一是压低工人工资增长率以提高剥削程度，增加利润份额。这显然有利于推高利润率，但同时也加剧了相对于过剩生产能力而言的有效需求不足。二是实行经济金融化以转移过剩资本，并通过金融泡沫、财富效应和债务经济来拉动消费和投资，增加社会有效需求，解决产品实现问题。这种制度调整确实在一定时期推动了利润率回升和投资增长，但也包含着深层次的矛盾性和脆弱性，成为导致20世纪末期IT泡沫破灭和2007年房地产泡沫破灭的深刻根源，并最终催发2008—2009年的大

---

① 罗伯特·布伦纳：《繁荣与泡沫》，经济科学出版社2003年版，第三章。

衰退及其后的长期萧条。再次，在生产过剩背景下的经济全球化和发达国家低端制造业的对外转移，起初确实有利于大资本在全球配置资源，开拓国外市场，扩大剥削范围和提高剥削程度，从而提高利润率和投资率；但其长期后果却是削弱了发达国家自身制造业的国际竞争力，并由于新兴市场国家和地区的工业快速发展，而有更大规模的制造业产品被提供到国际市场上，最终加剧了全球性的生产过剩和资本过剩。

正是此次扩张长波及其特征，决定了 2008—2009 年的金融—经济危机并非一次单纯的周期性经济危机或一般的金融危机，而是一次形成长波转折点、开启萧条长波阶段的结构性大危机。一些西方左派学者将其称为"大衰退"（The Great Recession），以与单纯周期性的衰退或危机相区别。第一，这次危机就其长度来说，是 1929—1933 年大危机以来最严重的。按照美国"国民经济研究局"（NBER）的权威界定，1933 年以后直到 2012 年，美国经历了 13 次衰退。而此次"大衰退"持续时间最长，达到 18 个月，几乎相当于前 12 次衰退平均长度（10 个月）的两倍。[1]第二，这次危机的深度也是20 世纪 30 年代"大萧条"以来极少见的，经济下降超过了战后的历次危机。2009 年美国实际 GDP 降低了 2.8%，甚至大大超过 1982 年严重衰退年份的-1.9%。[2]第三，危机的深度还特别体现为投资的大幅度下降，并构成此次美国经济大衰退的直接原因。2009 年美国私人国内总投资狂降 21.6%，这在战后历次衰退中极为罕见。其中：住宅投资在 2008—2009 年连续两年跌幅超过 20%；非住宅固定资本投资在 2009 年也创造了下降 15.6% 的战后纪录。两者在战后历次危机中都是空前的。[3]第四，此次"大衰退"还表现为多重危机的结合。这里不仅是结构性大危机与周期性危机的叠加，而且与住宅周期的下降阶段和长期信贷扩张所累积的金融泡沫的破灭相重合。正是它们的同时作用，使危机显得特别严重。第五，此次"大衰退"虽肇源于美国，但在经济全球化条件下迅速蔓延到整个资本主义世界，使全球资本主义经济都卷入到自 20 世纪 30 年代以来最严重的大危机之中。就经济合作与发展组织 30 个发达国家总体来看，从 2007 年危机前高点到 2009 年中的"大衰退"

---

① M. Roberts. The Long Depression, Haymarket Books, 2016, P. 10. Table1-1, P.66.

② 美国商务部经济分析局（2017 年 5 月 26 日，Gross Domestic Product—Percent Changes from Preceding Period），http://www.bea.gov/national/index.htp//gop。

③ 美国商务部经济分析局（2017 年 6 月 29 日，表 Table 1.1.1.Percent Change from Preceding Period in Real Gross Domestic Product）。

低谷，实际 GDP 收缩了 6 个百分点，工业生产下降了 13%；同时，世界贸易下降了 20%，世界股票市场则平均下跌了 50%。[①]这确实是一场大危机、大衰退。

更重要的是，美国和资本主义世界在这场"大衰退"结束后，并未出现通常的周期性高涨，而是进入一个相对停滞时期即"长期萧条"，充分说明这场"大衰退"确实是一个转折点，开启了此次经济长波的下行阶段。这可从以下几个方面来观察。第一，美国经济从 2009 年下半年走出衰退开始复苏，到 2017 年已经过去了 8 年，却始终没有出现周期扩张阶段应该出现的经济繁荣。2010—2016 年 7 年的实际 GDP 年均增长率只有 2.1%，是战后历次衰退后最虚弱的一次复苏，明显低于 2002—2007 年周期扩张阶段的 2.7%、1992—2000 年周期扩张阶段的 3.8% 和 1983—1989 年周期扩张阶段的 4.4%。[②]其他主要资本主义国家的情况更为糟糕。根据经济合作与发展组织的数据，2010—2016 年的年平均经济增长率分别为：德国 2.0%，英国 2.0%，日本 1.4%，法国 1.1%，意大利-0.1%。[③]这种情况是战后历次危机后从未出现过的。第二，周期复苏阶段转为繁荣主要依靠投资带动，而此次"大衰退"后却未出现持续的投资高涨。"大衰退"低谷的 2009 年美国发生了自 20 世纪 30 年代"大萧条"以来极为罕见的资本积累坍塌，私人国内总投资剧降 21.6%，非住宅固定资本投资剧降 15.6%。如此严重的积累危机后开始的经济复苏，理应有投资率的急剧反弹和加速以带动新的周期性扩张，但除 2010 年和 2012 年两年积累率稍高外，各年的投资都相对疲软，且有明显的下降趋势，2016 年甚至负增长。整个 2010—2016 年的复苏阶段，美国私人国内总投资年均增长率为 6.1%，而 2013—2016 年只有 3.5%；投资中具有关键作用的非住宅固定资本投资表现更差，2010—2016 年为 4.3%，2013—2016 年只有 2.8%。[④]正是资本积累的疲软，决定了当前美国经济的萧条势态。其他发达国家也同样是投资不振。第三，美国经济的萧条性质还表现为生产率增速的显著下降。在此次"大衰退"后的复苏阶段，美国劳动生产率增长率之低

① M. Roberts. The Long Depression, Haymarket Books, 2016, P.66.

② 美国商务部经济分析局（2017 年 5 月 26 日，Gross Domestic Product—Percent Changes from Preceding Period），http://www.bea.gov/national/index.htp//gop。

③ 计算根据：OECD Economic Outlook: Statistics and Projections (2017), https://data.oecd.org/gdp/real-gdp-forecast.htm#indicator-chart。

④ 美国商务部经济分析局（2017 年 6 月 29 日，表 Table 1.1.1.Percent Change from Preceding Period in Real Gross Domestic Product）。

下，是战后以来前所未有的。从 2010 年到 2016 年的 7 年中，美国的劳动生产率除 2010 年增长 3.3％外，其他年份从未超过 1％，7 年的年均增长率只有区区的 0.9％，大幅度低于 2002—2007 年周期扩张阶段的 2.6％、1992—2000 年周期扩张阶段的 2.2％和 1983—1989 年周期扩张阶段的 2.0％，甚至比萧条的 20 世纪 70 年代周期上升阶段（1976—1979 年）的 1.6％还低 0.7 个百分点。[①]空前低下的劳动生产率增速成为此次"长期萧条"的突出特征。第四，此次复苏阶段的失业率也比战后历次危机后的复苏阶段都高。2010—2016 年的年均失业率为 7.2％，显著高于 2002—2007 年的 5.3％、1992—2000 年的 5.5％，甚至高于 1983—1989 年的 6.8％和 1976—1979 年的 6.7％。[②]此次复苏阶段年均失业率高，首先是因为"大衰退"期间失业率的增长空前猛烈，从高峰到低谷（2008—2010 年）就业人口下降了 6.3％，比从 1957 年到 2001 年期间六次衰退的就业下降平均幅度 2.6％高出将近一倍半；[③]失业率从 2007 年的 4.6％飙升到 2009 年的 9.3％。其次是进入复苏阶段后头几年就业率增长比较缓慢，到 2013 年仍未恢复到危机前 2007 年的水平，失业率一直保持高位。直到 2014 年，就业率的增长才逐渐加快，失业率开始明显下降，2016 年已达 4.9％。[④]此次美国复苏阶段失业率下降还有一个影响因素不可忽视：劳动力参与率下降，已从 2007 年的 66.0％降低到 2016 年的 62.8％。[⑤]大批劳动力退出劳动市场有助于拉低失业率。[⑥]仅看 2016 年失业率降至 4.9％，似乎已接近充分就业水平，但也反映了劳动力参与率下降对就业状况的部分掩盖。更能反映真实就业情况的还有另一个指标：就业对人口的比率。2016 年

---

① 计算根据：美国劳工部劳工统计局（2017 年 6 月 5 日，美国非农企业部门所有就业人员的劳动生产率年增长率）。

② 美国劳工部劳工统计局（2017 年 2 月 8 日，民用非机构人口的就业状况），http://www.bls.gov/cps/documentation.htm#comp。

③ M. Roberts. The Long Depression, Haymarket Books, 2016, P.66. Figure 5.1.

④ 美国劳工部劳工统计局（2017 年 2 月 8 日，民用非机构人口的就业状况），http://www.bls.gov/cps/documentation.htm#comp。

⑤ 美国劳工部劳工统计局（2017 年 2 月 8 日，民用非机构人口的就业状况），http://www.bls.gov/cps/documentation.htm#comp。

⑥ 在美国，"没有从事任何求职活动"的劳动力即使没有工作也不算失业者。因此，由于劳动力退出劳动市场导致的失业率下降并不反映就业的增长。美国劳动力参与率从 2007 年开始的下降趋势，固然有人口结构变化的因素（战后 50 年代"婴儿潮"一代人逐渐进入退休年龄），但有 30％—40％的下降是由周期因素引起的，经济不景气和就业前景黯淡会使一些本想工作的劳动力暂时放弃求职，而周期因素对劳动力参与率的影响并非不可逆转。（R. Balakrishnan, et al. Recent U.S. Labor Force Dynamics: Reversible or not? IMF Working Paper, January 2015.）

这个比率为 59.7%，仍比危机前夕 2007 年的 63.0% 低 3.3 个百分点。[①]同时，较低的失业率还掩盖了大量不充分就业现象：许多希望做全日工作（Full-time Job）的雇员却只能打零工（Part-time Job）。"大衰退"期间全日制工作急剧减少，非自愿打零工雇员从 2006 年 4 月的 393 万人猛增到 2008 年 11 月的 732 万人；进入复苏阶段后这类雇员虽然逐渐减少，但直到 2016 年仍有 468 万人，比 2006 年仍多 75 万人。[②]

八、展望

资本主义世界由"大衰退"开启的长波下行阶段，已被许多学者称为"长期萧条"（The Long Depression），其形成并非偶然。前面对其原因已做具体分析。概括起来说，它是扩张长波时期所积累的一系列结构性矛盾尖锐化的必然结果。从技术基础的结构性矛盾来看，以信息技术为中心的第三次工业革命对经济的积极作用已逐渐消退，而新的技术革命高潮还未到来，整个社会缺乏带动生产率和投资迅速增长的技术动力。从制度基础的结构性矛盾来看，新自由主义制度结构对资本积累的主要积极作用已转化为消极作用，而新的有利于资本积累的制度结构还未生成，无法解决目前积累过程不断加剧的深层矛盾，无法促进利润率全面回升以带动投资和经济迅速增长。从市场基础的结构性矛盾来看，经济全球化的世界市场开拓效应已转化为更严重的全球生产过剩，而新的全球市场扩张又面临强大的政治、社会阻力，无法解决当前严重的有效需求不足问题，无法为积累和经济更快增长提供市场条件。因此，资本主义国家要走出"长期萧条"，开始新的扩张长波，就要看这三个基础性的结构矛盾得以解决的时间和程度，真正实现深层次的结构调整与转换。资本主义经济 2007 年开始爆发次贷危机，从 2009 年下半年走出金融—经济危机进入复苏阶段，这段时期，资本主义的结构性矛盾解决得怎样呢？

在科技革命方面，目前还看不到推动新的扩张长波的技术基础已经形成。不可否认，当前技术进步的速度非常快，以智能化为中心的第四次工业革命

---

① 美国劳工部劳工统计局（2017 年 2 月 8 日，民用非机构人口的就业状况），http://www.bls.gov/cps/documentation.htm#comp。

② 美国劳工部劳工统计局（2017 年，全日制和非全日制工人的就业和失业状况）；Involuntary Part-Time Work on the Rise, Issues in Labor Statistics (December 2008)。

已初现端倪，3D（三维）打印、机器人、大数据、云计算、清洁能源、无人驾驶、人工智能等新技术层出不穷。许多人对科技革命前景及其经济效应极为乐观。但罗伯特·戈登却对此泼了一盆冷水。他提出的几点看法值得我们深思。首先，要区别创新的速度和创新对经济的影响。他强调：对于当前革新活动的狂热发展，特别是在数字技术领域，包括机器人和人工智能，人们没有争议。但是，测量创新和技术变化对经济的影响的标准尺度，应该是生产率增长。用这个标准来衡量，美国现时的创新活动虽然极度活跃，但对生产率的影响却十分微弱。2004—2014 年，美国全要素生产率的年均增长率仅为微不足道的 0.4％。[1]2010 年走出危机进入复苏后直到 2016 年的 7 年中，劳动生产率年均增长率也只有区区的 0.9％。[2]活跃的创新为何不能转化为生产率增长？其中原因戈登虽然谈到一些，但似乎还值得深入探讨。其次，戈登还指出，从历史上看，工业革命的伟大发明从出现到产生强大的经济影响，往往有一个长时间的延迟。如第二次工业革命的核心发明——电力和内燃机，都出现在 1870—1900 年间，而在工业中得到广泛应用却是在 20 世纪 10 年代以后，并从 20 年代开始才对生产率增长产生重大影响。第三次工业革命的信息技术也是如此。虽然 60 年代大型计算机已在一些大公司应用，80 年代个人电脑已开始逐渐普及，但对生产率的强力推动却主要发生在 1994—2004年这 10 年。[3]由此看来，第四次工业革命的主要发明尽管已经出现，但要对生产率和经济增长产生显著影响可能还需要时日。此外，戈登还强调了第三次工业革命和第二次工业革命在促进生产率增长力度上的区别。他比较了1890 年以来几个不同时期美国经济全要素生产率的年均增长率：1890—1920年，0.46％；1920—1970 年，1.89％；1970—1994 年，0.57％；1994—2004年，1.03％；2004—2014 年，0.40％。[4]在戈登看来，1920—1970 年生产率的长时期高增长应归因于第二次工业革命的作用，1994—2004 年的生产率较快增长则应归因于第三次工业革命的推动。比较而言，第二次工业革命对生产率的促进作用极为强劲，时间长达 50 年；第三次工业革命对生产率的促进作用不仅强度较弱，而且时间也短得多。对于第四次工业革命对生产率可能

---

① Robert J. Gordon. The Rise and Fall of American Growth，Princeton University Press, 2016. P.567, 601, 575.

② 美国劳工部劳工统计局（2017 年 6 月 5 日，非农经济部门劳动生产率［平均小时产出］的年度百分比变动）。

③ Robert J. Gordon. The Rise and Fall of American Growth，Princeton University Press, 2016. P.576.

④ Robert J. Gordon. The Rise and Fall of American Growth，Princeton University Press, 2016. P.575.

产生的刺激作用，戈登也没有抱十分乐观的预期。戈登的上述观点及其客观依据是值得重视的。虽然我们不一定像戈登那样悲观，但至少可以判断，第四次工业革命在美国和资本主义世界真正形成高潮可能还需要时间；而这场科技革命对生产率增长具有多大的推动作用，也还难以预计。

在制度结构方面，新的有利于资本积累的制度基础也还没有成形。在"大衰退"和萧条性的复苏阶段，美国和其他主要资本主义国家推行的基本上还是新自由主义政策。这突出地表现在以下几个方面。

第一，从"大衰退"初期爆发次贷危机和金融危机开始，美国政府即采取了大规模的救市措施。由于金融部门已发展为资本主义经济体系的重要组成部分，因害怕金融企业破产拖垮生产部门，政府不得不出资对濒临倒闭的大银行、抵押贷款公司、保险公司等进行救助。其资金部分来自纳税人的高额税款，大部分则通过借贷，即向这些身陷困境的大银行和保险公司出售政府债券。大多数金融巨鳄（除"雷曼兄弟"等少数破产外）由于其贪婪和鲁莽而造成的巨大亏损，在政府的救助下得以补偿，最终埋单的则是广大纳税人。其他主要发达国家在危机中实行的也是这套做法。结果是，美国和主要资本主义国家的债务飙升到二战以来的创纪录水平，政府预算赤字急剧扩大。而一旦走出衰退，政府为降低预算赤字和政府债务，便着手实行所谓"紧缩"计划：削减政府开支特别是政府投资和社会福利支出，提高工薪劳动者的税收，延长退休年龄和提高缴费比率以降低"年金"成本等。所有这些"紧缩"措施，不过是把"大衰退"的损失进一步转嫁到劳工阶级身上。①危机期间和复苏阶段资本主义国家这种看似反自由主义的政府干预，实质仍是用劳工群众的血汗钱去维护和补偿大资本。至于这些措施的经济效应，看似缓和了危机的破坏性，但由于过剩资本未能充分毁灭和贬值，并不利于利润率恢复和经济扩张的重启。而拯救金融危机的后果是将企业债务转为国家债务，在一些欧洲国家甚至发展为主权债务危机，严重限制了政府投资，阻碍了经济的迅速复苏。广大劳工阶级承担危机损失又必然削弱群众的购买力，同样不利于实现问题的缓解与经济的真正复苏。

第二，新自由主义制度结构的一个基本特征，是加强对雇佣劳动的榨取以提高剥削率。这种制度特征虽然在美国此次长波上升时期促进了利润率的恢复和经济扩张，但最终转化为危机的激化条件，成为"大衰退"的促进因

---

① M. Roberts. The Long Depression, Haymarket Books, 2016, P.67-68.

素之一。问题在于,当美国从 2009 年下半年走出危机进入复苏阶段后,这个制度条件是否发生重大变化,开始向有利于经济增长的制度条件转化?现在看来并没有。仅从美国官方统计数据来看,广大雇员的实际工资延续了自 20 世纪 70 年代以来的下降和停滞趋势。美国生产和非监督雇员的平均小时实际收入(按 1982—1984 年不变美元计算):2009 年为 8.88 美元,2014 年为 8.85 美元,仍低于 2009 年的水平;2015 年上涨到 9.08 美元,仅比 2009 年多 0.2 美元,仍低于 1972 年 9.26 美元的水平。普通雇员的每周实际收入:2009 年为 293.83 美元,2015 年为 305.91 美元,仅比 2009 年多 12.08 美元,但仍比 1972 年的 341.73 美元低近 36 美元。[①]复苏阶段广大雇员实际工资的停滞,必然使居民收入不平等进一步扩大。按照皮凯蒂等学者的最新估算,自 1978 年到 2015 年:美国上层 10% 人群的收入在整个国民收入中的份额大约从 35% 上升到 47%;而下层 50% 人群的收入份额从 20% 下降到 12%。重要的是,这个不平等扩大的趋势在此次复苏阶段中是一直延续的:在 2009—2015 年间,上层 10% 人群的收入份额上升了约 3 个百分点,而下层 50% 人群的收入份额则下降了约 2 个百分点。[②]社会不平等加剧的延续,严重制约了普通居民的购买力,使消费需求的增长乏力。作为 GDP 最大组成部分的个人消费支出,在 2010—2016 年的所谓周期扩张阶段,其年均增长率只有可怜的 2.3%,远低于 20 世纪 80 年代周期扩张阶段(1983—1989 年)的 4.4%、90 年代周期扩张阶段(1992—2000 年)的 4.1% 和 2002—2007 年周期扩张阶段的 3.0%。[③]疲软的个人消费支出限制了社会有效需求的增长,无法缓解生产过剩的矛盾,致使 2010—2016 年间美国制造业的能力利用率只有 74.3%,整个工业部门的能力利用率也只有 76.5%,[④]皆处于自 20 世纪 60 年代以来历次周期扩张时期的最低位。居民消费需求增长乏力,已成为此次美国经济复苏至今无法真正转为经济高涨的主要制约因素。

　　第三,新自由主义制度结构的另一个基本特征,是经济的金融化。美国

---

　　① 《美国总统经济报告》,美国联邦政府印制局 2017 年,统计附录,第 582 页表 B-15。

　　② F. Alvaredo, L. Chancel, T. Piketty, E. Saez, G. Zucman. Global Inequality Dynamics: New Findings from WID. WORLD, P.5, Figure 1b、1c. NBER Working Paper 23119 (February 2017), http://www.nber.org/ papers/ w23117.

　　③ 计算根据:美国商务部经济分析局,表 1.1.1.Percent Change from Preceding Period in Real Gross Domestic Product (June 29, 2017)。

　　④ 美国联邦储备银行(2017 年 7 月 14 日,美国工业生产和能力利用率),https://www. Federal reserve. gov/releases/g17/current/table 12.htm。

经济的金融化和虚拟化发展，曾一度在 20 世纪 80 年代初开始的扩张长波中起过推动作用，但由此形成的金融泡沫及其破灭也成为引爆此次金融危机和"大衰退"的重要因素。危机后美国对金融部门的整饬不能说不严厉，但经济的金融化趋势似乎并未逆转。在此次危机中，美国政府不仅如前所言通过财政政策大规模救助金融巨鳄，同时通过非常规的"货币政策"来救市。其主要措施就是进行货币扩张，连续实行了几轮的所谓"量化宽松"政策，迅速降低利率，向银行大量收购政府、公司和抵押贷款债券。美联储的资产负债表由此急剧膨胀约 4 万亿美元，相当于当时美国 GDP 的 25%。①三年期的国债利息率则从 2007 年的 4.41% 剧降到 2009 年的 0.16%。进入复苏阶段后，利率继续下降到接近于零，2011—2015 年的三年期国债利率平均仅为 0.06%。②美联储指望借助这种极端宽松的货币政策来刺激投资和消费，推动经济迅速增长，但实际上并未如愿。廉价易得的美元的确促使非金融公司大量借贷，但它们借入的货币资本没有投资于实体经济，而是大量用于金融资产投机，回购公司股票，推高股票价格，赚取金融利润。结果是实体经济增长缓慢而股票市场价格飞涨。与此同时，和金融化相伴随的债务经济得到进一步扩张。美国非金融公司的负债总额 2007 年次贷危机爆发时为 12.91 万亿美元，占当年美国 GDP 的 89.2%；到 2016 年已大幅提高至 18.72 万亿美元，占 GDP 的 100.6%。③美国联邦政府则由于金融危机后的经济救助，使自身的债务激增。2007 年到 2016 年，联邦政府负债从 8.95 万亿美元一路飙升到 19.45 万美元，占 GDP 比例也从 62.5% 飙升到 106.0%。④这样的高债务正是美国企业和政府对实体经济投资不振的重要原因之一，严重阻碍了美国经济的强力复苏。

在市场条件方面，"大衰退"后国际贸易增长率的下降态势还未出现显著的逆转和回升。前面谈到 1983—2007 年扩张长波时期美国曾经有着较高的进出口增长，但在"大衰退"后已大幅度下降。美国的进口（商品与劳务）增长率从 1983—2007 年的年均 7.8% 降低到 2008—2016 年的 1.7%；出口（商品和劳务）增长率同期则从年均 6.5% 降低到 3.0%。更有甚者，美国的出口

---

① M. Roberts. The Long Depression, Haymarket Books, 2016, P.120.

② 《美国总统经济报告》，美国联邦政府印制局 2017 年，统计附录，第 591 页表 B-24。

③ 美国非金融公司负债数据：美联储圣路易斯分行（2017 年 9 月），https://fred.stlouisfed.org/series/TLBSNNCB；美国 GDP 数据：美国商务部经济分析局（2017 年 9 月 28 日，Current-Dollar and "Real" Gross Domestic Product）。

④ 《美国总统经济报告》，美国联邦政府印制局 2017 年，统计附录，第 584 页表 B-17、585 页表 B-18。2016 年数字为估计值。

增长率在此期间还有明显的下降趋势.刚转入复苏阶段的 2010 年和 2011 年,美国出口年增长率分别为 11.9% 和 6.9%;而到 2015 年和 2016 年,年增长率已分别跌落到 0.1% 和 0.4%。[①]从"七国集团"发达国家整体来看,情况和美国基本相似。"七国集团"的年均出口增长率从 1983—2007 年的 5.7% 下降到 2008—2016 年的 2.4%;进出口的年均增长率则从 5.9% 下降到 2.2%。[②]另外,罗伯茨根据 WTO(世界贸易组织)的数据计算:全球实际 GDP 增长率和全球实际国际贸易增长率的对比关系在此次金融—经济危机后也发生了深刻变化。在 1992—2007 年间,全球世界贸易年均增长率为 7.1%,比全球 GDP 年均增长率 3.7% 高出近一倍;而在 2008—2013 年间,全球世界贸易年均增长率已降低到 2.8%,甚至低于全球 GDP 年均增长率 2.9%。[③]罗奇提供的最新数据则是:2009—2017 年全球贸易年均增长 3%,只相当于 1980—2008 年平均增长率的一半。[④]对美国等发达国家来说,进口增长率放慢意味着国内市场需求疲软,出口增长率放慢则表明国外市场相对缩小。西方国家走出"大衰退"七八年后世界市场依然不振,反映了几个方面的问题:首先是发达国家的"经济复苏"仍然虚弱,增长率低下,并影响到其他发展中国家的经济和需求,使全球市场难有大的起色。其次,美国等发达国家的国际竞争力在此次周期复苏阶段并未显著提升,和中国等新兴工业化国家相比甚至相对下降,这也使它们的出口市场受到蚕食。在危机时期上台的美国奥巴马政府尽管大力推行"制造业复兴计划",企图使制造业回流,通过"再工业化"以加强工业竞争力,但多年过去了,几乎未见成效。再次,美国等发达国家面对自身的"工业空心化"和竞争力下降,不但不自省自查、锐意改革,反而迁怒于相关贸易国,泛起一股"反全球化"逆流,美国总统特朗普公然打出"美国优先""雇美国人""买美国货"的保护主义旗号,和多国挑起贸易争端,这显然不利于国际贸易的健康发展。以上诸多因素使全球贸易增长远低于"大危机"爆发前,世界市场不振也反过来成为发达国家强劲复苏的约束条件。

总之,从技术基础、制度基础和市场基础三方面的结构性矛盾来看,主

---

① 美国商务部经济分析局,表 1.1.1.Percent Change From Preceding Period in Real Gross Domestic Product (June 29, 2017)。

② 世界银行数据库(2017 年 9 月),https: //databank.wordbank.org/data/reports.aspx?suorce=world-development-indicators。

③ M. Roberts. The Long Depression, Haymarket Books, 2016, P.119. Figure 7.4.

④ 史蒂芬·罗奇:《新时代的中国阐释新增长模式》(中译文),《环球时报》2017 年 10 月 23 日第 15 版。

要资本主义国家在进入复苏阶段 8 年后，似乎还没有出现显著的调整与转换，尚未形成走出"长期萧条"的基本条件。今年（2017 年）以来，美国的经济状况似乎有所好转。第二季度 GDP 增长率达到 3.1％，第三季度达到 3.3％，比第一季度乏力的 1.2％显著反弹，是近年比较强劲的连续季度数据。①鉴于中国等新兴市场国家的经济增长和其他一些国家的经济表现向好，IMF（国际货币基金组织）和世界银行在 10 月举行年度会议之际，也对世界经济展现了乐观情绪，上调了今明两年全球经济增长的预测。从美国历史上看，最长的周期扩张时期为 120 个月（1991 年 4 月—2001 年 3 月），即 10 年。第二次世界大战后经历的 11 次经济周期，其扩张阶段的平均时长不过 58.4 个月。②而美国从 2009 年 7 月走出危机，到 2017 年年底将是 102 个月，达 8.5 年，属第三长的周期扩张阶段（第二长周期扩张时期为 1961 年 3 月到 1969 年 12 月，共 106 个月）。历史证明，资本主义国家无法摆脱周期性危机，只是程度深浅不同而已，所以有学者对近年会有新的经济衰退到来的担忧并非杞人忧天。③鉴于欧美国家经济复苏疲软而借贷市场、股票市场却异常繁荣，人们更担心金融泡沫破灭引发金融危机。法国《费加罗报》2017 年 8 月 16 日曾忧心忡忡地指出：那些受次贷危机影响最深的国家好像失忆了，因为仅在一年时间里美国总债务就增加了 2 万亿美元，在今年（2017 年）第一季度末突破 63 万亿美元。美国道琼斯指数也刚刚越过 22000 点的历史关口，意味着自 2009 年 2 月以来已上涨了两倍。"可以说，在次贷危机爆发 10 年后，全球金融再次在一座火山上生活、跳舞和安睡。而这座火山随时都有可能爆发。由于与 2007 年相比有了巨大差距，当时成功灭火的两个消防员，美国联邦储备银行和欧洲中央银行，今天实际上已耗尽了用于灭火的所有水储备。"④但自美国商务部 11 月 29 日发布最新季度增长数据以来，加上税改法案落实的影响，对美国经济增长的预期明显转向乐观，认为美国今年（2017 年）的实际 GDP 增长将达到 2.5％，2018 年达到 2.6％，2019 年则为 1.7％。更有部分经济学家预测，美国此次经济扩张将延续到 2020 年，即使延续到 2019 年下半年，也将形成美国历史上最长的扩张周期，打破 20 世纪 90 年代创下的经济

---

① 美国商务部经济分析局 2017 年 11 月 29 日发布的数据。

② M. Roberts. The Long Depression, Haymarket Books, 2016, P.10. Table1.1.

③ 朱安东，王娜：《新自由主义的新阶段与资本主义的系统性危机》，《经济社会体制比较》2017 年第 4 期。

④《参考消息》2017 年 8 月 18 日第 4 版。

繁荣持续时间纪录。①我们姑且不论这些预测能否实现，即便假定所有以上乐观预期成为现实，这个创纪录的扩张周期也谈不上经济繁荣。因为 2010 年到 2019 年共 10 年的美国实际 GDP 年均增长率也不过为 2.14％，远低于 20 世纪 70 年代、80 年代、90 年代以及 21 世纪前 7 年扩张周期的实际经济增长率。如果说这样的扩张周期创下了持续时间的历史纪录，那它也同时创下了扩张周期最为疲软的历史纪录，称它为一次"萧条性"的扩张周期并不为过。

对美国等发达国家结构性矛盾的缓慢调整进行观察，此次萧条长波可能还要延续一个时期，具体年份难以预测。当然不论时间长短，资本主义经济也不会永远处于衰退或萧条状态。随着第四次工业革命高潮兴起，对资本积累相对有利的制度结构逐渐形成，全球市场进一步扩大，一次新的长波上升时期终将到来。工业革命的逐渐发展是肯定的，但制度结构的调整目前看来还具有较大的不确定性。在此次"大衰退"和"长期萧条"的大背景下，发达资本主义国家出现了显著的政治分化，传统的政治精英被人们厌弃，更多选民转向非主流的政治人物。政治的两极分化趋势与 20 世纪 30 年代大萧条时期的情势颇为相似。一方面，极右的保守势力迅速崛起。在欧洲，反全球化、反移民、反欧盟、鼓吹民粹主义的政党，如法国的"国民阵线"、荷兰的"自由党"、德国的"选择党"等，都在今年（2017 年）的议会选举中壮大了力量；英国脱欧；美国的特朗普甚至依靠其民粹主义主张登上总统宝座。另一方面，由于新自由主义逐渐失去民心，真正的左派政治人物得到日益增多的民众的拥戴。2016 年美国总统选举在民主党初选中，原本默默无闻并自称"民主社会主义"者的桑德斯曾险些击败希拉里。在英国，主张彻底变革新自由主义的资深左派科尔宾在 2015 年以压倒性优势当选工党党首，率领工党在 2017 年 6 月全国性大选中超预期地赢得 262 个席位，占到总议席的 40％多。有学者断言，英国"在某种程度上，左派将有机会提出一种全新的、完全不同于新自由主义的政治经济主张"②。据英国《独立报》网站 10 月 8 日报道：独立民调显示，工党的支持率已领先保守党 5 个百分点，科尔宾的支持率高出特雷莎·梅 2 个百分点。③总之，制度结构的变革，在很大程度上取决于不同国家的阶级力量对比、政党实力消长，以及广大选民的政治选择。至于

①《参考消息》2017 年 12 月 1 日第 4 版，12 月 17 日第 4 版，12 月 27 日第 4 版。

② 马丁·雅克：《为何科尔宾是新时代的新领袖》（中译文），《观察者网》2017 年 7 月 7 日。

③《参考消息》2017 年 10 月 10 日第 2 版。

世界市场的扩大，全球贸易在 2017 年虽然开始出现恢复活力的迹象，但增长率仍远低于危机爆发前，且受到"逆全球化"的保护主义威胁。但全球化的历史潮流是不可逆转的，世界经济早已融为一体。现在以中国为代表的新兴市场经济体正在迅速壮大，其他一些第三世界国家也在逐渐发展。特别是中国"一带一路"倡议的实施，正带动亚欧非相关国家的经济建设，促进国际贸易发展和世界市场扩大。仅中国近年来以内需驱动为主的经济发展，对世界经济增长的贡献就超过了 30%。发达资本主义国家今天比过去任何时候都更依赖国外市场，而新兴工业化经济体和发展中国家的经济增长与市场扩展，有可能为发达资本主义国家转入一次新的扩张长波提供有利的市场条件。

资本主义经济是在经济周期和长期波动中发展和演变的。预料资本主义当前的萧条长波终将转化为新的扩张长波，并非断定资本主义将在长期波动中永世长存。其实，从近几十年全球经济政治的实际演进来观察，世界资本主义经济呈现出明显的衰败趋势。我们应该把趋势和波动区别开，趋势是体现在波动过程之中的。即使是在 1983—2007 年的长波上升阶段，美国等发达国家也在相对趋于衰落。1980 年时，按汇率计算的 GDP 总量，美国世界第一，中国排第 13 位，GDP 只相当于美国的 6.6%；到 2007 年，中国已跃升到世界第 3 位，GDP 总量提高到美国的 24.1%。"大衰退"发生后这一趋势明显加速。到 2016 年，社会主义中国的 GDP 排位已稳居世界第二，GDP 总量达到美国的 60.4%，相当于日本（排第 3 位）的 227%。[1]如果按购买力平价计算，中国 GDP 已经超过美国。看看当前的主要资本主义国家，不仅经济上步履蹒跚，政治上也乱象丛生。美国总统特朗普一系列率性而为的言论和政策，搅得国家内斗不断，社会分裂，盟友意见纷纷。其务实性的商人做法在短期内可能有助于国内制造业投资和就业的增长，大规模减税是他的大手笔，但减税法案利弊兼有，评价不一，长期综合效果还难以估计。他以"美国优先"为中心的施政方针能否真正推动许多根本性的结构改革也还有待观察。欧洲更是陷入多重困境：主权债务危机、英国脱欧、分裂主义抬头、恐怖袭击不断、难民危机重重、民粹主义思潮泛滥等。日本经济则已萎靡不振多年。同战后"黄金时代"经济社会繁荣稳定相比，美欧日等发达国家如今已不可同日而语。由于近几十年以"金砖国家"为代表的新兴市场国家兴

---

① 《世界银行》数据库，转引自《中国在过去三十年里，是怎样一点点把印度甩在身后的？》，www.anyv.net/index.php，2017 年 8 月 7 日。

起，世界经济形势进入 21 世纪后已开始发生重大变化，全球经济体系从"中心—外围"的两极格局，正在逐渐演变为"发达国家—新兴市场经济体—其他发展中国家"的三元格局。有些学者否认这种变化，那是闭眼不看现实。美国带领发达国家掌控世界经济政治霸权的时代可能将一去不返。

在世界经济政治格局的演变中，社会主义中国的崛起具有特别重要的意义。中国虽然是一个国家，但别忘了，其人口几乎相当于资本主义"七国集团"约 7.5 亿人口的 1 倍，是南美洲 12 个国家 3.8 亿人口的 3.6 倍，比非洲 54 个国家 11.4 亿人口还多出 2 亿。①经过几十年的高速发展，中国已经进入中高收入国家行列。中国共产党第十九次全国代表大会刚刚胜利召开，为到本世纪中叶把中国建成为现代化的社会主义强国规划出了明确的目标和清晰的路线。世界上没有任何力量能阻挡社会主义中国的崛起，而中国的崛起将是国际共产主义运动胜利发展的根本保证。中国经济已经与全球经济紧密相连，正确认识世界资本主义经济发展的基本态势对我国的发展非常重要。在20 世纪 80 年代初期到 2007 年的西方扩张长波时期，中国在"改革开放"的路线指引下，充分利用资本主义国家较快的经济增长和强劲需求，通过出口导向型模式，促进了中国经济近 30 年的高速增长。但自 2008 年全球金融—经济危机爆发并转入萧条长波后，国际经济贸易环境已发生巨大变化。对于这个可能还要延续一些年份的"长期萧条"，我们要有清醒的认识，并进行有效的利用和应对。第一，根本改变我国经济增长的路线，实现经济结构改革和动力转换。即由出口驱动转为内需驱动，由粗放投入驱动转为创新驱动，由低端制造业驱动转为中高端制造业与服务业驱动。过去十年我国已经开始了这种转换，从而保证了我国经济在"新常态"下稳定的中高速增长。党的十九大后只会力度更大，以一系列更有效的方针政策来推动这一经济转型。这将是推动中国经济继续强劲增长和人民共同富裕的基本条件。第二，主动开拓国外市场，特别是发展中国家市场。在发达国家经济不振和需求疲软的情况下，新兴市场国家和其他发展中国家却蕴藏着广阔的市场潜力。我国倡议并大力实行的"一带一路"建设，正在"互利共赢"前提下帮助沿线国家进行基础设施建设和经济发展，同时也促进了相关市场和跨国贸易的扩大。我们要进一步加强"南南合作"，把发展中国家作为我们开拓市场的重点，来抵消西方国家萧条态势对我国经济的不利影响。第三，加强对西方国家的资

---

① The World Bank. World Development Indicators (2008), P. 40-42.

本投资和人才引进，助推我国的技术创新、经济转型和产业升级。危机与萧条使发达国家出现投资下降、企业破产、就业减少等困难，为我国扩大投资和吸引优秀人才提供了有利条件。中国通过几十年的高速增长已经积累了充裕的资本，近年来已成为对外投资大国。一些国家或地区以优惠条件吸引国外投资，我国应有选择地利用。并购某些陷入困境的高新技术公司可助推我国的科技发展。由于西方政府对尖端技术的封锁和相关并购的阻挠，我国的高科技发展还是要立足于自主创新，但也不乏通过并购填补国内科技短板的成功案例。如"中国化工集团"兼并瑞士"先正达"，就一举使中国的农业化工技术进入世界先进行列。工作机会减少也使大批留学人员回国就业创业，现已形成改革以来最大的"海归"潮；一些外国人也蜂拥来中国寻找就业机会。我国应采用更优惠的政策措施来吸引国外更多优秀的科技和管理人才。

第四，认真做好准备，应对可能发生的突然事件。历史表明，资本主义长期萧条阶段往往是突发事件的高发期，20世纪三四十年代就是很好的例子。不但经济领域的贸易摩擦增多，金融风险加剧，各类危机频繁发生；而且政治上的极化现象极易导致"黑天鹅"事件发生，也不能排除出现局部军事冲突的可能。因此必须做好充分准备，来应对可能发生的各种事件，将其负面影响降到最低，这样才能保证我国建设伟大社会主义现代化强国的历史进程不受太大干扰。

（原载《政治经济学评论》2018 年第 1 期）

关于资本主义政治经济学教学与研究的若干思考

解放以来，我国在政治经济学（包括资本主义政治经济学）的教学和研究方面，由于广大经济理论工作者的努力，取得了很大成绩。但如果冷静地回顾与思考，则必须承认，也存在着一些问题，亟待我们认真考虑和努力改进。

一、资本主义政治经济学的现实感不够强，对现代资本主义经济中的许多重要现象缺乏解释力

长期以来，在资本主义政治经济学的教学目的上，比较强调帮助学生正确理解政治经济学的基本原理，理解马克思主义经典作家的有关基本著作，为以后的学习打下牢固基础。在这种思想指导下，教学内容偏重于自由竞争资本主义阶段，现代资本主义经济的分量较少。近年来虽有所调整和改进，加强了对垄断资本主义经济的分析，但两部分仍未形成一个统一的理论体系，实际教学中大多还是分两个阶段来讲。研究工作方面，多数人集中于对原著特别是《资本论》的注释，以及围绕原著理解的不同所引发的一些争论，真正结合当代资本主义现实经济问题的理论研究则相对较少。

我们认为，帮助学生正确理解政治经济学的基本原理，对《资本论》进行研究性的阐释，都是必要的，广大理论工作者在这方面的学术贡献必须肯定。问题在于，不能仅仅停留在这一步。因为正确理解《资本论》和马克思经济学的原理，目的仍在于用它来解释现实，首先就包括当代资本主义现实。少数学者对《资本论》本身进行深入研究也是必需的，但如果大多数人都去写《资本论》注释，或根据《资本论》编写原理教科书，而忽视了对资本主义现实经济问题的研究，则很容易陷入低水平重复，并使教学内容日益脱离实际，也无助于理论本身的丰富与发展。

因此，改革资本主义政治经济学的教学与研究，确实已成为当务之急。根本的问题是，要把教学与研究的基点放在现代资本主义经济的重要理论问题上，并在传授基本原理时突出体现原理中的基本方法，使学生掌握分析现实问题的科学武器。我们应在此基础上编写出现实感更强的资本主义政治经济学教科书，在教学中主要帮助学生用科学的理论和方法去正确认识现代资本主义。现代资本主义的许多重要经济现象需要我们去解释，如：物质生产领域和生产工人相对缩减条件下日益增长的商品价值和资本利润的源泉，现代市场经济条件下纸币的本质、职能与经济作用，生产自动化和信息革命对资本主义劳动过程及整个社会经济生活的影响，垄断大公司的发展及其经济后果，生产社会化引起的所有制和资本主义关系的重大变化，资本积累过程中若干基本变量的长期变动趋势，当代资本主义条件下经济危机和经济周期的特点与内在机制，资本主义经济的长期波动与资本主义经济制度的历史演变，跨国公司的兴起在世界资本主义经济中的作用，资本主义发达国家与不发达国家的经济依存和矛盾，不发达资本主义国家的经济发展道路等。如果对于这些重大实际问题能够给予科学的解释，就会大大加深对现代资本主义经济规律的认识，提高我们处理对外经济关系的自觉性。同时，也有利于推动我国社会主义经济的建设与改革，因为一方面可以更充分地认识社会化生产和市场经济的一般规律性，提高我们的经济调控和管理水平；另一方面可以更深刻地了解资本主义经济的特殊性及其固有的矛盾和弊病，减少我们在社会主义经济建设中的失误和盲目性。这样，资本主义政治经济学将大大加强其现实感，提高其认识世界和改造世界的功能。

为此目的，资本主义政治经济学教科书改变传统的两阶段写法，把垄断前部分和垄断部分打通，形成一个完整的理论体系，是绝对必要的。国内已有学者开始了这项工作，南开大学魏埙教授和武汉大学陈恕祥教授已写出了两个本子。由于这一重大改革涉及内容和方法上的许多复杂问题，并需要大量的专题研究作为基础，如何形成一个更为科学而严谨的理论体系，仍需要广大经济理论工作者的共同研究和继续努力。

二、理论原理仍主要局限于经典作家的著作，未充分吸收百年来马克思主义和现代经济学在理论上的重要发展

马克思主义经典作家，特别是马克思和列宁，他们关于资本主义经济的

著作，都是紧密结合资本主义现实，大量吸收当时经济学发展的最新成果而写出的。但一百多年来世界资本主义经济发生了重大变化，在这一过程中，各国的马克思主义学者都在努力运用马克思主义的立场、观点和方法，研究变化了的实际情况，不断地用新的理论和方法来丰富马克思主义经济学，出现了一批具有理论深度和广泛影响的经济学著作。如希法亭的《金融资本》，布哈林的《世界经济和帝国主义》《帝国主义与资本积累》，斯威齐的《资本主义发展论》，巴兰的《增长的政治经济学》，巴兰和斯威齐的《垄断资本》，布雷弗曼的《劳动与垄断资本》，曼德尔的《晚期资本主义》，谢尔曼的《经济周期》，鲍尔斯等的《荒漠国土的未来》等。然而遗憾的是，这些著作及其他论著中包含的理论观点和分析方法，其中许多虽已被历史证明为正确，并对现实具有一定的解释力，但却未能进入我们的教科书和教学内容。至于西方学院派经济学的许多有价值的理论和方法，更是被当作异端邪说而拒之门外。这正是我们资本主义政治经济学在教学内容上往往显得既单薄又脱离实际的一个重要原因。

"马克思主义不是教条，而是行动的指南"，"马克思主义并未穷尽真理，而是开辟了认识真理的道路"，"实践是检验真理的唯一标准"等，这些都是人们熟知而又经常引用的符合唯物辩证法的科学论断，但我们在行动上却往往与这些科学论断相悖而行。在坚持和发展马克思主义（包括马克思主义经济学）问题上，社会主义国家常常有两个不成文的禁锢起着阻碍作用。第一，认为马克思主义经典作家（或领袖人物）的话"句句是真理"，他们的观点和结论是绝对不能修改的，否则就是修正主义。但根据辩证唯物论，一种理论随着实际生活的变化而有所发展有所修改的情况不仅是正常的，甚至是难以避免的。再伟大的理论家也不能完全摆脱某种程度的历史局限性。马克思、列宁本人在他们后期的有些著作中就修改了前期著作中的个别观点或结论，为什么别人就不能根据变化了的实际情况来修改、完善或补充他们的理论观点呢？不打破这一禁锢，马克思主义怎么能够不断丰富和发展呢？第二，认为只有马克思主义的经典作家和领袖人物才能发展马克思主义，一般的理论家是没有这种能力的，致使大批马克思主义经济学者的正确、创新的理论观点却难以进入马克思主义经济理论体系，成为其公认的理论组成部分。在这种情况下，社会主义国家的马克思主义经济学就很难得到更深入更丰富的发展，更谈不到形成不同的学派了。以上两点，恐怕是马克思主义政治经济学在理论内容上不如西方学院派经济学发展得那样迅速和深入的一部分重要原因。

　　为了丰富和发展马克思主义政治经济学，中国的经济理论工作者必须打破上述思想禁锢，中国的理论界应该形成更宽松的学术环境。我们不仅要深入研究马克思主义经典作家和革命领袖的经济思想，而且要深入研究国内外马克思主义学者的经济理论，以及现代经济学的一切重要成果，对其中正确的论点和方法加以吸收。在此基础上，我们更应紧密联系现代资本主义实际，进行自身的独立研究，为丰富和发展马克思主义经济理论作出应有的贡献。这里需要强调的是，我们应该摒弃过去那种以正统马克思主义自居的心态，不要总以为外国的马克思主义学者都是非正统的，对他们的著作一概采取否定或批判的态度。实际上，许多西方左派经济学家遵循马克思主义的传统和方法，进行着严肃的科学研究。他们联系实际紧密，思想束缚较少，理论思路开阔，观点可能有对有错，但对许多理论问题的探讨要比我们深入得多。我们也应抛弃过去那种对西方学院派经济学的盲目排斥态度。现代西方学院派经济学已经发展到非常精细的程度，论著浩瀚，学派林立，许多研究具有很强的现实感和对策性。因此，对西方学院派经济学也要认真研究，吸收其正确的观点和方法，借鉴其丰富的实证资料。可以毫不夸大地说，不充分研究和吸收现代经济学的研究成果，要丰富和发展马克思主义政治经济学是不可能的。

三、理论分析偏重传统的逻辑推理，缺乏全面系统的实证资料，也很少运用现代经济学的新的研究方法

　　由于资本主义政治经济学一直沿用《资本论》的理论结构，分析方法也基本上未能超越马克思时代的水平，主要采用的是一种逻辑推理的方法，而现代经济学普遍采用的模型分析、计量分析、统计分析等则很少体现。这就使得政治经济学与现代西方经济学相比，在具体分析方法上显得很陈旧。《资本论》中的实证资料是极为丰富的，而我们的政治经济学教科书中的实证资料却大多是零散的或过时的，缺乏系统而全面的统计数据，这也大大削弱了理论本身的现实感和说服力。

　　马克思对资本主义经济运动的考察可大体归结为两个方面：一是它的运行机制；二是它的发展趋势。运行机制的考察具有相对静态性质，而发展趋势的考察具有长期动态性质。资本主义的经济运动规律也可相应分为运转规律和发展规律两类。这些经济规律支配着资本主义经济的运动过程，必然会

通过各种经济现象得以表现，并可以通过实际经济资料加以证实。特别是资本主义经济的长期发展规律，它们会表现为若干基本经济变量的长期变动趋势，更需要用长期统计资料加以证明。而且随着资本主义经济条件的变化，一些经济发展规律的作用形式或强度也会发生变化，这也需要用长期统计资料加以检验。没有经济资料的证明和支持，人们怎么能够相信马克思主义经济学所揭示的资本主义经济规律的客观存在呢？

但是长期以来，国内经济学者很少有人从事这方面的研究，客观原因是这类工作的难度较大，主观原因恐怕还是对实证分析的重视不足。我们的教科书和专著中也不是没有一些实际资料，但多数不是支离破碎，就是出处不明。对于资本主义经济中的一些基本变量，如资本集中程度、实际的垄断程度、资本积累率、工人的实际工资和可支配收入、剩余价值率、资本技术构成和价值构成、生产能力利用率、实际的失业人口、一般利润率、不同阶级的收入差距、资本输出和商品输出、对不发达国家贸易和投资的实际利润、对不发达国家的实际经济控制等，我们大多缺乏全面系统而可信的长期统计数据。因此，必须加强统计分析方面的研究工作，这是加强理论联系实际的一个重要方面。缺乏实证分析的经济理论，必定是苍白无力的。

以上三个方面，反映了我国资本主义政治经济学教学与研究中存在的几个主要问题，必须通过改革来加以克服。我们相信，只要树立正确的认识和指导思想，坚持从当代资本主义现实出发，重视长期统计资料分析，充分吸收国内外经济学者的研究成果，对资本主义经济理论问题进行深入探讨，在加强研究的基础上改进教学，那么，我们的资本主义政治经济学必将得到不断的丰富和发展，其科学性和生命力也将得到更充分的发挥。

（原载《当代经济研究》1999 年第 2 期）